マインドフルネス

仏教瞑想と近代科学が生み出す、
心の科学の現在形

別冊サンガジャパン ③

Samgha JAPAN
Extra Edition 3

別冊サンガジャパン③

マインドフルネス

仏教瞑想と
近代科学が生み出す、
心の科学の現在形

Samgha Japan Extra Edition 3

巻頭言

マインドフルネスの特集号が別冊第1号に続き再び組まれたことをとてもうれしく思っている。マインドフルネスという用語が市民権を得てから久しいと思うが、その内実がどのようなものなのかは意外と知られていないように思うからである。本特集号は、そのマインドフルネスを、実際に実践されている方々の思いを中心に特集している。本書の冒頭を飾るのは、今をときめくメンタリストＤａｉＧｏ氏の実践からである。そして、研究者と実践者の双方が、各自の体験を交えながら執筆をしているところに、本書の特徴があるように思う。マインドフルネスを実践している研究者と現場の方々の双方が、まさしく臨床の智慧として特集しているところが、とても注目されるのである。

筆者は仏教学の世界から止観の瞑想に関心を持ち、すこしばかり人間の心の観察の世界に足を踏み入れたが、そのような瞑想が社会的に認知されるようになったきっかけは、一九九〇年代に、東南アジアの仏教僧侶によってサマタとヴィパッサナーが日本に紹介されたことに始まるように思う。その後、その瞑想が仏教の文脈を離れて、心理学や脳科学の世界で注目されるようになった。あるいは、心理学の世界で独自に気づかれて、それが釈尊の瞑想と等しいことに気づかれるようになったのか、その真偽の程はわからないが、とにかくマインドフルネスが、多くの方に知られるものとなった。それにはジョン・カバット＝ジン氏、ベトナム人僧侶ティク・ナット・ハン師の活躍も大いに貢献したのではないかと思う。

本書に収載された文章は、マインドフルネスが一過性の流行に終わらないよう注意を促すものや、マインドフルネスを認知行動療法の面から明らかにするものなど、いずれも有益なものばかりである。とくにマインドフルネスが「注意の分割」を起こすものであることを脳科学の世界から明らかにしているところは興味深い。それがもたらす心の変化は、現代の社会にとってとても大切なものであることは間違いなく、私たちの悩み苦しみを超える道であろう。

また、詳細に報告がなされているが、GRACEという視点に大いに期待したい。別の言葉で言えば、仏教の瞑想が科学のメスを受け入れ、マインドフルネスとなって新たな段階を迎えているということなのだろう。しかし、プラスの側面だけではない。一方で、それが人によってマイナスの反応をもたらすこともあることに注意を促している。いずれにしろ、本特集号は、現時点における、マインドフルネスに対する最新の視点が満載されている。

本書のなかでマインドフルネス（mindfulness）とアウェアネス（awareness）という言葉が登場する箇所があったが、この二つが具体的にどのような内容を示しているのか、気になった。あえて説明をしていないのかも知れないが、この二つのことばは、仏教の視点から見ると、とても大事な点を説いているように思う。それは、私たちの心が持つ、言葉の機能とのかかわりを考えさせるものだからである。

今、仏教の伝えた瞑想法が現在の社会の中に、新たな形で根を下ろしつつあるのだと思う。それは、本書のなかの記述を借りれば、まさしく「仏教科学と近代科学」の協働の幕開けなのだろう。このようなことを考えつつ、本書が、さらなる展開を生み出す契機になってくれることを念願し、巻頭のことばとしたい。

東京大学大学院人文社会系研究科　教授　蓑輪　顕量

Part 1

医療・科学・教育

Part 2
ビジネスへの展開

Part 3

仏教からの視座

表紙モデル　メンタリストＤａｉＧｏ
表紙撮影　きいろさとる
装丁　大谷佳央

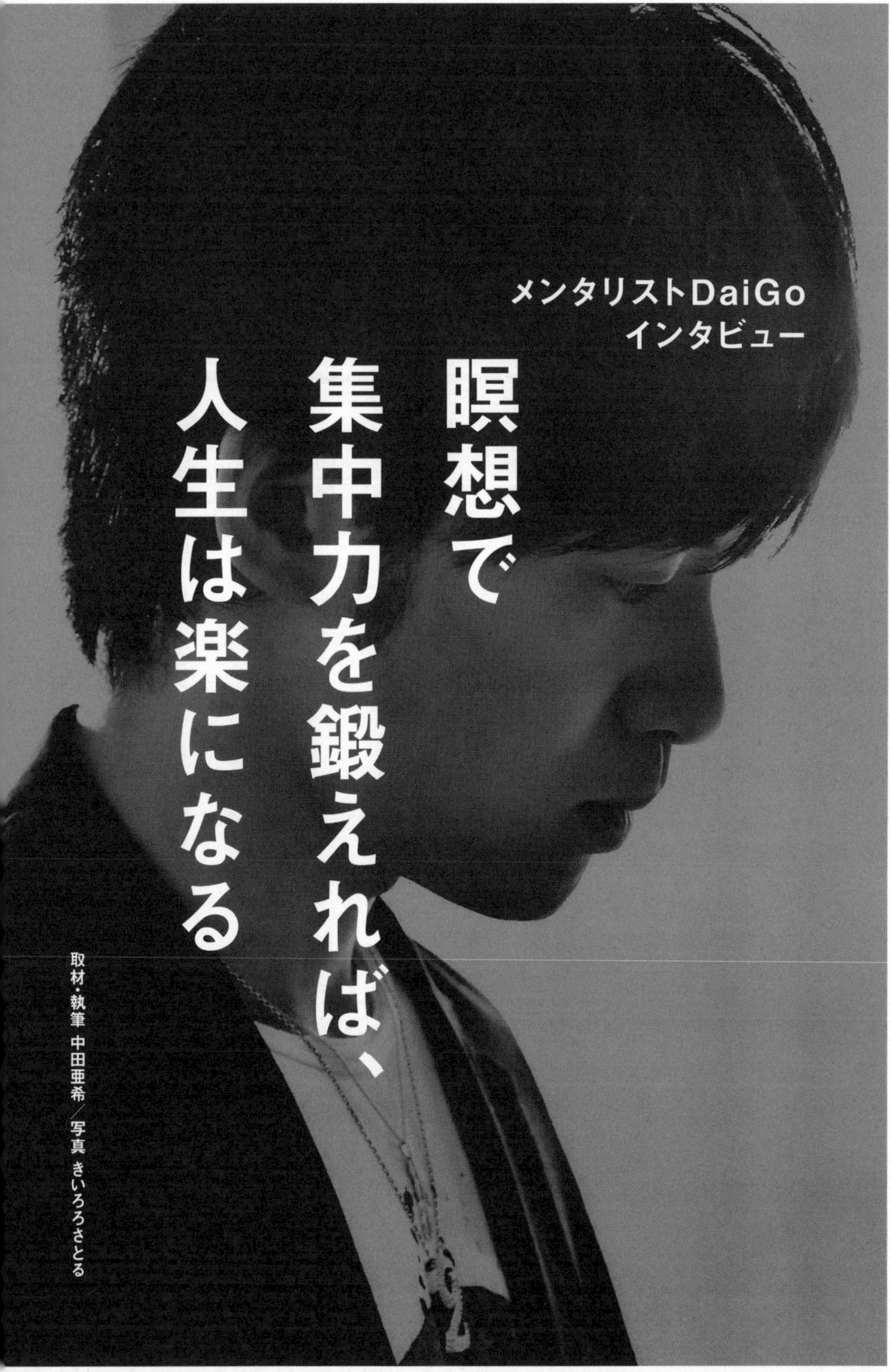

メンタリストDaiGo
インタビュー

瞑想で集中力を鍛えれば、人生は楽になる

取材・執筆 中田亜希／写真 きいろろさとる

メンタリストDaiGoさんは、ここ数年、日本の社会に旋風を巻き起こし続けている。企業の顧問としてご活躍されるかたわら、多数のテレビ番組にもご出演。ビジネスパーソン向けの講演も精力的に行い、書籍を出せばヒット続き。最近はニコニコ動画でも人気を誇り、今や飛ぶ鳥を落とす勢いの若き才能である。

DaiGoさんは人の心を読むメンタリストとして有名であるが、かつては「人の心を作りたい」と人工知能の研究に没頭する慶応義塾大学理工学部物理情報工学科の学生であった。エビデンス（科学的根拠）を大切にする姿勢は、メンタリストとなった今でも変わらない。

そんな彼は、いま二九歳である。二六歳のころから瞑想を実践し始め、三年になるそうだ。

DaiGoさんは、「あらゆる宗教的な活動の中で、瞑想はもっとも科学的で、もっとも効果のあるもの。瞑想は前頭葉を鍛えるための科学的なトレーニング」だと言う。特に慈悲の瞑想は効果が高く、DaiGoさんご自身も、日々取り組んでいらっしゃるそうだ。

DaiGoさんは、なぜ瞑想をそのように捉えているのか。そもそもDaiGoさんはどのような瞑想をしているのか。若くしてなぜ瞑想を行うようになったのか。その効果はDaiGoさんにどのようにあらわれたのだろうか。

DaiGoさんは心理学や脳科学の観点から、瞑想を理路整然と語ってくださった。内容はアカデミックだが、いかにも学者然とした物言いではなく、一貫して自然体でピュアな雰囲気を漂わせていた。インタビューの終盤には、初心者向けの瞑想の手ほどきもしていただいた。

profile

メンタリストDaiGo

ジェネシスヘルスケア株式会社顧問。新潟リハビリテーション大学特任教授。慶応義塾大学理工学部物理情報工学科卒。人の心を科学的・人工的に作ることに興味を持ち、人工知能記憶材料系マテリアルサイエンスを研究。大学在学中にイギリスのメンタリストDerren Brownに影響を受けて、人間心理を読み、誘導する技術メンタリズムを学び始める。英国発祥のメンタリズムを日本のメディアに初めて紹介し、日本唯一のメンタリストとして数百のTV番組に出演。ところが、やはりエンターテイメントよりアカデミックなことが好きだったため、活動をビジネスやアカデミックな方向へ転換。現在は人間心理の理解を必要とする企業のビジネスアドバイザーや作家・講演家として活動している。ビジネスや話術から、恋愛や子育てまで幅広いジャンルで人間心理をテーマにした著書は累計93万部。趣味は1日10〜20冊程度の読書、猫と遊ぶこと、ニコニコ動画、ゴルフなど。

取り組むのは科学的な根拠のある瞑想だけ

――ＤａｉＧｏさんは普段、どのような瞑想に取り組まれていますか。

とてもシンプルです。科学的にもっとも前頭葉を鍛えると言われている瞑想を毎日三〇分やっています。

瞑想にはいろいろな種類があります。これが終わったら次はこれでというような段階があったり、こういうときにはこういう瞑想をやりなさいというような指導があったりもします。あるいはいろいろな宗派があったりするのをご存知の方もいらっしゃることでしょう。

しかし、僕自身はシンプルに、科学的な根拠がある瞑想を中心に実践しています。いろいろな種類の瞑想があることは知っていますが、別にいろいろやる必要はないと思っています。

瞑想にはサマタ瞑想とヴィパッサナー瞑想があります。どちらかというと僕はサマタのほうがやりやすいので、サマタ瞑想に取り組んでいます。

サマタ瞑想は呼吸に注目して、姿勢を一定に保ち、呼吸の回数を一分間に四回から六回に落として行うものです。心理学で一番効果があると言われているものですね。それ以外に、より短時間で前頭葉を鍛える効果があると言われている慈悲の瞑想にも取り組んでいます。基本的にはこの二つです。

慈悲の瞑想は、いわゆるマントラみたいなものですけれども、ロングバージョンですと僕にはちょっと長すぎるので、ショートバージョンを使って実践しています。

僕の瞑想で独自の部分があるとしたら、ポモドーロテクニックと絡めていることでしょうか。二五分間集中したら五分間瞑想して、また二五分間集中したら五分間瞑想する。そのようなやり方をとっています。

ラトガース大学の研究でＭＡＰトレーニングというものがあります。ＭＡＰはMental and Physicalの略です。最初に瞑想を三〇分間行って、そのあとに中程度の有酸素運動、つまり早歩きや散歩ぐらいですが、そういう有酸素運動をすぐに三〇分間行う、そういうやり方で瞑想することもあります。瞑想と有酸素運動を組み合わせることによって、ネガティブな感情をコントロールできるようになり、鬱の改善などにつながるという効果があります。

僕は日頃ジムに行って体を動かしていますが、瞑想との相乗効果を狙うなら、本当は有酸素運動のほうがいいですね。サーキットトレーニングや、あるいはＨＩＩＴ（High-intensity interval training）というトレーニングがお勧めです。ＨＩＩＴとは三〇秒全力で動いたら一〇秒休んで、再び三〇秒全力で動いたら一〇秒休んで、というのを繰り返すようなトレーニング方法です。これは効果があるはずです。

僕がやっている特殊な瞑想というのはそれぐらいです。瞑想をする人の中には、瞑想でチャクラが開き活性化するとか、瞑想で宇宙とつながる――などと言うような人もいますが、僕自身はそのようなスピリチュアル系の瞑想ではなく、あくまでも科学的な根拠のある瞑想に取り組んでいます。

瞑想は基本的にメンタリズム同様、科学的なものです。しかし、科学的ではない瞑想も、事実、世の中には存在します。

皆さんも非科学的な瞑想にはちょっと気をつけたほうがいいと思います。「特殊な能力が手に入る」とか、「何かが見えるようになる」とか、「霊との交信が」などと言い出す瞑想は、やめておいたほうが賢明ではないかと思っています。

そもそも皆さんの中にも、「仏教には興味がない」「瞑想って怪しい人たちがやっているのではないか」と抵抗を持っている人はいるかと思いますが、僕のように心理学や科学の方向から入っていけば、敷居は下がるのではないかと思います。

グーグルのチャディー・メン・タンさんの書かれた『サーチ・インサイド・ユアセルフ』（英治出版）を読むの

もいいと思いますよ。読めばきっと瞑想にチャレンジしやすくなるのではないかと思います。

――ＤａｉＧｏさんは何をきっかけに瞑想を始めたのでしょうか。

意思力研究の本や論文を読んで、瞑想ってすごいなと思ったのがきっかけです。ケリー・マクゴニガルさんが書かれた『スタンフォードの自分を変える教室』（大和書房）や、ロイ・バウマイスターさんの『WILLPOWER 意志力の科学』（インターシフト）を読んで瞑想には集中力を高めるなどの効果があると知り、それなら僕もとりあえずやってみようと思って、お風呂の中で始めたのが最初です。

意思力と集中力は同じ概念です。前頭葉の力のことを意思力と言います。根性のようなものではなく、英語でいうとWill Powerという言葉になります。「Will Powerを高めるのが重要だということがわかったよ」というのがケリー・マクゴニガルさんの本に書かれていることです。

瞑想の効果

瞑想にはいろいろな効果があると報告されています。

一日二〇分の瞑想を八週間行うと、共感力が上がって性格が良くなったというハーバード大学の研究があります。それは八週間瞑想を行うと感情や情動を司っている扁桃体が変化するからです。

瞑想中にリラックスしやすいのは副交感神経が優位になるからであるという報告もあります。あとは心理的にポジティブになる効果がありますね。負の感情をコントロールする前頭葉の部位が大きくなるからです。

デヒドロエピアンドロステロンという脳の成長を促し、免疫力を高める物質があります。個人差はありますが、瞑想によって、この物質の分泌量が四〇％から九〇％増えると言われています。脳が成長したり、免疫力が高まったりするとも言われています。

瞑想することで音楽をより楽しめるようになる、というマニアックな研究もあります。ただのＢＧＭではなくて、ちゃんと音楽に集中して楽しめるようになるということですね。

ダイエット効果もあります。一日三〇分の瞑想を四ヶ月続けると、体重はそのままで、体脂肪だけ減少したという報告があるんです。すごいですよね。

アンチエイジング効果もあります。ＤＮＡの末端にテロメアという部分があります。テロメアは細胞が分裂するたびに減っていき、一定以下になると分裂できなくなって死滅して老化が起こります。しかし瞑想によって、テロメアや傷ついた細胞を回復させる効果があるとわかっています。ヨーロッパの研究では、瞑想によって白髪が減ったり心臓病のリスクが軽減したり、といったことも報告されています。

仕事をしている人にお勧めしたいのはユタ大学の研究です。瞑想を習慣化することによって睡眠時間が短くなると報告されています。早起きにもなります。つまり短時間の睡眠をとって、早く起きて仕事がバリバリこなせるようになりますよ、という研究です。

一日三〇分の瞑想を八週間行うことによって、脳の血流が有意に上昇して、脳の灰白質が肥大化する、つまり脳が物理的に大きくなるという効果も報告されています。

また、成績が一一％向上する、一日二〇分の瞑想を週四回行うだけで集中力が五〇％上がる、一日二〇分の瞑想を二週間すればワーキングメモリーが鍛えられるといった効果も報告されています。

一日一五分の瞑想をするだけで決断力が上がるという研究もあります。

瞑想することによって、思い込みにも左右されづらくなります。

世の中には「自分の組織が完全に正しい」という思い込みを持っている人がいます。僕があまり好きではない言葉に「弊社規定」という言葉がありまして、ときどき仕事の相手から言われることがあるのですが、言われても「あなたの会社の規定のことを言われても……」と思ってしまいます。「弊社規定」を社外の人に押し付けてもなんとも思わないような思い込み、あるいは「大きな会社に入れば一生安泰だ」というような思い込みを冷静に見るためにも、瞑想は重要ではないかと思います。

自分が何か思い込みに左右されているかもしれないと思う人は、絶対に瞑想するといいと思います。気持ちがとても楽になり、フラットな目線を獲得できることでしょう。

瞑想を二千時間行うと悟りが開けるそうです。チャ

ディー・メン・タンさんによると、悟りを開くと、存在の二元性と無我の境地に至り、「すべては一つのために、一つはすべてのためにある」、「全は一、一は全」という考え方、状態になるそうです。

基本的に瞑想というのは一日に二〇分から三〇分ぐらいやらないと効果がないと言われています。もし、皆さんも効果を求めるのであれば、それぐらいの時間の瞑想ができるようになるまでは続けたほうがいいと思います。

なお、今、瞑想は万能であるというような話をしましたが、瞑想に取り組むことで、人によってはネガティブな体験が出てきたり、フラッシュバックのような現象が起こったりするということも報告されています。そういったネガティブな影響は、一定時間耐えることができれば乗り越えられるらしいのですが、瞑想もいいことばかりではありませんので、取り組むときには少し気をつけていただければと思います。

集中力と決断力の向上

――DaiGoさんご自身には、瞑想によってどのような効果がありましたか。

僕はあまり自分の主観を信じないのですが、瞑想をやることによって、集中力が上がった気はしています。それから、いろいろなことが気にならなくなりました。本当に大事なこと以外には、振り回されなくもなりました。

具体的に言うと、あまり飲みに行かなくなり、自分にとって意義を感じない仕事は断れるようになり、テレビに呼ばれなくても、悲しさを感じなくなったように思います。変なものを買うこともなくなって、よいこと尽くしです（笑）。

僕はそもそも以前からあまりいろいろなことが気になるほうではなかったのですが、瞑想することによって、より一層、気にならなくなったのです。決断力も上がったので、余計なことを考えなくなり、決断をする際に、迷わなくなったように感じています。

昔は人の心を動かすことに対してはものすごくこだわりがありましたが、今はそれについても、ほとんどこだわりがありません。自分らしく生きるために、自分が自分の人生を自由に生きるために、人の心を動かす必要はあっても、あるいは人に影響されないようにするために人の心を動かす必要はあっても、別に自分が人の心を動かしてどうにかしたいというのはなくなりました。自分の心がフラットになったので、言葉は悪いかもしれませんが、人の心を動かすのもドライにできるようになった気がしています。

物欲もなくなりました。僕の場合、本はめちゃくちゃ買います。多いときは月に一〇〇万円以上買います。Amazonには一千万円以上つぎ込んでいますから、Amazonさんの超ロイヤルカスタマーです（笑）。本のほかには、読書スピードを上げたり、集中力を高めたりするために必要なものも買っています。

しかし、それ以外には興味がなくなってしまいました。時計にも車にも興味がありません。タレントの友人の中には、二千万円ぐらいの時計をつけている人もいますが、僕の時計は二〇〇ドルぐらいの「Pebble」というスマートウオッチです。アップルのウオッチはメールが来たり、何かの通知が来たりなど、機能が多すぎるので、時間とタイマーと天気が見られるだけのシンプルな「Pebble」を使っています。快適ですよ。

銀座や六本木のクラブにも興味がありません。付き合いで行ったことはありますが、行くと必ずお店の女の子たちの人生相談になります。「なんでお金を払って女の子の人生相談や恋愛相談に乗らなくちゃいけないのか……」と悶々としてしまっただけでした。

だいたいの女の子たちの悩みに対する答えは、「運動して、瞑想すれば解決するんじゃない？」という感じなのですが、女性が悩み相談をしてくるときは解決策を求めていないことが多いので、難しいところです（笑）。

瞑想を始めたのは三年ぐらい前ですが、こういった変化、効果は、気づいたらそうなっていたという感じです。

瞑想をやるようになってから、没頭している時間が増えて余計なことを考えなくなったので、「瞑想でどんな効果が出ているかな」ということも、ほぼ気にせずに取り組んでいるように思います。

「効果が出てるかな、効果が出てるかな」と考えながらやるのは、マインドフルネス的にはよくないことですよね。何かを期待してやろうとすると逆にそういった思いに縛られてしまいます。

好きな読書をするときも、「何冊読んだか」と意識してしまうと集中力がそがれるので、読み終わった本は、ただ一定の場所に積んでいくだけにしています。一日の終わりに本のタワーを見て、「今日はたくさん読んだな」と認識する感じです。

集中とは、そういうことではないでしょうか。やっているときは認識がなくて、終わったあとに振り返ってみたら「ああ、たくさんやったな」とわかる、それが集中だと思います。

集中力とかフローの話を紹介すると、「ＤａｉＧｏさんのおかげでめちゃくちゃ集中できるようになりました。勉強しているときに、『あ、俺集中してる！』って思うんですよ」とおっしゃる人がときどきいます。でも、「集中してる」と思っているときは、集中していないときですよね（笑）。

ただ、瞑想にどんな効果があるのかは知っておいたほうが、瞑想の効果は高まることは事実です。いわゆるマインドセット効果です。ですから、いろいろな瞑想の効果を語っている本は好きで、僕もたくさん読んでいます。

Google Scholar で meditation psychology で検索をする

だけでも論文がたくさん出てきます。それのアブスト（要約）を読むだけでも面白いですよ。オススメです。

あらゆる宗教的な活動の中で、瞑想はもっとも科学的で、もっとも効果のあるものだと僕は思っています。瞑想は「前頭葉を鍛えるための科学的なトレーニング」です。

主観を信じない理由

――先ほど「あまり自分の主観を信じない」とおっしゃいました。自分の主観を信じないのはなぜですか。

自分の主観には再現性がないからです。パソコンやiPhoneは何個作っても同じ動きをします。科学的に立証された技術が詰まっているからです。

しかし自分の主観は、いつも同じように動くかどうかわかりません。なぜなら人間にはバイアスがたくさんあって、認識がいろいろなものに左右されるからです。

一番簡単なバイアスは「近いものには価値を高く感じ、遠いものには価値を低く感じる」というものです。

ダイエットが九五％の確率で失敗するのは、三ヶ月後の引き締まった体よりも、今目の前にあるおいしそうなスイーツのほうが常に勝つからです。あるいは、「今、一万円もらうのと、一週間後に一万五〇〇〇円もらうのと、どちらがいいですか」と聞くと、ほとんどの人が、今の一万円を選びます。しかし冷静に考えると一週間で五％の利息がついているのですから、月に二〇％です。合理的に考えたらそのほうが断然いいわけです。でもバイアスがあるから、その選択ができません。

ですから、科学者の観点からすると、自分の主観を信じるのはちょっと違うのではないかと思います。バイアスや思い込みをなくすために、僕は自分の主観を一回シャットアウトして客観的に見る、ということを徹底的にやってきています。

人間にはどんなバイアスがあるのかということも学んでいます。知っていればバイアスに左右されるのを防げるからです。

仏教の深い瞑想をしている人たちは、科学者と同じではないかと思います。瞑想をして前頭葉の機能が上がれば上がるほど、思い込みに左右されづらくなり、物事を客観的に見られるようになります。

深い瞑想をして、前頭葉の機能を究極に向上させ、悟りを開き、思い込みにも何にも左右されず、何の影響も受けず、ありのままに物事を見られるようになれば、その主観も、科学的な客観性を保ったものとほぼ近いものになる可能性があると思います。

僕自身はもちろん、まだまだそのレベルには達していません。ですから自分の主観を、今はさほど信用していないのです（笑）。まだ若く、人生経験も少ないので、誇るほどの主観は持っていないということです。

かといって、別に主観を否定しているわけではありません。そもそも人間は主観を通してしか物事を見ることができません。自分の中だけの問題であれば主観的であってもいいと思います。自分がどういうものが好きかとか、自分がどう感じるかといったことです。自分の人生の生き方に関しても主観的であっていいと思います。

見方によって、世界は変わる

どう見るかによって、世の中は変わります。しかし、主観が歪んでいる人が見ている世界が偽物かというと、そういうわけでもありません。その人にとってはそれが真実だからです。

心理学の中には認知というジャンルがあります。認知というのは「人が物を見て、それをどう解釈するかで見え方が変わる」ということを実証する分野です。

例えば目の前にリンゴがあっても、それがリンゴに見えない人がいます。あるいは、赤緑覚色盲の人にはリンゴが赤く見えません。リンゴは赤いのが正しいのでしょうか。赤くないのが正しいのでしょうか。

リンゴに光が当たると、赤い周波数以外の光が吸収されます。だからリンゴは赤く見えます。赤い周波数の光、特に人間が見える可視光線の中でも赤い光を反射して見せているからです。しかし、赤緑覚色盲の人にとって、リンゴは赤く見えません。しかしリンゴはリンゴです。赤色に見えなくても、リンゴが赤い光を発していることには変わりがないわけです。

犬も色が見えません。じゃあ、犬が見ている世界は偽物かと言ったら、そうではありませんよね。

つまり、物がどうあるかということと、それをどう見るかは別なのです。どう見たとしても、それは嘘ではないのです。

楽に生きることは集中して生きること

般若心経は、翻訳すると「めちゃくちゃ楽に生きられる方法を見つけたんだけど、聞きたい?」というセリフから始まります。瞑想の目的はまさにこれですよね。楽に生きることは、集中することなんだと思います。

集中というと辛いイメージがありますが、実はそうではありません。

心理学者のミハイ・チクセントミハイさんは「フローに入っている状態が一番楽で幸せである」と言っています。ポジティブ心理学のマーティン・セリグマンさんも「フロー状態に入っている時間が長ければ長いほど幸せになる」と言っています。

僕は自分の集中力を上げるために瞑想をしていますが、なぜ僕が集中力を高めたいのかというと、集中力を高めることが人生をより充実させて楽に生きるための方法だからです。集中すること自体が救いになるのです。楽に生きるということと集中するということがほぼイコールなので、そのために瞑想をしていると言っても過言ではないでしょう。

一日の中で、けっこう長い時間、僕はフローの状態に入っていると思います。それはフローを妨げるものを、自分の環境から全部排除しているからでもあります。余計なものは全部捨ててしまえばいいのです。フローの状態に入りたいなら、まずそのような環境を作ることです。僕の部屋には本しかありません。手を伸ばしても本以外には何もないのです。

「捨てる」ということは、瞑想ととても関係があります。瞑想とは特定の何かに集中するための技術です。瞑想では何かに注意を向けて、注意がそれたら元に戻す、ということをやりますよね。

環境も同じです。「あ、これがあると注意がそがれるな」と気づいたら、誰かにあげるか捨てるかすればいいのです。自分の集中やフロー状態を妨げるものを全部捨てればいいんです。

人間関係でも仕事でも全部同じです。僕は嫌だなと思うような仕事はできるだけ断るようにしていますし、人間関係でも少しネガティブな要素がある場合は、お付き合いを控えることにしています。

スマナサーラさんの『自分を変える気づきの瞑想法』（サンガ）で説明されている、「心を覆っている汚れを完全に取り除いた状態」になるのがいいということにも非常に共感します。

お寺では掃除をする修行がありますが、あれも集中力をそぐ余計なものを減らしていく作業と近いのではないかと感じます。今はやりの「断捨離」も、そういうことではないでしょうか。

片付けの本を見ると、「いらないものをどう捨てるか」ということがよく書かれていますが、僕は「いるものを捨てる技術」のほうが大事ではないかと思います。僕らの世界は物にあふれていますが、本当にいいものはほんの少ししかありません。ちょっといいものはめちゃくちゃたくさんあります。ちょっといいものが多すぎて、本当にいいものがどこにあるのかわからなくなってしまっているのが、今の状態です。本当にいいものが、ちょっといいものに埋もれてしまって、そこにいらないものが混ざってしまうと、てんやわんやになって、何もやらなくなってしまいますよね。

よくある片付け本は、いらないものを捨てることにしかフィーチャーしていません。でも、僕はちょっといいものも、全部捨ててしまえばいいと思うのです。そうしたら、自分のまわりはいいものだけになります。「そのほうが幸せじゃない？」と思います。掃除もしなくていいですし。

ちょっといいものというのは、一時的に欲しいと思ったものなどです。人の心は揺れ動いているので、一時的に欲しいと思っても、冷静に考えてみるとそうでもない、ということがよくあります。

なかなか買えない商品があったとします。納品は一ヶ月先なのだけれども買って、届くのを待ちます。最初の一、二週間は楽しみに待っていますが、届いたころには「なんだこれ」となっているのです。悲しいですね。そういったものを全部捨ててしまえばいいのです。

「本当に集中すべきものを見つけて、それにすべてを集中させる、集約する」というのが瞑想の極意です。片付けでも、人間関係でも仕事でも悩みでも同じです。大事なものだけを選択していけばフロー状態が長くなるので楽しく生きられます。

フロー状態にあるときは没頭しているので、僕に、「私」という感覚はありません。楽しい映画を見ているときに今自分が何をしているかということには気づかないのと同じです。

「活動と自我の融合」はフローの要件の一つです。自分のやっている行動とそれをやっている主体である自分の区別がなくなる状態です。ですから僕自身もフロー状態にあるときには「私」という感覚がないのです。

僕が体感しているフローの状態が、チャディー・メン・タンさんが言う「すべては一つのために、一つはすべてのために」なのかどうかは、今の僕にはちょっとわかりません。人によって表現が違うと思うんですよね。世の中の真理を探求しようとしている人たちにとっては、フローの状態は「全は一で、一は全」という感覚なのかもしれません。それぞれの感覚でいいのではないかと思います。

宗教と瞑想

――DaiGoさんの瞑想には宗教的要素は入っているのですか。

残念ながら入っていません。

しかし、ブッダが「自分で瞑想すれば悟りにたどり着くんだよ。瞑想によって悟りの境地から答えが見えるようになるよ」と言っているのは、前頭葉が強烈に鍛え上げられ、自己コントロール能力が手に入って動じなくなるということだと思いますから、それはすごいことだと思います。瞑想すれば究極の集中状態を手に入れられるよ、と言っているのですから。

スマナサーラさんの言っていることも、僕は「なるほど、なるほど」と思って共感しています。

密かに般若心経も好きで、全部暗記しています。空即是色色即是空――あるんだけどなくて、ないんだけどある、みたいな、解釈の余白を残す仏教の教えは好きです。

しかし、あとからくっついてきた宗教にはあまり興味を持てないのです。宗教の教えにひかれて集まってきた人たちを動かしたい、権力を手に入れたいという欲望が渦巻くドロドロしている宗教の世界には、親近感を感じることができません。

キリスト教も仏教もそうですが、教団が分裂したりぶつかったりすることが往々にしてあるかと思います。そういう争いを見るにつけ、「いったい何をしているんだろう」と思ってしまいます。スマナサーラさんの本に書いてあるような考え方があれば、権力をどうのこうの、という話に

は決してならないのではないかと思うからです。

もともとブッダだって「仏様を拝みなさい」とはおっしゃっていませんよね。

僕はブッダの教えには興味はありますが、組織や権力と結びついた宗教にはあまり興味を持てないということなのです。

――スマナサーラ長老の本を読まれたことがあるのですね。

もちろんです。何冊も読んでいます。オーディオブックも聞いています。スマナサーラさんはたくさん著書がありますが、どの本にも根底にはブッダの教えがあり、どんなテーマでの本であっても、同じようにブッダの教えによって解説されているところがいいですよね。

特に印象に残っている本は、三六五日分の説法を集めた『ブッダの教え 一日一話』（PHP研究所）ですね。オーディオブックで「なるほどなー」と思いながら、ずっと聞いていました。耳から入ってきやすかったです。一つひとつの説法が短く、自分に考える余地が残されているところが好きでした。

来るべくして来たマインドフルネスブーム

――最近のマインドフルネスブームをどのように感じていますか。

スマホがこれだけ普及して、年がら年中、ピコンピコンという通知で注意力がそがれるようになって、人が注意力の大切さにやっと気づいたということではないでしょうか。

ＬＩＮＥが一回鳴って、返すのに五秒しかかからないとしても、一回集中が切れたら、また同じ集中状態に戻すには二三分から二五分かかります。ですから、一回ピコンと鳴るだけでアウトなのです。

忙しい人たちは、昔からそれをわかっていたと思います。でもそれが一般にも広がるようになってきたというのは、やはりスマホなどで皆が注意散漫になりやすくなってきたからだと思います。

現代においてもっとも貴重な資産は注意力と集中力になるだろうと予言した人がいます。ハーバート・サイモンという神がかった天才です。

彼は一九七八年にノーベル経済学賞を受賞し、政治学や経営学に関する本も出し、人工知能の父とも呼ばれています。五つの専門分野を持ち、どの分野でも強烈な論文を出しまくっていて、「本当に人間だろうか?」と思うくらいの学者の鏡のような人です。僕が大好きな学者です。

ハーバート・サイモンは、「この先、世の中にどんどん情報があふれていく。したがって、未来の人たちにとって最大の財産となるのは注意力や集中力になるだろう」と予言しました。それが今、まさにそのとおりになっています。

今は情報があふれていて、放っておけば携帯がピコピコ鳴るし、広告もまわりじゅうにあふれています。

僕自身は携帯も鳴らないようにしていますし、家にはテレビもありませんが、世の中には、私たちが持っている注意力以上に、注意力を持っていってしまうものが溢れています。それでみんな自分の注意力の限界を感じたのではないでしょうか。

僕らはこれまで学校でいろいろなことを学んできました。でもその中で、注意力や集中力の使い方を学んできたことはありませんよね。

だから皆が注意力の使い方を学びたくなって、マインドフルネスブームがきた。僕はそう思います。来るべくして来たブームだと思います。

――DaiGoさんは科学的根拠（エビデンス）がないものには興味がないのですか。

自分がそれを信じられるかどうかの問題だけだと思います。プラシーボもそうですが、完全に科学的な根拠がなくても、自分が信じられるものには効果が出る場合ももちろんあるのです。

僕にとっては、エビデンスがあるものが信じられるものです。これまでずっとそういう生き方をしてきたので、僕はエビデンスがあるものを「信じられるもの」として、選択しているだけです。

僕は立場として、心理学を使って仕事をして、本を書いたりもしています。ですから「実は逆効果でした」となってしまうと、いろいろな人に迷惑がかかってしまいます。それではいけませんよね。

ですので、科学的根拠があるものを中心にやっているということもあります。エビデンスが微妙なときはちゃんと、「賛否両論あります」と伝えています。

しかし、「エビデンスがないものは、誰にも効果がない」ということではありません。本当は信じる力のほうが圧倒的に強いのです。

MBAのスター選手と普通の選手を比べた研究があります。両者の違いは何だったかというと、スター選手は信仰が深いか、エゴが強いかのどちらかだったのです。自分をめちゃくちゃ信じている人はスターになれるんですね。あるいは、神様をめちゃくちゃ信じている人はスターになれるんですよ。つまり、何かを強く信じるという行為が、人間のパフォーマンスを引き出すわけです。信じる対象は自分でもいいよ、というのがその研究です。

僕の場合は、科学的に根拠があるものが信じられるので、そうしているということです。

プラス、エビデンスがある程度あれば、多くの人にもその効果はあるはずだから、広める意味もあるだろうと思って積極的にやっています。

――瞑想を続けてこられてDaiGoさんは今、幸せな状態ですか。

集中力が高まっているので、いい状態だと思います。

僕が今、凹んだり悲しんだりすることがあるとしたら、家族やペットの死ぐらいでしょうか。先日、実家の猫のマロが死んで相当ショックを受けました。今は凹んだりするのは、そういったことだけです。そのほかのことはあまりもう気にならなくなっているように感じます。

また、怒ることもほとんどなくなりました。わざと怒って見せることはありますが、別に本当に怒っているわけではありません。強烈に詰め寄ることもありますが、そのときも頭の中は冷静な状態です。

本当に怒ってしまうと、感情が乗ってしまい、冷静に交渉ができなくなってしまいます。「ここは怒って見せたほうが有利かも……」と思ったときには、テクニックとして怒りモードを見せる場合もありますが、本心ではまったく怒ってはいないのです。

ときにはイラっとすることもありますが、すぐに平常心に戻ります。マインドフルネスもそうですよね。気づいて、戻す。気づいて、戻す。気づくことによって人間は冷静になれるものなのです。

ですから、本当は「瞑想をすることで怒らなくなった」のとはちょっと違うかもしれません。「引きずらなくなった」というほうが正しいでしょう。

前頭葉は負の感情をコントロールするので、前頭葉の能力が高まると、負の感情が沸き起こっても、一瞬でそれをリセットできるのです。それがマインドフルネスだと思います。

　スマナサーラさんも言っていますが、ブッダは科学を否定していませんし、宇宙の真理も否定していません。そのとおりですよね。物理法則を変えようと思っても変えられるはずはないのです。

　キリスト教に、ニーバーの祈りというものがあります。アメリカの神学者ラインホルド・ニーバーの言葉です。

神よ
変えることのできるものについて、
それを変えるだけの勇気をわれらに与えたまえ。
変えることのできないものについては、
それを受けいれるだけの冷静さを与えたまえ。
そして、
変えることのできるものと、変えることのできないものとを、
識別する知恵を与えたまえ。

　変えられることと、変えられないことを見抜き、変えられないことは受け入れるということです。

　僕もときどきイラっとすることがあるのは事実ですし、マロが死んだときなんかは、けっこう精神的にダメージがきました。般若心経でいう不生不滅、不垢不浄、不増不減、是故空中の部分が身についていないのだと思います。

　しかし、マインドフルネスはそういった感情をコントロールしろと言っているわけではないのです。そういった自分の素の感情に気づくことが大事だと言っているのです。

　人の死を乗り越えることによって人が成長するのは、たぶんそういうことなんだろうと思います。悲しみをしっかり認識する時間と、それだけの大きな悲しみがあるからだと、僕は思います。

これから瞑想を始める人たちへ

――初心者が瞑想を始めるにはどうすればよいですか。


　まずは三分ぐらいから試してみてはいかがでしょうか。ただし、続けないと意味がありません。続けるコツは、小さく始めて習慣化することです。

　ロンドン大学の研究によると、一つのことを習慣化するためには、約六六日間、かかるそうです。ですので、どんなに疲れていても、どんなに忙しくても六六日間は絶対に続く量から始めるのが肝心です。

たとえば、最初は二、三分だと決めて、六六日間は増やさないことです。

だいたいランニングなどで失敗する人は、最初一〇分ほど走って、「これはいけそうだな」と思って一五分に増やす。「まだいけるな」と思って二〇分に増やす。「けっこういけるんじゃね？」と思って一時間に増やす。そして挫折するんですよ（笑）。

だから、自分をじらす意味もこめて、六六日間はほんの少しだけにしたほうがいいと思います。長くても三分ぐらいにしておくといいと思います。駅から駅までの、一駅の間だけ瞑想するのでも充分だと思います。

僕は最初、風呂で始めました。風呂に入って二、三分から始めて、五分、一〇分と延ばしていって、一〇分できるようになったら——それ以上やるとのぼせてしまうので——風呂以外でやるようになりました。

瞑想のやり方は簡単です。ポイントは三つしかありません。姿勢と呼吸と注意のコントロールです。

まず姿勢ですが、お腹を突き出すような感じで、背筋を伸ばします。背筋が伸びていない状態では、横隔膜がペシャンコになってしまいます。

横隔膜がペシャンコになると呼吸が浅くなって前頭葉に送られる酸素の量が減るので、頭がぼーっとしたり、誘惑に弱くなったりします。

脳に酸素がたくさん送り込まれると、集中力が高まったり、瞑想の効果が高まったりします。だから、横隔膜がちゃんと動くように、おへそを前に出すようにして、背筋を伸ばします。腰が悪い人はあまり無理をしないほうがいいかもしれません。

昔はテレビの収録などで忙しく、瞑想の時間を取ることも難しかったので、立ってやっていたこともありました。

意識すべきは横隔膜がちゃんと動くような姿勢を作るということです。姿勢をきちんと作ると、横隔膜の動きが最大化されて、それによって脳にたくさん酸素が送り込まれます。

形式が大事、ルールが大事、ということではないので、脳にたくさん酸素が送りこまれる姿勢であれば、結跏趺坐でなくても僕はよいのではないかと思っています。

姿勢の大切さについては、ＴＥＤスピーチでも人気のあるエイミー・カディさんが『〈パワーポーズ〉が最高の自分を創る』（ハヤカワ・ノンフィクション）という本を出しています。姿勢をよくすることが人間の心理にどういう影響をもたらすかということを語った一冊です。マインドフルネスとも近いと思います。ぜひお手にとってみてください。

瞑想の二つめのポイントは呼吸です。心理学的には一回の呼吸に一〇秒以上かけて、ゆっくり行うことが大事だと言われています。吐くほうが長くできるので、吸うほうを短くしてみてください。

四秒かけて吸って、六秒かけて吐くとか、五秒かけて吸って、七秒かけて吐くとか。そのようにして、呼吸の回数を一分間に四回から六回に落とします。

三つ目は注意のコントロールです。よく「無になろう」などと言う人がいますが、それはかなり難しいと思います。無になるというよりは、何か一つのことに注意を集中したほうが初心者にはよいと思います。

僕は基本的に、呼吸に集中することをお勧めしています。瞑想している間は、背筋を伸ばして、ゆっくり呼吸をし、自分の肺に空気が入っていく感覚に注意を向けます。

もしほかのことに注意がそれたら、再び注意を呼吸に戻します。例えばエアコンの音が気になったり、今日の晩御飯はどうしようかな、などと余計なことを考えたりしたら、すぐに呼吸に注意を戻すようにします。それを繰り返します。

どうしても肺に空気が入っていく感覚に注意を向けられない場合は、カウントをしても構いません。吸うときに、一、二、三、四とカウントして、吐くときに、一、二、三、四、五、六とカウントします。

慣れてきたらカウントをせず、肺に空気が入っていく感覚に注目するようにします。そのほうが科学的には効果が高いと言われているからです。

初めてやる人ですと、注意がそれるばかりで、瞑想の効果が感じられない人も多いのですが、注意がそれてもめげないで、頑張ってやってもらえればと思います。科学的には注意がそれて、それを戻すときに、脳が鍛えられると言われています。ですから、注意がそれればそれるほど効果は高くなります。筋トレと同じです。初心者の人のほうが、瞑想の効果は高く出るので、ポジティブに取り組んでみてください。

やるのはこれだけです。瞑想中は目を開けていても構いません。開けている場合は、壁のシミなどの一点を見るようにします。もしくは目を閉じます。

このやり方は、別に初心者でなくても同じです。

まとめると、「①姿勢を正す」、「②呼吸をゆっくり行う」、「③注意がそれたら、それた注意を呼吸に戻す」。この三点だけです。この三点を押さえると、心理学的に、効果の高い瞑想ができると思います。

基本的にこれが一番効果が高いとされているやり方です。僕が普段やっているのもこれとまったく同じです。

慈悲の瞑想をやるときは、これプラス、マントラみたいな、あのフレーズを唱えています。

――慈悲の瞑想はテキストが人によって違いますが、DaiGoさんはどの方のテキストを使っていますか。

僕が使っているテキストは、チャディー・メン・タンさんの『サーチ・インサイド・ユアセルフ』（英治出版）に書かれているものですが、実際のところ、どのテキストを使っても、効果はさほど変わらないのではないかと思っています。ほかの言語で唱えても効果があることさえ、研究ではわかっているのです。

ストレスの研究では、他人とのつながりを考え、他人の幸せを思うことによってオキシトシンなどの物質が分泌されることがわかっています。ストレスを感じると人間は他人とのつながりを求めます。それを「つながり・絆反応」と言います。「つながり・絆反応」が起きると、オキシトシンなどが分泌され、ストレスによって損傷した細胞が回復するのです。

また、心理学的に言うと、人間は利他的な行動を取ったときに、もっとも幸福度が高まると言われています。ちょっと信じがたいことかもしれませんが、例えば、一万円を自分だけのために使うよりも、自分とまったく関係ない人のために使ったほうが、人生における満足度は高いのです。

だから、科学的に見ても、他人の幸せを願う慈悲の瞑想は正しいと言えるでしょう。

よって、他人の幸せを願うような言葉であれば、テキストはおそらくオリジナルでも効果が出るはずです。ただし、決まった言葉であることは大事です。決まった言葉を言うことに集中する必要があるからです。

僕が慈悲の瞑想を実践するときは、口に出す場合もありますが、人の目があって、口に出すと「こいつ、一人で何か言ってるぞ！」とツイートされかねないときは頭の中で唱えます（笑）。どちらでもいいと思います。

「慈悲」という翻訳はいい訳ですよね。英語の love and kindness に比べて重みがあります。

――呼吸の瞑想と慈悲の瞑想は同時に始めたのですか。

慈悲の瞑想のほうがあとです。なぜなら、僕は全然スピリチュアルを信じないタイプだからです。最初に慈悲の瞑想のことを聞いたときは、スピリチュアルのような雰囲気を感じてしまっていたのです（笑）。多くの心理学者も僕と同じようなことを最初は感じたみたいです。科学者たちは慈悲の瞑想のことを調べてインチキだと叩こうとしました。

ところが、調べれば調べるほど、慈悲の瞑想は効果が高いらしい、ということがわかったのです。しかも、普通のサマタ瞑想を二、三〇分行うのと同じ効果が、慈悲の瞑想を一五分行うことで得られたりする、そういったことがわかりました。

それもあって、忙しい僕としては時間短縮のために慈悲の瞑想をすることにしたというわけです。僕のように、一〇分、一五分が惜しい人は慈悲の瞑想をしたほうがいいと思います。でもそうでなければ普通の瞑想で十分だと思います。

僕のまわりの人間はわかると思いますが、僕は他人の幸せを願うようなタイプではないと自覚しています（笑）。ですから、慈悲の瞑想を自ら進んで「すてき！」と思ってやる人間ではないのです。効果が高い、時間が短縮できると言われているのでやっている、それだけです。

瞑想初心者は、僕のように慈悲の瞑想を怪しいと疑ってしまう人も多いのではないかと思います。ですから、慈悲の瞑想に取り組むのは、ある程度呼吸に注意を向ける瞑想をやって効果がでてきたあとがいいと思います。

慈悲の瞑想の長いフレーズを覚えるのも大変ですし、また、フレーズを唱えながら呼吸のコントロールをするのも初心者には難しいものです。ただ、どうしても呼吸だけに集中できず、慈悲の瞑想も楽に覚えられるのであれば、やってもいいと思います。

僕自身は、普通の瞑想と慈悲の瞑想の両方をやっていますが、実際にやってみて、主観的にそれほど違いがあるようには感じていません。

最近、般若心経を唱えながらやったらどうなるだろうか、と試してみたこともありますが、般若心経の場合は唱えていると吐く時間がとても長くなるので、効果は違うのかなと思ったりはしています。

自ら足を踏み出そうとしない人を、他人が導くことはできない

――ＤａｉＧｏさんは人の幸せを願うようなタイプではないということですが、慈悲の瞑想を続けることで、他人の幸せを願う気持ちに変わりましたか。

さほど変わっていません。共感力は、科学的には高まっているのかもしれませんが、自分自身ではちょっとよくわからないですね。

最近は仕事でもプライベートでも、共感できる人としか一緒にいないので、普段の生活では共感することが多いのは事実ですが、それが瞑想の効果なのかどうかは、よくわからないのです。運動もしていますから、それらの総合的な効果として、性格がよくなっているということはあるのかもしれません。わかりません（笑）。

「他人の幸せを願う気持ちに変わったか」という質問ですが、そもそも、誰かを幸せにできるほど、僕は自分の能力が高いとは思っていないのです（笑）。

自分が何かをしていく過程でほかの人も幸せになればいいなとは思っていますが、自分が誰かを助けることができるなどという、おこがましいことは考えていません。そんなに自分に自信があるタイプではないのです（笑）。

僕のところにはときどき「助けてください」というようなメールがきますが、僕はいつも「申し訳ないけれども、僕が助けることはできないよ」と言います。「あなたが勝手に助かることはできても、僕は助けることはしないし、できない」というスタンスなのです。

自ら足を踏み出そうとしない人間を他人が導くことはできないと思いませんか。「精神的に病んでいて」とか「私は昔から病気で」などと言う人がいますが、中には病気だと言い訳をして、前に進まないように、自分で自分にブレーキをかけている人もいるように感じます。もちろん全部ではありませんが、そういう人が多く感じられるのです。

瞑想をすれば、そういった精神的な病、ネガティブな傾向は改善すると言われています。

ですから、真剣に鬱を改善させて前に進みたいと思って

いる人であれば、瞑想を実践してみるのは、すごく役に立つ可能性が高いと思いますよ。

それだけでなく、自制心を向上したい全ての人――スポーツ選手にも政治家にも、会社員にも小学生にも高齢者にも瞑想は役に立ちます。お勧めです。メンタルコントロールによく効きますよ。


――今、毎日三〇分ほど瞑想をやっていらっしゃるということですが、このまま続けてトータルの瞑想時間が二千時間に達したら、チャディー・メン・タンさんの言うような悟りを開けそうですか。


「悟り」って「悟る」という動詞の名詞形ですよね。「悟る」の目的語はなんなのでしょうか。宇宙の真理でしょうか？ ブッダは何を悟ったのですかね。

悟りには「これ」という答えがあって、そこにたどり着いたら「悟った」ということになるのか、あるいは自分が主観的に「あ、私は悟りにたどり着いた」と思えば悟りなのか、今の僕にはよくわかりません。

僕の場合、集中力を高めてたくさんの知識を取り入れることが人生の目的ですが、そこに至ったかどうかは自分でもわかりませんし、ある一定のところにたどり着いたら、その先を目指したくなるのは事実です。そう考えると、悟りも「ここが悟り」というゴールはないような気がします。

まあ、悟りには至っても至らなくてもいいのではないでしょうか（笑）。


（二〇一六年八月二二日・於東京）

メンタリスト

DaiGoが選ぶ！瞑想＆脳科学のオススメ本

「宗教としての仏教にはさほど興味のない僕ですが、仏教のマインドフルネスの考え方――そしてそれが科学的に証明されているものに限っては非常に興味を持っています。

僕がこれまで読んだ膨大な書籍の中から、皆さんに自信を持ってお勧めできるものを七冊、ピックアップしてご紹介したいと思います。皆さんのご興味に合わせて、ぜひ手に取ってみてください」

メンタリスト DaiGo

構成　中田亜希／写真　きいろろさとる

近年の瞑想ブームは、最新の脳科学が支えていると言っても過言ではないだろう。脳科学によって瞑想の効用やメカニズムが解明されることは「科学の時代」を生きる現代人の我々が、納得して瞑想に取り組むきっかけとなっている。

とはいえ、脳科学関係の書籍は膨大である。難しそうなイメージとも相まって、「興味はあるが、いったいどれを読んだらいいものか……」と手を出せずにいる方も多いのではないだろうか。

そこでサンガ編集部では、一日に数十冊もの本を読むというDaiGoさんに、これまでに読んだ瞑想&脳科学関係の本の中から、「これはオススメ！」というものを七冊厳選していただいた。アメリカやイギリスの脳科学者の本をはじめ、スマナサーラ長老やプラユキ・ナラテボー師の著作も含まれた非常に興味深いラインナップとなっている。編集部による解説も交えて各書籍を紹介する。脳科学の最前線を知り、瞑想実践の道標となれば幸いである。

01

スタンフォードの自分を変える教室

ケリー・マクゴニガル［著］　神崎朗子［訳］
大和書房 2015年

米国スタンフォード大学の心理学者であるケリー・マクゴニガルが、最新の心理学や脳科学のアプローチを用いて、意志力を手に入れるコツを丁寧に解説した本。意志力とは、やるべきことをやる「やる力」、誘惑に負けないための「やらない力」、大事なモチベーションを思い出す「望む力」をうまく使いこなすことだという。そのためには脳を鍛える必要があり、脳を鍛えるには瞑想が役立つそうだ。一日五分の瞑想によって、注意力、集中力、ストレス管理といった自己コントロールスキルが向上し、やがて脳はすぐれた意志力マシーンのように発達するらしい。スタンフォード大学での人気講義を書籍化し、世界的ベストセラーとなった作品である。

02

WILLPOWER 意志力の科学

ロイ・バウマイスター／ジョン・ティアニー［著］
渡会圭子［訳］　インターシフト 2013年

フロリダ州立大学・社会心理学部の教授であるロイ・バウマイスターが、様々な実験の結果をもとに、誘惑に惑わされずに行動する力――自己管理能力――を高める方法を伝えている。近年、「意志力」が注目されているが、バウマイスターこそ、意志力を科学として確立し、広めた立役者であると言ってもいいだろう。バウマイスターは、人生の成功には「知能」と「自己コントロール力」という二つの資質が必要だという。本書では意志力を高めるために、私たちが日々心がけるべきことが実例を交えて紹介されている。非常に丁寧に行われた実験による裏付けが、この作品の強みである。「意志力を使わないようにするコツ」など意外な指摘もあり、興味深い。

03

脳科学は人格を変えられるか？

エレーヌ・フォックス［著］　森内薫［訳］
文藝春秋 2014年

オックスフォード大学・感情神経科学センターの教授であるエレーヌ・フォックスが、最先端の認知心理学や神経科学、遺伝学をベースにして、ポジティブな性格とネガティブな性格の違いを解説した作品。内気な少年だったDaiGoさんが、非常に影響を受け、大切にしている本だという。テレビ番組「アナザースカイ」（日本テレビ系列）で、オックスフォード大学を訪れたDaiGoさんをフォックスが笑顔で歓迎していた姿も記憶に新しい。検証実験の内容に大部分のページを割いている非常に科学的な本でありながら、すぐにでも我々の役に立つ実践的な本でもある。瞑想の伝統やマインドフルネスにも言及し、幸福について縦横無尽に語っている。

自分を変える気づきの瞑想法——ブッダが教える実践ヴィパッサナー瞑想

アルボムッレ・スマナサーラ［著］
サンガ 2005年

スリランカ出身の瞑想指導者であり、日本において精力的にテーラワーダ仏教の普及・伝道に努めてきたアルボムッレ・スマナサーラ長老の代表的な著作である。苦しみの原因は何なのか、どうすれば苦しみから逃れられるのかといったことが、「瞑想」という軸を通して明快に解説されている。よい意味で宗教家らしくないスマナサーラ長老の語り口が、宗教に抵抗がある人にも読みやすい雰囲気。「困ったときのQ＆A」には、瞑想を実践する際のポイントや注意事項も。「慈悲の瞑想」「ヴィパッサナー瞑想」の解説はイラストも付いて非常にわかりやすい。伝統的な仏教瞑想を一から学んでみたい人には必携の一冊である。

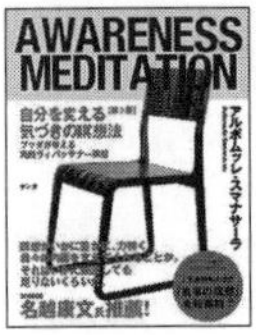

06

07

脳と瞑想——最先端脳外科医とタイの瞑想指導者が解き明かす苦しみをなくす脳と心の科学

プラユキ・ナラテボー／篠浦伸禎［著］
サンガ 2016年

脳の覚醒下手術(意識のある状態での手術)でトップクラスの実績を持ち、自らも日々瞑想をする脳外科医、篠浦伸禎氏と、タイで出家し長年にわたりテーラワーダ仏教の瞑想修行を重ねた日本人僧侶、プラユキ・ナラテボー師が、苦しみから抜け出して幸せに生きるための意識の転換と脳の使い方を語り合う一冊である。**「脳の専門家とブッダの専門家の貴重な対談本。実践的な瞑想の方法から、現代科学により証明された科学的に有効なブッダの教えを、対談本ならではの会話調でわかりやすく学ぶことができます」**とDaiGoさんも絶賛。知的な会話の応酬は、まるで躍動感あふれるジャムセッションを見ているかのよう。瞑想の理解が知的に深まる作品である。

脳を鍛えるには運動しかない！——最新科学でわかった脳細胞の増やし方

ジョン J・レイティ with エリック・ヘイガーマン［著］／野中香方子［訳］
日本放送出版協会 2009年

ハーバード大学医学部のジョン J．レイティによる著作である。学習、ストレス、不安、鬱、依存症、加齢など様々な現象を取り上げ、運動こそがそれらの解決策であると述べている。専門用語も多く、硬派な内容であるが、米国を中心にベストセラーとなった本。「運動することにより脳の基礎構造を物理的に強くできる、運動する目的は身体の健康のためのみならず、脳を育ててよい状態に保つことである」とレイティは断言する。どんな運動嫌いな人でも、読めば「今日から運動しよう」と決意したくなる一冊。DaiGoさんもこの本がきっかけでジム通いを始めたとか。瞑想と運動の相乗効果について述べているDaiGoさんのインタビュー（10ページ）も参照されたい。

04

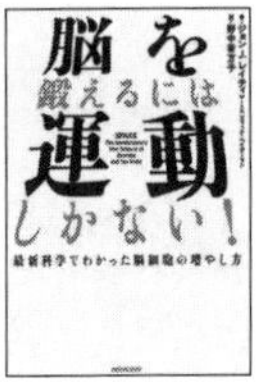

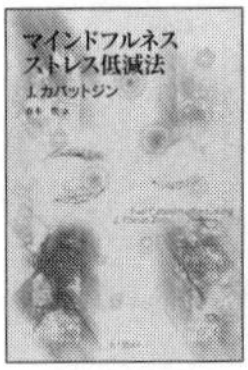

05

マインドフルネスストレス低減法

ジョン・カバットジン［著］
北大路書房 2007年

マサチューセッツ大学医学部名誉教授のジョン・カバットジンが、仏教の気づきの瞑想からヒントを得て開発した「マインドフルネスストレス低減法」（ＭＢＳＲ）の解説本。ＭＢＳＲのルーツは仏教にあるが、宗教色を薄め、日常生活のストレスに由来する心の病気、あるいは身体のストレスである癌や慢性疼痛、心臓病や線維筋痛症などに苦しんでいる人々に応用しているのが特徴である。米国をはじめ、世界には多数のマインドフルネスセンターがあり、精神的、身体的ストレスを抱えた多くの人々がＭＢＳＲに取り組んでいる。現在の世界的なマインドフルネスブームを牽引してきた一冊であることは間違いないだろう。

Part 1

医療・科学・教育

瞑想文化は、大きな変革期を迎えている。瞑想は、その効果が科学的に実証され、科学として扱われるようになったのである。欧米で開発されたプログラムである、ジョン・カバット＝ジン博士が開発したマインドフルネスストレス低減法（Mindfulness-Based Stress Reduction:MBSR）や、今年来日したマーク・ウィリアムズ博士が開発者の一人であるマインドフルネス認知療法（Mindfulness-Based Cognitive Therapy: MBCT）が注目を集めているが、そのベースにあるのは仏教瞑想である。科学研究の長足の進歩のようすなど、最新の状況をここに集めた。

マインドフルネスは幸せに気づくことができる瞑想法

早稲田大学文学学術院教授
日本マインドフルネス学会理事長

インタビュー **越川房子**

欧米で様々な取り組みが進んでいるマインドフルネスは、日本でも近年、動きが活発化している。その日本での取り組みを牽引しているのが、日本マインドフルネス学会だ。二〇一三年に設立された日本マインドフルネス学会は、マインドフルネスに関する日本唯一の学術組織である。学会の理事長を務めるのは早稲田大学文学学術院教授の越川房子氏だ。マインドフルネスの魅力はどこにあるのか、心理学を専門とする学者としてマインドフルネスをどう見ているのか、マインドフルネスがブームを超えて残っていくためのポイントはどこにあるのか。科学と宗教の観点から越川氏にお話を伺った。

(取材・構成　中田亜希)

マインドフルネスの魅力

――マインドフルネスの魅力について教えてください。

すごく大雑把に言えば、人生を豊かにするのに役立つということです。

今わたしは、本当に自分としては荷が重いのですが、たまたまご縁があって、早稲田大学の、学術院長と文学部長を兼任しています。ですから、教授会などで、わたしよりも年齢が上で、かつてはわたしをお教えくださったような先生に対しても、立場上、物事をお願いするようなことが、非常によくあります。

そのときには「今の自分の立場から発言すること」が中核になるわけです。「この立場の人間として、お願いしなければならないことは、いったい何なのか」というところから離れずに議論をして、やるべきことをやる、お願いすることはお願いする、ということに実はマインドフルネスがすごく役立っています。

会議ではいろいろと、お互いに通したい内容がありますので、感情作戦のようなときもあるのですが(笑)、あまりそのような感情には触れずに、淡々と、中核だけでやりとりができるのは、自分がマインドフルでいられるからであると、それが大きいと思います。

「マインドフルに、とりあえずただ聞く」という姿勢がありますので、相手が話している途中で、ものを言い返したりすることがあまりなくて、ご本人がどういう意見なのかを丁寧に聞いて、それをできるだけ大切にしながら返答する姿勢を心がけています。これはまさに、マインドフルネスの力で可能になっていると思います。

そうは言っても、「わたしはマインドフルネス学会も担当しているし、一日中、マインドフルネスに生きなきゃ！」という気負いは特にないですね（笑）。ただ普通に生きていますが、なんとなく、自分の心が、自分の思惑のほうにすごくいってしまって、物事の読み取りが、自分の感情で色づいていることに気づいたときには、そうでない自分に戻ろうとする感じです。あえて「これから会議だからマインドフルネスになるぞ」、などというような意気込みは何もないです（笑）。そこから離れたときには、それに気づいて、マインドフルネスな自分に戻ろうと思うだけですね。

越川房子

こしかわ・ふさこ

早稲田大学第一文学部心理学専修卒業。臨床心理士として精神科クリニックに勤務後、同大学大学院文学研究科心理学専攻修士課程修了、同博士後期課程単位取得満期退学。早稲田大学文学部専任講師、助教授を経て早稲田大学文学学術院教授。日本マインドフルネス学会理事長。主著書に、*Horizons in Buddhist Psychology-Practice, Research & Theory*（共編著／Taos Institute Publication）、『性格心理学ハンドブック』（共編著／福村出版）、『子どものストレス対処法ー不安の強い子の治療マニュアル』（共訳／岩崎学術出版社）、『マインドフルネス認知療法』（監訳／北大路書房）、『ココロが軽くなるエクササイズ』（監修／東京書籍）、『うつのためのマインドフルネス実践ー慢性的な不幸感からの解放』（共訳／星和書店）など多数。

――一日の中で、マインドフルネスを実践している時間はありますか。

ありますね。毎日きちんと時間を取れないのが、今の悩みではありますけれども、やっぱり重要な決断を要する案件などを扱うことがあるので、朝起きたときに、できるだけとるようにしています。

朝、時間をまったく取れなかったときには、出勤と帰宅の時間を利用しています。駅から駅までの区間ですね。特定の駅に着いたときに、あ、この駅に来た、と思って、自分の呼吸や身体感覚に注意を集中したりしています。

しかし、締め切りに追われているときなんかは、電車の中で別のことをしたりすることもありますし、あまりにも疲れちゃっているときは、心をawarenessにすることができずに、眠りに落ちてしまうこともあります（笑）。

そのようなときは、夜寝る前に、自分の呼吸に注意を向けて、「今日はきちんと時間をとってできなかったけれども、最後、眠りに入る前の呼吸とマインドフルネスに触れあおう」と思ってやっています。そんな感じです、わたしの場合は。でも、それはきちんと時間をとって行う実習を長い間続けてきたから、という部分もあると思います。

マインドフルネスへのギアチェンジのコツは、やはりある程度継続して実習しないと身につかないように思います。逆に言えば、継続していれば、いつか身につくというか……。適宜アドバイスを与えてくれて、継続することのモチベーションを維持してくれる指導者やグループと出会えるとよいですよね。

TM瞑想を入り口に、マインドフルネスへと歩んだ道

――先生がマインドフルネスに出会うきっかけは、仏教だったのでしょうか。

いいえ、わたしは瞑想から入りました。わたしが精神科の現場で臨床活動をしていたころ、統合失調症の方たちの社会復帰のためのグループを担当したことがありました。そのグループはわたしのほかにもう一人、男性の担当者がいたんです。

ある日、わたしが受けた認知行動療法系のワークショップが、自分が生きる上でも、それから臨床活動でもとても参考になったので、その彼に勧めたところ、彼が実際に参加して、「出てよかった」と言ってくれました。そして、「今度はぼくが参考になったところを紹介したいのだけど」と言うので、「あなたが臨床の引き出しを増やすのに役立ったものは、わたしも興味があるわ」と言って、受講したのがTM瞑想だったんです。

TM瞑想をやって、翌日、自分が、全然違うことに気づきました。当時住んでいたところから大学まで、自転車で十五分ぐらいだったのですが、そこは学生さんがたくさん住んでいるアパートだったんですね。男子学生も多くて、自転車をきちんと並べないんですよ（笑）。前日、大学から帰ってくるのが早い時間だと、自転車が奥の方に入っちゃうんですね。その自転車の手前に、後から帰って来た人たちの自転車が、ずらーっと乱雑に並んでしまうんです（笑）。

もう大学院の授業が遅れそうだっていうのに、その乱雑になっている一番奥に自分の自転車があったりすると、暗澹たる気持ちになりました。普段ですと「えー、もうイヤ！」とか思いながら、一台ずつ動かしてやっとで自分の自転車を出すんですけど（笑）、びっくりしたのは、その日は全然イヤなどとは思わなくて、ただ淡々と「今の自転車置き場の状況はこうなのね」と、イヤとか好きとか全然なく、すごく気楽に、淡々と自転車を動かしている自分にハッと気づいたんですよね。

「いったい何が起こったんだろう、自分に」と、その日、学校に向かう坂道を自転車で下りながら思いました。そのことがとても心に残ったんです。

前日までと比べたときに、わたしが違うことをしたのは、瞑想したことだけだったんですよね。瞑想だって、「そういうときに、心を波立ててはいけません」とお説教されたということもぜんぜんなく、ただ坐って、マントラを唱えていただけなんです。

それで、瞑想というこのふしぎな技法というのは、わたしが、わたしの人生を、わたしとして生きて行く（目覚めて生きていく）のに、必ず役に立つと、そのとき強く思いました。

このような実感が訪れるのが、瞑想を始めてから早い人と遅い人がたぶんいると思いますが、わたしは早かったので、瞑想をそのときに信頼したんだと思います。その経験が、あまりに自分にとって、意外だったからです。それが最初ですね。

それからＴＭ瞑想はかなり長い間続けていたのですが、同時期に、すごく興味があって読んでいたのが、東洋思想系の本です。

仏教の難しい専門書を手に取ることもありましたが、一般向けの解説書も気楽にあれこれと読んでいました。わたしは心理学が専門なので、東洋思想的な、自己・自我に対する考え方が、西洋の考え方にないもので、魅力的だと感じたんです。

それまでは認知行動療法などで、「考えを、自分の考えで変えていく」という方法をすごいなと思っていたのですが、瞑想を一回やってその効果を実感してからは、「考えを自分の考えで変えなくても、時間の質が変わるような方法があるのだ」と感じたんです。

考えにこだわって認識を扱おうとする西洋の思想だけでなく、「行」とか「修行法」とか、自分と向き合うためのテクニックで自分というものを扱っていく、東洋的な思想に興味を持つようになったんですよね。

仏教の認識論などを読んでいると、「自分というのは実体がないですよ、実体があると自分が思っているだけですよ」、とあります。そういうふうに自分をとらえることができたら、人間が持っているストレスって、すごく減るんじゃないかと思いました。そこから仏教の認識論や仏教の修行法にも興味が向かっていったんですよね。そしてその中で、ヴィパッサナーやマインドフルネスに出会うことになったんです。

一番のきっかけというと、一九九三年に、早稲田大学名誉教授の春木豊先生が、ジョン・カバットジン教授を呼んで、早稲田でワークショップを開催して下さったことですね。そのときに彼は、マインドフルネスの本をわたしに置いていかれたのですが、それが手元にあって。マインドフルネスに興味を持って、自分もやるようになったのは、そこからですかね。

――一九九三年というと二十年以上前ですが、その頃に比べて今、瞑想に興味を持つ人は多いのではないでしょうか。先生はどのように感じていらっしゃいますか。

そうですね。驚いています。昔、瞑想を研究したいと言ったら、「早稲田大学っていうのはね、東京にある、中央の大学なんだ。中央の大学が、そんなわけのわからないものを研究したいって言っちゃいかん」って言われたんですよ（笑）。

それで、わたしは、第二世代といわれる認知行動療法の効果についての研究を主として、第三世代といわれる瞑想技法的なものの効果研究は目立たない感じで細々と続けていたという感じです。最初はまわりの皆さんも、瞑想にはとても抵抗があったと思いますね。

昨今のマインドフルネスブームについて

――瞑想がテレビや新聞などの大きなメディアで取り上げられ、メジャーになってきていることに対してはどう思われていますか。

ＮＨＫや日経などから取材が来るなんて驚きですよね（笑）。

こういうブームって、すごく大きく膨らむと、またすすっと凹むじゃないですか。マインドフルネスとか瞑想の力を感じている者としては、瞑想ってそういうものであってほしくないと思っていて、このブームのうちに、脳の研究や科学的な研究がいっぱい進んでくれて、ブームでなく続いていくものであってほしいと、強く、強く願っています。

現在のブームについては、どう言ったらいいのかな、わたし自身は以前と瞑想に対するスタンスはあまり変わりませんし、淡々と移り行く状況を見ている感じです。ブームはいずれ終わりがくるものだと思っていますので、そのときに何が残せるかが重要で、わたしが今、一生懸命にやることだって思っています。

ブームってすぐにぽしゃっていくじゃないですか（笑）。残念ですよね。瞑想は効果を実感するまで長くかかる場合もあって、ちょっとやって、「やっぱりダメじゃん」、「私には向かないわ」となることもあります。

脳の研究などに期待するのは、「続けていたら脳の機能と構造がこのように変化する」というのが、科学的な方法論で実証されるということです。そのような結果が出始めていますが、そうした結果を目にすると瞑想実習を継続するモチベーションが違ってくるのではないかと思いますので、とても期待しています。

――アメリカなどでは、ビジネスへの導入もかなり盛んになってきているようですね。

最近は、ビジネスへの影響も出てきていますが、以前はビジネスと瞑想なんて、相容れないものと思われていました。

マインドフルネスをやろうとしている人が、最初に疑問に思うのは、マインドフルネスと、自分が生きているこの資本主義社会というのが、果たして両立しうるものなのか、というところだと思います。

実は、会社にとっていわゆる最終ゴールであるところの「企業の利益を上げる」ということに、マインドフルネスは役立ちます。人と競争して、自分が自分がと言って自分のことだけを主張して、収益をあげるのではなく、みんながそれぞれの心に対して、温かい思いやりを持つことによって、その平和的な心の安定を使って、人間が本来持っているクリエイティビティを、より素直な形で発揮していく。それをその会社の繁栄、発展につなげていく。ビジネスにおけるこういう形での展開は、マインドフルネスが得意なところだと思います。

「自分が自分が」と、自分を全面に出して自我を強くすることが、自分の会社も強くするし、自分自身の成功にもつながると思っている人は、瞑想やマインドフルネスを「自分には必要のないものだ」と思っていると思います。瞑想によって自分の人生が豊かになるとは感じられずに、むしろ時間が浪費されるだけの、自分には何の役にも立たないものだと思っていると思うんです。あるいは、自分の人生に苦しんでいる人がやるもので、自分のように、前を向いてテキパキやっている人には必要のないもの、そんな雰囲気があると思うんですね。

――アメリカのブームはものすごいそうですね。

ブームにつきものの、かげりはまだ見えていないのでしょうかね（笑）。今のマインドフルネスのブームというのは、実証研究で明らかになっていることを超えたブームになっていると、警鐘を鳴らしている研究者もいます。

誰もが脳の研究に飛びつきますし、脳の研究はすごく我々にとってインプレッシブです。わたしも瞑想の仕組みと効果を説明するときに、脳の研究についてお話することがありますが、脳のお話をすると、皆さん印象が変わるらしくて、かなり真剣に聞き始めます。

しかし、継続的な瞑想の効果に関する研究は時間がかかります。まず、瞑想を継続することに時間がかかりますし、データも一度にたくさんは取れません。脳の研究では、わたしも実験者として参加したことがありますが、高額な測定機械を使うのでその機械があるところでしか実験できませんし、まずデータを安定させてから測定に入るので測定に時間がかかります。ですから、実験に参加した人の数は、心理査定を用いた研究に参加した人の数に比べたら圧倒的に少ないんですよね。

したがって、たくさんの人のうち、その何割がその変化を起こすのか、といわれたときに、なかなか難しい問題があるんですね。nの数（実験協力者数）が少ないですから、「どこまでその結果を一般化して言えるのかという問題が残る」と言っている研究者もいます。

また、メタアナリシスというものがあります。それは、さまざまな心理療法の効果がどれくらいの大きさか、というのを見る統計的手法なのですが、それで見ると、マインドフルネスがほかの心理療法に比べて、圧倒的にいい、というわけではないんですよね。

心理療法の効果研究というと、まず研究者が自分の患者さんに特定の心理療法を実施するわけですが、一回の介入プログラムを受ける人が二十人だとして、それが各国で行われると数年でnの数が三千とか四千とか一万になるわけですね。そうした数のデータを集めて、本当にほかの心理療法に比べて、あるいは何もしないことに比べて効果があったかどうか、ということをメタアナリシスという手法で分析するわけです。

　効果の大きさは効果量という数値で表されますので、それを見ますと、マインドフルネスを適用した心理療法は効果がありますが、他を圧するほどの効果というわけではないということがわかります。

　ほかの心理療法と同じぐらいの数値は出ていますが、ほかのものよりも集中的なトレーニングが必要だったりとか、八週間の集中プログラムで脳の機能が変わるといわれているものの、やはりずっと継続することが推奨されていることなど、マインドフルネスの手軽だけれど継続が必要である面というのが、そしてその継続が習慣になるまでは毎日の実習が億劫に感じられることなどが、徐々にみなさんに見えてくるのではないかと思います。

「brief therapy」と呼ばれる心理療法がありますが、そういったものは、マインドフルネスよりも短い期間で効果が出せるわけですので、そういう短期的な効果の面から言うと、マインドフルネスよりもそういうもののほうがいいなと思う人も出てくるだろうと思います。

　他方、この長い伝統を持つマインドフルネスは、薬やスポーツ・ジムなどのようにお金もかからず、それから、たくさんの人数でも実習できるという効率性もあるし、自宅でも職場でも容易に実習できて、同じぐらいの効果が出るのですから、やっぱり優れていると、そういう見方もできると思います。何よりも一度習得すれば一生使っていくことができますし。何を評価軸にするかによって、評価は変わると思います。

　アメリカでのブームが、さらに高まっていくのか、警鐘が鳴らされて、現時点の実証データで保証できる適切なところに落ち着くのか、興味をもってみているところです。警鐘を鳴らす人が出てき始めているのは事実ですが、それよりも今は、マインドフルネスの効果を人生に活かしていこうという勢いのほうが強いかもしれませんしね。

重要なのは実証研究

――マインドフルネスがブームを超えて残っていくためのポイントとなるのは何だと思われますか。

　やはり実証研究でしょうね。脳の研究もそうですすし、科学的な方法論で、「マインドフルネスはこういうところに効果がある」ということを明らかにすることが、重要だと思います。

宗教関係の人からは、ときどき、「先生は効果、効果というけれども、効果じゃない、心だ」という批判をいただくことがあって、わたしもそれはわかります。それも真実の一つだと思っています。

ただ、心だけだと、やる人が少なくって、やる人が少ないと、マインドフルネスの本当の良さは広まらなくて、結局、残ることができない、ブームで終わってしまうと思うんです。実証研究をやって、これをブームでなく、このあともみんなが、自分のために使っていくものにしたい、とそれは本当に強く思っています。

瞑想をやった人は、それが確かに自分の人生を豊かにするということがわかっているんですけど、瞑想をやっていない人は、ただぼーっと座っていて、いったい何をしているんだろう、時間の無駄って、外からは見えるのでしょうね。

ですから、いかにそれが脳を変えていくか、という実証研究は、一般の人が瞑想の効果を理解するのにすごく助けになったり、マインドフルネスをやりたいあるいは続けようと思ってくださるそのモチベーションにすごく役立ったりするのではないかと思います。

実証研究には時間がかかりますけどね。今は脳のデータを取るのにも、解析するのにも時間がかかります。脳の研究だと、機械のほうの発展とも関係がありますから、「手軽に一度に百人の脳のデータが取れますよ」となってくると、また違っていくと思いますよね。

技術は日進月歩ですから、まだ明らかになっていない瞑想の効果が、新しい技術によってさらに目に見える形で提示されるということはありえそうです。そういうところに期待しているという感じです。

ビジネスにも役に立つマインドフルネス

――心理療法という枠を超えて、ビジネス界や教育界など、精神的に病んではないけれども、よりよく生きたいという人にもマインドフルネスが広がっていますね。

もともと仏教の修行自体が、悟りを志すとか、苦しんでいる人を救いたいとかそういう思いが背景にありますので、どちらかというと、病気の人の治療のために使っていたというよりは、マインドフルネスは苦しみから離れたいと願う人や、そういう人を助けたいという心を起こした人が使っていた技法なわけですよね。

人間というのは悩みや苦しみを作り出していく存在なので、そこから放たれるための技法ということですけれども、その対象となる苦しみは、病気の苦しみだけだったわけではないですよね。人が、生きるということについて悩んだり、人間であるがゆえに持っている業の苦しさに悩んだり、そういうところからの開放とか、自分のこの妄想症状（つまり生きる上での悩み苦しみ）を抑えたい、とか、そういうことだったわけですよね。

もともと鬱などの症状を軽減するための方法だったわけではないので、一般の人が瞑想をするという流れは、本当のところは自然ですし、そちらのほうが、効果が出やすいかもしれないとも思いますね。その意味では、病気の予防には効果があるのではないでしょうか。悩み苦しみなどはストレスですし、ストレスは免疫機能を低下させますから。

――日本の企業やビジネスパーソンがマインドフルネスを取り入れる意義については、どのようにお考えですか。

近年、企業が欧米化して成果を求める姿勢が厳しくなっていますよね。そんな中で、日々いろいろなストレスが自分に降りかかってくるわけですが、マインドフルネスに取り組むと、ストレスの中に取り込まれるのではなくて、それと距離を置くような、心の態度や筋肉を鍛えられます。そういう意味では、まずストレス緩和に役立つ方法だと思いますね。

それから、そういった脱中心化（ストレスに取り込まれなくなる）傾向やawarenessが育成されていって、どんな状況でも自分のフィルターを通してではなく、平らかにそこで起こっていることを受け取るようなマインドセットができれば、それは新しいことの創造や展開につながると思います。

他の人が目にし、耳にしているものの中から、他の人が注目しないものにも注目して、それを企業の中のさまざまな製品に利用していくとか。自分の見方だけに終始している人よりは、ずっと豊かに情報にアクセスできる状態になりますので、アウトプットも当然豊かな広がりをもち、新規性のあるものを生み出すことにつながると思います。

どうしてマインドフルネスが有効なのか、ということに関しては、研究者がいろいろと語っていますが、わたしが説明に使っているのはＩＣＳモデルです。

このモデルはわたしがオックスフォード大学でお世話になった、マーク・ウィリアムズ教授の研究グループのティーズディールという人が提案したモデルです。ティーズディール自身は認知心理学者で、情報処理モデルで心を考えたりしています。

「being モード」と、「doing モード」というのがありますが、我々は何か特定のゴールに向かって、それだけに集中すると、できるだけ効率良くゴールに達するために、それに関係ない情報に意識を向けずに、関係する情報のみにアクセスしてそれを順次処理していくんですね。つまり、特定のゴールを示されると、そこに起きていることの多くに、我々はアクセスしなくなるんです。できるだけ効率よくゴールに行くために、たくさんの情報を捨てるんですよね。これが「doing モード」です。

ところが、マインドフルネスな心の態度を涵養していくと、ゴールに関係するものにだけ集中してそのまわりにあるものを排除するっていう態度ではない態度になるんです。そうすると、それまで見えていなかったものにすごくたくさんアクセスできるようになりますよね。それは、クリエイティビティを発揮するための、その素材になる要素の数の違いとなって現れます。

ゴールが明確で、そこに達する最短の道がわかっているのであれば、わき目もふらず、それにすべての心の注意力を集中したほうが、結果がいいに決まっています。

ところが、新しいものを開発しようとするときは、ゴールが、つまり何が開発されようとしているかが、わかっていないわけですよ。ですから、そこにいくための一番短い道筋もわかっていないわけですね。

そうなったときに、マインドフルネスな態度で、いろいろなものに向き合っていると、これまで見ていたものと、全然違うものが耳に入り、目に入るようになります。これが「being モード」です。それらはみんな、クリエイティビティを発揮するための要素になるわけです。これまでと質も違えば量も違うものが、我々の中に入り込んできて、そこから何かを生み出すことになるわけですね。

三個しかないものから何かを生み出すのと、百個あるものの中から物事を組み合わせて生み出すのとでは、当然後者のほうが、クリエイティビティが高くなりますね。三個の要素から生み出されるものなんて、限られているじゃないですか。誰もが要素を三個しか持っていなかったら、思い浮かべるものが皆同じになってしまいますね。でも百個あったらバラエティが大きく増えるということですね。それは全然違うものを生み出すきっかけになります。

たとえば、ほかの人が本当はいったい何を望んでいるんだろうとか、どういうときにより幸せになったり、便利になったり、楽しくなったりするんだろうというほうに、目が向くようになりますよね。この人たちのことをマインドフルに観察するから、その人たちが本当に何を欲しているかということにアクセスしやすいマインドになっているということです。

頭で考えてとか、データはこうで、とかではなくて、今ここにいる目の前の人が、本当は何を欲していて、どういうときに幸せそうに見えるんだろうか、という、今ここで動いているところのものにアクセスしやすくなるんだと思います。

そうやって実際の肌感覚から出てきた製品というのは、やっぱり説得力があるんじゃないでしょうかね。そういうもののほうが、結果として売れて、会社の利益になるんじゃないかなと思います。

栄養価のあるいいものを作ろうと言ったって、最初の材料がカルシウムばっかりだったら、栄養が豊富なものは作れないでしょう。材料がカルシウムしかないんですから。

また、おいしいものを作りたいときも、砂糖しかなかったらおいしくは作れません。塩や醤油、味噌や唐辛子など、様々な味があると、バランスがとれておいしいものができます。

つまり、マインドフルネスによって、人生というお料理を作る際の素材が変わっていくということです。今、ここで動いている、生きている素材を使って、それも自分の好きな味のものだけでなくいろいろな味や栄養を使ったお料理のほうがきっとおいしく充実した一皿になるんじゃないでしょうか。

マインドフルネスで思いやりも育つ?

——マインドフルネスで慈悲が育つ仕組みについては、どのようにお考えですか。

二つの方向があるのかなと思います。一点は慈悲の瞑想によって、つまり言葉によって、自分の感情を、思いやりを持った慈悲の感情のほうに、制御する。それは言葉の力だと思います。慈悲の瞑想というには、言葉を使う瞑想ですよね。「自分の嫌いな人も幸せになりますように」、とか「みんなが幸せになりますように」、とかですね。言葉には我々の行動や感情を制御する力というのがあって、それを使っていくというのが一つです。

それから、もう一つは、マインドフルに物事を受け取ろうとしたときに、目の前にいる人の悲しみや、目の前の人の痛みや苦しみにアクセスしやすくなるということです。

例えば、心理学の実験で、アイヒマン実験というのがあります。ナチスの幹部アドルフ・アイヒマンの名前にちなんで名づけられた実験です。彼は裁判で、「自分は何も悪いことはしていない、たくさんのユダヤ人を殺したけど、それは自分が殺したかったわけではなくて、上司の命令に従っただけだ」と主張しました。それが本当かということも含めて行われた実験なんです。

善良な一般市民を心理学の被験者として新聞で募集して、記憶の実験に教師役として協力してもらうのですが、隣の部屋にいる生徒役の人が間違えるたびに罰として電撃を与えるという役なのです。この電撃の強さがだんだんと上げられていき、教師役が拒否すると、実験者からちゃんと電撃を与えるようにと要請されるのです。実は生徒役はサクラで、上げられた電撃の大きさに従ってわめいたり壁を叩いたりの演技をします。この実験では被験者の六割以上が最大の四百五十ボルトまで電撃を与えたとされています。

また、「相手が見えない」条件と「相手が苦しむ様子が見える」条件では結果が変わるんです。「相手が苦しむ様子が見える」条件では最大ボルトまで電撃を与える人は「相手が見えない」条件の半分以下になります。

戦争でミサイルの発射ボタンを押すときに、そこで爆撃を受けて幼い命が亡くなったり、何の罪も犯していない人を簡単に殺せてしまったりするのは、苦しんでいる人が目の前にいなくて、ボタンを押すだけだからです。

マインドフルネスにその目の前にいる人のことを、きちんと自分の目の中におさめたら、われわれにはミラー細胞もありますから、「この人はきっと苦しいんだろう」とか、「痛むんだろう」と思い、感じるわけです。自分と同じ人間だっていうことにアクセスしやすくなります。そうなったら当然、無慈悲なことはしにくくなる、と心理学のデータは教えています。

こうした観点からは、マインドフルネスな態度は慈悲に通じる態度だといえます。マインドフルネスはそういうところにも効果があるかもしれないと思いますね。

宗教とマインドフルネス

――マインドフルネスと宗教の関係性についてはどのようにお考えですか。

二つのタイプの人がいて、宗教性を排除しているからこそマインドフルネス瞑想に興味を持って、マインドフルネス瞑想をやっていきたいと思う人と、仏教的な心から入って、仏教の教えのもとに、修行としてマインドフルネス瞑想をやっていきたいという人と、両方いるような気がしますね。それぞれがそれぞれに展開していくんじゃないかなと思います。

一緒になるということもあるかもしれないですけど、しばらくは、宗教性が排除されたからやります、という人と、宗教の流れの中でやる人がいると思います。それぞれが自分の実生活の中で、効果を感じたら、そこは一緒になるんだと思いますけどね。

その二つが統合される場があるとしたら、それは「生きている現象の今ここ」なんだと思います。ですからそこで、マインドフルネスによって自分に豊かさが生まれるということになれば、お互いに話をしていけると思います。

わたしはマインドフルネスをたくさんの人に経験して欲しいと思っています。宗教的な心があろうとなかろうと、きちんとやれば、それがその人の人生を豊かにすると思うからです。

わたしは実利主義者なんだと思います。その人にとって役立つものであれば、どの研究者、どの理論家が言っていることであろうと、それは使っていったらよいと思うほうで、この理論家とは主張が合わないから、わたしは採用しません、というタイプではありません。

ですからもし、「宗教性があるから嫌だ」、という人がいた場合、瞑想は宗教性がなくても効果を持ち得ますから、宗教性のない瞑想を、その方が豊かな人生を送るのに使って欲しいです。

マインドフルネスには、教えはないかもしれないし、お説教もないかもしれないですけど、でも、その上で、それをやることによって、思いやりの心や慈しみの心が育っていくのであれば、それは宗教が目指していることと目指すところは同じで、ただたどる道が違うのだろうと思います。信仰というものがなくても、科学的な実証研究の結果から瞑想を実践していこうとする道が開けるならば、それはOKだと思うんですよ。信仰がないといけないとは思わない、ということです。特にマインドフルネス認知療法では「思いやりをもった注意（意識）を向ける」ということが薦められていますが、これは多様な文化と価値観の中で共生社会を実現していく上で大切なことだと感じています。

――マインドフルネス学会では宗教性を極力排除しているのでしょうか。

排除はしていません。シンポジストとしてお呼びする方には、僧侶の方も多いです。シンポジウムの中で、「みんな科学、科学というけれども、心や信仰というものが大事だ」ということをおっしゃる人もいます。それを聞いて、心が動く人もいるでしょうし、それじゃあ怖くてできないから、そういうものに近寄りたくないと思う人もいるでしょう。それはいろいろだと思います。でもそれを「こっちのほうしかない」というふうに排除することを、マインドフルネス学会はしていないということです。

いろいろなマインドフルネスへの接し方があって、それはそれぞれに存在すればいいということです。選ぶのは、まさに生活して生きているその人です。これがいい、あれがいい、と自由に選べばいいと思います。

ただ、マインドフルネスがどのようなもので、科学的にどのようにその有効性が実証されているかなどは、学会の使命として伝えていきます。常に科学がベースとしてあるのが、宗教とは違うところですね。そうでなければ、宗教のほうで瞑想実践を深められたほうがいいと思います。

宗教は宗教で、すごく重要な役割があると思います。また逆に、マインドフルネスをきっかけに宗教の道に入る人もいるかもしれません。いろいろな僧侶がお話をしてくださって、「同じマインドフルネスをやるのでも、自分はそういう教えとか信仰を一緒に携えていきたいタイプだな」と思う人がいれば、その方は、その門をたたかれるんだと思います。

どちらでなければならない、というのはわたしの中にはぜんぜんありません。

わたしは坐禅をしますし、仏教の本を読むのもすごく好きで、よく読みます。でも人には押し付けないですね。でもまあ、政治家でも中曽根元総理をはじめ、本当に重要な決断をする人で、坐禅をしている人は多いですよね。アップル社の創業者の一人スティーブ・ジョブズだって、坐禅から入ったのだと聞いています。

わたしはTM瞑想をやったあと坐禅をやりましたけど、円覚寺さん、妙心寺さんは、一般人に宿泊での坐禅の機会を提供しておられますよね。少なくとも私の若い頃はそうでした。そこでわたしも徹夜（三時間くらいは寝たように記憶しているので、徹夜というと語弊があるのかもしれませんが）の坐禅を体験しました。実家の宗派は異なるんですけど、関係ないですね、それは。

お経も好きなんですよ。ご葬儀のときに聞くお経とか、その後の僧侶のお話とかも好きですね。お経は音の響きが身体に独特の感覚を与えますし、この宗派ではこういうふうに死後の世界を語るのね、といった感じで、そのお話が私の心にどんな気持ちを呼び起こすのか、いつも好奇心いっぱいで拝聴しています。

宗教に関する歴史をみると、目指すところは同じなのに、なんであんなふうに殺し合わなきゃいけないんだろう、という気持ちがあって、特定の宗派でなければならない必然性はあまり感じないですね。

宗教とマインドフルネスでおもしろいと思うのは、このマインドフルネスの流れが、どこの宗派でなくてはならない、ということをもしかすると超越できるかもしれないところですね。宗教どうしだと対立してしまうかもしれませんが、マインドフルネスは、宗教宗派にかかわらず、仏教の人もやる、キリスト教の人もやる、イスラムの人もやる、というようになっていって、マインドフルネスで結び合っていけるのであれば、それはとてもいいことだと思います。

マインドフルネスという修行の技法によって、みんなが穏やかな心と人に対する共感性を育んでいけるのであれば、宗派による対立を超えることができると思いますから。もし全世界的にこのマインドフルネスという技法が評価されて、そういうふうになったら、それは素晴らしいなと思っています。

自分が幸せな人はあまり人に意地悪な心も持たないですし、幸せでいる、日々の生活の中で幸せを感じられるっていうことは、やっぱり大事なんだろうなと思います。マインドフルネスは、そんな幸せに気づくことができる瞑想法だと思います。

（『サンガジャパンVol.22』〈二〇一六年一月〉掲載）

第28回サンガくらぶ
『実践！ マインドフルネス』刊行記念講演会

マインドフルネスの実践と理論

熊野宏昭
医学博士 早稲田大学人間科学学術院教授

構成 中田亜希

2016年9月26日
神保町101ビル3階

マインドフルネスの実践をわかりやすく解脱した近著『実践！マインドフルネス』（サンガ、二〇一六年）の刊行を記念して、著者であり日本におけるマインドフルネスをリードする熊野宏昭氏の講演が開催された。マインドフルネスのポイントが凝縮し整理された講演を載録する。

1　マインドフルネスを三つの側面から語る

熊野です。今日はマインドフルネスについて三つの側面から皆さんにお話をしたいと思います。

一つは世界的に実践されている「マインドフルネス瞑想」が何を指し、どういう仕組みになっているのかというごく一般的なお話についてです。

二つ目は、心理療法の世界でマインドフルネスがどんな形で応用されているのかについてです。私が専門としている認知行動療法の領域では、マインドフルネスを活用したAcceptance and Commitment Therapy：ACT《アクト》が近年、鬱や不安に対する心理療法として世界的に使用されています。ACTはマインドフルネスをどのように活用し、どのように患者さんに役立っているのかをお話したいと思います。

三つ目はおよそ二六〇〇年前にマインドフルネスがブッダによってどのように説かれたのかについてです。

お経にはマインドフルネスに関係したものが二つあります。そのうち短いほうのお経がアーナーパーナサティ・スッタ（出入息念経）で、長い方のお経がサティパッターナ・スッタ（念処経）といわれるものです。

アーナーパーナサティ・スッタは短く、内容もシンプルなので何人もの先生方が解説をされていますが、中でもわたしが好きなのはラリー・ローゼンバーグさんの書かれた『呼吸による癒し―実践ヴィパッサナー瞑想』（春秋社）です。元々のタイトルは『Breath by Breath』で、高野山大学の井上ウィマラ先生が日本語に翻訳されました。すばらしい本ですので、この本で紹介されていることを踏まえてアーナーパーナサティ・スッタの中でマインドフルネスがどのように説明されているのかをお話したいと思います。

それから、もう一つ。先日出演した「NHKスペシャル」と「サイエンスZERO」で、私はマインドフルネスが脳に効果があるということを説明しました。マインドフルネス瞑想を続けていくと、脳の構造の変化――脳の働きだけではなくて脳のある部分が厚くなってくるような、脳自体が物理的に変化するというデータがあるんですね。番組の中でご紹介したそういったデータについても最後にちょこっとご紹介したいと思います。

2 マインドフルネスとは目覚めた状態のこと

まず、マインドフルネスというのはどういう状態かということについてです。「マインドフルネスって注意の集中の練習のことでしょ」とよく言われますが、それは間違いです。注意の集中ができないとマインドフルネスはうまくいきませんが、注意の集中だけではマインドフルネスにはなりません。プラスアルファが必要です。それは最初に強調しておきたいと思います。

それからもう一つよくあるのが、「マイドフルネスってリラクゼーション状態のことでしょ」という間違いです。現在、世界中で「マインドフルネスストレス低減法」(Mindfulness-based stress reduction：MBSR)という八週間のグループ療法が実践されています。マインドフルネスはストレスを低減する、だからマインドフルネスはストレスのない状態、あるいはストレスに対する抵抗力が高まった状態(リラクセーションの状態)のことだろうと理解される方がいるのですが、それは間違いです。

マインドフルネスというのは、「気づいている」ということです。ですからストレスが溜まっている状態に気づいていてもリラックスしている状態に気づいていても、どちらもマインドフルネスなんですね。つまり、マインドフルネスはストレス――リラクセーションとは別の軸だということです。

マインドフルネス(Mindfulness)は、もともとマインドフル(Mindful)という一単語から派生した、マインドフル・ネス(Mindful-ness)という言葉です。ところが日本ではマインド・フル・ネスと発音する方がけっこういます。そう発音すると、「マインド」と「フル」と「ネス」に別れる感じになりますね。しかしマインドフルネスは「マインド」が「フル」なわけではありません。むしろ

「マインド」が「フル」になると、これから説明する「心ここにあらず」の状態になり、問題が生じてしまいます。

我々はときどき「ハッと我《われ》に返る」ということがあります。この「ハッと我に返った状態」――「目が覚めた状態」とも言いますが――がマインドフルネスです。

ハッと我に返る前の我々は、「心ここにあらず」の状態になっています。「心ここにあらず」の状態というのは考え事をしている状態です。

たとえばあなたが友達に相談をするとしましょう。「大事な相談があるんだ。話を聞いてほしい」「わかった」「こういうことで悩んでいる。こうしようかと思っていて、でもこれもいいかなと思っているんだけど」みたいな話をしていたら相手が上の空になっている。ぼーっとしていたり、時計を眺めてみたり、果てはスマートフォンを取り出してみたり。そうすると「おい！　聞いてって言ったじゃん」とちょっと怒りたくなりますよね。「おい！」と言ったときに、相手の人はハッと気づくわけです。で、今ここに戻ってきます。そして「あ、悪い悪い。いや、ちゃんと聞いてるから」と言います。聞いていなかったんですけど（笑）。でもまたしばらく経つと、どこかに行っちゃって、「やっぱり聞いてない！」ということになるんですね。

上の空になっている相手の人は何をしているのかというと、考え事をしているわけです。考え事をして、それに引っ張られてどこかへ行っているんですね。もう自分の目の前からいなくなってしまっています。

それに対して、「おい！」と言われてハッと我に返ってここに戻ってくる、そのハッと気づいた状態のことを「目覚めの状態」＝マインドフルネスといいます。ハッと気づくと、脳のセイリエンス・ネットワークという自分にとって重要な情報に気づくことに関連した部分が働きます。セイリエンス・ネットワークが働いて瞬間瞬間の自分に戻るということをマインドフルネスと言っているわけです。

人と話をしているときだけでなく、我々は自分自身の中でも同じことをやっています。ちゃんと集中して作業をしようと思っても、すぐにほかのことを考えます。仕事をしていたはずなのに、ネットでニュースを見たり、椅子から立ち上がってうろうろしたりごろごろしたり、そんなことをすぐにしてしまうんですね。

3　マインドフルネスの練習方法

我々は日常生活の半分以上を「心ここにあらず」の状態で過ごしています。でもそれではいろいろうまくいきません。それで「今ここに戻る」ということを練習していこうというのがマインドフルネス瞑想法だというわけです。

日本でずっと昔から実践されてきた武道や芸道も皆、「今ここに居続ける練習」をしてきたのではないかと思います。たとえば宮本武蔵などの剣豪は、ぼんやりとはしていなかったと思うんですよね。どこから斬り込まれてもパッとすぐ対応できるような、そんな状態がおそらく続いていただろうと思います。

マインドフルネスの練習を重ねていくと、心がそれて、心ここにあらずになっても、再び「今ここ」に上手に戻ることができるようになります。さらに練習を続けると人となりが変わって、やがて今ここにずっといられるようになります。

ハッと我に返ることをマインドフルネス状態といいますが、その状態を繰り返し繰り返し作っていくと、マインドフルネス特性が高まり、日頃からあまり思考の世界に行かなくていられるようになるんですね。

一方、「マインドフルネス状態」に対して、「心ここにあらず」の状態、心があちこちさまよっている状態のことを「マインドワンダリング」といいます。

マインドワンダリングには、「反芻《はんすう》」と「心配」という二つの要素が含まれています。「反芻」とは過去のことを繰り返し思い返して後悔することです。反芻し続ければ続けるほど鬱《うつ》状態が重くなり、鬱病が再発する大きな要因になることも知られています。「心配」とは未来のことをぐるぐる考えることです。取り越し苦労とも言います。不安を原因とする病気には、全般性不安障害やパニック障害、社交不安障害などさまざまなものがあります。「もしこういうふうになったらどうすればいいんだろう。どうしよう、ああなったら……」と、考えれば考えるほど不安が高まっていくわけです。ですから、鬱病や不安障害を治療するためには、「反芻」「心配」をどうやって減らすかということが非常に大きなテーマになります。

「じゃあ過去のことや未来のことなんて考えなければいいじゃないか」というふうに思われるかもしれませんが、

「考えないようにする」というのは下手なやり方です。短時間であれば考えないようにすることもできますが、気が緩むと倍返し、三倍返しになってダメージが返ってきます。

昔、ＮＨＫの『ためしてガッテン』という番組に出て、高所恐怖症の人の治療を手伝ったことがあります。高所恐怖症の人たちが建物の階段を上って行くときに、マイクを近づけて声を拾ってみると、みんな一様に言っていた言葉が「大丈夫、大丈夫」だったんですね。ＮＨＫの人はそれを「この人たちの不安を強めていく魔法の言葉」と上手に表現していました。「大丈夫、大丈夫」と言って上っていく間は考えないで済む。でも、ハッと気がつくと「うわあ」と不安が噴き出してしまうんですね。

だから考えないようにしないで、考えないようにするにはどうしたらいいかということが大きな課題になるわけです。それを実現していくのがマインドフルネスだと考えていただくと、わかりやすいかと思います。

4　マインドフルネスの特徴

マインドフルネス瞑想の実践法は、坐禅や瞑想と基本的には変わりません。しかし違うところもあります。たとえば坐禅や瞑想といったときにイメージするのは「注意を集中する」ことではないでしょうか。それからもう一つは、「呼吸を規則的に行う」ということかと思います。

ところがマインドフルネス瞑想では呼吸をコントロールしません。速くしたいときは速く、ゆっくりしたいときはゆっくり、ため息をつきたいときはため息をつく。身体にまかせて呼吸をさせ、それを感じ取るのがマインドフルネス瞑想法の特徴です。

マインドフルネス瞑想法には注意を集中する前半の段階とその注意をパノラマ的に広げて注意を分割していく後半の段階があります。実践もその二段階に分かれています。これからその二段階を具体的に説明していきます。

マインドフルネス瞑想の実践――（前半）サマタ

まず、瞑想をするときの姿勢を整えておきたいと思います。皆さんまず、背筋をすっと伸ばしてください。椅子の場合は、椅子の前のほうに坐ったほうがやりやすいでしょう。手は太ももの上に置いてもお腹の前で重ねても構いません。目は閉じても半眼でもどちらでも結構です。

身体がまっすぐになっているかどうかを確認します。体を少し左右に揺すって、自分の身体のまっすぐな位置を探してください。左右の坐骨は均等に重みを受けていますか？ 身体の真ん中の感覚を覚えておいて、姿勢が乱れたら真ん中の感覚に戻ってくるようにします。背筋がすっと伸びてそのほかの身体の力がすべて抜けている姿勢になりましたでしょうか。

では、マインドフルネス瞑想の前半、「注意を集中する瞑想」をやってみましょう。

まず、呼吸に伴う身体の動きに静かに注意を向けます。呼吸はコントロールしません。深呼吸もしません。お腹や胸のあたりの動きや、それに伴う身体感覚に注意を向けます。息が入ってくると、男性であれば腹式の方が多いのでお腹の前が膨らむでしょう。女性であれば胸式の方が多いので胸の前が膨らむでしょう。膨らんでいくときは「膨らみ・膨らみ」、縮んでいくときは「縮み・縮み」と、感覚をそのまま感じ取ります。深い呼吸の場合は「膨らみ・膨らみ・膨らみ・膨らみ」「縮み・縮み・縮み・縮み」、浅い呼吸の場合は、「膨らみ・縮み」「膨らみ・縮み」、自分の身体がしたいようにさせ、これを続けていきます。

雑念は出るもの

呼吸に伴う身体感覚に集中しようとすると、必ずと言っていいほど雑念が出てきます。坐禅や瞑想をするときに「無念無想になりなさい」と言われますが、あれは無理なことを要求しているんですね。「私は二〇分、何も考えないで集中していられます」という人はむしろ力みすぎです。集中して無念無想になっていけばなっていくほど、雑念が出てきやすくなります。

うまく集中すると、あるところまではずーっと集中が深まって、そこから雑念が出てくるはずです。あるいは最初から雑念だらけかもしれません。たとえば「あの仕事、難しかったな、まだ結論出てないんだよな……」というような雑念が浮かんで考え始めてしまうと、そこで瞑想が終わってしまいますので、「何か考え始めたぞ」と気づいたら、なるべく早めに切り上げて「雑念・雑念」とラベリングをし、「戻ります」と声をかけて再び呼吸に伴う身体感覚に注意を戻します。これが大切です。

考え事を切り上げて戻ってきても、またすぐ雑念が出てくるかもしれません。その場合も、「雑念・雑念、戻ります」と言って再び身体感覚に注意を戻します。これを繰り返します。

これを注意の集中を高めるサマタ瞑想といいます。注意の集中というよりも、注意を持続する練習、あるものに注意を向け続ける練習です。

マインドフルネス瞑想法ではサマタ瞑想を前半に使うんですね。それはマインドフルネスには注意の集中力が必要だからです。ある程度できるようになるまでこれを練習します。実際に練習するときは二～三週間、サマタだけを練習していくのがよいと思います。

マインドフルネス瞑想の実践――(後半)ヴィパッサナー

十分できるようになったら後半の段階に進みます。後半は「注意を分割する」練習です。注意の分割をいかに実現していくかが課題になります。

注意の分割とは気を配ることです。いろいろなものに同時に気を配ります。たとえば私が講演会でお話をしながら、同時に聴衆の方々の顔を見るようにする。そのような状態を注意の分割といいます。

先ほどはお腹や胸のあたりに注意を集中して呼吸していましたが、今度は息が身体全体に流れていくようなイメージで呼吸をします。吸った息が手足の先端にまで届き、手足の先にまで注意が向いていきます。雑念が出てきたときは、先ほどのようにラベリングはせず、「あ、なんか考えはじめたぞ」と雑念をそのあたりに漂わせておくにとどめます。「膨らみ・膨らみ」「縮み・縮み」も先ほどよりも自分の中の声を潜めて唱えるイメージです。

できるようであれば、注意を自分の身体の外にまで広げていきます。音が聞こえていればその音を聞きながら、空気が動いていれば、空気の流れを感じながら、「膨らみ・膨らみ」「縮み・縮み」と身体感覚を感じます。雑念も感じながら、音も空気も身体感覚も同時に感じながら、時を過ごす感じです。木の葉が風にそよいでいるのを眺めているような感じがすることもあります。

後半は「何をやってるんだろう」という感じですよね。すべてを感じ続けるというのはたいへん難しいです。おそらくすぐに眠くなります。この後半の練習だけをやろうとすると、五分も経たないうちに、コクッ、コクッとなる。とくに夜はそうですね。朝はそうでもないんです。時間によってどう違うのかということもちょっと練習してみるといいと思います。朝は目が覚め、身体が覚めていく方向にいくので実はあんまり眠くならないんです。

ところが、前半の注意を集中する練習を十分にしていると眠くなりません。これはとても大事なポイントだと思います。前半は注意の集中の練習というよりも持続の練習なんですね。あるものに注意を向け続けるという練習が前半の練習です。それが十分にできると、気を配る、いろんなものを同時に感じ取るということをやっていても、その状態を続けられるようになります。なかなか長い時間できないという人は、前半の練習をしばらく続けていくというのがいいかなと思います。

5 マインドフルネス／マインドレスネス

先ほどからお話ししている「心ここにあらず」とは、思考や感情に巻き込まれた状態です。不安を感じると不安に巻き込まれてしまう、怒りが湧きあがってくると怒りに巻き込まれてしまう、何かがほしくてたまらないと欲に巻き込まれてしまう、考え事をしていると考え事に巻き込まれてしまう……。

巻き込まれるというのは、思考や感情の黒雲の中に自分が巻き込まれているような状態です。周りじゅう黒雲なので、何がなんだかわからない状態になるわけです。それをマインドレスな状態といいます。

ACTでは、思考や感情に巻き込まれた「心ここにあらず」になっている心の状態と、そこから目が覚めたマインドフルな状態を、いくつかの特徴のある行動が合わさって表れている状態であると、モデル化して捉えています。

次の図【図1】の左側の四つ「過去と未来の優位」「体験の回避」「認知的フュージョン」「概念化された自己」が

マインドフルネスの逆の状態であるマインドレスネスに関係していると捉えられている行動パターンです。つまり、マインドレスな状態はこの四つの行動パターンが増えている状態です。さらに「価値の不明確さ」「行為の欠如や衝動性」といった、右の二つを合わせた六つの行動パターンが増えると、鬱や不安などが強くなりやすくなります。

図1

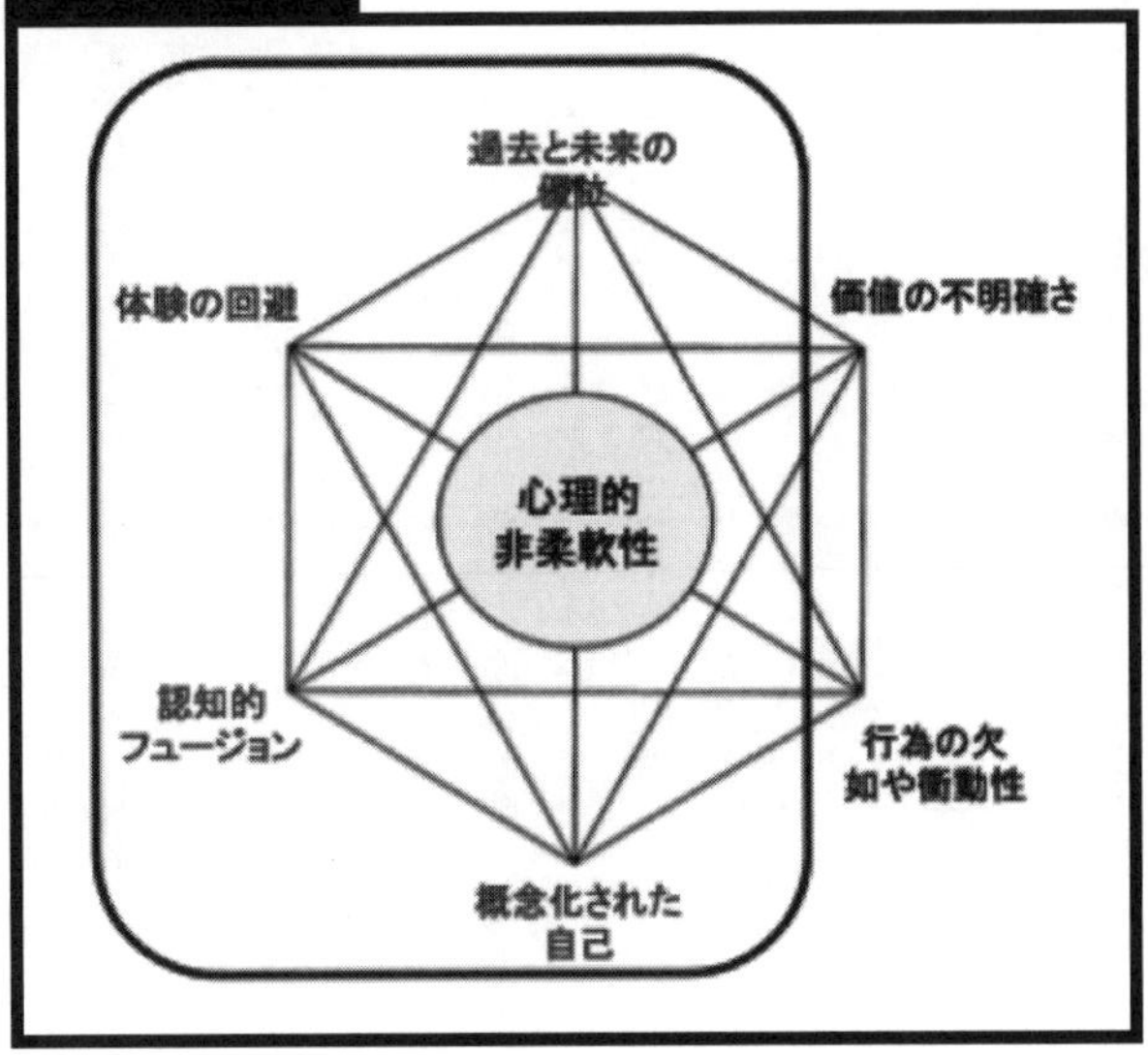

図2

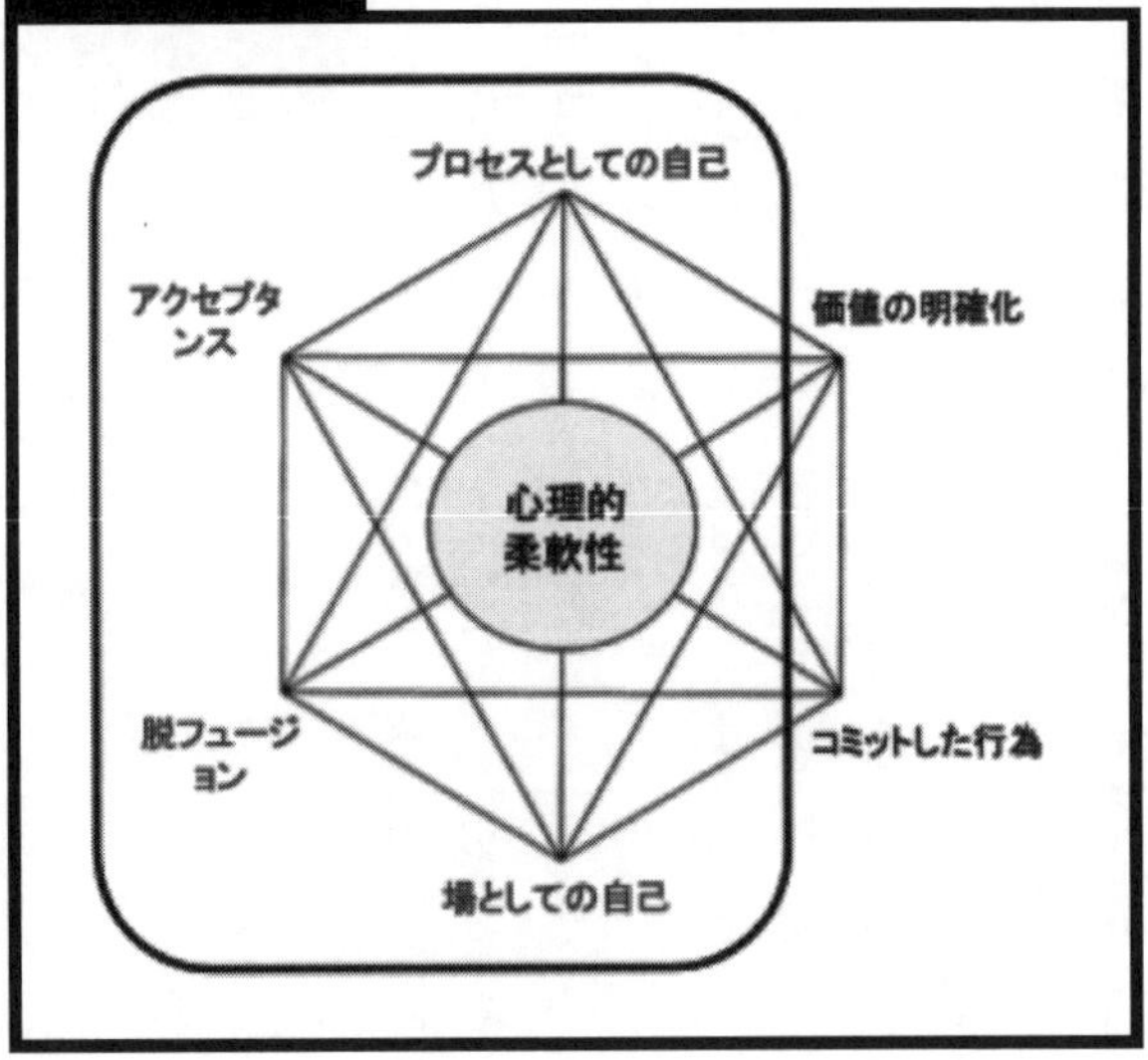

それに対してその反対の働きを持っている図【図2】の六つの行動パターンが高まると、健康で柔軟なものごとの捉え方ができる心・行動の状態であると言うことができます。

回避と認知的フュージョン

「心ここにあらず」の特徴の一つは体験の回避です。体験の回避とは、自分が感じたり、考えたり、思い出している嫌なことを感じないでおこうとする心の特徴、あるいはそういう行動パターンです。不安になりたくない、怖い思いをしたくない、痛みなんか感じたくない。このように嫌なものを心から締め出そうとすることは、誰にでもある特徴です。

でもこれは生まれたときにはない特徴なんですね。我々はこれを育ってくる過程で身につけてきました。なぜ身につけたのかというと、我々は心を閉じることによって、たとえ短時間であっても嫌な思い、怖い思いをしなくて済む経験を積み重ねてきたからです。

我々の行動は、いろんな形で学習されていきますが、その大部分は体験学習です。体験学習は無自覚に起こります。「怖くない、怖くない」と言って少しでもほっとできたので、我々はそれを癖にしてしまったんですね。しかし長期的には逆になります。しばらく経つと三倍返し、四倍返しで怖くなってしまうのですが、それは我々の習慣の学習には影響しません。

「認知的フュージョン」とは、自分が考えたり感じたりしていることに飲み込まれてしまうことです。「認知的」は思考、「フュージョン」は混同という意味です。つまり思考の混同です。何を混同しているのかというと、思考の内容と、現実と、自分の三つを混同しているんですね。

言葉の力

なぜ混同が起こるのかというと、我々の言葉が非常にうまくできていて、素晴らしい力を持っているからです。

我々の言葉はバーチャルな現実を創り出す力を持っています。たとえば目を閉じて「レモン」という言葉を聞くとレモンが見えませんか？「どこにある？」と聞かれてもどこにもないのですが、心の目でレモンが見えます。バーチャルな現実が我々の心の中に創り出されるんですね。

こんな例もあります。たとえば我々が小説を読むとき、数分あればその小説の世界に入って、主人公と一緒にドキドキしたり、楽しい思いをしたり、悲しい思いをしたりすることができます。でもその小説をパタッと閉じると、もうその世界はどこにもありません。それは非常に不思議なことですが人間の言葉はそういう力を持っているんですね。「レモン」と聞いたとき、レモンが心の目で見えても、レモンがここにないのはわかります。本の世界が本の中のことであることもわかります。ところが我々が考えているこということは、そこがよくわからなくなってしまいます。

たとえば、鬱がひどい人が「俺ってだめだなあ」と思ったとします。そうするとダメな俺が見えます。「何をやっても失敗ばっかりだしなあ」と思うと、失敗してうなだれている自分が見えます。「それってあなたが考えているだけでしょ」と言われても、「いやいや、そんなことない。本当です」というふうに言いたくなるんですね。

レモンだったらここにないということがわかるのに、自分が考えていることが現実ではないということは、なかなかわからない。それぐらいバーチャルな現実はリアリティーがあるということなのです。

概念化された自己

認知的フュージョンの特徴の一つは概念化された自己、つまり自分に対する思い込みです。我々は常に自己イメージ・自己概念を持っています。自分はこういう人間だ、こういうことが得意でこういうことが苦手だ、これはできない、こういう人とは付き合えない、といった自己イメージがあります。が、それは本当は思っているだけなんですね。

我々は子どものころから「アイデンティティーを確立するのはいいことだ」と教えられています。アイデンティティーを確立すると、社会の中での立ち位置ができますし、中高生でいえば、自分のキャラと合った友達とだけ遊んでいればいいわけすから、いいこともあって楽なのですが、しかし「そんなの私のキャラじゃないのよね」と言ったとたんに他の友達とは付き合えなくなる、ということも起こるわけです。世界が狭くなってしまうんですね。自己概念は自分を縛るものにもなるということです。

過去と未来と自己注目

我々は「今ここ」にしかいません。過去なんてどこにもないし、未来もどこにもありません。しかし我々は過去のことにはずっとこだわり続ける。未来のことも心配して取り越し苦労する。バーチャルな現実を創り出す力によって、我々はあたかも過去や未来があるように感じてしまうわけです。

これは時間概念と現実を混同する行動です。過去は反芻、未来は心配ですから、過去や未来ばかりが大きくなって今がお留守になってしまうと鬱や不安につながっていきます。そうすると自分というものがどんどん大きくなります。自己注目が起こってくるんですね。自己注目も不安や鬱の大きな原因だということがわかっています。皆さんも、心配事や嫌なことがあると、自分のことばかり考えてしまいませんか?

この前、あるケース検討会で聞いたのは、子どものころから人前ですごく緊張するという方の事例でした。会社員になった今も緊張するので、緊張をなんとかしたいと思って治療者のところにやってきたんですね。「会社でうまくいかないことがあるの?」と治療者が聞くと、「いや、特にそれはありません」と言います。「会社では緊張しているとみんなに言われるの?」「言われません。むしろ今日のプレゼン良かったね、とかって言われます。でも家に帰ると、いやあ、なんで私、あんなに緊張したのかなあ。みんなは緊張してる私のことを見てどう思ったかなあ、そういうことをぐるぐる考えるんです。そしたらどんどんまた緊張してきちゃって、もう嫌で嫌でたまらないんです」「じゃあ実際、たとえばいちばん最近、プレゼンしたときはどんな様子だったの?」「いやあ、ぜんぜん覚えていません」。

この人は、どういう状態なのでしょう。うまくできて褒められても、自分のことばかり考えて家に帰るとそのことが逆になるんですよ。実際不都合はなかったのに。しかもプレゼンの様子は「覚えてない」と。自分のことしか見てないので、覚えてないんですね。

自己注目が起こってしまうと不安や鬱はいくらでも強くなります。思考から派生したバーチャルな現実はリアルな現実と対応してないので、いくらでも極端に考えられるんですね。それが危ないところです。

6 アクセプタンスでマインドフルネスを実現する

我々は常に回避か認知的フュージョンのどちらかにいっちゃっているわけです。心を閉じるか飲み込まれるか。それがマインドレスの特徴です。

「心ここにあらず」になるのはなぜか。一つは考える世界に飲み込まれるからです。もう一つは考える世界に飲み込まれて辛くなるので回避のほうにいくからです。でも回避はうまくいかなくて、倍返し、三倍返しになって戻ってくる。だから思考の世界に飲み込まれて「心ここにあらず」になってうろうろしてしまうんですね。

ＡＣＴでは「回避」と「認知的フュージョン」の逆をやっていきます。マインドフルネスというと、「心ここにあらずの逆だ、目が覚めた状態だ、練習するのは瞑想法を通して練習するのが一般的だ。じゃあやってみよう。やってみたけどうまくできない。まあ、もういいか」となってしまうことがあります。しかしＡＣＴはマインドフルネスの構成要素を分割しているので、一つひとつの練習がやりやすくなっています。それも患者さんと一緒に取り組んでいくときのメリットになっています。一つひとつを鍛えていくと、結果的にその総体としてマインドフルネスが実現しやすくなります。

まずは「回避」の逆です。つまり「自動的に閉じてしまう心の扉を開けておく」ことです。これをアクセプタンスといいます。

アクセプタンスとは「今、不安になってるなあ」というのを感じながら、それをそのままにしておく状態です。そのままにしておくとはどういうことかというと、近づきもしないし、遠ざかりもしないということです。我々は「不安になりたくない」と思うと不安から遠ざかろうしますし、「もっとほしいなあ」などと思うと近づきたくなります。それはアクセプタンスではないんですね。アクセプタンスというのは今体験していることに気づいてそのままにしておく、そういう行動のことを言います。これがとっても難しいんですね。「体験の回避」は自動的に起こってしまうからです。

皆さんは苦手な人と話をしなくちゃいけないとか、苦手な人と会わなくちゃいけないようなとき、一歩その人がいるところへ向かっただけで、目にもとまらぬ速さで心がピシッと閉じることがありませんか。私にも経験があります。これは本にも書いたことですが、診療中に必ず荒れる、苦手な患者さんがいたんですね。とにかく診療を早く終わらせておとなしく帰ってもらいたい、いつもそればかり思って対応していました。しかしあるときふと気づいたんですね。相手の話を形だけは聞いているが、本心では聞いていないと。自分の心の扉が閉じているのだなと。だから患者さんも怒ったんでしょうね。心の扉を開いてみると反応が変わりました。「先生も大変ですね。頑張って下さい」と言って帰ってくださるようになったんです。

心の扉を開けるのは難しいのですが、練習すればできるようになります。心が通うようになるんですね。

7 脱フュージョンでマインドフルネスを実現する——観察者としての自己

もう一つは考え続けることをいったん止めて思考と現実を区別する「脱フュージョン」です。脱フュージョンとは悩んだり、思い出したり、怒ったりしていることに、飲み込まれないように距離を置いてみる。考え続けることをいったんやめて、考えの世界と現実の世界を区別していく。ちょっと高いところから自分を眺めるようにして、観察者としての自己を自覚する、というものです。

我々の心の中には見ている自分と見られている自分がいる、そういうふうに考えてみます。怒るのは見られているほうの自分で、それを見て「あ、今俺怒ってる」と気がつく自分がいます。これを「観察者としての自己」といいます。見ている自分と見られている自分を分けていければ、落ち込んだり不安になったりしても飲み込まれないで済むようになります。

観察者としての自己を体験する

では、見ている自分と見られている自分を分けて体験する練習をしてみましょう。

今から私が、いくつかの言葉を読み上げていきます。読み上げると、あなたの心はそれぞれの言葉に反応して、いろいろと動くと思いますが、好きなようにさせておいてください。心の反応を意識的にコントロールしようとしないことが重要です。心の中で起こる出来事に、受け身的に気づくようにしてみてください。ほとんど何も浮かんでこないこともありますし、映像やイメージが浮かんでくることもあれば、気持ちや感覚の動きまで感じられることもあると思います。

では目を閉じてください。これから読み上げます。（一人で行う場合は、ボイスレコーダなどで二、三秒に一つずつ言葉を読み上げて録音した上で、試してみてください）

みかん　鉛筆　テーブル　ライオン　ガラス
そよ風　落ち葉　銅像　台風　椅子

はい、目を開けてください。自分の心に何が起こりましたか？　たとえばそよ風と言われたときと、台風と言われたときとでは、心の動き方が違っていたのではないかと思います。

我々の心は勝手に動きます。我々が考えようとしなくても、思いだそうとしなくても勝手に心が反応して動くんですね。勝手に動くものは自分ではありません。よろしいでしょうか。勝手に動くものは我々がコントロールできないものです。自分の外側にある、外側で起こっているものです。

じゃあ自分とは何かというと、見ているほうです。見られている自分は自分ではなく、見て気づいているほうが自分なんだ、まあそんなふうに考えてみたらどうでしょうか。

これはそういう練習です。勝手に動くものを観察者としての自分が、特に何もせず見ているだけです。そうすれば動いた心の中に巻き込まれないで済むんですね。

8　距離を置いて自分を極限まで小さくする

我々が何かものを考えるとバーチャルな現実が創り出されます。そうすると、我々はそのバーチャルな現実の風船の中に閉じ込められたような状態になります。一つ考えると次の考えが浮かんできますので、どんどん考えが膨らんでその風船から出られなくなります。我々はその風船の中から外を見ているのですが、その風船が透明な風船だとしても、どこまでが思考でどこからが現実かわかりません。

これが普段、我々がものを考えている状態です。見ている自分も風船の中に取り込まれているので思考と現実が重なって見えるんですね。見ている自分と思考の内容と現実が混同されているのが認知的フュージョンの状態です。

ところが我々はずっとそうかというと、そうでもありません。「これ締切に間に合わないかも」「いや、あの人怒ってたな。どうしよう」「そんなことないか、いやわからない」と、過去を反芻したり、未来を心配したりしているときに、ハッと我に返ることがあります。

ハッと我に返るときというのは、思考が止まるときです。そうするとバーチャルな風船が消えて、自分が風船の外に出られるんですね。外に出ると、先ほどまで考えていた思考の世界と現実の世界を外から見て、見比べることができるようになります。そうすると「同じわけがない」と気づくわけです。これが脱フュージョンです。

観察者としての自己が自覚できると、脱フュージョンが可能になります。思考と、現実と、自分が別物だということに気づく、そういう瞬間がある。これが脱フュージョンが起こった瞬間です。

ところが我々は悲しいかな、またすぐに次のことを考え始めて新しい風船の中に入ってしまいます。だから、脱フュージョンは非常に稀にしか起こりません。

私が専門にしている認知行動療法では、どんなに頻度が低くても自然に起こっている行動というのは練習すれば増やすことができると考えます。これが基本的な発想です。

ですから、非常に稀であっても脱フュージョンが起こるということは、諦めずに練習すれば、脱フュージョンの頻度を増やしていくことができるということになります。

脱フュージョンをするには、見ている自分の自覚が必要です。それが自覚できると、「見ている自分と、思考と、現実が分かれるぞ」ということが捉えやすくなるからです。だから脱フュージョンを練習していくときはちょっと一段上の視点から見ている自分を自覚する、ということが必要になります。

すると、次の問題が生じてきます。見ている自分を自覚するということは、見ているものと距離を置くことになりますが、見ている自分には思考が残っているんですね。

見ている自分が何のために距離を置いているかというと、自分が苦しい思いをしたくないからです。ということは、苦しまないように回避したい自分がまだいるわけです。

そうすると結局、黒雲から出られなくなってしまいます。雲は思考が創り出す世界ですから、距離を置いて見ようとすればするほど、自分を守るために雲の中にドボンと取り込まれてしまうことにもなりかねないんですね。

そのときに、自分がどこから見ているのかをイメージしてみると出口が見えてきます。自分が黒雲の上の青空から見ているとしたらどうでしょうか。高い高いところから見下ろしてみれば、自分が小さくなる感覚になりませんか。

私は昔、熱気球に乗せてもらったことがあります。かなり上のほうまで連れていってもらいましたが、けっこう怖くて「生きて帰れれば十分だ」ということ以外、余計なことは考えられませんでした。ほかのことを考えようとしても、自動的に後回しになるんですね。「とにかく今ここをちゃんと見て、落ちずに、なんとか無事帰るぞ！」と、どんどん自分がシンプルになっていきました。

空の上に上っていけばいくほど自分は小さくなって余計なものはなくなる、そういうイメージです。見ている自分をどんどん小さくして、自分の中に「見る」という機能しか残さないようにすると、脱フュージョンがうまく実現するようになっていきます。

さらに自分が極限まで小さくなると、自分は点になります。そうなるともう自分とはいえません。自分がいなくなると、仏教で言っている四無量心＝慈悲喜捨の心が働く状態になるだろうと思います。エゴのかたまりである自分が小さくなっていくことによって、その心が他とつながって働く。そういう働きが大きくなってくる、そのように考えられるかと思います。

自分がいなくなると、見ている自分と見られている対象の分離がなくなり、見られているところに、感じている自分がいるということになります。距離ゼロの俯瞰です。ここを感じ取って、ここを感じ取って、すべてを感じ取っている。見ているというよりも、その場その場で感じ取っている、そういう注意の使い方になっていきます。

たとえば山登りをしているときには、「苦しい。なぜこんなところに来たんだろう」と思いながら、それでも登っていきます。頂上に立つと、一気にうわっと風景が開けます。そういうときに我々は言葉を失います。言葉を失ってどうなるかというと、まわりの自然がぜんぶ自分の中に流れ込んできたような状態になって、それを全部感じるわけですね。まわりの世界と一体化しているような状態です。究極の脱フュージョンの実現です。

9 極限まで注意を分割して自分を小さくする

自分が極限まで小さくなると注意の分割が実現できることを説明しましたが、実はマインドフルネスの実践では逆に、注意の分割を極限まで進めることで自分をいなくする、そういう方法論を使っています。

注意を二つに分割する実験

簡単なエクササイズをしてみましょう。皆さん、椅子に座って足の裏に注意を向けてみてください。足を床に着けて足の裏をよーく感じてください。よーく感じて、感じ続けながら、これを読んでみてください。

さいた　さいた　チューリップの　花が
ならんだ　ならんだ　赤白黄色
どの花みても　きれいだな

感じ続けながら読むのは大変ですよね。チューリップの花の歌だということはわかったと思いますが、いつもなら浮かんでくるメロディーや、風に揺れているチューリップの映像は出てこなかったのではないかと思います。

これはなぜかというと、皆さんの意識が二つに分割されたからです。足の裏に注意の一部を振り向けて、それと同時にチューリップの歌詞を読もうとしました。少なくとも注意が二つに分割されたので、考えることができなくなったんですね。

我々がものを考えたり、何かに注意を振り向けたりするのには心のキャパシティーが必要です。特にものを考えるのには、キャパシティーがかなり必要です。まっすぐ歩くにも、計算するにもキャパシティーが必要です。

たとえば普通に歩きながら100から7を引く計算を続けるのはかなり難しいんですね。歩きながら「100−7＝93」「93−7＝86」とやってみてください。ずっと続けていきます。「100−7＝93」「93−7＝86」「86−7＝79」「79−7＝72」「72−7＝65」、順番に引き算しながら、普通のペースで歩いていく。できるでしょうか。かなり難しいです。どちらかが止まります。計算が止まるか、歩くのが止まるか。

我々の心のキャパシティーは意外と小さいんですね。ということは、その心のキャパシティーをあらかじめ使ってしまえば、考えるためのキャパシティーを残さないことが実現できます。

マインドフルネスがいろんなものに気を配り、注意を分割するのは、思考を生まれさせないための戦略です。思考を生まれされないようにしながら、気を配っているわけですから、現実はばっちり感じているわけです。これがまさにマインドフルネスです。

10　マインドフルネスの構成要素を整理する——注意の持続・転換・分割

　これまでの説明から、マインドフルネス瞑想によって、注意のコントロール力が変わり、感情や情動をコントロールする力も変わり、それから自己知覚も変わってくることがお分かりいただけたかと思います。

　マインドフルネス瞑想は、注意の持続・転換・分割、この三つで構成されています。一貫して今ここでの身体の動作や、それに伴う身体感覚に持続的な注意を向けるのが注意の持続、そして自分の中で起こっているコントロールできないできごとに気づいた時点で身体感覚に注意を戻すようにするのが注意の転換、ここまでを繰り返すのがサマタ瞑想、集中瞑想です。あるいは五感に基づいた心の働きを止めるので止《し》瞑想と呼ばれることもあります。

　普段我々は、五感をフルに使って世界を体験していますが、サマタ瞑想は逆なんですね。五感をなるべく使わないで一点に集中する。そうすると五感に基づいて働いている心の働きが止まり、その奥にある別の心が表に出てきます。それが宗教体験などにもつながっていくわけです。

　マインドフルネス瞑想ではサマタ瞑想を、最初の部分だけ借用して、注意の集中力、持続力を高めるための訓練法として使っています。しかしそのさらに奥に入っていって宗教体験を引き起こすところまでは狙っていません。

　サマタ瞑想をして今この瞬間に集中すると、思考の材料がないので思考は生まれてこなくなります。しかしこれをずっと続けることはできません。集中が途切れればワッと思考が出てきてしまいます。あるいは集中している間に雑念・思考が出てくる場合もあります。ですからサマタで思考が出てこないようにするというのはそんなに簡単ではないんですね。

11　注意訓練CDで練習

　注意の持続と転換がある程度維持できるようになったら、今度は注意の範囲をパノラマ的に広げて、意識野に入ってくるものすべてに同時に気を配り、思考を生まれさせないようにします。身体感覚、思考、感情などすべての私的できごとに気づきが触れることで、ネガティブなものがそれ以上発展せずに消えていくことを繰り返し確認する、それがマインドフルネスの目標です。

注意の範囲をパノラマ的に広げるのに役に立つのが、イギリスの臨床心理学者によって編み出された「注意訓練」です。マインドフルネス瞑想に取り組んでいてうまくいっているのかどうかよくわからない場合に、この注意訓練から取り組んでいくと変化を自覚しやすいと思います。

この注意訓練トレーニングは鬱や不安障害などの人にも効果があります。この訓練をしながらマインドフルネス的な心の使い方も一緒に練習してもらうようにすると非常に効果が出るんですね。

注意訓練の実践

『実践！マインドフルネス』（サンガ）の付録CDを使って、注意訓練のトレーニングを行うことができます。このCDを使って、これから音を流します。目を閉じていることに慣れている人は目を閉じてやっても構いませんし、慣れていない人は、どこか一点を見ながらやったほうが余計なことが浮かんできにくいのでやりやすいと思います。

音を聞いている途中に何か雑念が出てきたら、「雑念も音の一つ」ぐらいに思ってください。

これから三段階に分けて練習を行います。

最初は一つの音を聞く練習です。五つの音が流れますので、注目する音を一つ選び、その音を聴き続けてください。音は途中で切れている場合があります。たとえばゴトンゴトンという電車の音が途中ですっと切れます。切れている間もずっとそれを聞いているつもりになってください。途切れずに鳴っている音に注意を向けたときはその音だけを聞き、ほかのものは皆、BGMとして流してください。

二段階目は転換する練習です。十秒、十五秒ぐらいずつ、聞き取る音を切り替えていきます。最初は電車の音、次は風鈴の音、といったようなイメージです。

最後は分割の練習です。一つひとつの音を聞くのではなく、五つの音を同時に聞きます。風鈴の音、うぐいすの鳴き声、ゴトンゴトンという電車の音、波の音、ピアノの鍵盤を叩く音、これを同時に聞いてください。

このCDでは、注意の持続と注意の転換を五分間ずつ、それから注意の分割を二分間行うようになっています。集中、転換の部分はサマタ瞑想の練習で、注意の分割はヴィパッサナー瞑想の練習です。最初のイントロダクションを抜かせば約十二、十三分で終わります。それを毎日一、二回続けていきます。五音でうまくできるようになったら、六音、七音と音の数を徐々に増やしていきます。

特徴的なのは、注意訓練トレーニングは二か月ぐらいやれば終わりだということです。しかし治療効果はかなり持続することがこれまでのデータでわかっています。

注意訓練の効果

注意訓練トレーニングを続けていくと、多くの方が日常生活の中でいろいろなことに気づくようになります。一つのことしか目に入らず、耳に入らなかったのがいろいろなことに同時に気づくようになる、あるいは考えに捉われたり飲み込まれたりしないようになった、という方も非常に多いです。

気をつけていただきたいのは、注意訓練は注意のコントロール力を身につけることが目的ですので、むしゃくしゃしている気分のときの気分転換や、不安なときの気晴らしを目的にはやらないということです。気晴らしや気分転換は回避です。回避すると、そのときはうまくいっても倍返し、三倍返しですからね。マインドフルネスは気晴らしや気分転換とは逆のものです。

12　アクセプタンス／脱フュージョンの練習

アクセプタンスと脱フュージョンを私が患者さんに伝えるときには、「心を閉じないで、飲み込まれないで、目の前のことをちゃんと向き合っていきましょう。今やらなくちゃいけないこと、やりたいことに取り組んでいきましょう」と説明しています。

アクセプタンスのマジックワード「それはそれとして」

アクセプタンスは、「まあ、それはそれとして」あるいは「ちょっと置いといて」を使って練習することもできます。何か嫌なこと、気になることがあるとき、「それはそれとして」「ちょっと置いといて」、目の前の今やりたいこと、やらなくちゃいけないことをやる。これがアクセプタンスを進めるときには意外と役に立ちます。

脱フュージョンのマジックワード「〜と、考えた」

脱フュージョンは「〜と、考えた」というフレーズを使うのが簡単です。「俺ってだめだよなあ」と考えた、「誰も一言も声かけてくれないしなあ」と考えた、というように全て「〜と、考えた」と付けます。これは三分間やるのもけっこう苦しいです。一所懸命やっていると「もういいよ。どうせ俺は考えてるんだから」となります。そういうふうに思えたらしめたものです。しかしこの「〜と、考えた」の効果はそんなに長続きしません。

「マインドくん」とのお付き合い

我々の思考内容は体験学習として身に付けてきたものなので、習慣化されているんですね。いつも同じようなことを考えて、同じような嫌な気分を味わって、同じように壁にぶつかってうまくいかない。それを繰り返しています。

　子どものころに、いつもあるパターンで考えていた人は大人になっても同じように考えます。大人になったら別の考え方をするのが当たり前なのに、子どものころと同じように考える。いったん考えればバーチャルな現実が創り出されますから、それに縛られてしまいます。

　我々の中には昔からずーっと使ってきた思考の残りかすがあって、壊れたレコードのように「おまえはだめだ」「おまえは何をやっても失敗だ」と言ってくるんですね。

　そういうものには「あ、また壊れたレコードくんがガーガー言っている。でも壊れてるんだから止めることはできない。言わせておこう」という感じで対応できると、巻き込まれにくくなります。あるいは「マインドくん」と名前を付けて「マインドくんは昔からそう考えてきたけどワンパターンだよ」と言えれば巻き込まれなくなります。

　パターン化されているものに自分の今の現実を乗っ取られないようにすることが大切です。「マインドくんは友達でうまく使えば役に立つけれども、それが主導権を握っちゃうと大変だよ」、と患者さんにはお話しています。

13 マインドフルネスを仏教から理解する——アーナーパーナサティ・スッタ

高野山大学の井上ウィマラ先生が翻訳された『呼吸による気づきの教え——パーリ原典「アーナーパーナサティ・スッタ」詳解』（佼成出版社）によると、アーナーパーナサティ・スッタとは、「呼吸を四つの領域から十六の視点で見つめるトレーニングシステム」だといいます。

四つの領域というのは、身体の領域、感受の領域、心の領域、法則性の領域のことです。最初の身体、これは身体のことですね。二番目の感受とは、五感と思考によって外界・内界を捉えること。さらに外界・内界を捉えたときにふと感じる「これはいい」「これは嫌だ」「んー、どちらでもない」という感覚までを含めたもののことをいいます。

三番目の心は感情のことです。仏教でいえば煩悩、貪瞋《とんじん》痴《ち》です。貪は欲、瞋は怒り、痴は混乱です。痴は英語でdelusion（惑わし）、あるいはselfingと訳されます。自分じゃないものを自分だと思いこむ心の働きが痴なんですね。自分じゃないものの代表が貪と瞋です。何かが欲しくなると、それしかもう自分はいなくなってしまう。怒り狂うとその相手をやっつけることしか自分がいなくなってしまう。そういうふうにして貪と瞋と自分を混同する心の働きが、もともと痴として我々の心に備わっています。そういうものを鎮めていくことをマインドフルネスは目標にしています。

四番目は法則性です。仏教には無常・苦・無我という三つの法則があります。

無常というのは「すべてのものは常に変化している」ということです。変化すること自体は悲しいことでも嬉しいことでもありませんが、我々は常に変化しないでほしいと願っています。いつまでも若くいたい、いつまでも人の気持ちが自分のほうを向いていてほしい……それで苦しむはめになっています。

苦は英語でunsatisfactorinessといいます。「満足できないこと」ですね。日本語で苦というと「うおー、大変だ」という雰囲気がありますが、「満足できないこと」と言われたら「なるほどね」という感じではないでしょうか。

無我というのは、「自分じゃないものを自分と思いこんでいる心から離れましょう。離れれば瞬間瞬間の自分しかいませんよ」ということです。

私はこれを「気づきの三つの前線による、本丸の守り」だと考えています。どういうことか簡単に説明します。マインドフルネス瞑想で「膨らみ・膨らみ」「縮み・縮み」とやっていると、すぐ雑念が出てきます。なんかこう、自分の内側から「これどうなんだろう?」などの思い、考えが出てくるんですね。それに気がついたら「雑念・雑念、戻ります」と言って再び呼吸に戻ることができます。そうすると、呼吸に伴う身体感覚にだけ気づいているという状態が維持できます。

さらに瞑想を続けていると、今度はだんだんイライラしてきたり、何かが欲しくてたまらなくなったりします。怒りや欲が動き始めるんですね。それに気がついたら「怒り」とラベリングをします。「怒り・怒り……戻ります」「欲・欲……戻ります」と言って再び呼吸に戻ることができます。つまり、最初の段階で早めに気づいて戻ることもあれば、その前線が突破されて、もう少し進んで次の防衛線で気づいて戻ることもあるということです。それでも気づくことができれば、また瞑想の実践に戻れるわけです。

それもうまくいかずに、もっともっと欲や怒りがわいて、それでも考えるのをやめられなくて、瞑想中に何をやっているのかわからなくなるようなこともあります。陣内深く攻め込まれてしまって、混乱の極みです。こういうときは「もう今日はうまくいかないな」ということで瞑想をやめて寝てもいいわけですが、これも戦略としては同じで「今、自分は混乱している」と気づけばいいわけです。「混乱・混乱……戻ります」といって、呼吸に伴う身体感覚まで戻します。

このようにアーナーパーナサティ・スッタによる瞑想の進め方というのは、気づいて戻す、気づいて戻す、その繰り返しです。気づけばそれでもう充分なわけです。ここで「あ、今雑念が出てきてるぞ」と気づく。「ああ、今なんかイライラしている。怒りが出てきている」と気づく。同時に身体感覚にも気づき続けます。気づかないと雑念や感情はどんどん大きくなってしまいますが、気づけば、身体全体にも気づきが向かってますので、それ以上大きくならずに、そのうち消えていきます。「ああ、今、混乱してどうしていいかわからなくなっている」というようなときも、それに気づけば、再び身体全体の気づきが回復し、混乱がだんだん小さくなって消えていきます。

14 「あることモード」と「することモード」

「自分の体験に気づいて反応を止めることによって、いつものパターンから抜けること」がマインドフルネスの戦略の基本です。たとえばイライラしたら「こういうときに俺ってイライラしちゃうんだよな。怒りがどんどんわきあがってくるんだよな。そうするともっと怒りたくなって自分で自分に油を注ぐんだよな」と気づく。気づくとそこでいつものパターンを止めることができます。

我々は習慣の奴隷です。その中には体験の回避のような、うまくいかない癖もたくさん身に付けています。その癖に従って毎日が繰り返されていくので、それが悪循環となって病気まで引き起こしてしまうわけです。それはなかなかやめられません。なぜなら体験学習で身に付けたものが多いからです。でもそこに気づけばそこでパッと止めることができるわけです。それでいつものパターンから抜けることが可能になるんですね。

ですから「気づく」ということが重要なのです。マインドフルネスの日本語訳は「気づき」です。気づくのはネガティブな感情だけではなく、すべてです。気づくことによって反応を止めていつものパターンから抜けることができると、過去の学習歴によって形成された反応パターンを消去することが可能になります。

タイのスカトー寺にいらっしゃる日本人僧侶のプラユキ・ナラテボー先生の瞑想指導は非常にユニークです。歩く瞑想はただ歩くだけなのですが、「歩くこの一歩に気づくんだ」と言うんですね。「ここで左足を出したと気づいたら、次はそこで止まってもいいし、振り返ってもいいし、右足を違う方向に出してもいいし、普通に歩き続けることもできます。でも気づかなかったら、どれもできないでしょう。一歩に気づけば次の一歩は自分が選べます」、そんなふうにおっしゃっていました。いつものパターンを止めることは、我々に自由を与えてくれるんですね。

瞑想して何もしないでいることを「あることモード」といいます。それに対して我々が普段生活の中で使っているのは「することモード」（問題解決）です。いろんなものを生産するためには集中しなくちゃいけない、過去と未来を仮定しなくちゃいけない。そうすることによって我々はいろんなものを生み出しているのですから、「することモード」は我々が生きていくためには必要です。

でもそれだけでは、どんどん疲弊してしまうので「あることモード」にも一定の時間は戻れるようにしましょう、二つのモードを自分で選べるようになりましょう、というのがマインドフルネスが目指している目標になります。

ですから、今、自分がどちらのモードにいるのかにも気づけるようにならなければなりません。「あることモード」を選択するのか「することモード」を選択するのかは、それぞれの状況に応じて決めればいいのではないか、というのがマインドフルネスの考え方です。

15 脳科学が証明するマインドフルネスの効果

最後にちょっとおまけで脳の話もしておきます。脳は筋肉と同様に、使うと構造まで変化します。筋肉は使えば使うほど膨れますが、脳も同じなのです。【図3】

二〇〇四年のことですが、英科学誌『ネイチャー』に、「ジャグリングを三か月訓練をすると、自分と周りの空間との位置関係を確認、とらえるような脳の部位が肥大した」という論文が掲載されました。しかも驚くことに三か月休んだらもとに戻ってしまったといいます。まさに筋肉と同じです。我々の脳は使えば発達し、休めば戻る。それぐらい柔らかいんですね。

図3

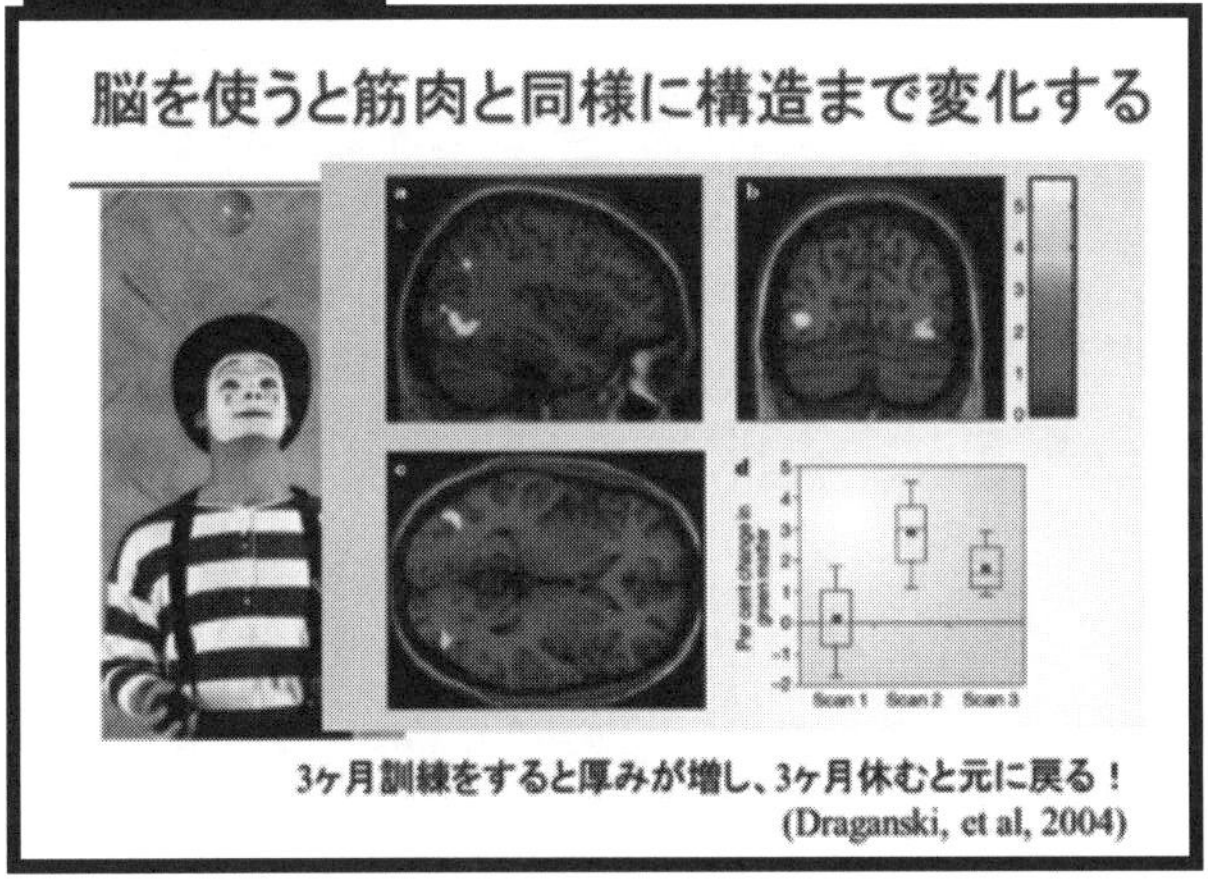
脳を使うと筋肉と同様に構造まで変化する
Scan 1
Scan 2
Scan 3
3ヶ月訓練をすると厚みが増し、3ヶ月休むと元に戻る！
(Draganski, et al, 2004)

島と扁桃体

ではマインドフルネスを実践すると脳はどうなるのでしょうか。これは二〇〇五年に報告されていますが、マインドフルネスを平均九・一年行った人たちの脳を調べたところ、脳の限られた場所の厚みが変わっていたといいます。【図4】

図4

マインドフルネスによる大脳皮質の変化

平均9.1年の瞑想経験のある20名とマッチした対照群15名を比較。

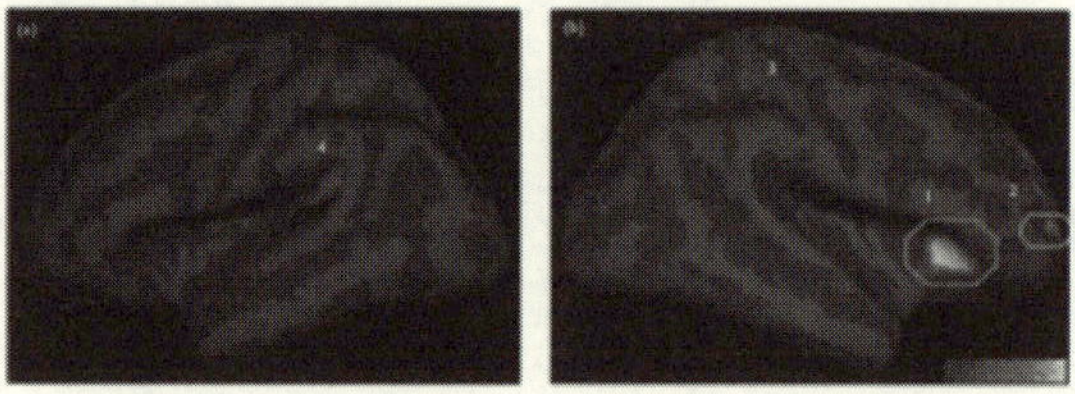

右島、右BA9/10（私的出来事の客観的観察）、右体性感覚野、左聴覚野の皮質厚みが増加。

(Lazer, et al, 2005)

変わったのは脳の島《とう》という場所です。島は我々の身体感覚の最高次の中枢です。普通我々の身体の感覚というのは、バラバラのパーツとして捉えられていますが、パーツとして捉えられた身体の感覚を全部まとめて統合する場所が島なんですね。これは瞬間瞬間我々がどんな体験をしているかということを感じ取り、瞬間瞬間の自己を創り出す脳の部位だと言われています。

瞬間瞬間、自分の呼吸に伴う身体感覚を感じ続けるのがマインドフルネス瞑想なので、それを使っている分だけ、島の厚みが増えたのだと考えられます。

島の隣り合わせには感情を司る扁桃体があります。昔から「我々は悲しいから泣くのか。泣くから悲しいのか」という問題があります。心理的に創り出された感情が身体に影響を及ぼすのか、身体の変化を解釈して感情が創り出されるのか、どっちなんだという議論ですね。

調べてみるとどうもどちらもありそうなんですね。島から扁桃体にも、扁桃体から島にも、両方に連絡があるからです。しかしマインドフルネスを続けていくと、この両者のあいだが分化してきます。今までは身体と感情が一体に

なってもうわけがわからなくなっていたのが、身体は身体、感情は感情と、分化してくるのです。【図5】

それからもう一つ、背内側前頭前野《はいないそくぜんとうぜんや》の厚みも増していました。ここは「物語の自己」と関係している場所だと言われています。「物語の自己」というのは概念化された自己、つまり自己概念です。「自分はこういう人間だ」というのを司っている部位がここなんですね。自己概念の捉え方が変わったことにより脳が変化したのではないかと考えられます。

図5

マインドフルネスによる扁桃体の変化

ストレス状態にある26名を、8週間のMBSRの前後で検査した。

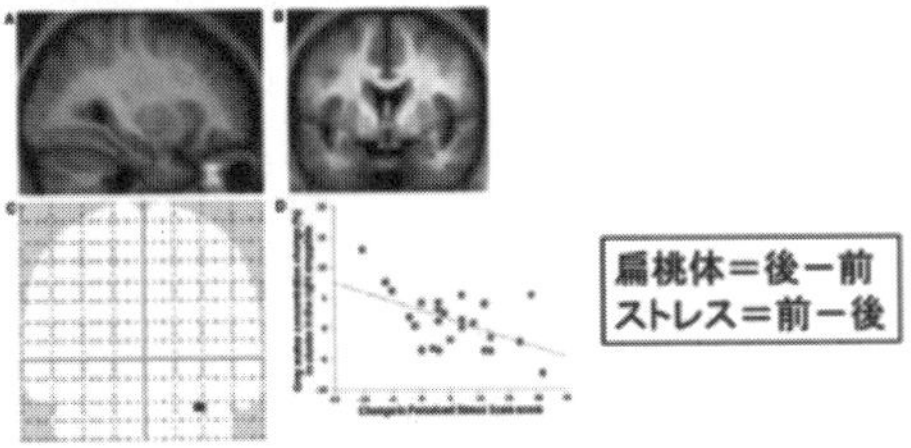

右の扁桃体基底外側部の灰白質の厚みが減少するほど、自覚的ストレス得点も減少していた（海馬とは関連なし）。

(Holzel, et al, 2010)

　つまりこれらのことからわかるのは、マインドフルネスとは瞬間瞬間の自己を鍛えていくものだけれども、その前提として、自分がどんな自己概念を持っているのかをしっかり見ていくことが行われているのではないか、ということです。

　さらに別の研究もあります。ストレス状態にある二六名を対象にしてMBSRという八週間のグループ療法を受けてもらい、その前後で感情をつくり出す扁桃体がどう変化したかというのを見た研究です。調べたところ、右の扁桃体の基底外側部《きていがいそくぶ》の神経細胞が多く含まれている灰白質《かいはくしつ》の厚みが減少すればするほど、自覚的ストレス得点も減少するということがわかりました。感情がうんとつくり出されているとき——とくにネガティブな感情を多く体験しているときは、扁桃体が働いて肥大します。しかしマインドフルネスを八週間体験すると、扁桃体が痩せてスリムになるのです。スリムになればなるほど、自覚的ストレス得点が減少するんですね。あるいは逆かもしれません。自覚的なストレスが減少すればするほど扁桃体が働かなくて済むので、扁桃体がスリムになったとも考えられます。

海馬の変化

それからもう一つ、ＭＢＳＲに参加した一六名と年齢に有意差のない比較対照群一七名を比べてみたところ、八週間のマインドフルネス実践の前後で、海馬の灰白質の厚みが増大していたという研究もあります。海馬は記憶や情動のコントロールと関係しており、今、非常に注目されている場所です。トラウマ記憶の処理にも関係していて、鬱病になると海馬の働きが落ちることもわかってきています。

【図６】

最近、抗鬱薬を飲むと海馬が太ることがわかってきています。海馬の代謝を活発にして、海馬から嫌な記憶を追い出すことで、鬱の改善につながっていくんだろうということがわかってきているんですね。ですから、海馬をどうやって回復させるか、あるいは海馬の健康をどうやって維持するかということが、今、精神医療・心身医療の中では重要なトピックスになっています。

マインドフルネスも同じように海馬の厚みを増大させることができるということもわかってきました。そのことがマインドフルネスが鬱病に効果を示す大きな根拠になっているのではないか、というのが今の研究の一つの成果です。薬を使わなくてもマインドフルネスの実践で、海馬を元気にできるということは、大きな福音なんですね。

図６

マインドフルネスによる海馬の変化

MBSRに参加した16名と、年齢に有意差の無い対照群17名を比較。

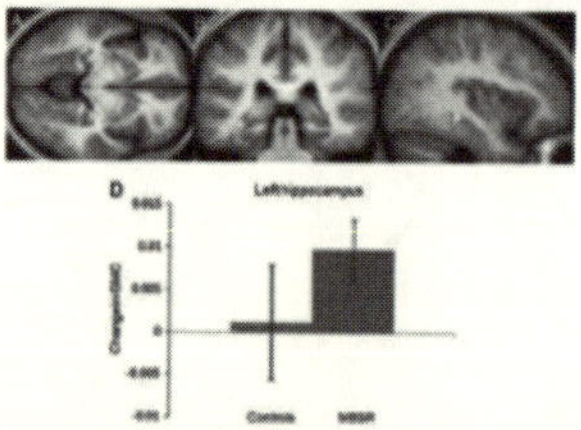

8週間の前後での左の海馬の灰白質の厚みの増大が、MBSR参加群のみで認められた。

(Holzel, et al, 2011)

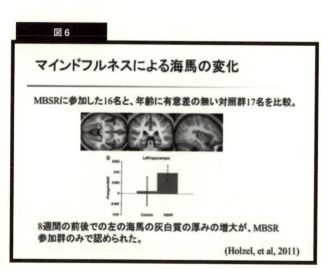

海馬は記憶を司っています。海馬の中には中期記憶（まだ思い出に変わっていない記憶）が蓄えられています。中期記憶は半年ほどそこにあるのですが、半年経つと追い出されて脳の他の部位に移っていくんですね。他の部位に移った記憶は安定した長期記憶になって思い出に変わります。

海馬の中にとどまっている記憶は不安定です。トラウマのような記憶は海馬の中にとどまっていて、思い出されると「うわー、こんなの思い出したくない」と体験の回避・認知的フュージョンが起こり、ぐちゃぐちゃになって再び海馬にしまわれてしまいます。そうするといつまでたっても思い出に変わってくれません。

海馬で新しく神経細胞が生まれるとき、古い記憶を担っている細胞が死にます。古い記憶を担っている細胞は死ぬときに、記憶を脳の他の部位に移行させるということがわかってきています。鬱の人は海馬の代謝が落ちていて、一年も二年も記憶が海馬にとどまってしまうことが知られています。だからネガティブな体験がどんどん重なっていくんですね。ですから早く海馬の細胞が生まれて早く記憶が移行したほうが、我々は嫌なことをどんどん忘れて健康でいられるというわけです。

海馬は認知症にも関係しています。マインドフルネスで海馬を元気にできるとなると、認知症の予防にもつながってくるのではないか、あるいは、軽度の認知症の改善にもつながるといえるのではないかと思います。

16 まとめ

まとめです。マインドフルネスは注意を集中するサマタ瞑想と注意を分割するヴィパッサナー瞑想を行うことです。

ACTはアクセプタンスと脱フュージョンによって心を閉じず、飲み込まれないことを目指し、プロセスとしての自己や観察者としての自己、場としての自己を強化することで、マインドフルネスと同等のものを実現しようとしています。プロセスの自己は「今ここ」を感じる行動、「場としての自己」は、注意のフォーカスを最大にしていろんなものに同時に気を配り、偏りなく現実をとらえる行動です。

アーナーパーナサティ・スッタでは気づきの前線を形成しつつ、いつものパターンから抜け出すことが繰り返し説かれています。

マインドフルネスによって自己知覚の変化や情動に関わる脳の部位の構造変化がもたらされます。これは大きな福音になるのではないかと思います。

私の話はこれで終わりです。ありがとうございました。

日本における臨床医療の現場でのマインドフルネス実践を先導するクリニックの試み

東京マインドフルネスセンター
和楽会ショートケアセンター

取材・執筆　森竹ひろこ（コマメ）

■東京マインドルルネスセンター
所在地：東京都港区赤坂3−9−18　BIC 赤坂ビル 8F
電話：080-5973-4111
HP：http://www.tokyo-mindfulness-center.jp

■和楽会ショートケアセンター
所在地：東京都港区赤坂3−9−18　BIC 赤坂ビル 6F
電話：03-5575-8198
HP：http://www.fuanclinic.com/wsc/

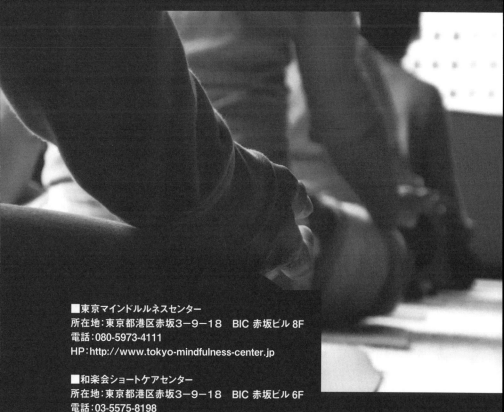

医療法人が実践するマインドフルネスの試み

仏教瞑想にルーツをもつマインドフルネスだが、広く注目を集めるようになったのは、医療の領域で活用されるようになったことが大きいだろう。鬱やパニック障害の治療など、その有用性が証明され脳科学的な研究が進むとともに、日本の医療現場でもその導入は進んでいる。

そのなかでも先陣を走っているのが、貝谷久宣医師が理事長を務める医療法人「和楽会」である。貝谷医師はいち早く日本に医療分野のマインドフルネスを紹介した医師の一人である。和楽会では「なごやメンタルクリニック」「心療内科・神経科　赤坂クリニック」「横浜クリニック」「心療内科・神経科　鎌倉山クリニック安心堂《あんじんどう》」という四つのクリニックと東京マインドフルネスセンターを運営している。また、赤坂クリニック内のショートケアセンターは、マインドフルネスを積極的に紹介し多数のメディアにも登場している早稲田大学人間科学学術院教授の熊野宏昭医師の診療の現場でもあり、和楽会はマインドフルネスの臨床の先端に位置づけられるだろう。

そのなかで「東京マインドフルネスセンター」は医療の分野からマインドフルネスを広く展開していく試みとして、設立された。常設の施設を持ち、精神医学に基づいてマインドフルネスを専門的に実践する機関として、日本で最初の施設の一つだ。

「東京マインドフルネスセンター」のセンター長、長谷川洋介氏にお話をうかがった。

センターの設立の直接のきっかけは、貝谷医師が招聘委員の一人を務めた、二〇一二年の「マインドフルネスストレス低減法」の開発者ジョン・カバット＝ジン博士の来日である。心療内科・神経科の赤坂クリニックのスタッフがワークショップに参加して、自分たちでもマインドフルネスによる実践の指導をできるという手応えを感じたという。赤坂クリニックでは当時すでに、貝谷医師が坐禅を、長谷川氏・長谷川明日香氏がヨーガを、患者さんに教えていた。そのため、カバット＝ジン博士の治療プログラムを導入する下地ができていたのだ。翌二〇一三年六月、「東京マインドフルネスセンター」として、その試みを具体化した。その設立の理念は「日本人向けにアレンジしたマインドフルネスを提供する」である。

設立当初は、貝谷医師と長谷川氏、ディレクターの長谷川明日香氏の三人を指導者に、クリニック近くのレンタルスタジオを使って週に数回、患者さんと一般参加者をまじえて小規模で行なっていた。立ち上げてまもなく、数か月先まで予約で一杯になるほどの人気となった。そこで、「和楽会ショートケアセンター」を設立し、二〇一五年の四月から赤坂クリニックと同じビルのワンフロアに移り、常設のセンターとして活動するようになった。

ここでは治療プログラムの一環としてのマインドフルネスの実践を行なっている。これは、赤坂クリニックのクライアントを対象とした、精神科・心療内科治療に特化したプログラムだ。このプログラムは、赤坂クリニックの受診する患者さんに対しては、「精神科ショート・ケア」として各種医療保険が適用される。一方の「東京マインドフルネスセンター」としての活動は、一般の方向けのプログラムを開催している。

臨床的な視点で総合的に組まれたプログラム

マインドフルネスの基本プログラムは、坐る瞑想、食べる瞑想、歩く瞑想、ボディースキャン、ヨーガ、そして体験をわかち合うシェアリングの六つだ。

「生きることのトレーニングといえば、一番近いかもしれません」と、長谷川氏。なるほど、坐ること、食べること、歩くことなど、日常の動作の一つ一つが、トレーニングの対象になっている。

また、春、秋には鎌倉山にて一日のリトリート、夏には宿泊しての長野蓼科セミナーハウスにて二〜三泊するリトリートを定期的におこなっている

プログラムのベースはカバットジン博士の治療プログラムだが、それにスタッフの体験を持ち寄ってまとめあげたものが、現在のプログラムになっているそうだ。

たとえば、食べる瞑想はオリジナルでは干しぶどうを使用するが、日本人向けに「おにぎり」にアレンジしている。食べ物としての存在感があり、また慣れ親しんでいるおにぎりを使用することで、五感で感じることと「食べる」という行為が結びつけやすくなったそうだ。そのため食べることに、より注意深くていねいに取り組め、マインドフルネスを実感しやすくなった。

さらに構造化したプログラムを提供するため、常に試行錯誤を続けているそうだ。

図1

プログラム終了後
(Post)

マインドフルネス尺度
(Freiburg Mindfulness Inventory)

以下の質問は、あなたのマインドフルネスの体験を調べることを目的としています。
全ての項目に対して、最もあなたに当てはまるものに丸を付けてください。また、できるだけ正直に直感的に答えてください。「正しい」「間違っている」「良い」「悪い」という答えはありません。大事なことは、あなたの個人的な経験を答えてもらうことです。

		まれに	ときどき	しばしば	ほぼいつも
1	その時々に体験していることに、私の意識は向いている。	1	2	3	4
2	食事、料理、掃除、会話など何をしていても、その時の身体の感覚に気がついている。	1	2	3	4
3	「心、ここにあらず」の状態になっていることに気がついたときには、今ここの体験にそのまままそっと注意を戻す。	1	2	3	4
4	自分自身を認めることができる。	1	2	3	4
5	自分の行動を引き起こす考え、気持ち、身体感覚などに注意を向ける。	1	2	3	4
6	自分の失敗や苦労を非難せずに観察することができる。	1	2	3	4
7	今ここでの体験をそのままに感じている。	1	2	3	4
8	不愉快な体験であっても、そのままにしていられる。	1	2	3	4
9	物事が上手くいっていないときでも自分自身に優しく接する。	1	2	3	4
10	自分の感情に飲み込まれずに、それを観察する。	1	2	3	4
11	難しい状況に置いて、すぐに行動するのではなく、一度立ち止まることができる。	1	2	3	4
12	物事が忙しく、ストレスを引き起こすようなときでも、私の心には平穏で気楽な瞬間がある。	1	2	3	4
13	自分自身にも他人にも忍耐強くない。	4	3	2	1
14	自分で自分の首を絞めているようなことが時々あると気がついた時でも、心穏やかでいられる。	1	2	3	4

合計　　/56

Walach, H., Buchheld, N., Buttenmuller, V., Kleinknecht, N., Schmidt, S.(2006)
Measuring Mindfulness―The Freiburg Mindfulness Inventory(FMI). *Personality and Individual Differences, 40*, 1543-1555

毎回の受講後に自身の状態をチェックするための質問表「マインドフルネス尺度」。

クリニックが運営する施設ならではの取り組みとして、どちらのセンターも効果を医学的に確認するために、毎回プログラムの前後に、そのときの気分、不安感や鬱状態などを、自分で書き込む心理検査を行なっている。「マインドフルネス尺度」【図1】である。継続的に参加している人には、この心理検査を臨床心理士がフィードバックして、現在の状態や、マインドフルネスの効果を、客観的に確認することができるそうだ。こうした問診表は臨床におけるマインドフルネスの研究が進むとともに各種開発されており、東京マインドフルネスセンターでもそのうちのいくつかを導入している。

マインドフルネスの効果と禁忌

医療と直結するマインドフルネスの実践であるから、さまざまな症状の方が対象になるだろう。また薬物療法との関係も気になるところだ。

それに対して長谷川氏は、「和楽会ショートケアセンターに関しては、医師の診察においてマインドフルネスが適応であるとの診断のもとになされています。そのなかで、医師の指導の下で参加する方、自発的に実践する人達が来てトレーニングをしています。症状によっては、集中して落ち着いて坐ること自体が、ハードルの高いクライアントさんもいます。そういった人は薬物療法や、カウンセリング・認知行動療法などから始めています」と説明してくれた。

実際、参加しているのは症状が比較的軽く、安定しているクライアントさんがほとんどだそうだ。なお、「東京マインドフルネスセンター」は一般の人向けのため、医師のスクリーニングは行なわれていない。

ところで指導者の長谷川氏は、参加者の効果をどのように感じているのだろうか。

「マインドフルネスのトレーニングを一生懸命にやって、症状がよくなる人や、人生が変わっていく人をたくさん見ています。ですからマインドフルネスプログラムに力があることを信じています。逆に、真摯に取り組み一生懸命に実践しないと、効果は出ないということも言えます。信じて一生懸命にやる、あせらずに淡々と実践することが大切ですね」

マインドフルネスワークショップの試み

本誌の別項でレポートしている、著名な講師をむかえて開催する「マインドフルネス・ワークショップ」は、第六回まで回を重ねている。「マインドフルネスのつながりを広げるためにも、大きな輪をつくっていく」というコンセプトで企画されているため、多彩な講師が登場する。医療機関が主催するものではあるが、貝谷医師の「仏教的なものは大切にしたほうがよい」という考えに基づき、僧侶や仏教に造詣の深い講師も積極的に招かれている。第七回目以降もどのようなワークショップになるか楽しみだ。

ビジネス系のセミナーなど最近のマインドフルネスの講習会やメディアでの取り上げられ方には、むしろ仏教色を排除する傾向が強いように感じるが、西洋的な科学に基づく医療と、仏教の関係をどのように考えているのだろうか。長谷川氏は、こう答えてくれた。

「私たちのマインドフルネスでは、仏教を宗教としてではなく、心の平安の科学としてとらえ、医学と共存できるものと理解して活動しています。私たちは常に科学的なものを根底に置きながら、マインドフルネスを推し進めていこうと考えているのです。仏教も医療も両方の根底は、貝谷先生が指針とされている『人の苦しみを、早く取りさる』につながっているのだと思います」。なるほど、仏教も医療も、楽を与えて苦しみを取り去る、「抜苦与楽」の思想が根底にあるため、矛盾しないで両立が可能なのだろう。

長谷川氏は、ここ数年来のマインドフルネスの盛り上がりの渦中にいて、その熱を肌で感じてきた一人だ。最後に、日本でマインドフルネスを伝えていくうえで、センターのこれからの指針をたずねてみた。

「インタラクティブにいろんな分野と繋がって、日本のマインドフルネスをどう提供していくかということですね。俗化させず、本質をとらえて経験を重ねていくことを大切にしながら、日本本来のマインドフルネスを推し進めていければと思います」

ワークショップ開催データ

第1回マインドフルネス・ワークショップ
開催日：2015年6月6日（土）
タイトル：「ボストン大学心理学教室ホフマン教授と行うマインドフルネス・ワークショップ」
講師：ステファン・G・ホフマン博士（ボストン大学教授）
座長：貝谷久宣
司会：長谷川洋介
会場：東京マインドフルネスセンター

第2回マインドフルネス・ワークショップ
開催日：2015年8月1日（土）
タイトル：「藤田一照先生と行う身体で感じるマインドフルネス・ワークショップ&講話」
講師：藤田一照 師（曹洞宗国際センター所長）
座長：貝谷久宣
司会：長谷川洋介
会場：東京マインドフルネスセンター

第3回マインドフルネス・ワークショップ
開催日：2016年1月16日（土）
タイトル：「青空を感じる練習」
講師：熊野宏昭 氏（早稲田大学人間科学学術院教授）
司会・座長：長谷川洋介
会場：東京マインドフルネスセンター

第4回マインドフルネス・ワークショップ
開催日：2016年3月12日（土）
タイトル：「青空としての私を生きる」
講師：山下良道 師（一法庵庵主　ワンダルマ仏教僧）
座長：貝谷久宣
司会：長谷川洋介
会場：東京マインドフルネスセンター

※ 第1回から第4回までは95頁の詳細レポートを参照。

第5回マインドフルネス・ワークショップ
開催日：2016年6月11日（土）
「心をみつめる——仏教瞑想の止と観がめざしたもの——」
講師：蓑輪顕量 氏
座長：貝谷久宣
司会：長谷川洋介
会場：東京マインドフルネスセンター
※323頁に講演載録

第6回マインドフルネス・ワークショップ
開催日：2016年10月8日（土）
タイトル：「考えない練習と考えをとらえない練習」
講師：小池龍之介 師（月読寺住職）
座長：貝谷久宣
司会：長谷川洋介
会場：東京マインドフルネスセンター
※298頁に講演載録

日本における
臨床医療の現場でのマインドフルネス実践を
先導するクリニックの試み

東京マインドフルネスセンター・マインドフルネスワークショップの記録

第1回ホフマン博士のワークショップの様子。

ステファン・G・ホフマン博士
（Stefan G. Hofmann, Ph.D.）

1964年ドイツ生まれ。ボストン大学教授。同大学不安関連障害センター社交不安障害プログラムディレクター。米国認知行動療法学会・国際認知療法学会会長

※第5回：蓑輪顕量氏ワークショップ（323頁）、第6回：小池龍之介師ワークショップ（298頁）、それぞれ載録しています。

第1回「ボストン大学心理学教室ホフマン教授と行うマインドフルネス・ワークショップ」

講師：ステファン・G・ホフマン博士（ボストン大学教授）

米国の認知行動療法の第一人者によるマインドフルネスの実践

「マインドフルネス・ワークショップの」の第1回は、アメリカで認知行動療法の第一線で活躍する、ボストン大学教授のステファン・G・ホフマン博士を講師にむかえた。

プログラムは、センター長の長谷川洋介氏の指導によるヨーガの実践から始まった。緊張した気持ちを緩めるように、身体と呼吸の感覚に意識を向けていく。

程よく緩んだところでホフマン博士の講義がはじまった。

「アメリカでは心と身体が別々で、身体は機械のように考えられています。でも、最近の動きとして、このような捉え方には限界があると考えられるようになり、心と身体を一緒に治療するのが一つのトレンドになっています。マインドフルネスも、そのような包括的なアプローチを目的としています」

ホフマン博士の講義は西洋的な身体感とマインドフルネスを繋ぐ、大きな枠組みを提供するものだ。さらに本質に言及していく。

「マインドフルネスは心をピュアにすることです。それは、物事にすぐに反応するのではなくて、じっくり考えるということであり、好奇心をもって経験するということです」

「未来のことを考えて心配することは、人をあまり幸せにしません。未来はコントロールできません。不確かなものを受け入れることも、生きていくうえでは必要になってきます。だからこそ、今この瞬間に生きることが大切なのです」

博士の寛大で明晰な語り口は、マンドフルネスを体現するもののように感じられる。

ホフマン博士の講義の後は長年にわたり参禅を重ねている座長の貝谷氏のリードで、瞑想の実践が行なわれた。呼吸に集中して、呼吸を二〇数える。心に雑念が起こったのに気づいたら、呼吸に戻る。瞑想中は雑念に没頭しないように、呼吸に戻る合図として時々鐘が鳴らされた。その音が聞こえたら、ハッと気づいて、呼吸にもどる。その作業が大切だそうだ。

さらに、呼吸に合わせてお腹が出たり引っ込んだりする感覚や、脈拍、身体にかかる重力の変化などに集中していく。こうして呼吸をベースに、次々にいろいろな対象に対して、集中と観察をしていく。そうするうちに、だんだんと心がからっぽになり、仏教でいうところの「無」の状態になっていく、貝谷氏はそのように指導を進めた。

最後は、ホフマン博士と貝谷氏を囲んでシェアが行なわれ、全員で感想や質問をわかち合った。両センターに通うマインドフルネスの実践者も多く、日ごろの疑問や実践の成果の報告など踏み込んだ内容となった。

参加者にとって、多くの気づきを得る一日となったはずである。

開催日：二〇一五年六月六日（土）
座長：貝谷久宣
司会：長谷川洋介
会場：東京マインドフルネスセンター

第2回「藤田一照先生と行う身体で感じるマインドフルネス・ワークショップ&講話」

講師:藤田一照師(曹洞宗国際センター所長)

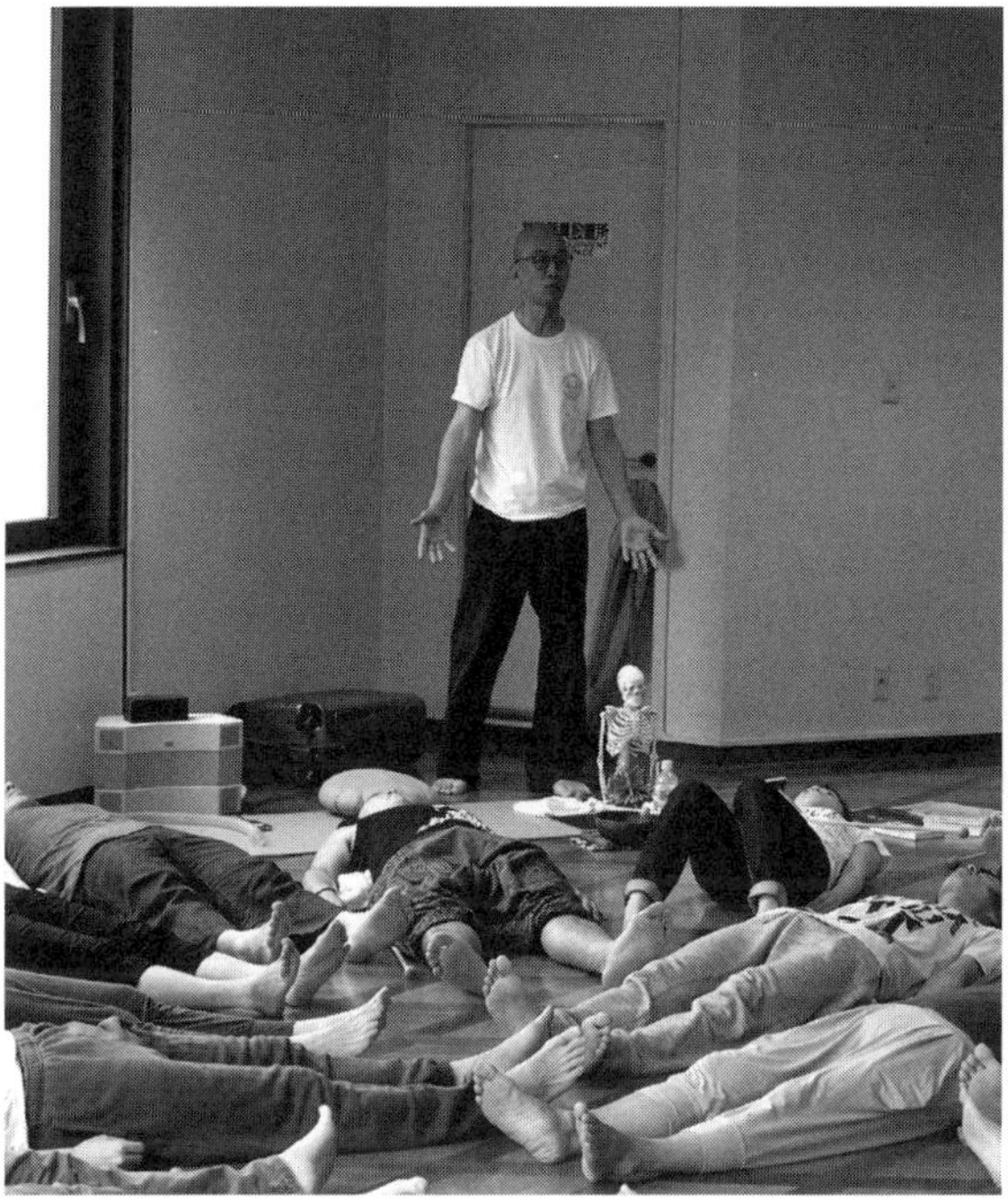

マインドフルネスと仏教を繋ぐキーパーソンによる実践ワークショップ

第2回は長年アメリカで禅を指導し、マインドフルネスに造詣の深い藤田一照師が講師として招かれた。

「坐禅は運動を否定して固まって止まっているのではなくて、運動が極まった状態です。坐禅は極微的な運動です」

その著書『現代坐禅講義』でも語られた、深められた身体観による坐禅の説明から、講義は始まった。藤田師の言う運動とは、筋肉を付けるトレーニングではなく、身体の自然にそった、身体の智慧をじゃましない繊細な運動。この日のワークではそれを体感するために、「如意棒ワーク」が行なわれた。二人一組になり、一人が一本の棒を両端で持ち、もう一人が棒の真ん中を軽くもって自由に動き、二人が一体となって動いていくもの。片方が強引に動けば、片方は動きにくくなる。最初はぎこちなくても、お互いの動きを感じながらちょうどよいバランスを探し、やがてなめらかに舞うような動きになっていく。

それから仰向けに寝て、ヨーガで言う「屍《しかばね》のポーズ」で、身体の表面だけではなく内蔵までふくめて身心をゆるめてから、坐禅の実技に入った。

藤田師は骨格模型を使い、人体の仕組みを説明しつつ坐るためのガイダンスをされた。

「坐禅をするときは、坐骨の正しいポイントで身体を支えて坐ることが大切です。坐骨の前すぎず、後ろすぎず、脊椎が無理をしなくてもスーッと上下に伸びる、ニュートラルなポイントを、感覚を手がかりに見つけて坐る。身体を支えるポイントが決まったら、

なるべく随意的な筋肉を使わないで、深層筋と骨のバランスで坐るようにする。筋肉は微調整だけ。このように坐るのは、非常に高度な運動です」

そうした指導を受けて坐り、瞑想へと移っていく。藤田師のガイダンスは続く。

「呼吸が鼻から入り、背骨をゆっくりと降りて、さらに坐骨のところまで届いていく感覚を見守る。呼吸はコントロールしない。出る息が自然にフェードアウトするのを最後まで見届けていく。出る息と入る息の間を大事にする」

その後のシェアの時間に「坐禅や瞑想は、呼吸に集中した方がうまくいきますか」といった質問が出た。藤田師は「坐禅は一点集中型の集中ではありません。選択をしないで(Choiceless awareness)、今起きている感覚にそのまま気づいているのが坐禅です」と答えられた。そして、「瞑想やマインドフルネスで、『私が気づいている』と説明をされることがあるが、私が何かに気づいているのではなくて、気づきが私に気づいているという境地に持っていくのが仏教です」と説明。「私はあくまでアウェアネス（気づき）の対象で、私がアウェアネスしているのではない。主語と目的語が逆転したようなもので、坐禅とはそういうものです」。

最後にマインドフルネスにおいて仏教の八正道（正しい生き方を実践するための、八つの道筋）の一番目、「正見（正しいビジョン）」の大切さを説かれた。精神論でなく、日常的な言葉で具体的な指導を受けながら実践することで、マインドフルネスのポイントをつかむことのできる一日となった。

※プロフィールは巻末参照

開催日：二〇一五年八月一日（土）
司会・座長：長谷川洋介
会場：東京マインドフルネスセンター

第3回「青空を感じる練習」

講師：熊野宏昭 氏（早稲田大学人間科学学術院教授）

マインドフルネスを通じて生き方を切り替える実践

第3回は、日本における認知行動療法の第一人者で、赤坂クリニックで診療も受け持たれている早稲田大学の熊野宏昭氏のワークショップだった。

講義はマインドフルネスに関する基本的な説明からはじまり、熊野氏が臨床で使用している治療法「アクセプタンス&コミットメント・セラピー（ACT《アクト》）」における、マインドフルネスを取り入れた臨床技法を紹介。さらにマインドフルネスのルーツである仏教の瞑想の解説までされ、マインドフルネスを総合的に学ぶことができた。

実践では、基本的なマインドフルネス瞑想をはじめ、同時に聞こえてくる様々な音に注意を向ける「注意訓練」や、リズミカルに手を動かしながら行なう「手動瞑想（チャルーン・サティ）」などのマインドフルネス・ワークを、熊野氏の指導のもとで体験した。

ワークショップの最後に、熊野氏はマインドフルネスが教えてくれる大きなポイントは「生き方を切り替えてくこと」にあると説明。

「自分のつくりだした思考の外に出て、現実をしっかり見ながら、まわりの人たちとのつながりの中で生きていく、そういう生き方もあります。そのように生き方を切り替えることによって、過剰な不安や、過剰な落ち込みから抜け出して、自由な選択をしていくことが可能になります」

参加者は「和楽会ショートケアセンター」に通う患者さんも多く、最後まで熱心に、講義に耳を傾けていた。

※本ワークショップは書籍としてまとめられ、『実践！マインドフルネス——今この瞬間に気づき青空を感じるレッスン』（サンガ、二〇一六年八月）として刊行されました。
また、同書の刊行記念として熊野氏の講演が弊社主催で開催されました。載録（57頁）を参照ください。プロフィールは巻末参照

開催日：2016年1月16日（土）
司会・座長：長谷川洋介
会場：東京マインドフルネスセンター

第4回「青空としての私を生きる」

講師：山下良道 師（一法庵庵主　ワンダルマ仏教僧）

シンキングマインドから
青空への変容を導く実践

山下良道師は、曹洞宗の僧侶として出家して、日本国内やアメリカで自身の修行と坐禅指導を重ねたのち、ミャンマーでテーラワーダ仏教の比丘として出家。現在は宗派を越えたワンダルマ仏教僧として、鎌倉・一法庵を拠点に、国内外で活動されている。

　山下師の講義は、苦しみの本質を映画に例えることから始まった。私たちは映画を見ているときは、スクリーン上の架空の登場人物達のなかに入り込み、一緒に悲しんだり、喜んだりしている。

「でも我々は同じように、現実の世界でも本当は実在しない未来や過去のことを、ありありと映画のように描いて、現実のことのように入り込んで勝手に苦しんでいるのです」

　そして、この映画を作っているのは、「シンキング（考えること、思考）」であり、シンキングとマインドフルネス（気づき）は両立が不可能だと言う。

「ここが鍵です、気づいているときはシンキングできない。シンキングしているときは気づくことができません。ですからシンキングが主体のときは、マインドフルネスになるのは無理です。全く別の主体に交代しなくてはできません」

「シンキングの主体は『雲として

の私』。マインドフルネスの主体は『雲をみている青空としての私』。みなさんの仕事は、シンキングの主体に対して『ピッチャー交代！』と言うことです」

シンキングの主体から、マインドフルネスの主体への交代は、理屈でなく、訓練すれば誰でもできるようになるという。山下師が開発した「ワンダルマメソッド」は交代をトレーニングする実践だ。「ワンダルマメゾット」の実践指導は以下のように行なわれた。

姿勢を楽に整えて座り、身体の内側に注意を向ける。呼吸とともにおなかが膨らんだり、縮んだりする様子をただ見ていく。しばらくして、身体の中の微細な感覚も感じられるようになったら、右手のひらの微細な感覚を集中的に感じていく。それを右腕全体に広げ、さらに左側も同じようにする。さらに足や胴体、首、顔、頭、そして身体全体の微細な感覚をみていく。それは身体という銅線に、電気が流れるのを感じるように、びりびりとした感電のような感触です。

こうして微細な感覚を感じることで、シンキングが脱落し、自分を支配していたネガティブなエネルギーが、ポジティブなものに変容する。これを慈悲のエネルギーと山下師は呼ぶ。

続いて「慈悲の瞑想」の実践である。

今までネガティブな映像を作り続けて、自分自身を苦しめてきたことを手放すため自分に慈悲を送り、さらに対象を、好意や敬意をもつ知り合い、会場に来るあいだに見かけた赤の他人、自分を苦しめた人、そして最後に好きな人にも嫌いな人にも、等しく慈悲を送るように指導された。

「このように慈悲の瞑想をすることで、青空としての私がぐんぐんと深くなります。そうして青空としての私に立ったとき、そこには気づいている意識があるだけ、マインドフルネスがあるだけになり、シンキングはもう降板しています」

静寂の支配する空間で山下師は言葉を締めくくった。

開催日：二〇一六年三月二日（土）
座長：貝谷久宣
司会：長谷川洋介
会場：東京マインドフルネスセンター

山下良道（スダンマチャーラ比丘）
やました・りょうどう

一九五六年、東京生まれ。鎌倉一法庵住職。東京外国語大学仏語科卒業。大学卒業後、曹洞宗僧侶となり一九八八年アメリカのヴァレー禅堂で布教、のち京都曹洞禅センター、渓声禅堂で坐禅指導。二〇〇一年ミャンマーで具足戒を受け比丘になる。二〇〇六年帰国後、現在は「ワンダルマ仏教僧」として鎌倉一法庵を拠点に国内外で坐禅指導を行う。著書に藤田一照師との共著『アップデートする仏教』（幻冬舎新書）のほか、『青空としてのわたし』（幻冬舎）、近著に『本当の自分とつながる瞑想入門』（河出書房新社）、『〈仏教3．0〉を哲学する』藤田一照、永井均との共著、春秋社）がある。
http://www.onedhamma.com/

監修　井上ウィマラ

仏教が医療に与えるもの

米国の女性老師ジョアン・ハリファックス老師が開発した、医療従事者向けプログラム「GRACE」「ＢＷＤ」を日本に導入する試み

日本トランスパーソナル心理学／精神医学会前会長

文責　村川治彦

構成　中田亜希／編集部

村川治彦氏（元日本トランスパーソナル心理学／精神医学会会長、関西大学教授）、井上ウィマラ氏（日本仏教心理学会副会長、高野山大学）、永沢哲氏（宗教学者、京都文教大学准教授）等が中心となって日本への導入を進めている「GRACE」と「Being with Dying」という、仏教をベースとしたマインドフルネスのプログラムがある。仏教と医療の境界を越境し、死にゆく人と向き合う医療者の燃え尽きを防ぎ、人間的にも成長を促していくという。その全体像をワークショップと講座の載録を通して紹介する。

別冊サンガジャパン③
マインドフルネス
仏教瞑想と近代科学が生み出す、心の科学の現在形

愛読者カード

●本書を何でお知りになりましたか。
①書店で見て　②新聞で見て（　　　　　　）　③知人のすす
④雑誌で見て　（　　　　　　　）⑤その他（

●本書についてのご感想

サンガHP http://www.samgha.co.jp/

●この感想を本の宣伝に使用する場合があります。
宣伝に使用することに、同意　する／しない
本名で／匿名で／ペンネームで（　　　　　　　）
（感想の使用にあたっては、抜粋させていただくことがあります）

ご協力ありがとうございました。

郵便はがき

101-8796

514

料金受取人払郵便

神田局承認

7838

差出有効期間
平成30年3月
9日まで
（切手不要）

東京都千代田区
神田小川町三―二八
昇龍館ビル五〇一

サンガ
愛読者カード係 行

ご購読ありがとうございました。このカードは、小社の今後の出版企画および
読者の皆様との連絡に役立てたいと思いますので、ご記入のうえお送り下さい。

□□□-□□□□	ご住所	
(フリガナ) お名前		男・女
お電話番号	年齢	歳
Eメールアドレス メールによる新刊案内をお送り致します。ご希望されない場合は空欄のままで結構です。		
ご職業	1.学生 2.公務員 3.会社員 4.会社役員 5.商工自営 6.農林漁業 7.教員 8.医師 9.自由業 10.主婦 11.僧侶 その他（ ）	
今回お買い上げの書店名	市 町	書店
本書を何でお知りになりましたか。 □書店 □新聞（ ） □webページ（ ） □その他（ ）		

定期購読希望（年間3冊ー割引／送料無料） □

●定期購読希望の方は右記の□にチェックください。
愛読者カードを送られた日の次号から購読開始となります。

ジョアン・ハリファックス老師

医療者の燃え尽き（バーンアウト）を防ぐために

　マインドフルネスはさまざまな分野へと広がりを見せているが、この特集では特に医療の領域との接点、融合、あるいは統合がどのように起きているかについて取り上げたい。

　中でも一つの特徴的な動きとして注目したいのが、終末期医療のパイオニアであるジョアン・ハリファックス老師の立ち上げた「死にゆく人と共にあること（Being with Dying, 以下ＢＷＤ）」プログラムである。

　医療者が臨床の現場に瞑想を取り入れたのが、ジョン・カバット＝ジンのマインドフルネス・ストレス低減法（Mindfulness-Based Stress Reduction, 以下ＭＢＳＲ）であると位置づけるなら、ハリファックス老師のプログラムは仏教の側から医療の領域へとアプローチした、いわば逆のベクトルを持ったプログラムだと言えるだろう。

　日本では社会の医療化が進み、亡くなる人の八割が病院で死を迎える時代となっている。超高齢化社会も相まって、臨床の現場で働く医師や看護師たちは、一晩に複数の患者を看取ることもあるという。

　二〇一五年にハリファックスを招き開催された「GRACEワークショップ in 奈良」でも、参加した医療従事者たち――医師、看護師、臨床心理士をはじめとする対人援助の専門家――は、皆それぞれに切実な悩みを抱えていた。

　死にゆく人々と共にあることは、プレッシャーを伴う。医療施設で時間に追われて働いていると、丁寧にケアをしたいと思っていても、忙しすぎて余裕がない。夜間に二人も三人も連続して看取るのは精神的にも体力的にも辛い。患者さんやご家族からの要求に応え続けることにも疲労してしまう。そういった諸々の原因が積み重なって、ついには「そもそもこんなところでは働きたくなかった」という気持ちにさえなるという。

　医療従事者――とりわけ看護師――は感情労働と言われる職業である。感情労働とは感情が労働内容の不可欠な要素であり、かつ適切・不適切な感情がルール化されている労働のことをいう。

　彼らは「なんとかしたい、助けたい」と思う気持ちが強いだけに、実際助けられなかったときには大きな無力感、自己嫌悪にさいなまダライ・ラマ法王（左）、ジョアン・ハリファックス老師（中央）、リチャード・デビッドソン博士（右下）。ウィスコンシン大学のデヴィッドソン博士は瞑想の神経科学研究の第一人者（詳しくは本書別稿「あるがままに観る人の系譜」174頁参照）。

れ、生存者の罪悪感を感じるという。患者さんに対して十分なケアができなかったことは心残りになり、彼らの心に長く残る傷となる。自分のケアのせいで亡くなったのではないかと悩み、正解がない仕事の難しさを感じることはバーンアウト（燃え尽き症候群）の原因ともなっている。

そのような状況があるのは、医療というものが長らく医療者から患者の一方通行として考えられてきたこととも関連している。一方通行が共感疲労や治療のしすぎなどを生み、疲れの原因にもなっている。医療者は治療するだけではなく、癒し癒される双方向の関係を患者と築くことが大切なのではないか、そう問題提起する声も出てき始めている。

看取り、看取られることは誰にとっても避けられない。医療従事者をケアし、バーンアウトしない環境、制度を作っていくことは、看取られる側にとってもよき死を迎えるために重要なことであろう。

ジョアン・ハリファックス老師とは誰か

ＢＷＤは看取りの現場に従事する者のために、ジョアン・ハリファックス老師が構築した科学的なアプローチである。

日本への導入が始まっているこのプログラムを、ここで老師のプロフィールとともに簡単に紹介する。

ジョアン・ハリファックス老師は禅僧であり、医療人類学者としても長いキャリアを持つ。

彼女は韓国の嵩山禅師に学んだことをきっかけに仏教の実践に深く関わるようになり、ニューヨークで禅ピースメーカーズを主催するバーニー・グラスマン老師のもとで印可を受けた。その後、ティク・ナット・ハンからも法灯を受け継ぎ、ダライ・ラマをはじめ、チベット仏教からも多くの学びを受けている。

彼女の「死にゆく人と共にある」取り組みのキャリアは、精神科医でありトランスパーソナル心理学の創始者の一人でもあるスタニスラフ・グロフとの協働作業に端を発する。一九七二年にメリーランド州の精神医学研究所で末期がん患者へのケアを始めたグロフと彼女は、一九七七年にそこでの研究成果をまとめ「Human Encounter With Death」として出版した。この本の序文を書いたエリザベス・キューブラー＝ロスが指摘しているように、二人の研究は臨床医学的な知見と古代エジプトの死者の書など古今東西の死にゆく過程との文化人類学的な比較を通し、死をタブー視する現代医学のあり方に挑戦する画期的なものであった。

その後彼女は、死にゆく人たちとその家族に協力を仰ぎながら、医療従事者や患者とその家族のよりよきケア——心理社会的ケア、倫理的ケア、精神的ケア——を模索してきた。その一方で、ハーバード大学医学校、ジョージタウン医学校など多くの医療機関で死と死にゆくことについての講義を行うなど、仏教の智慧と瞑想の伝統を現代医学の臨床現場に導入する活動を続けている。また、一九八三年に現在マインドフルネスが世界的に拡がる基盤となったMind and Life Institute の創設者である故フランシスコ・ヴァレラとダライ＝ラマ十四世を引き合わせたのも彼女である。

BWDとGRACE

ハリファックス老師がニューメキシコ州のサンタフェに創設したウパーヤ禅センターでは、その取り組みの集大成ともいうべきBWDが提供されている。そしてBWDのエッセンスを凝縮して作られた短縮版プログラムがGRACEである。

GRACEは「Gathering Attention」、「Recalling Intention」、「Attuning to Self/Others」、「Considering」、「Engaging, Enacting, Ending」の各頭文字を並べたものである。

G＝Gathering Attention　注意を集中すること。

R＝Recalling Intention　意図を思い出すこと。

A＝Attuning to Self/Other　自分と他人に波長を合わせること。

C＝Considering　何が本当に役立つかを考えること。

E＝Engaging, Enacting, Ending　実際に関わり、実行し、それを終結させ、次の実践に移す環境を整えること。

これが一連のプロセスとして流れ、Eから再びGに返る構造となっている。

GRACEは瞑想、身体技法、カウンシルなどを科学的に融合させたアプローチであるが、脳科学の研究データに基づいた説明とセットになっていることも忘れてはならない。科学を前面に押し出していることで、仏教徒のみならず、キリスト教徒を中心とした欧米人にも広く受け入れられているのである。

この特集では、以下の流れで仏教と医療の融合の現在を描きたい。

最初に、『サンガジャパンVol.21』掲載の井上ウィマラ氏のレポート「GRACEプログラム2015 in 奈良」(107頁)を再録する。GRACEの中身に触れられる貴重なレポートである。

次が、永沢哲氏による「医療従事者のための仏教と医療の統合プログラム「BWD」を概観する」(142頁)である。奈良でのGRACEプログラムを振り返りつつ、GRACEとBWDの違いや、BWDの本質を解説している。

日本の「死とともに生きる」プロジェクトの代表である永沢氏は、アメリカにおいて、BWDの研修に実際に参加した経験を持ち、以降、BWDを日本に導入するための活動を行っている。特にチベット仏教がBWDの活動に深く関わっている点に注目したい。

つづく二つの記事は、二〇一六年一月一〇日、一一日に開催されたワークショップ「『死にゆく人と共にあること』――伝統的知恵と医療を統合した新たなスピリチュアルケアの創造に向けて――」(主催:Being With Dying研究会/協賛:日本トランスパーソナル心理学/精神医学会)の載録である。これは「GRACEプログラム2015 in 奈良」での学びをもとに、マインドフルネス瞑想の実践と死の臨床現場でよりよきケアを提供するためのあり方を学ぶことを目的にして行われた。

まず井上ウィマラ氏による「『GRACEプログラム2015 in 奈良』を振り返る」(151頁)である。アメリカ生まれのGRACEを日本の医療現場で安心して実践するには、日本用にカスタマイズされたパッケージが必要となろう。井上氏は現場の医師とのディスカッションを交えながら、今後日本でGRACEを展開する際に大切にすべきポイントを仏教の観点から解説している。

最後は、藤田一照氏による「八正道をベースとした『死の臨床に向き合う』ための瞑想指導」(162頁)である。瞑想は頭で理解するものではなく、身体でうなずくものであるという藤田氏の発言には説得力がある。

これら一連の記事を通して見てみると、医療の分野に仏教が提供している新しい価値体系が見えてくる。マインドフルネスというと、テーラワーダにルーツを持つヴィパッサナー瞑想を意識しがちだが、大きな文脈では禅とチベット仏教とヴィパッサナーがあざなって生まれたものであることにも気づかされる。

この特集が皆様の幸福な看取りを考えるきっかけになれば幸いである。

【ジョアン・ハリファックス氏来日決定】

2017年4月1日(土)「病・老い・成長」を支えるすべての人のために
ジョアン・ハリファックス博士による講演会(日本語通訳付き)
【会場】福井フェニックスプラザ　小ホール
【時間】13時開場/13時半開演
【講演】藤田一照氏「医療におけるマインドフルネス」
ジョアン・ハリファックス博士
【参加費】無料(全席自由)入場にはチケットが必要
【主催】福井赤十字病院外科非常勤医師、Yoga & Wellness Chandra 主宰:齊藤素子
【共催】Being with Dying 研究会
【お問い合わせ先】Yoga & Wellness Chandra : http://yogatherapy-chandra.jp/

仏教が医療に与えるもの

【実践レポート】
GRACEプログラム2015 in 奈良
ターミナルケアでの燃え尽き防止のために

死の臨床現場に導入された仏教瞑想のエッセンス。アメリカのターミナルケアの最前線を紹介する実践ワークショップレポート

高野山大学文学部教授
井上ウィマラ

はじめに

二〇一五年四月二四日金曜日から二六日日曜日までの二泊三日、奈良県生駒市の長弓寺薬師院（真言宗）[1]で、看取りに関わる人々の燃え尽きを防止するための研修会が行われました。看取りなどストレスの多い医療現場では医師や看護師などへのケアが手薄になりがちで、患者や家族へのケアの質を向上させるためにも、今回のプログラムは大きな意味を持つものだと思います。田んぼや自然林の美しい新緑に囲まれた環境の中、医師、看護師、臨床心理士を始めとする五〇名ほどの対人援助の専門家が集まり、禅（大乗仏教）、チベット仏教（密教）、上座部仏教（初期仏教）という仏教のあらゆる伝統の智慧を統合しながら現代的な問題に応用してゆくアプローチを体験的に学びました。

講師は、エンゲイジド・ブディスト[2]のジョアン・ハリファックス老師、ジョンズ・ホプキンス大学看護学教授で生命倫理や小児医療を専門とするシンダ・ラシュトン先生[3]、ワシントン大学医学部教授で緩和ケア医のアンソニー（トニー）・バック先生[4]の三名が来日してくださいました。

本文では、講師の皆さんのお話はできるだけそのままの内容を伝えられるようにいたしましたので、読みながらその場の雰囲気も感じ取っていただけるのではないかと思います。

ワークショップの開催スタッフ。手前左から藤田一照師、アンソニー・バック氏、２列目左から永沢哲氏、小田まゆみ氏、ジョアン・ハリファックス師、シンダ・ラシュトン氏、井上ウィマラ氏、村川治彦氏、最後列左から中野民夫氏、中川吉晴氏。

第一章　全体のビジョンから

1―1　ハリファックス老師について

ハリファックス老師は医療人類学の博士号を持ちシャーマニズムに関する著作もされていますが、[5]その後、韓国禅の嵩山禅師との出会いを機縁として仏教の実践に深く関わるようになり、ニューヨークで禅ピースメーカーズを主催するバーニー・グラスマン老師[6]のもとで印可を受けました。その後、エンゲイジド・ブディズムの創始者であるティク・ナット・ハン師からも法灯を受け継ぎ、ダライ・ラマからも親しく教えを受けチベット仏教についても多くの学びを続けてきました。アメリカの公民権運動やベトナム反戦運動という時代の流れの中で生きてきた社会活動家としての一面を持ち合わせる老師は、菩提心を生きることを死の臨床において体現してきた現代の生きる菩薩とでも呼ぶべき存在です[7]。

老師がサンタフェに創設したウパーヤ禅センター[8]では、今回のGRACEプログラムを含む多様な研修・修行プログラムが提供されています。ウパーヤは方便を意味する言葉[9]ですが、今回の研修プログラムではまさにその方便を巧みに使いこなして、伝統仏教の慈悲をいかにしてわかりやすい要素に脱構築し現代社会の臨床現場に訓練可能なものとして再構築してゆくかについて、数々の工夫を紹介してくださいました。

またGRACEプログラムの特徴の一つとして、瞑想を実践する前に必ず脳科学の研究データに基づいた説明がなされるというスタイルがあるのですが、老師はこうした研究潮流の中核を担ってきたマインド&ライフ・インスティチュート[10]の理事としても活動してきました。最初にダライ・ラマとフランシスコ・ヴァレラ（一九四六―二〇〇一）[11]との対話を仲介したのもハリファックス老師だったそうです。

私が最初にハリファックス老師と会ったのは、二〇〇五年にバークレーで開催されたトランスパーソナル学会に参加したときでした。そのとき老師はサンフランシスコ禅センターの禅ホスピスプロジェクト[12]を創始したフランク・オスタゼスキ氏と一緒にキューブラー・ロス賞を受賞されました。その講演の中で、オスタゼスキ氏は、人生の不可知性に慣れ親しむことが、自らの死を受け止めるという正解のない問いに直面する人々を支援するための基盤となること。慈悲は、そうした苦しみをありのままに体験しぬいてゆくスペースをもたらしてくれること。こうした慈しみに満ちた存在として寄り添うことが死にゆく人々への親切な環境として役立つことなどのお話をされました。

ハリファックス老師は、死について話し合えることの健全性が社会に認められることの大切さ。そうした慈悲を提供できるようになるためには自らの生育歴にしっかりと取り組む必要があること。善悪を超えて傾聴してもらえる環境の中で人生を語り直すことが死の受容にとって重要な支援となること。そうして自分を許し他人を許すことが人生最後の大きなテーマになること。最後に、こうした看取りというストレスの大きいケアに関わる人々へのケアの重要性を強調されていたのを印象深く覚えています。

一九六七年イギリスに聖クリストファーズ・ホスピスを創設したシシリー・ソンダースが現代的ホ

スピス運動の母であるとするならば、終末期患者へのインタビューとその振り返りから生まれた『死ぬ瞬間：死とその過程について』（中公文庫、二〇〇一）やその後のワークショップ活動などを通してアメリカのホスピス運動を加速させたエリザベス・キューブラー・ロスもまた、そうした生みの親の一人、それも強烈な母親と呼んでいいでしょう。

一九六〇年代、まだ病名の告知がなされていなかったアメリカの病院における社会学的調査からグレイザーとストラウスの名著『死のアウェアネス理論と看護』（医学書院、一九八八）が生まれました。その中で分析された閉鎖・疑念・相互虚偽・オープンという四つの認識文脈を借りてロスの功績を表現し直すなら、告知がなされないゆえに生じる閉鎖・疑念・相互虚偽というコミュニケーション・パターンの中に、開かれた視点と交流を持ち込むための具体的な努力を医師の立場から展開したことということができると思います。そこでロスが「総合的患者ケア」と述べていることが、今私たちがスピリチュアル・ケアと呼んでいる営みであり、ハリファックス老師が「死にゆく人と共にある（Being With Dying：ＢＷＤ）」ことの実践[13]として体現してきたものでもあります。

慈悲を医療の現場に持ち込むことの大切さについては、すでにキューブラー・ロスが『人生は廻る輪のように』（角川文庫、二〇〇三）の第一七章で、終末期を生きる一六才の少女への公開インタビューを締めくくる言葉として、「皆さんは死の床にある患者がどんな気持ちでいるのかがわかるようになるでしょう。でも、それだけではありません。皆さんは慈悲の心をもって患者に接することができるようになるでしょう。自分がその立場だったらそう接してもらいたいような、慈悲の心です」と述べています。ハリファックス老師にこのことを確かめたところ、老師はキューブラー・ロスが終末期のケアを大きく改革したこと、どのようにしてそれを実現できるかについてロスと何度も議論したことを話してくれました。

今回は、このように仏教瞑想のエッセンスを死の臨床現場に導入する活動に先鞭をつけ、アメリカのターミナルケアに大きなインパクトを与えたジョアン・ハリファックス老師の四五年にわたる取り組みの結実を日本に紹介していただいたということになります。

1—2　導入

四月二四日金曜日お昼過ぎから受け付けが開始され、午後一時過ぎに最初のセッションが始められました。はじめに招聘企画プロジェクトの事務局を担当して裏方のすべてを引き受けてくださった関西大学人間健康学部教授の村川治彦先生[14]から全体の流れについての説明がありました。次に、プロジェクトの代表である京都文教大学総合社会学部准教授の永沢哲先生[15]から三人の講師が紹介され、ジョアン・ハリファックス老師にマイクが渡されてGRACEプログラムの紹介が始まりました。通訳は永沢先生、村川先生、そして曹洞宗国際センター所長で仏教的人生学科一照研究室を主宰されている藤田一照師[16]が交代で担当してくださいました。

ハリファックス老師（以下、老師）：このセミナーでは体験的に学ぶための方法をお伝えしたいと思います。医療現場で終末期患者と接する経験がどんなものであるかを理解することが大切になります。レジリエンス[17]を高めてくれるような仕方で苦しんでいる人々に関わるためにはどうしたらよいのかということです。

それでは、持っているものを下において、呼吸に意識を向けることから始めましょう。息を深く吸って、足の裏が床についているのを感じ、注意を集中します。短い時間で地に足をつけ、今ここにあるようにします。息を吸いながら身体に注意を集中し、吐きながら身体に落ち着いてゆきます。苦しんでいる人のために働いているとき、いつでもここに戻ってくることができるようにするのです。もう一度、息を吸いながら心と身体が一つになるようにして、息を吐きながら身体に落ち着いてゆきます。（間）この単純な作業の中で身体がしっかりと安定しているのを感じられるようにします。

次の息を吸いながら、なぜここに来たのかを思い出します。ここにいる人は、困難なときを過ごしている人のために働いています。苦しんでいる人々のためになりたいのです。利他的でありたいという動機の感触にしっかりと触れてみます。

ありがとうございます。こうした小さな瞑想に慣れ親しむことが大切です。忙しい仕事の中では、瞬時に注意を集中し意図を確認することによって、「今ここにある」ことの能力を育てることが大きな違いを生むのです。

1―3　記事の朗読

なぜここにいるかにつながり直すために琴線に触れる文章を朗読するという目的で、老師はピコ・アイヤーが奈良からニューヨークタイムズに投稿した「苦しみの価値」[18]というコラム記事の一部を朗読しました。そこでは、苦しみの語源と慈悲とのつながりに関する考察から、津波の後にダライ・ラマが被災地を訪問したときの様子が描かれていました。

老師：慈悲、優しさ、思いやりについて平静さとの関連の中で探求してみたいと思います。私は一九七〇年代から終末期ケアに携わってきました。その四五年間の旅路で、平静さと否認を混同してしまわないことの重要性に気づかされました。同様に慈悲と共感を混同しないことも重要です。ハル(村川先生)、テツ(永沢先生)、まゆみ(小田まゆみさん)[19]、ウィマラと話し合う中で、社会心理学でいうコンパッションの日本語訳を一つにすることは難しいことに気がつきました。今回は文脈によって慈悲や思いやりなどと訳し分けて、どのような意味で使っているかを明確にしてゆくことになると思います。

タニア・シンガー[20]や社会神経科学の研究者らと行った仕事から、脳科学的な研究に基づいた慈悲についての考え方を構築してきました。GRACEは臨床家や教育者にも使ってもらえるように、一見すると嘘のように簡単な手順にまとめられています。健康的な慈悲を育むための簡略な方法論について、トニー少し話してみてください。

トニー：医学教育の中では、見て、やって、教えるという仕方で教えられてきていると思います。しかし、GRACEでは少し違ったやり方をしますので、これからの三日間ではGRACEのプロセスが自分に染み込んでゆくようにしてください。そして帰ってから実践で試してみると、臨床現場で時と共に深まってゆくことでしょう。辛抱強くなってください。医者が薬を処方するのとは違いますから。プロセス全体を心と身体と頭の中に抱きとめておくことが必要なのです。

1―4　総論

最初のパワーポイントのスライドにはゲーリー・パステルナーク医学博士[21]の文章がありました。

「患者をホスピス病棟に入院させる手続きで遅くまで起きている。眠らずにこんなに夜遅くまで起きているには年を取りすぎたと思ったそのとき、生々しいまでに傷つきやすく痛々しい人が私の目の前に横たわっている。乳がんを患う彼女の胸の深い傷を手探りしながら彼女の言葉に耳を傾けていると、私の心は再び裂けて開いてゆく」

老師：ある意味、慈悲を他者に教えることはできません。慈悲は複雑でダイナミックな現れ出てくるプロセスです。その中には訓練できる特質があります。その特質には、自分自身や他者に向けて明確にしっかりと注意を向けてゆく能力があり、社会的情動、すなわち善良さ、親切さ、利他心に連なってゆくような心理的能力があり、意図性や洞察する能力も含まれます。そして体現してゆくという要素が含まれます。他者の利益になりたいという意図を持って他者に直接的・間接的に関わること、こうした要素が組み合わさって慈悲になっているのです。

第一は、他者の経験に心を向けるという能力。第二は、他者を思いやるという能力ですが、これが重要になります。他者に注意を向けたとしても、そこに思いやりがなければ慈悲にはならないからです。第三の要素は、他者に何が役に立つかということを感じ取る能力。第四は、他者に仕えること、利益になることができる能力です。(スライドに過度な延命処置がな

される情景）

集中治療室などの医療施設で働いている場合には、どうにもならない末期患者に接しなければならない状況下で、病的な利他心、すなわち他者を援助しようとして身体的心理的に自らを傷つける反応に陥ってしまうことがあります。

あるいは、燃え尽きのように、生命力が枯渇してしまいます。医療現場において適切な境界を設定することができないことによる消耗です。または苦しみに出合うことによる二次的トラウマあるいは代理受傷に陥ることもあります。

あるいは道徳的苦悩、個人的ないし組織的な暴力や悪意に出合うことによる反応があり、垂直的・水平的敵意への反応があり、いじめや大切にされないこと、医師が看護師に嫌がらせをするなどがあります。尊重されないことや構造的暴力や病院の方針が働く人を追いつめてしまうのです。

社会心理学や脳科学によると、慈悲の能力はレジリエンスを育てることがわかりつつあります。ジョナサン・ハイト[22]は、「慈悲はあなただけではなく、他者をも“高める”。誰かが他者を助けるのを見ると“高揚”した状態になり、同じことをしようと鼓舞される」と語っています。

慈悲については多くの誤解があります。例えば、苦しみは伝染するとか。心が痛いので、慈悲を感じることから自分を守ろうとするかもしれません。慈悲を感じると、圧倒されるのではないかと心配になったりします。慈悲は疲れるとか。共感疲労（compassion fatigue）という一九八〇～九〇年代に作られた用語がそうしたことを連想させてしまいます。共感と慈悲を混同してしまうと、「慈悲を抱くと、同情して公平さや正義をおろそかにしてしまうことになるのではないか？」とか「慈悲は宗教的なものなのではないか？」という疑念に陥ることになります。

慈悲と共感とを明確に区別しなければなりません。慈悲は先に述べたようないくつかの要素からなり、共感とは異なるのです。共感とは、単なる情動的響き合いあるいは感情的調律にすぎません。感情的あるいは認知的な響き合いなのです。マックスプランク研究所のタニア・シンガーの脳科学的研究によれば、慈悲は人々を革新してゆきます。彼女は共感と共感的反応を制御できないことによるその影響を明らかにすることで、慈悲と共感を明確に区別しました。慈悲の構成要素を育み、慈悲を育て上げてゆくことが大切なのです。

共感は、慈悲の一部だとしても慈悲そのものではありません。社会心理学的によれば、共感は感情的認知的共鳴であると定義されます。慈悲は、他者に対して思いやりを感じていて、かつ他者の利益になりたいと願っていることなのです。

1―5　訓練の基軸

老師：数年前のこと、ワシントンDCの国会図書館の客員研究員として過ごしたとき、医療の領域では慈悲が衰えストレスが増しているのを感じました。終末期ケアの提供者そして長期的瞑想修行者として仕事をしながら、社会心理学的脳科学の研究者たちと長い間共にいる中で、慈悲の仮説的マップを作ってきました。慈悲はよく理解されていないのです。伝統的にも、一般的にも。

そこで、慈悲とつながる要素を切り離し同定することによって、それらを三つの訓練領域に分けました。注意（attention）と情動（affect）の領域（A―A基軸）。注意と情動は互いに邪魔し合います。認知的領域は意図（intention）

と洞察（insight）を含みます（I—I基軸）。身体的領域は体現（身体化：embodiment）することと関わること（engagement）を含みます（E—E基軸）。[23] これらを手短に説明します。

最初は注意と情動の領域です。臨床家として、苦しみの性質をはっきりと認識するために安定した注意力を養うことがどれほど重要であるかを考えます。臨床現場で、呼び出しベルや携帯などがどれほど邪魔になるかを考えてみてください。複雑な現場で、落ち着かなくなり、注意が邪魔されて散漫になることがどれほど困難をもたらすことか。安定性が欠けたり落ち着きがなくなることで、他人の苦しみをはっきりと見つめたり感じたりすることが難しくなります。

タニア・シンガーの研究[24]によると、内受容感覚や内臓の感覚に気づく領域は他者に共感するときの領域と重なっています。内受容感覚の能力と解離することは、他者を感じ共感することからの解離を招きます。医療者は、仕事の都合でトイレや食事やセクシャリティの身体的感覚から解離した生活を余儀なくされているために、共感能力をそがれてしまっているのかもしれないのです。注意を自分の身体感覚に向ける訓練が大切になります。

注意と情動は互いに邪魔し干渉し合います。社会性が育まれる方向に心を開くよう訓練することができるということです。西洋の医療関係者たちと四十数年間にわたって関わり続けてきて、懐疑主義や皮肉や冷笑的で否定的な姿勢が、彼らを最初に医療にひきつけたはずの親密性を阻害する結果となっていることに気がつきました。臨床家が持つ社会性への能力を再生させ導入し直すための試みをしなければならないと思います。

次に、落ち着いた注意に基づいて他者の経験を感じることのできる共感や情動的調律である社会性について話すことにしましょう。親切心や他者への肯定的関心のことです。この領域はI—I基軸と表現されますが、意図と洞察のことです。仕事の中で、道徳的な性格を形成するために、倫理に対する感性を育てることができるでしょうか。明日、ラシュトン博士がこうしたテーマについて紹介する予定です。

第二のパートは、洞察、智慧に関する側面です。心のしなやかさ（メタ認知）を育むことを含みます。自己覚知を育て、相手の観点を取得することです。情動的に共鳴するだけでなく、認知的にも共鳴するのです。相手は世界をどのように見ているのかに基づいて、自らは世界をどのように見ているのかについて洞察を深めてゆきます。

同時に、ダニエル・バトソン[25]やナンシー・アイゼンバーグ[26]らが言っているように、自他を区別できることが大切です。つながっていながらも、違いを自覚しているということです。目の前で苦しんでいる人の苦しみがどんな経験かを感じながらも、それは自分ではないということをわかっていること。共鳴していながらも、私はその人ではないということを自覚していられること。互いに響き合っていながらも、その一方で自他を区別することのバランスが取れていることです。

無常への洞察について。エイズによる大変な苦しみを抱えている若者の前に座っていたときのことです。彼はもしかしたら死がその苦しみを救ってくれるかもしれないということをわかっていました。智慧や洞察の他の側面として、すべての衆生はどんなに混乱していても幸せでいたいと望むものです。医療者として患者が苦しみから解放されてほしいと望み最善を尽くしながらも、一方で結果にしがみつかないことの大切さです。正直、長年死にゆく人々と一緒にいて、「よき死」という結果にしがみついたら、その不毛さに完璧に潰れていたでしょう。他者を利するために最善を尽くしながらも、結果に執着しないという両方の側面が大切なのです。

最後にE—E基軸、体現し、取り組むことです。深く体現し、倫理的に落ち着いていれば、最善のことが花咲いてくることにつながります。良好さは、根本的な平静さに特徴づけられています。慈悲がダイナミックに現れ出てくる際に、詳細な地図の上で探求してみることが重要になります。注意の領域、情動の領域、認知の領域、身体の領域が重なり合いながら智慧と慈悲が実現されるのです。試行錯誤しながら発見してゆくための仮説的地図に基づいて、洞察が生まれ、生きる臨床体験の中に慈悲が生まれてくる手順を見いだしてゆくことが重要なのです。これがGRACEにまとめられた手順であり、これからの三日間で取り組んで探ってゆくことになるものです。

1—6　要約

G（gathering attention）は注意を集中すること。

次の一息で、吸いながら注意を集中し、吐きながら身体に落ち着いてゆき実際に地に足をつける。

R（recalling intention）は意図を思い出すこと。

「なぜ、ここにいるのか?」意図は、資源でもある。

A（attuning to self, then others）は調律すること。[27]

まずは自分自身にチューニングする。身体的・情動的・認知的レベルで調律する。地に足をつけるだけでなく、他者をありのままに見ることを妨げている偏見に触れてみるためにも重要。この基盤に立って、他者の身体的・情動的・認知的体験にチューニングすることができる。

C（considering）は何が本当に役に立つのかを考慮すること。

自らの持っている技だけではなく、究極的な智慧のレベルで直観的に、本当に役に立つのは何かを考える。

E（engaging, enacting, ending）は関わること。

思いつきを行動化するのではなく、深い視座を実践に移すこと、しっかりと考え抜かれたものを実践に移す環境を整えることが大切。関わるときにはどのように終結するかがとても大切。終結には、自分の中で終結を認めること、関係の中で認めることの二つがある。

1—7　質疑応答から

トニーがファシリテーターになって、二人一組になり、前の講義を聞いて驚いたこと、疑問や感想などを各自四分ずつ話してみた後で、全体での質疑応答が行われました。そこで検討されたテーマについてまとめてみました。

◎三つの基軸について

これは、覚えやすくするための仮説的な方便。注意と情動は相互に干渉する。認知領域では、意図と洞察が交錯する。身体領域では体現することと関わることが関係するが、これらすべての領域は重なり合い相関し合い、互いに切り離すことはできない。諸要素が組み合わされることによって慈悲が現れ出てくる。相互の関係を理解しやすくするためにベン図が大切。

◎共感から社会的行動へ

共感から社会的行動が生まれてくる過程が興味深いのは、科学的検証が可能になることに加えて、社会を変革することにつながるからである。

◎GRACEにおける倫理

倫理には条文化され外在化されたものと、その瞬間ごとにその人の内面で働いている意図や価値観として内在的なものがある。行動の動機となる内面的価値観を自覚化するのがGRACEにおける倫理の特徴[28]であり、他者の苦を和らげてあげたいという臨床家としての根本的な価値観を自覚化し確立することが慈悲の本質につながる。

◎語彙と訳語

イヌイットが雪に対する多くの語彙を持ち合わせているように、臨床家はコンパッションに関連する多くの語彙を持っているのではないかと思われる。日本語の訳としても、慈悲や思いやりなど多くの訳語が文脈に応じて想定可能となる。コンパッションの代わりにケアを使う学者もいる。

◎四無量心

日本語では慈悲という熟語になっているが、仏教の伝統では慈・悲・喜・捨の四無量心[29]という修行体系にまとめられている。慈は相手の幸せを祈ること。悲は相手の痛みや苦しみが和らぐことを祈ること。老師の取り組みの中でコンパッションは、四無量心全体を指すときと、悲を指すときの二つの文脈で使われている。喜は相手の喜びや成功を共に喜ぶこと、捨は平静な見守りを意味する。慈悲の送り方には、個人的なイメージに分けて送る方法と、特定せずに衆生全体に送る方法とがある。

◎パターンに気づくこと

自己調律をしてゆく中で自分の心理的パターンに気づけるようになれば、相手に自分の問題を投影しなくて済むようになる。これは転移・逆転移の問題に取り組んでいることにもなるし、自分のシャドウ（影）[30]の問題に取り組むことにもなる。

◎インテグリティ

慈悲、倫理や道徳性、人徳などGRACEが取り組んでいる諸テーマを体現している状態を言い表す英語としてintegrityが挙げられた。これを日本語でどう表現してゆくか[31]は、行為として体現される内面的な要素を考察するために重要になる。

◎謙虚さ

初心を忘れずに、心を開き、最善を尽くし、結果へのこだわりを手放してゆく。特に無力感にさいなまれたときには、「今、何をしようとしてここにいるのか」を思い出し、実際には何もできないような状況も少なくないが、そういうときにこそ地に足のついた安定性を保って歩き通してゆくことが大切になる。

1―8　刑務所での体験から

最後に老師は刑務所での体験を分かち合い、短い瞑想でセッションを終えました。

老師：刑務所の中で死刑囚と向かい合っていたことがあります。そこにはさまざまな心理的問題や症状を抱えながら死にゆく人々がいました。そこで私は、二つの問題に同時に向かい合わねばなりませんでした。死刑囚が壊れきった人生を生きている事実。子どもを強姦し殺した人と一緒に座っています。混乱しきった人生がそこにあります。そして、その死刑囚の魂の苦悩を実際に感じています。しかしその一方で、明るいものや開かれたものが内にあるのを感じることもできます。それは彼の条件付けされていない心です。ただ、彼の条件付けされていない心に注意を向けるだけでは十分ではありません。それでは夢のような理想的状態に陥ってしまいますから。また、彼を強姦者、殺人者、混乱した家庭で育ち仲間を失った人だと苦しみを見るだけでも十分ではありません。その二つを同時に抱えるようにする感性をもつことが大切なのです。

それでは、しばらくの間、足が床についているのを感じ、その足が床から支えられているのに注意を向けてみます。二つの感覚が育ってゆきます。一つは、しっかりと地に足がついて落ち着いている感覚。もう一つは、十分に支えられている感覚。複雑にしてしまわないで、床に触れている感覚に注意が向くようにして、床に足がついているのを自覚して、落ち着いていて支えられています。

呼吸体験を、注意を足の方に導くためのガイドに使います。呼吸が身体に落ち着いてゆくようにします。そして、足が床についている感覚と共にいます。地に足がついて支えられている、その感覚が全身に行き渡るようにします。

医療現場であれ、心理療法であれ、ヨガ指導であれ、仕事の現場にいると想像してみましょう。現場にいて、誰かが邪魔してきたとします。すると身体中のエネルギーが上に駆け上がってゆきます。そんなとき、足の裏に戻って、地に足がついて支えられているのを感じられないかどうか、自分に問いかけてみます。そして、この感覚こそが患者やあなたを邪魔した人に伝えたいものだと想像してみます。ある種の招待のようなものです。邪魔したその人が自分自身に共鳴してゆくことができるようにするための基盤であり、地に足がついて支えられているという感覚です。地に足がついて支えられている感覚というシンプルな術を、人生全体に応用している様子を想像してみましょう。

第二章　脱構築の過程へ

2—1　G (gethering attention)：注意を集中する。

老師：息を吸うときに注意を集中し、息を吐きながら身体の中に落ち着いてゆきます。しばらくの間、なぜ今ここにいるのかを思い出してみます。それは、いうなれば「どういうふうに関わるかという感覚」です。この世界にはどれほどの苦しみがあるか、あなたはその苦しみを変容しようと望んでいるということを認めることです。具体的な誰か、あるいはペットでもいいし、福島のような場所に心を向けてみることが役立つかもしれません。そこには大変な苦しみが渦巻いています。それが心に触れることを許し、それらを終わらせたいというあなたの深い望みが開かれてくるようにします。個人的な事柄である方がよいでしょう。患者であれクライアントであれ、自分と関わりを持とうとする人たちに対して、あなたが尊厳をもち目覚めていられる状態を具現化する姿勢を見つけ出します。心が身体に影響するように、身体も心に影響します。もう一度、地に足がついて同時に支えられている体験を思い出してみます。

他者に対して支援を行おうとしているときには、しっかりと安定した心をもつことが極めて重要になります。意識して、地に足がついた心の安定性を養ってゆくことが大事です。そして即座に心を安定させる技を学ぶことは、とても巧みな体験過程になります。

次に注意を身体の背中に向けます。背中は、平静さ[32]という特性を象徴する場所です。平静さというのは、どのような状況の中でも自分を保っていられることです。竹のようにまっすぐでしなやか。心の中で「しっかりとした背中(strong back)」と言ってみます。優しく身体の前の部分に注意を移します。そこは、世界に対して開かれている場所です。心の中で「やわらかい正面」と言ってみます。「やわらかい正面(soft front)」は慈悲を意味します。「しっかりとした背中、やわらかい正面」平静さと慈悲です。

たいていの人はこの逆で、正面が強く背中がやわらかい。すなわち、防衛が強くて恐がっています。それを変容させるのです。呼吸があたかも心と身体を縫い合わせる糸であるかのように、吸う息と吐く息に安らいでゆきます。息を吸いながら心の中で「注意を集中して」と、吐きながら「身体の中に落ち着いてゆく」と言ってみます。

心が呼吸から離れて雑念が浮かんでさまよっていることに気づいたら、ただ心を連れ戻して呼吸を感じながら「注意を集中して、身体の中に落ち着いてゆく」と言ってみます。

このシンプルな瞑想を終了するにあたって、心を安定させ、自分をしっかりと支え、心を世界に開いて地に足がついて今ここにいる状態を確認します。次のひと呼吸で、この瞑想体験で得られた平和や安らかさなどの功徳を地上の福祉のために回向してゆきます。ありがとうございました。

2―2　注意を集中する体験の振り返り

老師の瞑想指導を受けて、トニー先生がファシリテーターとなって振り返りが行われました。二人組になって、身体的に何を感じたか、「しっかりと強い背中、やわらかい正面」というメタファーが各自の仕事の中で何を意味すると思われるかなどについて話し合い、その後で全体的な振り返りが行われました。そこで浮かび上がってきたいくつかのポイントをまとめておきます。

◎グラウンディング[33]について

重力に引っ張られている身体に調律するという含みがある。概念的ではなく、身体的な体験である。対人関係のレベルでは、心がざわついていては得られない、つながりに開かれていて安定した状態を意味する。自分の内面を他人に投影して忙しい心が静まり、内省的で、身体的で、直接的で単純な体験である。いつもは外に拡散している注意を身体の中に落とし込んでゆくこと。

◎「身体に落ち着いてゆく」ということ

Dropping into your body という表現について、「落ちる(drop)」という言葉で重さを語るときには重力と尊厳という二つの要素がある。うつ状態のように沈み込んでしまうということではない。どんな状況下でも安定して静止していられるのがポイントで、根源的な安定を象徴する表現。身・受・心・法の四念処における身体に関する気づき（マインドフルネス）の確立に相当する。

◎地に足がついて・支えられている体験の意味

臨床家はしばしばトラウマを受けており、支えられていない感覚を体験する。傷つきながら支えを提供しなければならない。地に足がついている感覚と支えられている感覚を組み合わせることによって、地に足がついている重力の感覚に加えて、「大丈夫だ」という地球が自分を支えてくれる感覚を意識的に体験できる。トラウマ治療に当たる臨床家と共に仕事をする中で生まれてきた手法だが、トラウマを受けた人にとっては「地球が私を支えてくれる」という感覚が役に立つこと[34]への気づきから生まれてきたもの。

◎柔軟さとブレない芯

「しっかりした背中、やわらかい正面」という表現によって、柔軟に対応しながらもブレない自分の芯が得られたように感じられた。困難に出合ったとき、息をつめて身構えてしまうと、視野の範囲が狭まってしまい重要な情報を見落としてしまうことが多い。日常生活では、部屋から部屋への移動時に歩く瞑想をするなどの工夫によって、瞬間的にこうしたとらわれから解放される術を身につけておくことが役に立つ。

2–3　グラウンディングとマインドフルネス

こうした流れを受けて、トニー先生がレクチャーと質疑応答をしてくださいました。

トニー：感覚体験の中にグラウンディングすることが重要です。足の裏が地についている感覚だけでなく、それ以外のいろいろな感覚で行うことができます。例えば、患者に会う前に手を洗っているときの水の感覚とか、次の部屋に入るときのドアノブの感覚とか。患者と話をしているときに座っている椅子の台座の感覚でもできます。GRACEの手順を踏んでゆく過程でも、グラウンディングに戻らねばならないときがあります。その理由は、グラウンディングに戻ることによって注意を集中する神経回路を作ることになるからです。こうした心の訓練は、実際に脳の中で神経回路を作ったり配線を変えたりするためにニューロンのつながりを形成していることになっています。こうした繰り返しが何を意味するかについて脳科学者が発見したことです[35]。つまり、マインドフルネスのトレーニングというのは、心の筋力をつけることなのです。単純化し過ぎかもしれませんが、教えるときには役に立つ説明法です。そうすることで注意のバランスがとれ、対象を選択して散漫にならない実行機能が訓練されるのです。

グラウンディングして注意を保つことは感情的なバランスを保つためにも重要です。注意を保持することが感情制御のために重要なのは、否定的な感情にとらわれて注意を向けかえることができなければバランスが崩れやすいからです。注意保持は認知コントロールのためにも重要ですが、上から下への制御にもなります。もし準備ができていない会議に飛び込んで、みんなが見ていることが気になってしまうと、たぶん私は話し続けてしまうでしょう。そうしたときにこそグラウンディングして、上から下への制御が必要になります。

こうしたことはすべてレジリエンスにつながります。なぜなら、そうした注意保持の仕方は身体の交感神経を刺激してコルチゾールのようなストレスホルモンに影響するからです。瞑想訓練を積んだ人は、不快な刺激によってもあまり感情を妨げられません。私たちの仕事の現実は、不快な刺激に満ちています。そうした不快な刺激というのは患者だけのことではなく、制度に関するもので、書類、緊急コール、そうしたすべてが不快な刺激になってきます。臨床家は一日の仕事の中で頻繁に仕事を邪魔されることがわかっています。そのたびにバランスを崩していては、一日の終わりには疲れ果ててしまいます。

ワシントン大学の同僚の研究ですが、学生に同時に多くの課題をさせる実験をして、瞑想を教えた学生とただリラックスしなさいと言われた学生を比べました。瞑想とリラックスの効果を比較するところが興味深い実験です。瞑想した学生は否定的感情と仕事の断片化が少ないという結果でした。ひどい一日の終わりに疲れ果ててしまう人は、本当に大切なことに注意を向けている能力が弱いということになり、これが第一のポイントです。

次のポイントは、マインドフルネスの訓練は葛藤の監視、警戒能力、方向付け能力を向上させます。それは、一日の中で優先順位を決めてエネルギーの投資先を決めることにつながります。注意の瞬きは課題と呼ばれる興味深い実験研究[36]があります。注意を保持していた方が重要な情報を獲得しやすいということを示唆するデータが出ています。ただ心が静かになるだけでなく、情報を獲得しやすくなるということです。

最後に紹介したい研究は、心がさまようことに関する研究で、注意の集中が重要であるということを教えてくれる第三の視点です。そこからわかったのは、集中した注意の保持能力が幸福感につながっているということです[37]。

2―4　家族に瞑想を勧めることについて

レクチャー後の質疑応答で、上記のテーマについて意見が交換されましたので、以下にまとめておきます。

瞑想を勧める対象として、家族は一番難しいものかもしれない。うまくいったという例も出てきたが、苦しみの体験を十分に味わって動機付けが十分にならないと人は瞑想を始めないものでもある。家族に瞑想を勧める代わりに、お互いの気持ちに調律し合い楽しい時間を共有することが瞑想の本質を自然に伝達することになっていることもある。瞑想による肯定的な効果が検証されているものについて、免疫力の向上、テロメアの長さが維持されること、レジリエンスなどに関する情報を提供することがよいかもしれない。修行を積んだ人に出会うと、その人のようになりたい、その人が持っている人徳のすべてを自分も獲得したいと思うようになるものなので、そうしたアプローチも有効であろう。

2―5　一日の締めくくりの瞑想

老師：簡単にボディ・スキャンをします。息を吸いながら注意を集中し、息を吐きながら身体に落ち着いてゆきます。座骨と椅子の接触感覚に安らぐようにします。身体の重さを感じます。下腹部に注意をやさしく移します。下腹で、決心を固めたその強さを感じられるようにしてみましょう。もし眠たければ、背骨が輝きを増して強くなるように感じてみます。注意を背骨に向けて背骨に微笑んでみます。次の息を吸いながら心臓に安らいでみます。鼓動を続ける心臓に感謝します。「この素晴らしい心臓」と心臓にやさしく微笑みかけます。次の息を吸いながら肋骨全体が開いて、肺が広がってこの地の素晴らしい空気を受けとめます。息を吐きながら肩が落ちてゆくように。次の息を吸いながら肺に感謝します。喉に注意を向けます。つばを飲み込んで喉の感覚を味わいます。顎のあたりの筋肉を感じて、顎の筋肉がゆるんでゆくのを感じます。顎の筋肉がゆるみ、上下の歯の間が少し開いたら、上顎の下にある舌の感覚に注意を向けます。口の中にどんな味わいが感じられるでしょうか。目の周りに注意を向け、目の周りの筋肉がゆるむのを感じます。目の周りがゆるむと眉毛がゆるむのを感じます。

注意をやさしく頭のてっぺんに向けます。頭のてっぺんに甘いバターの球があると想像します。そのの甘いバターの球が溶けて全身に浸透してゆくのを感じます。このバターが体の中を移動してゆくにつれて、身体の中のどんな痛みも緊張も、すべて解けて流れてゆきます。

この簡単な修行を終わるにあたって、身体の安らかさを、この身体に対する感謝やありがたさの念を睡眠の中に運んでゆくようにします。修行を終わる時にはいつも利他の方向に向かい、一緒に修行できた利益や親切心をすべての衆生たちに回向します。よかったですね。ありがとう。

最後の瞑想は白隠禅師の軟蘇の法からのものです。身体の中には多くの痛みがあり、私も今日は身体が痛かったので実践しました。

今夜は一つ宿題を出します。眠るときに布団に入ったら、三回浄化の深呼吸をしてください。深く息を吸って、息を吐く。全身がリラックスするように感じたら、今日学んだことを一つ思い出してみます。教えられたことであっても、そこから自分で考えたことでも、人生に応用してみたいと思うことについて考えてみてください。複雑にせずに、三回の浄化の深呼吸、日常や仕事に戻ったときに役立つ一つのことについて考えてみます。役に立つことが見つからなくてもＯＫ、明日は見つかるかもしれません。ありがとう。

第三章　その場の流れを生きる

3―1　西洋仏教の特徴としての女性リーダー

二五日早朝のセッションは、七時から国宝の本堂で、瞑想と回廊を歩く瞑想、最後に老師の法話がありました。

そして午前中のセッションの始めに、小田まゆみさんからアメリカ仏教の特徴についてお話がありました。

小田：おはようございます。アメリカの仏教を考える上で重要なことは、女性のリーダーがたくさん育ったことです。七〇年代からウーマン・リブ、スピリチュアリティの興隆が重なり、女性が自立しなければならないという流れの中で仏教、ヒンズー教、道教に目覚めていって、利他やケアというテーマが女性特有なものとして、あるいは男性の中にもある女性性のテーマとして、看護師、女医、精神分析家を含めて女性性を広めることに取り組んできました。女性老師の多さが特徴で、今では男性より数が多いかもしれません。男性が修行で迷ったのは女性の問題でした。生徒と性的関係を結ぶことが多くあり、ジョアン老師はそうしたことをしないことを大切にしてきました。ケアを大切にするということで老師は死刑囚に関わる活動もしてきました。こうしてBWDを四五年くらい続けてきました。ティク・ナット・ハンの生徒として私も共に活動してきました。彼は女性性を大切にする仏教の先生です。

また国境なき医師団のような形で、毎年一〇～一一月くらいにチベット・ネパールに数人の医師とボランティアたちを連れて訪問し、多くの医療物資を届けながら活動しています。現地の皆さんはハリファックス老師が来るのを待っています。病院もできました。お坊さんとして人のために行動する、ウパーヤ（方便）の精神を体現しているのです。

ウパーヤ禅センターはサンタフェにありますが、砂漠にある建物の中は日本のようです。老師は写真も絵も上手で、内装に工夫が凝らされています。二〇人くらいの訓練生がいますが、一般の禅センターの厳しさの中では修行できない人たちがゆるやかに修行しています。GRACEはそこで主催されていますので、ぜひ参加してください。

ジョアン老師はバーニー・グラスマン老師の下で得度され印可を受けましたが、彼は禅ピースメーカーズという教団をつくり、アウシュビッツで承認するリトリートを主宰するなど、平和活動に関わるエンゲイジド・ブディストです。前角老師のもと、少し臨済も混じった曹洞禅の系統で修行した人です。

3―2　探求への準備トレーニング

老師：昨夜、浄化の深呼吸を三回するようにお願いしました。今ここで、もう一度やってみましょう。息を深く吸い込んで、十分に吐き出す。昨日の講義の中で、自分にふさわしいもの、重要なもの、持って帰るに適したものは何かを思い出してみます。隣の人と向かい合って、自分にとって重要だと思われたものの本質に入って、手短に話してみます。話すのは三〇秒くらいの短い時間にします。聞いている人は、聞いている時に自分の身体の中で何が起こっているかに注意してみます。

身体は概念的な心より早く反応しています。身体に調律することができると、知る前に知ることができます。そうした身体に根差した聴き方を育みたいのです。話すときには、手短に三〇秒くらい、大切だと思ったものについて話します。相手は聞いてくれていますが、しがみつかず、自分の言葉が自分の身体に落ち着いてゆくように心がけます。身体的なレベルで話す体験に気づいてゆきます。

（間）

老師：それではお互いに感謝して、終わりにします。少しの間、身体に気づきを向けます。今起こっているありのまま。心臓のあたり、感じている流れは快ですか不快ですか中性ですか？　決めつけません。行き交っている思考を確認します。それから私の方に注意を向けてください。

臨床家として、身体に降りて行って自分の中で感じていることが快か不快か中性かをアセスメントしたり、何を考えているかに注意を向けてみたりすることはないでしょう。実際にやってみると、極めて短い間にできることです。分析したり、判断したり、価値付けたりするのとは違うパターンを形成してみてほしいのです。同僚や患者とのやり取りの中で、瞬間的に身体・情動・認知の各レベルで何が起こっているのかに注意を向けて共にあることは、深く重力の感覚を与えてくれます。

　これからシンダが話してくれる内容は、倫理的視座についてのものです。この自己覚知の経験に基づいて、私たちが世界の中にどのようにあるかについて学んでゆきます。倫理的苦悩についても理解してゆきます。私たちの仕事の中でも重要なテーマです。では、シンダに探求をリードしてもらいましょう。

3—3　R（recalling intention）：意図を思い出す

シンダ：おはようございます。今朝は、GRACEのR、意図を思い出すことからです。根本的な問いは、「なぜあなたはここにいるか？」です。私たちの意図を構成する倫理的な方向付けのことです。倫理というのは頭の中にある抽象的な概念だと思われているかもしれません。しかし、GRACEでは、倫理は各瞬間から切り離されたものではないと考えます。私たちの行うすべてのことに埋め込まれているものです。倫理は、私たちが誰であるかに体現され、各瞬間に何を選び取るかに表れてきます。今私たちが取り組んでいるのは、明晰な身体的意識であり、価値とは何かを位置づけ、どこに緊張や葛藤があるかを見つけ出すことです。身体智を発動して、価値観と自分自身が一致しているときの状態を探るのです。私たちが調和からずれてしまっているとき、それを身体がどう教えてくれているかについての気づきです。

　倫理とは相互関係の中でのものであり、倫理的指向性は洞察にもつながっています。洞察とは、自分は誰かという視点から何を大切にするか、何のために頑張るのか、その本質を発見することです。慈悲という文脈では、中核的価値の一つは、苦しみをなくすことになります。正義や公平さ、敬意や尊厳、あるいは他者存在などの価値もあります。中核的価値が何であるかを知ることが重要です。それが道徳的感覚を育むからです。道徳的感受性とは、明確に物事を見抜き、その状況で何が適切かを見抜く能力です。道徳的感受性のもう一つの部分は良心に関わります。自分の価値観とずれているとき、自分自身や他者を害しているとき、それを認める能力です。

　倫理的指向性の最後の部分は性格育成であり、行動習慣を育てることです。自分の価値観をどのように生きているかが示される実践です。この倫理的指向性が意図を準備します。意図は、何かを実現させるための願いであり希望です。私たちの意図はいつも純粋であるわけではないことを認めなければなりません。肯定的な場合もあれば、そうでない場合もあります。ここでは社会的価値観としての利他主義に焦点を当てますので、意図は性格や誓約（コミットメント）を反映することになります。

　コミットメントは、価値観や戒律のテーマに連なります。死にゆく人々と向かい合うときには、意図は苦しみを和らげることになります。できるだけその人を害することのないようにということであり、その人の利益になることでもあります。倫理的な方向付けが意図を準備し、意図を持つことで注意を向けやすくなります。注意を集中すると、どの方向に進むべきかが明らかになります。一方で意図は動機付けとなり、資源でもあります。臨床家として何が正しいのか葛藤しているときに、意図を思い出し、なぜこの仕事をしているのかを思い出してみることが役に立つからです。意図は一種の栄養なのです。価値観や倫理的方向付けが、意図を導き、意図が行動を導く流れになるのです。

最後に、身体、心、頭の中にある意図についての記憶について考えてみましょう。なぜこの仕事をしているのかという記憶、ある種の天職の感覚は身体の中にすでに配線されています。この身体レベルの意図に繰り返し帰ってくることが、どう対応したらよいかよくわからない葛藤状況で、繰り返し戻ってくるべき錨になってくれるのです。

3―4　無我に関する現代的な学び

質疑応答の中で浮かび上がってきたテーマをまとめてみます。

◎不確実性に対する寛容性

死にゆく人と共にある実践では不確実さに対する寛容性[38]が重要になる。地に足をつけた安定性に基づいて、ジレンマを見つけ、自分にとって重要なことを無視したり見捨てたりせずに探究してゆく能力でもある。そうすることで道徳的憤慨のような強烈な感情体験も間違いの原因を究明する機会になり得る。すると、望んでいなかった結果に直面しても、自らの整合性を保ちつつ、そこから何かを学んで次につなげてゆける智慧が育まれる。こうした姿勢が謙虚さにつながってゆく。人間だから間違いも起こすが、自分自身の人間性に対しても慈悲深くあることが重要である。

3―5　A（attuning to self, then others）：自他に調律すること

呼吸に合わせていくつかのストレッチをしてくださった後で、レクチャーが始まりました。

トニー：一か月ほど前のこと、病院で入院患者のためのがんの治療をしていました。廊下を歩きながら、次の患者に会うのを怖がっているのに気がつきました。彼は五六歳の男性で、以前は軍にいて、がんを患って顔から首にかけて大きな腫瘍があり、化学療法や放射線治療にもかかわらず大きくなっていました。とても痛みが強くて鎮痛剤もたくさん使い、彼の妻はこの状況に耐えられなくなっていました。彼女は看護師たちに別の治療をしてくれるのはいつかと繰り返し尋ねていました。スタッフが彼女に「彼の予後、つまりいつかは死ぬだろうという事実について話をしたくはありませんか？」と尋ねたところ、彼女は何度も、「あなたはポジティブじゃない、私はポジティブなことだけを話したいの」と繰り返すだけでした。

私はその二日前に彼女に会ったときに、彼女の夫に起こっていることについて話を始めていました。彼女はとても混乱していたので、ゆっくり話を進めなければいけないと思いました。突然彼女は泣きだして、「あなたなんか大嫌い、この部屋から出て行って」と言いました。看護師は「おやまあ、毎日こんな感じです」というような感じで私を見ていました。彼女にはどうしたらいいかわからなかったのです。患者は痛み止めのためにぼんやりとしていて状況がわかりません。私も人間ですから、イライラしていました。一緒に働いていた若手の女医は、彼女のこと

が理解できずに状況を否認していました。医療者としては、患者が否認の状態にあると診断して慈悲の気持ちさえいだかないということはよくあるのです。

GRACEはこのような状況において役に立ちます。Gの実践として、彼女の部屋に向かって歩いているときにも注意を集中しました。足の裏が床に接する感覚に調律して、床から支えられているのを感じました。部屋に入る前に手を清潔にするときの殺菌剤の臭いにも集中することができます。ドアを開けて入るとき、自分の修行として、自分の意図を思い出し、「新しい人に会うのだと、その人に新しい仕方で再び会うのだ」と思いました。今朝シンダが話してくれたように、意図を思い出すときに身体を全体的なものとして感じることが臨床家としてのあなたを養ってくれるのです。シンダがインテグリティと呼んでいたものは、全体を感じて、たとえ少しでもこの世の苦しみを和らげてあげたいというのがコミットメントであったことを思い出すことでした。そういうときに私は「少しずつ」と自分に言い聞かせることにしています。少しずつなら、いつでもできるからです。そうしてドアを開けてみると、彼女が私を睨みつけていて、悪魔の目のように、純粋な憎しみの目で私を見ていました。その眼を見ていると、自分が先日「あなたなんか大嫌い」と言われたときのことを思い出しているのがよくわかりました。

その瞬間、Aを実践する機会がやってきました。腫瘍学者として訓練されてきた仕方によれば、彼女は苦悩していて彼女の苦悩を何とかしなければならないと診断する場面です。しかしGRACEでは、最初に自分自身に注意を向けます。自分に調律してみるとどうでしょうか。注意を自分自身に向けて、自らの感情と反応を詳しく観察してみます。自己覚知と呼ぶ人もいるし、精神科医は逆転移に気づくと言うかもしれません。GRACEでは最初に自己に調律すると言います。

私は彼女にイライラして、苦悩する彼女に怒鳴られた自分に失望していました。もう一度やり直すためのドアを開ける必要がありました。自分がどのように感じているのかがわかると、彼女を見るためのきれいな視界を得ることができました。そこで今度は彼女に調律してみました。それは共感と呼ぶものですが、彼女に注意を向けてみると、彼女は邪視していたのです。そこで私が気づいたのは、彼女は本当は恐怖していたということでした。怖くてほとんど私を見られなかったのです。すると、どれほど彼女が苦しんでいるのかがわかりました。彼女がスタッフにぶつけていた憤怒は、彼女がどれほど内面的に傷ついているかの表現だったのです。

このプロセスが慈悲にとって大切な理由は、彼女を否認から出られない人、何とかしなければならない人として見るのではなく、苦しんでいる人として見られるようになったところにあります。なぜなら、彼女が怒っていたとしても、そういう状況でも少しリラックスすることができたからです。

彼女はそれから一週間くらい、私を憎んでいたようです。最後に会ったのは、彼の死の一時間くらい前でした。それまでは私を遠ざけていたのに、そのときの彼女は夫の横に立って、突然泣き出して「ごめんなさい、ごめんなさい」と言ったのです。何がそうさせたのかはわかりません。私は毎日顔を出して自らの存在を提供し続けただけです。こうした状況では、少しずつ継続する中で、あるとき突然に変化が起こるものだと信じています。

（ここからワークシートを使ったトレーニングに入りました）

さてここで、皆さんにも私と同じような事例を思い出して、ワークシートに従って調律の練習をしてほしいと思います。最近会った患者さんやクライアントさんで、慈悲を必要としている人のことを思い出してみます。そして、思い出しているときのあなた自身の身体、感情・情動、認知・思考のレベルで起こっていることを観察して、シートにメモしてください。多くを書かなくても、一つ二つメモすればそれでいいです。

次に、今度は相手の人について同じことをしてみます。その人がそのときに、身体、感情・情動、認知・思考のレベルで何を体験していたか考察してみます。もちろん相手が何を考えていたかは正確にはわかりません、経験に基づいた推測や直観を書いてみることはよいことです。[39]

最後にトニー先生から「このセッションで学んだことを一言でまとめてみると？」という投げかけに対して、会場からは次のような答えが出てきました。

響き合って共にあることのできる「共在力」。慈しみ。不思議。自分を素直にみること。自分の心のゆらぎを見守る慈しみの目。許し。

3―6　腹を練ること

老師：禅では、腹を練ることを大切にします。今ここにいるということです。「身体に落ち着いてゆく」というのは、心が沈んでゆくのではなく、心や胸が開いて、腹がしっかりとしていて、地に足がついて今ここにいる感覚です。「しっかりとした背中、やわらかな正面」という言葉を思い出して、防衛したり隠れたり否認したりしないで、身体に降りて行って、背中をしっかりさせて正面をやわらかく保って今ここにいる工夫をします。

臨床的な実践では「施無畏：おそれのなさを提供する」と表現します。これが慈悲のありようです。しばしば私たちはそれと知らずに恐れを患者や同僚に伝達しています。坐禅の身体的な姿勢が、恐れなさの感覚を体現しているのです。瞬間を信じる感覚でもあります。死に面している場面では、最期まで悟りを得る可能性を持っているということを信じることでもあります。

その意味で、刑務所での仕事はとても良い修行となりました。昨日も話した少女を強姦して殺した死刑囚の話ですが、ニューメキシコでは四〇年ぶりの死刑執行となりました。興味深かったのは、彼と一緒に座っていて、彼の苦しみや混乱や暴力を感じながら、同時に彼の深い条件付けられていない心を感じることもできたことでした。結果として、彼は上告を避けて死刑が執行されました。魔法はあり得ず、完全な結果を得られるものではありません。注射されて死刑に処せられる場面に居合わせることは、実践者として自分自身の恐怖と悲しみの真実と共にいることの実践になりました。彼が誰であるかを垣間見ることができ、その中に彼の苦しみが含まれていました。彼は死への道を選択しましたが、それは私にとって理想主義あるいは誤った楽観主義と向かい合うための機会となりました。自分ができる限りのことをしたということもわかっていました。それで十分でした。四五年間死にゆく人々と向かい合ってきましたが、全員が死にました。ほとんどが、望んだ仕方で死ねたわけではありませんが、最善を尽くすことはできました。

3―7　繰り返し問うエクササイズ

それから探求という特質を呼び起こすためのエクササイズが行われました。[40] これは二人組で行います。一人が質問し、もう一人はその質問に内面から答えます。質問する人は、これがこの人と会う最後の機会になるかもしれないという思いをしっかりと保って、尊敬の念や目の前の人に対する関心を前面に出すようにし、相手の答えを見守ります。医師が患者に耳を傾けるように、母親が子どもに耳を傾けるように思って傾聴します。しっかりと地に足をつけて、相手に心を開いて、自分に調律して自分の身体が何を体験しているか、心が何を体験しているか、どんな思考が出てきているかをしっかりと気づいているようにします。

それから相手の身体、感情や情動、認知のレベルで起こっていることに調律します。相手が何を考えているかを理解することを観点取得と言います。相手の視点に立って世界を見てみること、相手だったらどう見ているかを感得することです。

これは修行しながらの実験であり、学びの経験です。聞いているときに何かを言いたくなってしまうのは大丈夫ですが、その衝動を感じながらただ聞いているようにします。すると、相手のことが次第に見えてくるものです。その衝動に気づいて、注意を集中して身体にグラウンディングします。

好きなだけ話してもらい、相手が話し終わったら「ありがとう」とだけ伝えます。次にまた、同じ質問をします。同じ質問を繰り返し、時間が来たら役割を交代します。

質問は、「この世に慈悲をもたらすことが重要なのだということを理解できるように、あなたについてどんなことを知っておく必要があるのか、話してくださいますか？」[41] というものでした。

エクササイズの後で、この体験学習から学んだこと、難しいと思ったこと、驚いたことなどについて一〇分間の振り返りが行われました。そこで検討されたことは、次のようにまとめられると思います。

1. 身体感覚に注意を向けたせいか、緊張が少なかった。

2. 共に探求をしている気がした。

3. 一つの問いが、次第に広がり深まるのを体験した。

4. 慈悲について考えたことがないことに気づいた。

5. 自分のことを知りたいと言ってくれる人がいることを嬉しく思った。

6. 臨床では、「あなたのことを理解したいので、お話しください」という時間が取れていないことに気づいた。

7. 傾聴の中にグラウンディングを入れてみることでコンパッションが何であるかわかった気がした。

8. 自分に注意を向けてから他者に注意を向けるのは、自分自身への親密性が他者への親密性に翻訳されてゆくプロセスである。

第四章　カウンシル

4―1　流れに逆らう天命

二日目のお昼休みに、参加者の一人である内藤いづみさん[42]のビデオが上映されました。

老師：いづみさんのビデオを見たと思いますが、見ていない人はどれくらいいますか？　見て楽しんでください。ここに来ている人のほとんどは、いろいろな意味において終末期の領域で働いています。苦しみの領域で、どのようにこの仕事に呼ばれてきたのかを思い出してみましょう。

私の場合は、子供のころに病気がちで、祖母が死んだとき、アメリカで死にゆく人々が置かれた環境を変えようと決意しました。いづみさんも呼ばれたのです。皆さんの多くもそうです。頭の中に理念があってそれを追いかけてゆくのではなく、心が割れて開けて、そのような仕事をする命を受けるのです。

泥なくしてハスは咲きません。ここにいる多くの人は流れに逆らって泳いでいます。私たちはこの仕事に呼ばれたのですが、私たちの社会はこうした仕事をあまり支援してくれません。二重の苦しみです。しかし、私たちはみんな、泳ぎ続けています。そのおかげで強くなれます。実際、強くなければなりません。その中で働いている社会からの抵抗があるからです。あなたが呼ばれているこの仕事は容易なものではありません。四五年間やってきた私にさえ、最初の日と同じように難しいのです。

4―2　カウンシルの紹介

老師：ここで皆さんに紹介したいのは、小グループに分かれて話し合うカウンシルという手法です。これは私が公民権活動に関わっていた一九六〇年代にクウェーカーから学んだものです[43]。私も若く、若いアフロアメリカ人たちと共に円になって座って、深いところからお互いに話し合ったものです。大切なのは、議論をするのではなく、いろいろな仕方で真実を見つめることです。私たちはお互いについて多くを学んだだけでなく、違いを尊敬することを学びました。

身体や心で伝達される多くの情報があることもカウンシルの経験の中から学びました。カウンシルの実践には、いくつかの指針があります。第一は、心から話すことです。第二は、正直に建設的に話すことです。台無しにするのではなく、そこにいる人のためになるように話します。そのためには心から聴くこと、先入観を持たず、コメントせずに見守ることが必要です。今朝実践したように、他者の言葉を存在と敬意を持って聴くのです。第三は本質に入ることです。時間が一時間しかないので、各人が時間制限に敬意を払い、思考や感情をまとめて、簡略な表現を用います。第四の指針は、自発的であることです。用意せずに、自分の番がやってきたときに思い浮かんだことを言葉にします。法話のようにならずに、「私は～」という表現を用います。自分の体験から話し、経験を言葉にします。必ずしも他者に話しかける必要はありません。「～さん、あなたはこう言ったけど…」というような話し方はしません。

すべてのグループにカウンシル・ファシリテーターがいます。そのファシリテーターが、トーキング・オブジェクトを導入します。数珠、名札など何であっても、それを持っているときにはグループの皆が注意を向けてくれるようになる物です。ファシリテーターは、もし誰かが長く話しすぎていたら、合掌して頭を下げ、長過ぎるということを合図してください。合図を受けたら、話を終えるようにします。この実践は、身体、情動、認知のレベルで自分に注意を向け、他者に注意を向けるように仕向けてくれます。ファシリテーターは、民雄[44]、陽、哲、ウィマラ、一照、まゆみです。

4—3　C (considering)：何が役に立つかを考察する

トニー先生が呼吸に合わせたストレッチをしてくださった後で、シンディ先生がレクチャーを進めてくださいました。

シンディ：こんばんわ。何が本当に役に立つかを考えるにあたって、何年か前に関わった事例から始めてみたいと思います。倫理に関するコンサルテーションの事例です。私は、臨床チームと家族に呼ばれました。患者は八二歳の男性で、すい臓がんでした。あらゆる化学療法や放射線療法をして、多くの外科手術を受けた後で合併症を発症し、腹部に瘻孔《ろうこう》ができて多量の出血をしていました。出血があって唯一できたことは、腹部を圧迫して輸血することでした。とても緊迫した状況で、体力が落ちて死にかかっていました。彼に付き添っていた家族は、輸血を続けるよう望んでいました。問題は、彼はすでに莫大な量の血液を使っており、使える血液がなくなってきたのです。臨床チームはそれ以上輸血するのは適切でないと思っていました。そういう状況で葛藤解決をするために呼ばれたのです。

このとき、GRACEが私にとっての資源となりました。彼が収容されている病棟にゆくために道路を渡りながら、歩く瞑想をして注意を集中させました。通りを渡りながら、その場に何を持ち込もうとしているのか、意図を思い出してみました。到着して、集中治療室にいる患者の男性とその家族に会いました。この事例で稀有なことだったのは、この男性がとてもはっきりとした意識を保っていたことです。部屋に入ると、彼はとても親切で優しい目で私を見つめ、妻と子供たちがベッドを囲んで立っていました。ある意味で、彼らは彼のために最後の懇願をしていたのです。

そこでGRACEのAを実践しました。自分に調律してみると、共感が湧き上がってくるのを感じました。そこで、この男性とその家族にとって最期がどうであるべきかを想像してみました。身体の中にエネルギーが湧いてくるのを感じました。その高揚を感じたとき、もう一度地に足をつけ直さなければならないと思いました。そのとき地に足をつけ直すために役立ったのは、呼吸を感じることでした。家族の話に耳を傾けながら、本当に美しいこの男性を見つめてみました。それから医療スタッフの話に耳を傾け、彼にどうすることが正しいのかについて話し合いました。ほかの患者に必要な血液について妥協しなければ彼の最後の願いに応えてあげられない苦悩がそこにありました。

そこでGRACEのC、問いは「本当に役立つのは何か？」です。Cの本質は、見分ける智慧。慈悲の二つのI、洞察と直感です。その状況に感じ入りながら、事実はどうであるかについて認知的に知っていること、治療として何が可能かについて知っていることを感じてみました。同時に、直感的に何が考えられるかについても感じてみました。私たちが知っているものには、もしかしたらまだ明瞭になっていないものがあるかもしれません。それを、自分の身体で感じていることがあるのです。

何が本当に役に立つかを考えることは、四つの要素で構成されています。この経験に関連して感じていることを感知すること。同時に、意図につながっていること。大きな苦しみの状況に、どのように慈悲を持ち込むか。その意思は、倫理的価値観に基づいています。利他心の感覚です。

この状況に対する簡単な答えは、ただ病院の方針に従うことでした。それは認知的な反応です。しかしもっと深いものがあり、洞察、直感、意図、倫理的基盤である利他心を総合してみると、「ほかの道はないのか?」という問いが開かれます。どのようにして、この男性と家族やスタッフをたたえることができるのでしょうか? その問いに包まれてみるのです。本当に何が役に立つかを考えることで、代替案が得られるでしょう。

私たちが提案したのは、「次の出血には血液を一袋だけ提供する」ことで応えることでした。患者や家族の懇願に応えるという姿勢を見せるためです。彼らの要求を大切にすることになります。しかし、どれくらい提供できるかには制限を設けなければなりません。なぜなら、彼は死にかけているのですから。

GRACEのCは内的なプロセスであり、そうした要素を組み合わせて本当に何が役立つか深く考えます。こうした要素のすべてを調和させることができると、インテグリティ（整合性・一貫性・誠実さ）と呼ぶものになります。これはこの患者に対する誠実さという問題であり、家族、そして毎日ケアをしてきた人々に対する整合性の問題でもあります。GRACEのCでは、二つの思考が展開しているのですが、これについてはトニーが話してくれます。

4―4　速い思考と遅い思考

トニー：シンダは、本当に役に立つことは何かを考えることを、見分ける智慧と呼びました。最近の研究では、こうした状況下では二種類の思考が展開しているらしいということがわかってきています。ダニエル・カーネマン[45]という認知心理学者は、日常の思考過程には速い思考と遅い思考の二種類があると提唱しています。速い思考は、直感的で即座に分析します。自動的に発生し、意図せずに起こってくるように感じられます。それは直感ではないかと思います。医療の専門家だと、状況をよく知っているので、考えなくても答えが見つかるように感じられる、それが速い思考です。それに対して遅いシステムでは、じっくりとものごとを考えようとする意図と努力が必要になります。難しい選択をするような場合に用いる思考です。両方の思考が役立ちます。速い思考が役立つのは、緊急時など専門性を発揮しなければならないような場合です。遅い思考は、複雑な決定をしなければならないときに役立ちます。

シンダの事例では、医師は速い思考で「もうこれ以上輸血はできない」と判断したことが想像されます。二つの思考があることの価値は、ゆっくりと落ち着いて状況を判断しなければならないときに別の考え方があると思えることです。シンダのケースでは、倫理コンサルタントとして、遅い思考に関わっていったのではないかと思われます。患者のことを考え、チームのことを考え、創造的に考えて、思いもよらなかった代替案を思いついたからです。どちらか一つのシステムが優れているとはいえません。ときと場合によってそれぞれが必要になってきます。

臨床家の陥りやすい落とし穴は遅い思考をないがしろにしがちなことですが、そこに視野を狭めてしまう偏見や見落としが潜んでいるのです。

シンダ：こうしてGRACEのCは謙虚さを思い出させてくれます。初心者の心、わかったつもりにならない心です。自分の考えることが正しいこともありますが、そうではないことが後から明らかになることもあります。そこで大切なのは、何が賢明で慈悲深いことなのかを見分けること、自分が望むことと本当に役に立つことを見分けることです。そこに謙虚さがあるのです。

4―5　カウンシルのテーマ

与えられたカウンシルのテーマは「臨床現場であれ家庭であれ、何か驚いたことが起こったときを思い出してみること。起こったことに本当に驚いたときのこと」でした。参加者は六つのグループに分かれて円座し、ファシリテーターがテーマについて確認した後で、真ん中に置かれたトーキング・オブジェクトを持って、話すマインドフルネスと聴くマインドフルネスのトレーニングが時間いっぱい行われました。今回ははじめての人が多かったので、最初に一人三分という時間制限を設けて一巡した後で任意に話すという形式が採用されました。それぞれに深いプロセスが展開し、どのグループも最後には名残惜しい雰囲気でいっぱいの様子でした。

第五章　慈悲の実践に向けて

5―1　トンレン[46]瞑想

二六日の早朝も国宝の本堂で瞑想と歩く瞑想をした後で、老師の法話をお聞きしました。

老師：他の人に仕えるために目覚めたいという心、菩提心、利他心、奉仕したいという欲求があること、こうした経験を強調してくれたチベットの教師たちに感謝したいと思っています。彼らから受けた教えは理論的ではありませんでしたが、純粋なものでした。今朝悲しいニュースがありました。ネパールで大きな地震があり、多くの人が亡くなり、行方不明になっています。私の心はネパールにあり、この悲しさは皆さんにとっての福島や東北に対するものに似ているかもしれません。その思いを阻害してしまわずに、息をしっかりと吸いこんで、その苦しみの中に息を吸い込みましょう。そして、息を吐きながら慈愛を送りましょう。苦しみを吸い込み、慈愛や思いやりを送ることのできる能力は性格を強く養ってくれます。しばらくの間、息を吸いながら今この世にある苦しみに直面し迎え入れて、息を吐きながら思いやり、慈愛、強さなどを送り届けます。

次に息を吸うとき、他人の苦しみを吸い込むことができるか試してみます。息を吐くとき、その人に慈愛と慈悲を送ります。多くの場合、私たちはその逆をしています。苦しくて嫌なものを吐き出し、良いものを吸い込むのです。それは、自己的で防衛的なジェスチャーです。ここではそれを逆転し、苦しみを吸い込んで、心が広大さ、あなたが本当に誰であるかの中に砕けて開けるのに任せます。

そして息を吐きながら、慈愛や慈しみを吐き出します。

　このトンレンを試みているうちに心が不安定になってきたら、これまでやってきたようにして地に足をつけるようにします。強さを回復することができたら、吸う息に合わせて苦しみを吸い込み、心が砕けて開けるに任せます。そして、吐く息に合わせて慈愛を送ります。こうした試みを難しいと感じるのであれば、その難しさを吸い込んでみます。吐く息と共に、その抵抗にスペースを与えます。

　次の呼吸に合わせて心の中で思い描いているものを手放します。家族であれ、ペットであれ、私の場合はネパールの友人たちですが、吐く息に合わせて手放してみて、スペースを与えるようにします。そして次の吸う息に合わせて、この瞑想の中で学んだことを思い出し、吐く息に合わせてその功徳をすべての生き物たちに回向します。

　この修行を四〇年くらい教えてきました。私たちには苦しみを吸い込み、心が砕けて本来の自分である広大さの中に開け、そこから吐く息に合わせて慈しみを送ってゆく能力があります。チベットではこれをトンレンと呼びますが、与えること・受け取ることという意味です。これはとても勇気ある修行で、慈悲の本質を実現するための修行です。この二日間で目指してきたもの、「しっかりとした背中」という混乱のさなかにあって安定していられる力、同時に心がただ砕けるだけではなく自己の本性である広大さの中に開けてゆくこと、「やわらかい正面」が求められます。善いものにしがみつき悪いものは外に吐き出すアメリカ人には難しい修行です。これはパラダイムや意味、ミームの転換です。悪いものを取り込み、心が砕けて本来の自己である広大さの中に開け、そこから思いやりや慈しみを送り出すのですから。私はとても自分勝手な文化の中に生まれ、そこで仕事をしていますので、自分自身への慈悲がどのようにして社会を癒やすかについての重要な方法論が得られました。

5―2　日本の文化に合わせたアプローチを

　老師から、GRACEについて日本なりのアプローチをしてゆく必要性が、次のように説かれました。

　アメリカでは、安心して実践してもらうために科学的検証が求められるが、日本では俳句や能などの伝統文化を活かす工夫が役立つかもしれない。

　今の日本は、原子力の問題だけでなく、伝統的美やレジリエンスを与えてきた深い価値観という意味でも重要な転換点に立っているようだ。現在体験している変化の意味を見つめ、日本が保ってきた深い価値観が心の底から現れ出てくるのを知り、それを翻訳して世界に伝えてゆくことが重要。アメリカ文化に影響された組織の圧力で、日本人的な心を奪われないように。瞑想的な深い日本人の伝統を使って、日本の医療がどのようになされるべきか探求してほしい。

　臨床家やケア提供者として本当に大切なのは、他者存在を深く尊厳のある仕方で見守り見届けること。この修行は慰めではなく、勇気に関するもの。他者の苦しみの真実につながることができる能力であり、その苦しみの渦中で自分自身を支える能力であり、あなたと患者の間で尊厳と敬意を作り出す能力である。日本の文化や仏教の伝統にはそのための技が伝わってきているはず。

5―3　脱構築から再構築へ

シンダ：前回の事例の続きです。

私はその老人男性と共にいるという特権を与えられました。彼の存在で際立っていたのは、恐れていなかったということです。私たちの間には、言葉ではないつながりがありました。私は彼の母国語を話せませんでした。家族は彼を取り囲んでいましたが、彼らは恐れていました。彼らは自分の夫や父親をたたえたいと思っていました。彼らに考えられる一番の方法が輸血を懇願することだったのです。彼らがどれだけ患者を愛しているかを認めることが、彼らとのつながりを証することになると感じました。

　同時に、計り知れない苦悩を抱えたスタッフのことも重要でした。スタッフは次に出血したらどうしようかと考えていました。そうなると緊急治療室へということになりますが、そこで彼らは無力を感じていました。一人の若い研修医は、目に涙を浮かべながら、「夜間にまた出血したらどうしよう」と心配していました。こうして緊迫した状況の中にいることを想像してみてください。そこには、どうしたらよいのかという不安がありました。

「出血したら、あと一袋だけ血液を提供する」という提案に、彼の家族が完全に満足したとはいえませんが、彼らは受け入れてくれました。彼らの中に「もっとしてほしい」という気持ちがあったのは確かです。患者をそれほど愛していたからです。彼と別れなければならないのは、あまりに心の痛いことでした。彼らが今どう思っているかはわかりません。しかし、我々は、そうした完全ではあり得ない状況の中で、最善を尽くしたのです。

老師：彼は死んだのね。

シンダ：その通り。彼は三日後に集中治療室で亡くなりました。でも、その間に出血はありませんでした。彼は、早朝、家族に見守られながら安らかに死んでゆきました。心配していた悪夢は現実にはなりませんでした。そうした恐怖に駆られて最善ではない選択をしてしまうこともあるのですが。

5―4　カウンシルの振り返り

　それからカウンシルの振り返りが行われました。そこで分かち合われた内容は次のようにまとめられると思います。

◎驚き体験はスピリチュアルな次元を拓く

　驚きには、別れとか離別の要素もあるし、恐れていたようには展開せず良いことが起こってしまうこともあった。みんなの驚き体験物語を聞いていると、そのときの反応を通してその人らしさが現れているように思えてきた。それはジョハリの窓でいう自分も知らない他人も知らない部分に触れることであり、不可知な体験を通してしか学べない無我や縁起との出会いなのではないか。こうした不思議な体験は終末期だけではなく、周産期などでも起こっているようだ。

◎その場から離れたくない感覚

　どうしようもなさもあり、希望や素晴らしさもあった。あまり話せず、ただただいるだけの感覚になった。ただ、この場を離れたくない、何か一緒にいたいという感覚があった。心地よい感覚だった。どうしようもなさに向かいながら、何か心地よい感覚。それが驚きだった。その離れたくないということの中に何か大切なことがあるように思った。

◎いのちのつながり

　いのちがつながってゆくときには授かって迎えたり、看取ったり看取られたりという関係性が必要だということに気がついた。

最後に老師が次のような法話で締めくくってくださいました。

老師：緩和ケア看護師の母が亡くなったときの話です。その老婦人はいつも笑顔で、幸せで、しっかりとしていて、おそらく南部出身の女性です。私もシンダも南部出身で、少し日本に似ているかもしれません。すべてが素晴らしいという感じで。彼女は母親を独立のホスピスから在宅ホスピスに移しました。その母親が、大きな心理的落ち込みを体験しました。それまで包み込んでいた否定的なものが出てきて、叫んだり呪ったりし始めたのです。人生全体が素晴らしくて礼儀正しかったのに、何か不幸なものがその下にあったようです。先ほどの二つの物語を聞いて、思い出しました。

この母親はとても怒りっぽくて否定的になりましたが、看護師だった娘は、抗不安剤で鎮めようとしないことを決意しました。腹の底からの直観で、表現されてくる怒りを見届けたほうが母親のためになると感じたのです。病院や病棟ホスピスにいたとしたら違っていたでしょうが、在宅であったため、母親のそうした悪夢的体験に寄り添い、耐えるレジリアンスが自分にあると判断したのです。

彼女は地に足がついていて、母親に最善を尽くしたいと思いました。身体的・情動的・認知的に自らに調律して、自分が恐れから何かをしたいということがわかったので、自分を鎮めて母親の苦しみの真実に心を開きました。彼女は母親の経験に滑り込んでいって、母親は幸せでいい人間であるように育てられたが、本当は多くの苦しみを体験してきたことを洞察しました。そして、母親の苦しみはそれまで家族の中で、母親自身によっても、一度も認められては来なかったことに気がつきました。それは死への過程の中で、魂の奥底にしまわれていたものが壊れて噴き出してくるようなものでした。

ある時点で彼女は私に電話をしてきて「もうこれ以上我慢できないわ」と言いました。私の仕事は「我慢しなさい」と言うことではなく、「自分をチェックしてみて、何が本当に役立つかを感じてみよう」ということでした。そして彼女が選んだのは、母親を抱きとめること、母親が表現してくる大変な否定性を見守り、それと共にいることでした。

その母親は死ぬ二〇分前に大きな突破体験をして、天国の至福に触れて、至福に圧倒されて、頭を枕に鎮めながら「なんて美しいの」と言って死んでいったそうです。

いつもそうなるわけではありません。暁（サトル）[47]さん、あなたのことを悟りと呼びたいです。場合によっては、抗不安薬を使うこと、緩和的な鎮静をしてあげるのが慈愛ある行為として最善の場合もあります。しかし、そうしたことが最も愚かな場合もあるのです。その際にあって探求し、愚かな決断をすることなく巧みな決断を下すためには、死は何を意味するかについて自分の最も深い経験に触れて見なければなりません。

何が最も役に立つかを考察するためには、実際に関わる前に、シンダがインテグリティと特徴づけたような場所から出てくる必要があります。そうすれば、とてもすっきりとしたきれいな一歩が踏み出せます。それは恐怖や嫌悪や「よき死」とはなんであるかという私たちの考えに基づいたものであってはなりません。その過程を歩むためには、多くの内面的な作業を必要とします。関わってゆくためのそうした基盤をどのようにしてつくりあげことができるでしょうか？　いつも完全ではないにせよ、可能である最善の結果をもたらすような関わりをもたらすために。

5―5　書くエクササイズ

まゆみさんのボディーワークの後で、書くエクササイズが行われました。老師によると、これはGRACEのパターンを神経システムに書き込んでゆく作業であり、書くエクササイズの中でGRACEの各ステップを使えるように練習してほしいとのことでした。そのエクササイズの内容は次のようなものでした。

「私がどのように死んでゆくかに関する最悪の事例の筋書きは」という書き出しで、五分間自発的に修正をせずに書き続ける。時間、場所、誰がそこにいるか、それは何かについて、可能な限り詳しく書く。思いついたことを書き続け、何も書くことがないときには「何も書くことがない」と書き、その後でまた何も書くことがなければまた「何も言うことがない」と書く。このエクササイズの中では、反復質問と同様に、人間の心の内面に向かって深く掘り下げられてゆく。そして我々の無意識的な内容がいかに行動を形作っているかを理解できるようになる。これは探究であり、自分に正直になる機会でもある。自分が苦しみにどのように関わっているか、薄皮を一枚一枚はいでゆくように理解してゆく。

書きながら身体の感覚に気づく。その感覚から漏れ出てくる感情にも気づく。その感情の周りで形作られてくる思考にも気づくようにする。

五分たったらベルを鳴らして、次の三つの質問に答える。

1．今、身体でどんな感じを体験しているかに気をつけ、身体で感じていることに当てはまる言葉を二、三語で書いてみる。

2．情動の流れに注意を向け変えて、心で今どんな感じがしているか、感じていることをメモする。

3．今どのような思考が現れているか、しがみつきもせず裁きもせず、現れてきている思考にただ気づいて、短く書きとめる。

身体、心、頭で体験していることが何であれ、少し経つと変わってゆくことに気づく。

次に、「私が望む最善の死に方のシナリオは」という書き出しで、五分間、思いつくことを修正せずに書き続ける。いつ、どこで、誰がいて、何が原因でなど、できるだけ詳細に書く。

五分たったら、身体、心、頭で起こっている経験についてそれぞれメモする。

こうして書くエクササイズが終わった後で、全体グループに戻って、学んだことについての振り返りが行われました。そこでは、次のようなことが確認されました。老師によると、こうした学びの中で、偏見がどのように行為に影響するか、行動を形作るかを理解することが大切なのだそうです。

◎死の探求と人生の優先順位

自分もいつかは死ぬのだということについて探求してゆくことが性格形成の上でとても本質的なものになる。自らの死を探求してゆくと、本当に重要なのは何かがわかり、優先順位が明確になる。

両親の死に方が条件付けとなっていることがある。

テロや津波などの事件は、最悪の死のシナリオに恐怖の条件付けをするが、人はすぐに忘れてしまうのも現実である。

◎独りで死ぬということ

看護師や家族が部屋を出たすぐ後で、ホッとしたかのように、スッと逝ってしまう人が多い。周囲の大騒ぎがその人を身体につなぎとめてしまい死へのプロセスを長引かせてしまうことになる。しっかりとそこにいてあげる環境が、その人が手放し解放されてゆくための役に立つ。我々の死への恐れが、死にゆく人のプロセスの邪魔をしてしまう。しがみつかず、しつこくなく、恐怖に性格付けられていない存在の仕方を培ってゆくこと、不確実性に安らいでいられることが、本人が手放し解放されてゆくプロセスの役に立つ。

◎自分が働いている場所で死にたいと思えるか

自分の働いている病院や施設で死にたいと思った人は一握りに満たない。これが真実なら、何をすることが必要なのか。そうした制度や施設を見捨てるのではなく、その資源を改善し、医療文化を変容させ、臨床家が他者を支援する中で花開き成長して繁栄することができるようにすることが求められる。そこで働いている人々が深く落胆してしまっているから、そこで死ぬことを恐れるようになる。他者にケアを提供している人たちの健康とレジリエンスが向上するような思いやりの生まれる環境を作り出すために探求をしてゆく必要がある。

◎医学本来の美しさを取り戻す

GRACEはアメリカの医療現場で、慈悲に心が開けるように臨床家のレジリエンスを培うためのもっとも合理的で包括的なプログラムとして、後ろのポケットに潜ませて使われるようになってきた。おかげで臨床家は他者の苦しみに向かい合うことができるようになり、皮肉になったり燃え尽きたり不満になったりするのではなく、他者に深い思いやりを抱くことができるようになってきている。

5―6　E (engaging, enacting, ending)：関わること

トニー：GRACEのＥにやってきました。これは、慈悲深い行動が生まれるステップです。こうした慈悲の心がどうして生まれるかについては、これまでにも話してきました。昨日は私の話、シンダは患者の話を昨日と今日にわたってしてくれました。今日、皆さんは自分がその中にいるような話を書いてみました。これから三分間、隣の人と向かい合って、慈悲深い行動について何を学んだか話し合ってみてください。

GRACEは慈悲深い行動のためのプログラムですが、GRACEの最初の四要素は内面的な準備作業であり、最後のＥになってはじめて外界で他者との公的な関わりの世界に入ってゆきます。

そこで、次のような三つのコメントが出されました。

◎強い背骨が得られた

ＭＢＡの学生を教えているが、よくわからないままトンレンを教えたりすると、とても鼓舞される学生もいる。いろいろなアイデアも出てくる。いろいろな変化が起こってきているのだが、自分自身がまだ非常にフワフワしていて、どのようにバックボーンを作ったらよいかわからなかったのだが、それが見えた気がしてありがたかった。

◎集団による違い

永沢：独りで死にたいと思う人の数が集団によって変わるということが興味深い。大学でも同じエクササイズをやっている。老師によ

ると全体の四割くらいが独りで死にたいと考えるようだが、宗教学の受講生の八割が独りで死にたいと答えた。しかし、ここではそれほどいなかった。たくさんデータを取ると平均化されるかもしれないが、自分の出会っている人がどのように思うのかは統計化しにくいであろうことを学んだ。

◎変化

参加者：永沢先生の講義を受けて、そのときには独りで死にたいと思ったが、今回いろいろなワークを受けてみて、みんなに看取られて死にたいと思った。普段は「人に迷惑をかけないように施設とかホスピスで死にたい」と言ってはいるが、このワークをやって本音に触れたら、「家族や本当に親しい人と一緒に死にたい」と思えてきた。

トニー：これらのコメントは、GRACEのEステップの重要な側面を照らし出してくれています。関心が変化したという話が出ました。そのことは、死という特に大きな話題に関して倫理的な関わり方が深まると、意図はときと共に変わるのだということを示しています。

　ビジネススクールの話題に戻ると、背骨が重要だということですが、これは彼らなりの仕方で行動の中で体現すること身体化することについて語っているのです。彼らは行動するときの強さについて語っています。老師が「しっかりとした背中、やわらかな正面」と言ったのを覚えているでしょう。これは、慈悲深い行動に深く入って行ったときの関わり方を体現しています。

　老師は「どこで死にたくないか」「どこで死にたいか」、ということを話しましたが、これはEの行動的な次元におけるフィードバックの文脈です。シンダの事例では、患者とスタッフの感じ方のバランスを取ることが大切でしたが、これは平静さ、あるいは平等に顧慮するということです。

　GRACEモデルの内面的作業を行ったら、つまり注意を集中し、意図を思い出し、自己に調律し他者に調律して、何が役に立つかを考察するという内面的なステップを経て、行為へと到達します。その行為に倫理的で行動的な平静さが体現されています。

　見方を変えると、ダライ・ラマが語っているように、行為には二つの側面があります。一つは自らの心の歪みと苦悩を乗り越えること。これはGRACEの内面的ステップのすべてに相当します。もう一つは、より社会的で、より公的であるもので、世界の中で関わり合っていることです。GRACEの四つの内面的要素は、自らの心の歪みを乗り越えることについての取り組みでした。そして行動に移ったら、終わるときがきます。自分がやったことの棚卸しをして、認めて、そして次に進むことです。世界において慈悲深い存在であり続けようとするのであれば、次に備えなければなりませんから。前のものからの残りを引き継ぎたくはありません。ですから、これをここにおいて、みんなで次の昼食に行きましょう。

5―7　GRACEのコーチング

　老師が短い呼吸瞑想をして、みんながこの部屋にしっかりといることができる雰囲気を整えてくださった後で、トニー先生がGRACEのすべての要素を統合するコーチングを指導してくださいました。その内容は、次のようなものでした。

　三人一組になり、GRACEの実

践をする人、対象者を演じる人、コーチする人という役割を順番に体験してゆく。対象として想定するのは、来週会うかもしれない患者やクライアントがよいであろう。最初なので、難しすぎる相手を選ばなくてもよい。

最初の鐘が鳴ったら、実践者は対象を演じてくれる人に「来週診察予定の大腸がんの患者さんです。がっしりとしていて、茶目っ気もあるけれど、家族のことを心配している人です」というような簡単な説明をする。対象者を演じる人は、そのイメージを思い描きながらアドリブで演じてもいいが、そこに座っているだけで十分に役に立てる。コーチ役はコーチ欄に書かれている指導内容を読み上げる。実践者は、指導に従って内面的な準備作業を行い、できたら「ＯＫ、グラウンディングして、足の裏を感じて、集中して準備が整いました」と伝える。コーチが次のステップを読み上げる。

次の鐘が鳴ったら、役割を交代する。一番大切なことは、これらの手順を流れに従って全部やってみて、どんな感じなのかを体験してみること。

振り返りの時間に出てきたやり取りは、次のようにまとめられると思います。

◎変化の瞬間

クライアント役をやったのが最後だったので、学習してスムースに進めた。グラウンディングして呼吸に意識を向けた直後、ハッと答えが見つかる瞬間があり、それはきらめくような感覚で、自分でも驚くような変化の体験だった。

サインを読み取って進める

コーチ役の欄に二分間と書いてあるところもあるが、よく見ていると、うなずいたり、目を開いたり、わかったという瞬間があって、一分以内でもその変化を見極めて進めると、いい感じで終わることができた。全過程を学び取って現場で実践するときには、相手の表情やサインを読み取りながら進めるとよい。

講師の先生方からみても嬉しくなるほど、参加者の皆さんはコーチングのエクササイズに集中して取り組んでおられました。

5―8　フォローアップ

中野先生がファシリテーターとなって、今後どのようにGRACEを継承してゆくかについての話し合いが行われました。

5―9　解散

最後は、中野先生がティク・ナット・ハン禅師のところで学ばれたという般若心経の最後のマントラを歌にした「ギャーテー・ソング」を合唱しながら、今ここにあることを臨床の現場に持ち込む手法を共に学んだ三日間への名残を惜しみながらの解散となりました。

（『サンガジャパンVol.21』（二〇一五年九月）掲載）

［注］

1　長弓寺に関する詳細は以下のURLを参照のこと。http://chokyuji-yakushiin.com/

2　積極的に社会変革に参画してゆくエンゲイジド・ブディズムに関しては、拙稿「エンゲイジド・ブディズム」。『仏教心理学キーワード事典』（春秋社、二〇一二）を参照のこと。

3　Cynda Rushton. シンダ先生に関する情報はジョンズ・ホプキンス大学看護学部のHPからアクセス可能。また、Youtubeでその就任スピーチが視聴できる。

4　Anthony Back. アンソニー（トニー）先生の情報はワシントン大学医学部のHPからアクセス可能。また、Youtubeで、がん治療におけるコミュニケーションに関する新たな取り組みについて当事者へのインタビューを含めた講演（Challenging the culture of cancer care）を視聴できる。

5　詳しくは以下のURLを参照のこと。https://en.wikipedia.org/wiki/Seungsahn　ここに掲載されている写真のいくつかはハリファックス老師の提供したものだそうで、若き日の老師の姿が映っているものもある。

6　Bernie Glassman. 禅ピースメーカーズに関しては以下のURLを参照のこと。http://zenpeacemakers.org/
　また、グラスマン老師が曹洞宗の開教布教師であった前角老師の下で学んだことなどの修行歴に関しても前出HPの「バーニーの修行歴」の欄に詳しく書かれている。

7　次のURLで視聴できるプレゼンテーションにこうした一面がよく表れている。http://digitalcast.jp/v/12075/　この映像では、老師は長髪で登場しているが、研修会のときには丸刈りであった。

8　詳しくは以下のURLを参照のこと。https://www.upaya.org/

9　移動を意味する語根（√i→）ayaの前に、近接を意味する接頭辞のupaが付加された言葉。英語ではwise approachと訳されることもある。大乗仏教の十波羅蜜の七番目に位置するが、上座部仏教の十波羅蜜の七番目には真実が置かれている。こうした対比から、初期仏教では真実が大切にされていたのに対して、大乗仏教が発生してくる過程では、その真実にどのようにアプローチするかという方便が重視されてきたのではないかと想像される。

10　詳しくは以下のURLを参照のこと。https://www.mindandlife.org/

11　Francisco Varela. チリ生まれの生物学者・認知科学者で、オートポイエーシス理論を提唱し、さらにその後現象学に基づき認知について環境世界に埋め込まれた身体を重視して研究するエナクティブ・アプローチに従って仏教瞑想と脳科学との架橋を試みた。その詳細は遺稿となった『身体化された心』（工作舎、二〇〇一）にスケッチされている。ハリファックス老師の『死にゆく人と共にあること：マインドフルネスによる終末期ケア』（春秋社、二〇一五）では、「フランシスコ・ヴァレラ（1946―2001）に―死のなかで、あなたは経験そのものになってゆく」と献辞が捧げられている。

12　サンフランシスコ禅センターについては次のURLを参照のこと。http://www.sfzc.org/　禅ホスピスプロジェクトについては拙稿「北米の仏教ホスピス・プロジェクト」。『高野山大学選書第3巻：現代に密教を問う』（小学館スクウェア、二〇〇六）を参照されたい。

13　こうした実践を体現できるようにするトレーニングとして1週間のBeing with Dying プログラムが組まれているが、今回のGRACEプログラムはその医療者向けの簡略版といってもよい。BWDの詳細は『死にゆく人と共にあること』を参照されたい。参加したい場合には、次のURLから申し込むことが可能。https://www.upaya.org/being-with-dying/　また、今回の招聘プロジェクトを担ってきた諸企画とその発起人などに関する情報については次のURLにまとめられている。http://bwdj.org/

14　村川先生についての情報は関西大学人間健康学部のHPからアクセス可能。今回のプログラムで強調されていた身体性についてインタビューを受けてお話しする記録がYoutubeで視聴できる。

15　永沢先生についての情報は京都文教大学総合社会学部のHPからアクセス可能。今回のプログラムに関連した瞑想の脳科学的研究に関する著作として『瞑想する脳科学』（講談社、二〇一一）がある。

16　藤田老師に関する情報は次のURLを参照のこと。http://fujitaissho.info/　仏教塾を開講されるにあたってのメッセージがYoutubeで視聴できる。

17　もともとは圧力による歪みが戻るという物理学の用語であったが、生態学における応用などを経て、ボナーノの「極度の不利な状況に直面しても、正常な平衡状態を維持することができる能力（回復以上のものであり、困難の中にあっても肯定的な感情をもって再生しながら成長し、絶えず健康的に機能できること）」という定義によって心理学や医療などの分野でも広く応用されるようになってきた。自尊心、安定した愛着、ユーモア、信仰を持つこと、支えてくれる人がいることなどの構成因子があることも研究され、精神科医療では自然治癒力を邪魔しないことという視点からも注目されている。社会進化論の視点から、宗教は集団レベルでのレジリエンスを維持するための社会文化装置であったとみなされている。A・ゾッリの『レジリエンス　復活力：あらゆるシステムの破綻と回復を分けるものは何か』(ダイヤモンド社、二〇一三)を参照のこと。

18　その全文はNew York Times 2013/09/08掲載のThe value of sufferingを参照のこと。

19　長年ハリファックス老師と活動を共にしてきたアーチストの小田まゆみさんの多彩な活動については次のURLを参照のこと。http://megaminosato.com/index.html　ウパーヤ禅センターのHPでも一緒に教えている小田さんの姿を見ることができる。同志社大学における「目指すべき未来社会と望ましい人材育成政策」についての講演がYoutubeで視聴できる。

20　Tania Singer. マックスプランク研究所の社会神経科学部長で、共感研究の専門家。以下のURLからハリファックス老師を含む研究チームによるコンパッション育成に関するelbookのダウンロードが可能になっており、そこではBWDの全プログラムの紹介もなされている。https://www.cbs.mpg.de/staff/singer-11258

21　Gary Pasternak. ミッション・ホスピスの緩和ケア部長。詳しくはMission HospiceのHPからアクセス可能。

22　Jonathan Haidt. 道徳や道徳感情を専門とする社会心理学者で、現在はニューヨーク大学スターン・ビジネススクールの倫理的リーダーシップ講座教授。「宗教、進化、そして自己超越の恍惚」に関するレクチャーがTEDシリーズで視聴できる。

23　この基軸に関しては、以下のURL(https://goo.gl/JJqf73)(http://goo.gl/Tq3ytk)から老師のA heuristic model of enactive compassion. Understanding and cultivating compassion in clinical settings.という二つの論文がダウンロード可能。それぞれに掲載されたベン図が理解の役に立つ。

24　The social neuroscience of empathy. Empathy and brain.がダウンロード可能。また、Empathy and Compassionも入手可能。また彼女の「頭と心をどのように訓練するか?(How to train your mind and your heart?)」という講演をYoutubeで視聴できる。

25　Daniel Batson. 共感や利他心の研究で著名な社会心理学者。共感—利他仮説については『利他性の心理学』(新曜社、二〇一二)を参照のこと。

26　Nancy Eisenberg. 社会発達心理学を専門とするアリゾナ大学心理学部教授。彼女の「子どもの感情制御(Emotion regulation of children)」に関するインタビュー映像がYoutubeで視聴できる。

27　Attunement. 波長を合わせること、チューニングすること、調律などと訳し分けている。詳しくはD・スターンの「情動調律(affect attunement)」『乳児の対人世界理論編』(岩崎学術出版社、一九八九)という概念を参照のこと。

28　外在的条文となった律蔵において、ブッダが事件の当事者に繰り返し問うているのは、彼らの動機が何であったかである。例えば、布の下に寝かされていた乳児をそれと知らずに座って殺してしまった事例では、殺人の意図がなかったことにより無罪とされている。こうした意味で、GRACEでは伝統的な戒定慧の三学における戒の部分が、その瞬間における意図や価値観を自覚化するテーマとして現代的に再構築されている。

29　四無量心については拙稿「四無量心」『仏教心理学キーワード事典』を参照のこと。また『清浄道論』などには四無量心のそれぞれに近い敵(似て非なるもの)と遠い敵(正反対のもの)という障害するものが観察されており、こうした伝統的な観察法と現代の脳科学的なアプローチを対比してみることも興味深いテーマである。拙稿「中道」(前掲書)の表「中道から見た四無量心の構図：感情的施塾へのマップ」を参照のこと。

30　シャドウ(影)は、ユング心理学で自我が認めたくないものを無意識化に抑圧してしまう現象を指す。抑圧されたものは、さまざまな形で外界に投影される。老師は元型や傷ついた癒し手というユング派の概念を援用して、対人関係の中で繰り返されるパターンに気づくことの大切さを強調している。詳しくは『死にゆく人と共にあること』「第十二章傷ついた癒し手—ケアをすることの影」を参照のこと。

31　誠実さ、統一性、整合性、ブレない生き方(姿勢)など、場面に応じてさまざまに訳し分けることが求められる翻訳の難しい言葉。その基盤には、愛憎などの両極端に分裂した感情(アンビバレンス)を抱きとめる(ホールディングする)あるいは統合する作業が求められる。こうして二元論的な世界観を超えてゆく作業を仏教では中道と呼び、大乗仏教の中観思想や密教における不二の思想として発展させてきた。

32　Equanimity. 四無量心の最後の捨(upekkhā)にあたる。否認という似て非なる近い敵、執着という正反対の遠い敵を離れて、来るものは拒まず去るものは追わずに見守る姿勢。『清浄道論』では、子どもが自立した後で、遠くで生活している子どもを親が見守ることに喩えている。人生はそれぞれ自業自得であることを知りながらも、見捨てずに見守る智慧が体得された姿勢であろう。

33　『災害時のこころのケア：サイコロジカル・ファーストエイド　実施の手引き』（医学書院、二〇一一）の第三章「安定化」にグラウンディングが紹介されている。呼吸を基本として、安心できる五感の体験（見えるものや聞こえるものなど）に注意を向けてもらうことで、興奮を鎮めるためのテクニックとして紹介されている。こうした対応でも落ち着かない場合には、専門家に紹介するように指導されている。

34　トラウマをもたらすような厳しい状況に直面した際に、無力感に陥ってしまうかどうかがトラウマになるかどうかに重要な影響をもたらす。「大丈夫だ、何とかなる」と思えれば、悲劇（tragedy）にはなってもトラウマにならずに、レジリエンスをもって生き延びてゆける。「地に足がついて、支えられている」感覚は、無力感に陥らないための支えを提供してくれるものであろう。これはおそらく、ブッダが解脱の直前に悪魔からの攻撃を受けた際に、大地に手を触れてこれまでの修行の証明を求めた触地印が意味するものを解明するためにも役立つのではないかと思われる。

35　瞑想と神経可塑性についての重要な五つの研究論文がMeditation ResearchのHPから入手できる。また、『瞑想する脳科学』や『日経サイエンス』二〇一五年一月号のマインドフルネス特集でもラザーらの研究について触れられている。

36　被験者に実験課題は、パソコンの画面に０・３秒～０・６秒間隔で映し出される四角の中の文字を見ていて、その中に数字が出てきたときにボタンを押すこと。実際には連続する文字の中に二つの数字が混じってくるのだが、瞑想を訓練していない人は最初の数字を検知できても次の数字を見逃してしまいやすい。瞑想している人は、両方の数字を検知することが多かった。詳細はMental Training Affects Distribution of Limited Brain Resources. (Slagter et al. 2007)を参照のこと。

37　詳細は、Killingworth, M.A. & Gilbert, G.T. A wandering mind is an unhappy mind. 2010 Scienceを参照のこと。このテーマに関するキリングワースによる講演がＴＥＤシリーズで視聴できる。

38　Generosity for uncertainty という表現は、仏教でいう無我の西洋風な言いかえのように聞こえた。

39　会場のフォーカシング指導者から、他者への調律とフォーカシングの代理的フェルトセンスとの共通点が指摘された。トニー先生は、フォーカシングの詳細な手法について確認しながらその共通性を認めておられた。

40　このエクササイズは、老師がFrank Ostaseskiから学んだもので、彼はFrances Vaughanから学んだという。

41　Tell me, what is it I need to know about you that would help me understand why it's so important bring compassion into the world.

42　在宅ホスピス医の内藤先生の活動については、次のＵＲＬを参照のこと。http://www.naito—izumi.net/

43　筆者はInsight Meditation Societyのファミリーキャンプでトーキング・スティックという類似の手法を体験した。ネイティブアメリカンのトーキング・スティックやトーキング・サークルの伝統については次のＵＲＬを参照のこと。https://en.wikipedia.org/wiki/Talking_stick

44　フォーカシングの池見陽先生については、次のサイトを参照のこと。http://www.akira-ikemi.net/AkiraIkemi-Net/index.html.html

45　Daniel Kahneman. 経済学と認知科学を統合した心理学者、経済行動学者。二〇〇二年にノーベル経済学賞を受賞。２種類の思考については『ファースト＆スロー：あなたの思考はどのように決まるか？』（早川書房、二〇一二）を参照のこと。Youtubeで彼の「経験と記憶の謎」という幸福に関する講演を視聴できる。

46　チベット仏教に伝わる瞑想法で、与えることと受け取ることを意味する。詳しくは、ゲシェー・ソナム・ギャルテェン・ゴンタ著『チベット密教　心の修行』（法蔵館、二〇〇〇）を参照のこと。

47　京大附属病院のがんセンターでがん診断支援部長ならびに緩和ケアセンター長を務める恒藤暁先生については、附属病院のＨＰからアクセス可能。恒藤先生はWhole Person Careの導入に尽力されており、そこではマインドフルネスが大切に取り扱われている。

（『サンガジャパンVol.21』〈二〇一五年九月掲載〉）

仏教が医療に与えたもの

医療従事者のための仏教と医療の統合プログラム「ＢＷＤ」を概観する

ジョアン・ハリファックス老師が構築した死の過程に寄り添う瞑想的なプログラム「ビーイング・ウィズ・ダイイング（Being with Dying：ＢＷＤ）」とは何か

宗教学者
永沢哲

構成　中田亜希

永沢氏はアメリカにおいて、「Being with Dying：ＢＷＤ」の研修に参加した経験を持ち、日本の「「死にゆく人と共にあること」プロジェクトの発起人の一人として、ＢＷＤを日本に導入するための活動を行っている。

ジョアン・ハリファックス老師を招いて行われた二〇一五年四月の「セミナーin奈良」は、時間的な制約もあって、ＢＷＤのエッセンスが凝縮された短縮版である「GRACE」のプログラムの紹介・体験となったが、プロジェクトでは、ＢＷＤの日本での実施を目指している。

二〇一五年七月二五日に開催されたフォローアップでは、二〇一五年四月のGRACEプログラムの参加者を対象として、ＢＷＤとGRACEの違いやＢＷＤの本質に焦点を当てた発表が行われた。本稿は、そのテープ起こしにもとづいている。永沢氏がアメリカで体験したＢＷＤプログラムの様子も交えた具体的な内容となっている。

死とともに生きる

日本の問題でもあり、世界の問題でもありますが、近年、社会全体の医療化が進んでいます。日本では現在、八割以上が病院で亡くなっています。

病院で亡くなる人が多くなると、患者さんの死の直前のＱＯＬを保つことはとても難しくなります。

ケアの質だけではありません。十分な人手のないところで、過重な労働をしなければならない医療従事者の質、ＱＯＬを保つことも困難になります。そのことが医療現場では大きな問題となっているのは、皆さんがよくご存じのとおりです。

Being with Dying（以下、ＢＷＤ）やGRACEプログラムの根底にあるのは、医療従事者が患者さんの治療やケアで忙しい中、死の過程に寄り添うことが自己の内

2014年5月、永沢哲氏が参加したウパーヤ禅センターでのBeing with Dying研修会。

面的成長や人格的成熟につながる道はないのだろうか、という問いです。

もちろんこれはケア従事者だけで解決できるものではありません。患者さんとその家族、あるいはケア従事者の共同体、さらには制度までをも変容させていく意識がなければ難しいことだと思います。

私は二〇一四年五月にアメリカでBWDの研修に参加しました。アメリカでBWDに熱心なのはバージニア大学の医学部です。そのときの研修でも、参加者六〇人のうち二〇人がバージニア大学の医学部の病院のお医者さんたちでした。

それだけの人数がいると、BWDの研修後、職場でも、フォローアップができます。バージニア大学で週に一度、集まって、一緒に瞑想したりしているそうです。そういったフォローアップが矛盾をはらんだ制度を長期的に変えていくきっかけになっているといいます。瞑想によって気づきが保たれ、意識がクリアになる。そのことが、現場における縦の関係、権力・ヒエラルキーの関係をクリアにし、制度的な問題を変化させていく可能性があるということです。

BWDは領域横断的・融合的アプローチをとっています。仏教瞑想に、ヨーガや脳科学、心理学が加わり、さらにカウンシルや臨床の知、身体化された生命倫理も統合されているのが特徴です。

ハリファックス老師は禅の老師ですし、二〇一五年五月にハリファックス老師とともに来日されたシンダ・ラシュトン教授やトニー・バック教授は、看護・生命倫理の専門家です。九日間のプログラムであるBWDには、脳科学、レリジエンス、カタストロフィーに関する心理学者たちもスタッフとして関わっています。

BWDの研修を受ける側も様々です。年齢層もいろいろですし、職種も、医者、看護師、ソーシャルワーカー、カウンセラー、チャプレンなどがいます。ボランティアで終末期のケアに関わっている人もいます。

BWDプログラムの六つの柱

BWDには六つの柱があります。

一つ目の柱は瞑想（reflective practice）です。呼吸や身体の観察を土台とするマインドフルネスや禅、それにチベット仏教の瞑想が含まれています。

二つ目はヨーガ・気功法です。BWDにはヨーガ専門の先生がいて、朝、食事の前にヨーガを一時間ほど行うことができる手厚い体制になっています。

三つ目がカウンシルです。マインドフルに聴くということです。

四つ目が臨床の知です。ロールプレイが臨床の知として入っています。

五つ目が生命倫理。

そして六つ目が神経科学と心理学です。奈良での GRACE 研修ではありませんでしたが、BWDには入っています。

二番目の柱であるヨーガ・気功法について言うと、アメリカを中心にして、近年、マインドフルネスの研究をしていた人たちがヨーガや気功法に向かう傾向があります。マインドフルネスの重要な研究を行ったサラ・レイザーたちも、ヨーガとマインドフルネスの比較を脳科学的に行っています。脳が物理学ダメージにどう耐えるかという観点からは、ヨーガのほうが良いという結果が出ているようです。がん治療においても、ヨーガや気功法が有用であることが、テキサス大学のコーエンを中心とする研究によって明らかになってきており、それとも呼応するものだといえます。

奈良のGRACE研修では気功法はやりませんでしたが、日本でも今後、ヨーガ・気功法のような身体技法を取り入れることは重要な意味を持つのではないかと思います。ヨーガ・気功法は呼吸、身体をマインドフルに使うための手法で、マインドフルネスを深化させる意味があるからです。

マインドフルネスやヨーガは、ストレス対処だけでなく、流動的知性を維持するうえでも、たいへん効果的なこともわかってきています。流動的知性というのは新しいことを学習する能力です。

流動的知性が土台にあり、それが、経験や学習と組み合わさることによって結晶的知性になります。

流動的知性は年齢とともに低下していきます。しかしマインドフルネス瞑想やヨーガを行うことで、流動的知性が維持されるのです。これはケアの現場に限らず、柔軟な判断をしたり、新しい状況に対応したりする能力を維持するために非常に役立つことを意味しています。

慈悲vs共感疲労

臨床知についていうと、BWDではロールプレイを通じて、他者の視点を取得し、他者の信念や意図、思考を推測する認知能力を深めます。人が自分とは違う見方をしていることを理解するのです。

ロールプレイは基本的に三人一組で行い、ケア提供者（医師、看護師、チャプレン、ボランティア）、患者、それについて観察する人の役割を順に担います。ロールプレイで患者の立場を演じる者は自分の問題――仮想でも実際の問題でもいいのですが――をケア提供者の側にぶつけます。私の場合はアメリカに来たあとに、余命三週間だと宣告されて帰国できない、どうすればよいか、という設定で行いました。

それぞれの役を五〜一〇分ずつ行って、どのようなことを感じたか、どういうふうに見えたかをシェアします。それによって、様々な視点を取得することができます。

視点取得ができても、視点取得という行為のみで共感が欠けていては危険です。たとえばサイコパスと呼ばれる人たちは他人の考えていることがよくわかり、他人がどのように反応するかもわかります。しかし共感が欠けているために、いろいろな犯罪をすることができます。

BWDには共感とは何か、を理解するためのワークも入っています。

GRACEの五つのプロセスのうち、三つ目のAは「Attunement to self/other」ですが、Attunementは波長を合わせるという意味です。他者の心身に自分の波長を合わせることが、日本では「共感」と言われてきたのではないかと私は最近思うようになってきました。

共感（empathy）とは、他者の情感を共有する能力です。他者の情感（feeling）――それが肯定的であれ、否定的であれ――に共鳴する能力です。

そこで問題になってくるのは、感情伝染の問題です。慈悲と共感の関係について、精力的に研究を進めているタニア・ジンガーという神経心理学者がいます。マックスプランク研究所の社会脳部門の部長で、ヨーロッパのマインド・アンド・ライフ・インスティチュート（Mind and Life Institute：精神と生命研究所）の主要なメンバーの一人でもあります。彼女が最近行っている研究の中に、三つ子の赤ちゃんの感情伝染の事例があります。三つ子の一人が笑い始めるとほかもつられて笑い出すんですね。

　赤ちゃんはやがて自己・他者の区別をするようになっていきますが、大人になっても意識水準によっては感情伝染が起こりやすいことがあります。他者の苦しみをもらってしまったり、さらにそれが引き金になって、自分の問題が引き出されてくるわけです。自分が潜在的に抱えている問題が引き出されてきたとき、それに正面から向き合うことができるなら、心の成熟という観点からすると、けして悪いことではありません。けれども、自己と他者の区別が曖昧になることは、医者や心理療法家、看護師など対人援助職がバーンアウトする原因の一つになりえます。

　共感疲労でバーンアウトすると、感情的不協和が起きます。感情が自分でよくわからなくなるのです。共感の回路の機能低下が起きて、「これ以上共感していられない」というふうになります。それと並行して、自分の身体の状態をスキャンする能力も落ちてしまうことが、研究によってわかってきています。

　バーンアウトを防ぐために重要なのは感情を認めることです。辛い、遊びたいといった感情を認めることは、とても重要です。

　共感と慈悲は違います。慈悲というのは他者に対する温かさや配慮、気遣いです。他者がより幸福にいられるようにしたい、助けたいという動機ないし意志です。慈悲は、「他者のための情感」であり、「他者と共に感じるもの」ではないということができます。

　泣いている人や、痛いと言っている人と同じ状態になって、同じことを感じてしまえば自分も悲しくて、動けなくなってしまいます。感情伝染や共感疲労が起こるわけです。共感疲労が起こってくるときは、自分のストレスフルなトラウマティックな記憶も喚起されてきます。そういう状態と慈悲は違います。

　タニヤ・ジンガーは、共感と慈悲を明確に分けて、それぞれについてトレーニングし、前後に脳スキャンするという実験を行っています。この実験によって、共感と慈悲では別のネットワークが活性化することがわかっています。

　脳をスキャンしている最中に、他者の苦しみを描いた短い映像――世界の中の混乱、津波で家が流されるなど――を見せたのですが、慈悲の訓練を行った場合は、利他的な行為に向かう慈悲に関するネットワークが活性化しました。こうした変化は、被験者が、自分自身の気持ちについて事後報告したものと照らし合わせても一致していました。同じ映像を見ても、共感か慈悲かで、無力感に陥る場合と、なんとかしようと思う場合に分かれるということです。

　数日間、数週間の訓練でも変化が起こるのですから、長期的に続けて行けばとても大きな変化が生じるだろうと思われます。

ＢＷＤにおける瞑想とは

　ＢＷＤの中核にあるのは、瞑想です。アメリカのようなキリスト教国において、meditation という言葉を使うと仏教的な意味合いが強くなりすぎてしまうためＢＷＤでは瞑想を reflective practice（内省的あるいは思索的実践）と表現しています。

　ＢＷＤの瞑想の特徴は曹洞禅とテーラワーダが土台となり、それにチベット仏教の無常の瞑想・慈悲の瞑想・さらに死のプロセスの瞑想などが加わっていることです。奈良の GRACE 研修でもチベット仏教の慈悲の瞑想を実践しました。もともとチベット仏教には、慈悲の瞑想が三種類ありますが、GRACE の研修ではそのうち二つを圧縮して一つに混ぜたかたちになっていました。瞑想についての最近の研究論文を読むと、①自分がケアされ、大切にされた体験を思い出す。②他者の苦しみを引き受け、みずからの幸福を光として贈与するトンレンを行う。という二段階からなるGRACEで使われる慈悲の瞑想法は、欧米では一般的になっているようです。

BWDでは慈悲の瞑想の訓練を行う前に、まずマインドフルネスやヨーガによって、身体の状態をスキャンする能力と感情を分化する能力を高めます。いろいろな感情と慣れ親しんでいくことによって感情の波が押し寄せたときに「ああこういう感情か」とわかるようにするわけです。その後に、慈悲の瞑想の訓練を行うというステップを踏むようになっています。

慈悲の瞑想の訓練をスムーズに進行するためには、セルフコンパッションが必要だとされています。昨年の「GRACE in 奈良」の研修でも、慈悲の瞑想を始める前に、自分がこれまでどのようにしてケアされたかという体験を思い出すプロセスが最初に入っていました。

チベット仏教で伝統的に行われきた七段階からなる慈悲の瞑想では、母親に対する恩――どれだけ母親から自分がケアされてきたか――から始まるようになっています。しかし最近は母親に対してそういうイメージを持てないという人も多くなっています。私は大学の授業などで、慈悲の瞑想を教えることがあるのですが、そのような人たちには、母親は、妊娠中、何か月も肉体の苦しみがあるにもかかわらず生んでくれたことや、この世に送り出してくれたことを思い出すように、言います。しかし、それでもピンとこない人もいます。そういう場合は、対象をもう少し広げて、自分が本当に大切にされた時のことを思い出して、そのときの感情と共に、はっきりとイメージしてもらうようにしています。

慈悲の瞑想は、対人関係のストレスや、他者の苦しみを目の当たりにしながら、それにコミットしていくために、とても大切な役割を果たすことが、最近の科学研究によって、明らかになってきています。

ここで気になるのは、マインドフルネスと慈悲の瞑想のもたらす効果の違いです。GRACEで実践するマインドフルネスは、さしあたって、無我の悟りを得ることを目的としているわけではありません。呼吸をはじめ、自分の心身の状態を観察することで、ストレスに対する反応を自覚し、そこから速やかに出ることが、目的になっています。それに対して、慈悲の瞑想は、ポジティヴな、積極的な感情を大きく増大させる、ということができます。この点は、ホルモンとも関連しています。慈悲の瞑想は、オキシトシンの分泌を増大させると考えられます。最近の研究によると、困難な状況に直面しつつ、オキシトシンが分泌される場合、そのことによって、ストレスホルモンであるコルチゾールの分泌が抑えられることはありません。けれども、その後、コルチゾールが急速に元の量に戻り、ストレスから速やかな回復をもたらすらしいことが、わかっているのです。

さらに、慈悲の瞑想を数週間訓練すると、肯定的な感情が生まれ、幸福になるだけではなく、健康になることも、最近の研究によって示唆されています。ポジティブ心理学の権威であるバーバラ・フレドリクソンの研究によると、利他的な行動を取れば取るほど、ストレスで発現するような遺伝子のスイッチが抑えられ、免疫の働きを強くする遺伝子の発現が増大するのです。またオキシトシンは、心身の痛みを感じにくくする鎮痛効果を持つことも指摘されています。

死のプロセスを観る瞑想

　死のプロセスをシミュレートし、体験するチベット仏教の瞑想が入っていることもＢＷＤの大きな特徴です。『チベットの死者の書』には、呼吸が止まる前後から生じるドラスティックな体験変化が描かれています。そのプロセスを疑似的に体験する瞑想——チベットでは、「元素の融解過程」の瞑想と呼ばれます——が含まれているのです。

　臨床心理学者の樋口和彦さんは「『死んだらすべてが終わりだ』とひそかに心のなかで思っている治療者が、どうして死を間近に迎えた患者さんの治療をすることができますでしょうか」とおっしゃいました。

　樋口和彦さんご自身は、クリスチャンでした。無神論者であっても、あるいは死後の世界を否定する人であっても死を看取ることはできると私は思います。死後の世界を信じることが必要だとは思いませんが、死のプロセスや人間の死についてどのように考えているかは、やはり大きな問題になってくるのではないかと思います。

　ＢＷＤに参加した医療関係者がびっくりするのは、この死のプロセスの瞑想と彼らの臨床的知識が深い一致を示していることです。臨床的に見ている変化と、瞑想で疑似的に体験する死のプロセスが一致するというのです。

　この瞑想をやるときに重要なのは場所です。そもそもＢＷＤの研修を行う際はどのような場所でそれを行うかが重要です。昨年のGRACE研修は奈良の長弓《ちょうきゅう》寺《じ》で行いましたが、それは自分自身が休息して内面に向かうためにも、外界との関係を一時的に断ったほうがいいからです。

　さらに、死のプロセスの瞑想を行う場合は、空が見えるところでなければなりません。もし日本でＢＷＤをやるなら、青空が見える場所を探す必要があるでしょう。

　死のプロセスの瞑想では、身体が重くなり、いろんな感覚器官の機能が落ちていく。走馬灯のように記憶が再起され、身体が冷え、重く何かのしかかってくる感覚が生じる。そのあとに様々な感情が消えていくといったプロセスを瞑想します。それからさらに深いレベルに入っていくと、すべてが真っ白、あるいは真っ赤、真っ黒になる体験をします。そういう体験のあとに、一瞬秋の晴れ渡った青空のような体験があらわれ、それから死後の世界が始まるというふうになります。

　この死のプロセスの瞑想は、臨終を看取るときに、どういう配慮が必要か、はっきり理解させる力を持っています。呼吸が止まり、心臓が止まっても、内的な意識の変容のプロセスは続いています。外から見て、ヴァイタルサインがないからといって、プロセスの途中、周囲の人が、身体を揺すぶったり、大きな声を出すことは、死の過程を阻害することになりかねません。静かに見送ることが必要だと、仏教の伝統は語ってきたのです。

意識の転移

　さらに、ＢＷＤには希望者だけが行うオプションとして、意識の転移の瞑想もあります。ＢＷＤのプログラムそのものには入っていないのですが、ＢＷＤを終えて一年たって、さらに深めたい人は意識の転移の瞑想をやることができるようになっています。

意識の転移は、チベット仏教の瞑想法で、頭上に観想した阿弥陀仏の浄土に向かって、頭頂から意識を抜き出す瞑想です。阿弥陀仏が出てくる以上、ある程度仏教の伝統に沿って実践することに納得している人がやるという位置付けになると思います（BWD本体のプログラムに入っている瞑想には阿弥陀仏や観音菩薩が出てくることはありません）。

チベットには、死者のより良き再生を助けるための様々な方法や儀軌がありますが、意識の転移は、その中で最も重要なものの一つです。

現代脳科学で解明されていない意識の働き

私は、瞑想に関する脳科学的な研究を行ってきましたが、今の脳科学には大きな穴があるとも感じています。生物医学の限界といってもいいかもしれません。

脳科学は、基本的に意識は脳活動から派生するものだと、考えています。脳活動から「創発」する、あるいは「現象転換」が起こる、といったよりソフィストケートされた表現を取ったとしても、その点について変わりはありません。けれども、それが本当かどうかははっきりわかっていないのです。

チベットでは、非常に高い境地に達した修行者の場合、深いサマーディの境地に入ったままで亡くなります。死にゆくプロセスの中で、先ほど言った表面的な感覚器官の機能が停止し、感情もすべて消えると、心の本性といわれる一番深い、心のエッセンスが現れてきます。その境地の中に、数日間、数週間とどまりつづけるのです。

その間は、呼吸も、心拍も止まっています。にもかかわらず、瞑想のポーズがずっと続きます。これをトゥクタムといいます。私が教わったことのあるチベット人の先生や仲よくしていただいたお坊さんの中にも、トゥクタムに入った人が六、七人います。一〜二週間でトゥクタムが終わると、瞑想の姿勢は崩れ、首がガクッと倒れます。

まだ論文としては発表されていませんが、マインド・アンド・ライフ・インスティチュートのデイヴィッドソンのグループがこれまでに六例ほどのトゥクタムを実際に計測しています。呼吸がない、また、心電図をとってみて、心拍がないことを確認しています。心拍がなく、呼吸がないにもかかわらず、瞑想のポーズは保たれており、死後硬直もないのです。

これは脳からの信号によって身体的なポジションが保たれるという現在のモデルをもとに考えると、大変おかしなことになります。心停止していますから、脳に血液の循環はありません。呼吸も停止していますから、酸素は供給されていません。そうすると一週間のうちには脳細胞は完全に壊死してしまうはずです。脳から身体を保つシグナルを出すことはそれ以前からできなくなるはずです。しかし一週間経っても瞑想のポジションが変わらず続いている。しかも死後硬直がない。つまり、外から見た脳の活性と、内的な意識や心の働きの対応関係は、いまだ現代の科学でははっきりわかっていないのです。

アメリカでは、脳死だと判定されて、三日後に再チェックしたら意識が戻っていた、その間、本人は周りの状況を理解していたという事例もあるようです。現在の脳科学の主流派とは別の観点から、意識について考え、捉え直す必要があるのではないか、と思います。

二十一世紀型のターミナルケアを目指して

私たちの活動にとっては、大きく二つ、大切なことがあると思います。

一つは持続的ストレスをいかに止めるかということです。持続的ストレスにより、コルチゾールが分泌されつづけ、バーンアウトしてしまう。テロメア短縮によって、老化、細胞分裂の際の転写のエラーが起こりやすくなり、癌になりやすくなる（アメリカでの研究によると、ケア従事者のテロメアは、通常より約十年分短いことがわかっています）。そうしたサイクルから出るための方法を身につけることは、とても大切です。

シャマタ瞑想によるテロメア修復酵素の分泌量の変化と心理的変化の対応を調べた実験によって、その鍵になるのは、Sense of Coherence（意味の感覚）であることがわかっています。

マインドフルネスや、ヨーガ・気功法といった身体技法、自他の身体にチューニングしながら傾聴するカウンシル、利他的な心を育てる慈悲のトレーニングなどによって、困難な状況に対処し、意味の感覚を育てていく方法を身につける。そのことは、誰にとっても役に立つことだと思います。

けれども、それだけではありません。慈悲や気づきによって、構造や制度が、次第に変わっていく、また、一人ひとりの一生が、根源的な自由に向かって――「解脱」に向かって――開かれていく。そうした道に、GRACEとBWDはつながっていくのだと、私は考えています。

（二〇一五年七月二五日、京都）

構成　中田亜希

「GRACEプログラム2015 in 奈良」を振り返る

戒・定・慧、四無量心、マインドフルネスと終末期医療の統合

スピーカー

井上ウィマラ（高野山大学）

栗原幸江（都立駒込病院）

高宮有介（昭和大学）

恒藤暁（京都大学）

仏教が医療に与えるもの

ホスピスの歴史を振り返る

井上　二〇一五年の四月、奈良で行ったGRACEのセミナーを振り返りつつ、GRACEの今後の展開について皆さんと議論していきたいと思います。

　最初に、死にゆく人々と共にあるということはどんな意味を持ったものなのかということを、歴史的な流れの中で確認したいと思います。

　初めて近代医療の中にホスピス・ケア、ターミナル・ケアが取り入れられたのは一九六七年、シシリー・ソンダースが立ち上げたSt Christopher's Hospiceでのことです。

　その後、ホスピス・ケア、ターミナル・ケア、緩和ケア、終末期ケア、エンドオブライフ・ケアと言葉も変遷してきました。これらがどういったニュアンスで使われているのか、日本の歴史も踏まえて、栗原先生、高宮先生、恒藤先生よりご説明いただきます。

栗原　日本で最初のホスピスは一九八一年にできた静岡県の聖隷三方原ホスピスです。キリスト教のフィロソフィーで運営されていたホスピスが多かったため「ホスピスにはクリスチャンじゃないと入れないのか」という質問も少なくなかったと聞いています。

井上ウィマラ氏

井上ウィマラ（いのうえ・うぃまら）
※プロフィールは巻末参照

栗原幸江（くりはら・ゆきえ）
東京生まれ。心理療法士。一九九二年からアメリカの終末期がん専門病院等で心理臨床やホリスティックアプローチの実践を積み、二〇〇二年の静岡がんセンター開設を機に帰国、多職種チーム医療の喜びとチャレンジを味わいながらの一〇年を経て、二〇一二年からはがん・感染症センター都立駒込病院勤務等を拠点に「患者・家族・医療者がともに癒される温かな医療」に向けて臨床・教育・研究に関わるさまざまな「面白いこと」を実践中。

高宮有介（たかみや　ゆうすけ）
一九八五年昭和大学卒。一九八八年より英国ホスピスにて研修、「がん疼痛対策マニュアルの試作と実践」で医学博士を取得。昭和大学病院緩和ケアチーム、昭和大学横浜市北部病院緩和ケア病棟を経て、二〇〇七年より昭和大学医学部医学教育推進室。著書に『がんの痛みを癒す』（小学館）、『ナースができる癌疼痛マネジメント』（メヂカルフレンド社）。

恒藤暁（つねとう・さとる）
大分県中津市生まれ。一九八五年筑波大学医学専門学群卒業。一九九三年英国St Christopher's Hospice研修。一九九五年淀川キリスト教病院ホスピス長。二〇〇一年大阪大学大学院人間科学研究助教授。二〇〇六年大阪大学大学院医学系研究科緩和医療学寄附講座教授。二〇一六年京都大学大学院医学研究科人間健康科学系専攻教授。緩和ケアの臨床を実践しながら、全人的ケア（whole person care）やマインドフルネス瞑想に取り組んでいる。

その後、一九九〇年代に入って『ターミナルケア』という雑誌が刊行されました。終末期ケアという言葉と同意でターミナル・ケアという言葉が使われています。

アメリカ、イギリスでもその頃、ターミナル・ケアという言葉がポピュラーに用いられていましたが、やがて「あの患者はターミナルなんだから何もすることはない」というように、ターミナルという言葉がネガティブなイメージを持たれるようになっていきます。だからこそ「ある意味ないがしろにされている人たちのケアをもっと大事にしましょうよ」という思いが、ターミナル・ケアには込められています。

しかし、辛さを和らげるケアは終末期に限るものではなく、徐々に緩和ケアという言葉が主流になりました。しかし、緩和ケアも「緩和ケアと言ったら最後でしょ」という受け取り方をされるようになっていきます。

日本緩和医療学会で言われているように、緩和ケアは身体や心が辛いとき、痛みのあるときにサポートしていくケアです。終末期だけではなく、またサイエンスとアートの全てを包含したようなニュアンスを持ちます。

その一方で、エンドオブライフ――いわゆるいのちの終焉を意識する数日、数か月、一年――を大事にしましょうという流れで出てきたのがエンドオブライフ・ケアです。

高宮　四〇年前に「日本死の臨床研究会」ができて、治らない患者さんの看取りをどうするかについて、医療者たちが真剣に考えるきっかけとなりました。

二〇〇六年にはがん対策基本法が成立し、「緩和ケアをやるべき」と法律によっても定められました。全国規模で医師たちの研修が始まり、すでに五万人以上の医師が「ＰＥＡＣＥ」[注1]という二日間の緩和ケアの研修を受けています。ＰＥＡＣＥでは「死の看取り」というニュアンスは薄められて、「治療中からの緩和ケア」が重視されています。

緩和ケアはがんなどの一部の病気に特化していますが、もっと広い範囲を示す言葉としてwhole person careという言葉も出てきています。

恒藤　「緩和ケアは診断時から」がキャッチフレーズとなり、早期からの緩和ケアが強調されるようになったことで「死」が薄まっているのは一つの大きな問題です。死という厳しい現実をしっかりと見つめたうえで、どうしたらいいかを考えることが十分になされていないのです。

「死の否認」、「現実の否認」が患者さんやご家族、医療者にもあって、しかも皆、それに気づいていません。患者さんやご家族は、死という現実を受け止められずに自分たちの努力でなんとかしようと思われますし、医療者もその期待に応えたいと一生懸命やって、結果的には過剰な治療と過剰な医療をし、患者さんの最後のＱＯＬが高まらないという現実があります。

皆があるがままの現実を見つめられないと、よい方向にはいかないでしょう。そういう時代の中で出てきたのが高宮先生のおっしゃったwhole person careというアプローチです。wholeは全体、personは人で、careはケアですね。日本語に訳せば「全人的ケア」となります。

恒藤　「診断時からの緩和ケア」はキャッチフレーズとしてはよいのですが、現実にはそううまくいっていないという側面もあります。診断する治療医は治療に専念し、緩和ケアの専門家の人たちは終末期の緩和ケア病棟や終末期のところにいるのが現実です。

今は専門が細分化されているので、専門家以外の人が意見をするのも難しい現実があります。大学で働いていると――大学はやはり専門家集団なので――私も他の分野に口をはさむのは難しいと実感しています。

高宮　患者さんたちからすれば、緩和ケアは早くから入った方がスムーズかと思います。最初はマイルドに、まずは興味を持っていただいて、その先に死や最期をどう過ごすかということが入っているとよいのではないかと思います。ただし、それにはその緩和ケア医が最期まで看取る覚悟までがセットになっていければなりません。緩和ケアの医者自身がそれを忘れて、症状緩和のための薬や新しい技術を学んでそこで終わり、とするような態度であれば緩和ケアの本来の役割とずれてしまいます。病院の事情で緩和ケア医が最期まで看取れないのも問題です。

井上　最近、私が出会ったあるケースですが、患者さんががんのステージ四で最後の治療をするかしないかというところで、セカンドオピニオンとして緩和ケアの先生の意見を聞こうとしていたそうなんですね。

しかし患者さんの血圧を管理していた、がん治療にはあまり関係のない先生が、「緩和ケアなんてやることがなくなってから行くところだよ」とおっしゃったばかりに、緩和ケアの先生にセカンドオピニオンを聞くことがお流れになったということがありました。患者さんやご家族が楽になるには、先生同士が仲良くしてくれることが大切だと感じます。いろんな科のリエゾン（連携）ですね。他科との連絡を全体的に管理してくれる人がいてくれるだけで患者さんは楽になるでしょう。そういうところに緩和ケアが携わるようになるとよいのではないかと思います。患者さんは治療の副作用として生活の機能が弱まってくると、社会福祉などの支援も必要になります。患者さんやご家族はそこまで考えなければならないのに、治療ばかりに専念されると、インフォームド・コンセント（しっかりとした説明を受けた上での同意）ではなくインフォースト・コンセントになってしまいます。なぜinformed（通知された）ではなくenforced（強制された）になるかというと、後で医者が訴訟を受けたくないからであり、医療のパターナリズムの中で医者任せに共依存してしまっている患者さんの現状があるからではないかと思います。

患者さんやご家族の気持ちを楽にしていくことがゴールにあって、そこに至るワンステップとして医療者の方のストレスを緩和していくことが大切ではないかと思います。

ちなみに、さきほど出てきた二日間のＰＥＡＣＥという研修のコミュニケーションに関するパートの動画をある緩和ケアの先生から見せていただいたとき、私は開いた口がふさがりませんでした。

リフォームと同じで、ビフォア・アンド・アフターなんですね。患者さんに対してひどい態度で対応しているような動画が最初に出てきて、それが「緩和ケアの五つの方針に従うとこんなふうに変わります」とアフターが出てきます。すると「こんなふうな先生に治療して欲しかった」と皆が感じるというわけです。

しかし「ビフォアがアフターに変わるまで何年かかるかな？　どれくらいの血の涙が流れるのかな？　そんなことやる人、どれくらいいるんだろう……」と、現場にいる私なんかは思ってしまいます。

高宮　井上先生の「開いた口がふさがらなかった」というのは率直

な感想かと思いますが、研修を受けたことによって、モルヒネを使わなかった先生が使えるようになったり、副作用対策をするようになったり、急に痛くなったときに即効性の薬を出せるようになったのも事実です。評価できる部分もあろうかとは思います。

ビフォア・アンド・アフターの部分でも、患者体験ができたりといろんな良さがありましたし、地域での医師たちがそこで集まって顔が見える関係になったなどポジティブな部分もあったかと思います。医師は日本に三〇万人しかいないのですが、そのうち五万人が受けたというのはすごいことです。

井上　どうもありがとうございました。私はちょっと過激な発言をするもので、フォローしていただきありがたいと思います。

GRACEと仏教

井上　医療の現場で治療的な立場に立つと、私たちは相手を診て、どんな病気でどんな状態でどんな治療をして……と相手のことばかりに注意が向きます。

しかし同時進行で、「ああこの患者さんはカッコイイな」「キレイだな」、あるいは「この患者さんはいい人だな」「ちょっと言い方が気にくわないぞ」と思うこともありますよね。

GRACEでは、患者さんと向かい合っている自分の中で起きていることにも注目します。患者さんと自分の双方を自由に意識を向け変えながら往復できるようになることが重要視されているのです。GRACEはそれを目的として、プログラムが五つのステップにまとめられています。

一つ目はG＝Gathering attentionです。マインドフルネスにもつながる、主に呼吸や身体感覚に注意を集中させるトレーニングです。呼吸は命につながるものです。今、手が机に触れているというような身体感覚は今この瞬間の感覚です。自分が「いつ」「どこで」「何を」しているかという思考が入る余地を残しません。

注意を集中させると、思考の渦から出て、今ここの自分の身体が何を感じているのかに気づくことができます。感情的、あるいは思考の渦の中から少し離れて自分を見守ることができます。心理学の用語で言えば、「脱中心化」ですね。

GRACEのプログラムは基本的には伝統的な仏教の考え方に基づいています。一つは戒・定・慧の三学です。戒はシーラ、自分の生活習慣を整えましょうという意味です。定はサマーディ、心に波が立っているときは歪んだものしか映らないけれども、心が水鏡になると真実の姿が映りますよ、というのが定から慧（パンニャー）の意味になります。

しかし瞑想を始めてみるとわかりますが、心はそう簡単には落ち着きません。一〇分坐っていても、呼吸を感じようと意識できるのは一五秒ぐらいで、あとは他のことを考えてしまいます。「ああ自分はこんなに考えてばかりいるのか、無念無想にはならないのか」と気づきます。それが正常なスタートです。

Gathering attentionを始めると、いろんな思いが浮かんできます。一番多いのが後悔です。だから仏教の伝統では、精神集中をするトレーニングに入りたいなら生活習慣を整えて後悔が少ない生活を心がけましょうと指導します。殺さない、盗まないなどの戒律は「やるべきこと・やるべきではないこと」にこだわるためにあるわけではありません。整った生活習慣を身につけないと、心を集中しようと努力を始めたときに、後悔が出てきて落ち着きませんよ、という背景があって定められているものなんですね。自分を見つめるための強さを養いましょうという意味も込められています。

GRACEのプログラムの二つ目は、R＝Recalling intentionです。患者さんと一緒にいようとするときの自分の姿勢や呼吸を感じる、それができたら、そもそも自分はなぜここにいるのかという意図を思い起こします。

callingという言葉には、天職という意味があります。自分の天職、召命、神から呼ばれた職を見つけるという意図がこめられた言葉です。

意図を深く思い起こせるようになると、自分がなぜ医者になりたいと思ったのか、あるいはパリアティブ・ケアに関心を持ったのかというところまで到達します。なぜ私は医者や看護師、心理療法士になりたかったのか……患者さんたちから「ありがとう」と言って欲しい、役に立ちたいという思いがあったから。子どものときにお医者さんをみて憧れたから。あるいは自分の両親が医者だったから……。

私たちが職業を選ぶ理由の背景には、自分の成育歴の中でのできごとが関わっていることが少なくないと言われています。普通に味わえればよかったものを過度に味わってしまったこと、あるいはしっかりと味わえなかったことが動機になってその職業に就くということがあります。ユング心理学では「wounded healer＝傷ついた癒やし手」と呼ばれ、フロイト系では「転移・逆転移」という概念で説明されます。意図という言葉の背景には「価値観」というニュアンスも潜んでいるのです。

Recalling intentionも仏教の考え方がベースになっています。仏教では身・口・意の三つで、業を作っていると考えます。身業・口業・意業とは、身体の行い、口で喋ること、心の中で思うことを指します。三つの中で一番正直なのはどれでしょうか。逆に、一番嘘をつけるのはどれでしょうか。嘘をつくのは口ですね。正直で嘘がつけないのは身体かもしれません。作り笑いをしても目が泣いていたりとか。

心理療法などの臨床現場で一生懸命相手の話を傾聴することがあると思いますが、相手が真実を語っていると思うと同時に、真実を隠すための言葉を語っていると思う視点を持っていた方が楽に続けられる場合もあるでしょう。自分も同じです。何のためにその患者さんと向かい合おうとしているのでしょうか？　その瞬間に潜んでいる意図や価値観を思い出してみることは、倫理的な基盤を作ることにもつながってゆきます。

Gathering attentionとRecalling intentionの次には、患者さんに何かをしようとする前に、まずは患者さんと一緒にいる自分について確認してみる習慣を身につけるようにします。

GRACEの三つ目はA＝Attuning to self／otherです。まず、自分の身体、感情、思考がどうなっているかを観察します。「己を知り相手を知れば百戦危うからず」ということかもしれません。attuningは波長を合わせるという意味ですが、相手（患者さん）だけではなく、自分にも波長を合わせます。

マインドフルネスの伝統的な教えのなかでも、呼吸を観るときには自分の呼吸、相手の呼吸、自分と相手の呼吸、その三つの視点から観なさいと経典に説かれています——今ではほとんどそれを実践的に教える先生がいませんが。

四つ目はC＝Considering（what will serve）、何が一番役に立つかを考えることです。自分の呼吸を知り、相手の呼吸を知って、何が本当に役に立つかを考えます。経験的な直観智としてパっと思い浮かぶこともあるでしょう。あるいは家族背景や病院の状況などをゆっくりと熟慮してみて思いつくこともあります。そうした速い思考と遅い思考をどういうふうに組み合わせていくかということが智慧の働きです。「これだ」という高ぶりがあるときには、少し頭を冷やして謙虚になってみることも大切です。

五つ目のEはEngaging（関わり）、Enacting（実行し）、Ending（終結すること）ですね。実際に患者さんに関わって何かをした後で、私たちはいつまでもそのことを思い出したり、反芻しがちです。私たち人間は決してパーフェクトなことはできません。必ず思い残しがあります。しかしそれにいったん区切りをつけることも大切なのです。不完全な自分を許すこと。自分のためにも、次に待っている患者さんのためにも。

GRACEには仏教でいう戒・定・慧の全てが統合されています。でもそういったことを知っていても、知らなくても、この五つのステップを現場にどのように応用していくかを考えていくことが大切ではないかと思っています。

ホスピスの歴史とGRACE

井上　ホスピスの語源は、ラテン語のhospesです。

hospesにはhostとguestという相反する二つの言葉が含まれています。host＝治療をしたりケアをする側と、guest＝治療をしてもらう人が対等にコミュニケーションをして、「与えることと受け取ることが循環していく」のがホスピスの原理である、そのようにホスピスを作った人たちは考えていました。

医療従事者は患者さんに「与えている」自覚はあるでしょう。けれども患者さんから「受け取っている」ことには気づいているでしょうか。そういう感覚がGRACEを通じて養われるとよいのではないかと思います。

ホスピスを近代的な医療の中で始めた創始者の一人は、イギリスのシシリー・ソンダースです。彼女がSt Christopher's Hospiceを立ち上げたとき、ホスピスには三つの柱がありました。

一つ目の柱は、モルヒネなどを巧みに使ってまずは身体の痛みを取ることです。身体の痛みが取れてくると、患者さんは他のいろんな心配事――今までは痛みのせいで考えなくてもよかった問題、死への不安などと向かい合うようになります。

そうすると社会福祉にかかわるお金や職業の問題、心の部分、宗教の部分、いわゆるスピリチュアルな部分にも対応しなくてはならなくなります。一人の専門家だけでは対応できなくなります。Whole person pain、すなわち全人的な痛みに対応できるように、領域を超えて全人的なチームケアを行わなければなりません。これが二つ目の柱です。

痛みには身体の痛み、それからお金や仕事などの問題からくる社会的な痛み、それから不安や鬱のような心の痛み、死への不安や死後の世界にまつわる宗教的な疑問などに関連したスピリチュアルな痛みなどがあります。患者さんはいろいろな痛みや悩みを抱えていますが、お医者さんに話すことと看護師さんに話すことと家族に話すことは違います。多くの顔を持って、相手に合わせていろんな情報を出します。

そういう状況の中で患者さんのＱＯＬ（生活の質）を高めるためにはそれらをまとめて総合的に扱っていかなければならないのでチームを組む必要があるということです。スピリチュアル・ケアの必要性もそこから出てくるものです。

それから三つ目が研究と教育が同時に行われる場です。患者さんの状況に関する情報収集が研究に当たり、そうして得られた情報をチームで共有してゆくことが教育に当たります。研究と教育はon the jobに、その場で同時並行して深まっていきます。

アメリカでホスピス運動が一気に広がったのは一九七〇年代です。当時、キューブラー＝ロスがアメリカで『死ぬ瞬間』という本を出して一大ムーブメントを起こしました。ジョアン・ハリファックス老師は、そのころから四〇年にわたって、どのようにすれば患者さんが充実した終末期を過ごせるための支援ができるかをキューブラー＝ロスとともに話し合ってきたといいます。

全人的医療を始めたのはイギリスで活躍したマイケル・バリントでした。患者さんを最初に診る家庭医は患者さんの話にどのように耳を傾ければよいのか、それを学ぶためのトレーニングが起点となって、全人的医療は徐々に構築されていきました。彼は患者さんに対して医者自身が良き薬になるにはどうしたらいいかを考えることが大切だと述べています。

ジョアン・ハリファックス老師のGRACEが、イギリスのホスピス運動や全人的ケアさらには全人的医療、そしてアメリカのキューブラー＝ロスの動きと非常に深く係わった中から出てきていることは、皆さんの心のどこかにいれておいて欲しいと思います。

私たちが医師として看護師としてあるいはケアワーカーとして、患者さんのための良き薬になれること。良きプラシーボ効果を発揮し、レジリエンスを最大限に発揮してもらえるような存在となるにはどうしたらいいのか、そのためのトレーニングもこのGRACEの五つのプログラムにまとめられていると考えていただいてよいでしょう。

高宮　アメリカにはスピリチュアル・ケアワーカーや専門家がいます。日本には臨床宗教師や専門家のスピリチュアル・ケアの方もいます。ただ患者さんは、深い悩みを目の前にいる医療者に訴えることもたくさんありますので、やはり医師、看護師がそこでどう患者さんに向き合えるかが大切ではないかと思います。「早く死にたい」と言う患者さんに対して「じゃあ宗教家を呼んできますね」というわけにはいきません。

恒藤　シシリー・ソンダースは終末期の患者さんには四つの痛みが出ると言っています。physical pain、mental pain、social pain、そしてspiritual painです。

spiritual painは、日本ではスピリチュアル・ペインまたはスピリチュアリティというわかりづらいカタカナ語で入ってきていますが、「危機的な状況における生きる意味と価値の問いかけ」と言い換えることができるかと思います。

従来は、そういった個人の考え・価値観に医療従事者は係わるべきではないと言われていましたが、安楽死の問題なども出てくる中で、身体と心、意味と価値に関する根源的な悩みにどう対処するべきか、考えていく必要があるでしょう。

栗原　患者さん自身が、命の終わりが近づいたときに改めて考えること、意識すること、気づくことは患者さんの大切な仕事です。生き切る姿勢を周囲に見せることで、周りも思いがけないギフトを受けとることができます。

　辛さをやわらげるものとして、周りの人とのつながりが果たす役割の大きさを感じることもよくあります。医療者としては、家族や友人、大事な人とのつながりをできるだけ応援したいと思います。

　そのための穏やかな環境を一緒に育むためにも、GRACEのプログラムを通して医療者一人ひとりが、しなやかさや大きな器、あるいは広い意識をもって患者さんやご家族と向かい合い続けられる頭と心を耕していけたらと思います。

高宮　愛する人が亡くなるとか、自分が死を前にするというような大きな人生の危機に面したときに、スピリチュアリティは表面化しやすいものですが、もともと全ての人の中にスピリチュアルなニーズ、スピリチュアリティは存在すると思います。患者さんだけでなく、私たち自身ももっているのだということを忘れてはならないでしょう。

　それからシシリー・ソンダースの四つの痛みは独立しているのではなく、オーバーラップしています。例えば五〇代の男性が死にゆくとき、仕事、経済的なこと、夫として父親として、といった社会的な痛みがあるでしょう。そのことで生きている意味も考えるでしょう。

　痛みを分割してアセスメントするのではなく、全体そのままで観ていこうというのがwhole person careだったりマインドフルネス的な対応だったりするのではないかと思います。

慈悲と共感の違い

井上　こうやって語れるようになるまで、皆さんは現場で本当に言葉にできないような苦労をしてこられたことと思います。

　ホスピス・ケアの中で患者さんが希望を失ってしまわないように共感したり傾聴したりする際に、自分に未熟なところが多いと相手の感情をそのまま受けてしまうことがあります。「もらっちゃう」と表現されたり、二次受傷、あるいは代理受傷とも言われますが、思いやりたい、共感したいんだけれども、同時に共感することで心が傷ついたり、ストレスになったりするんですね。あるいはちょっとやり返して後悔してしまうとか、いろんなことが起こってくるのが現場の常ではないでしょうか。自分が患者さんの不安を目の前にしたとき、その不安に向かい合うのが辛いから、患者さんに希望を語って欲しいし、その希望を実現してあげるために何かをして頑張りたいのは当然です。ケアする側はそういう半分無意識的な押しつけを人間の防衛反応としてやってしまって、そういう自分にうすうす気がついているので余計悩んでしまうのですね。

　そうした現場にいる私たちにとって、医療、終末期ケアの中に仏教でいう慈悲の部分、思いやり、あるいはコンパッションと呼ばれるものを導入するためにはどうしたらいいのかというのが重要なテーマになってきます。さらに慈悲、思いやり、コンパッションと共感との違いと共通点についてもGRACEでは非常に繊細に扱っています。

　仏教では二五〇〇年かけて智慧と慈悲の関係を綿密に探求してきました。

　今から紹介するのは五世紀頃の『清浄道論』という注釈書の中でまとめられていることです。

　仏教では思いやりの心を「慈悲喜捨の四無量心」にまとめています。無量の心とは、誰彼の差別なく、生きとし生けるものたちに無限大に広げていくべき心のことをいいます。そして他者に思いやりを送る前に自分自身を思いやれるように準備することを教えています。GRACEのAで、他人に調律する前に自分自身に調律してみるように教えているのと同じです。生きとし生けるものの中に自分が含まれていることを忘れないことです。

慈悲喜捨の慈＝mettāは、相手の幸せを祈る心です。子どもが生まれれば誰でも末永く幸せにと思うでしょう。

悲＝karuṇāは、相手の痛みが早く癒えますようにと祈る心です。子どもが熱を出せば抱っこして、早くよくなりますようにと願います。

喜＝muditāは、相手の喜びを共に喜ぶ心です。これはけっこう難しいです。例えば、私たちは子どもが一〇〇点を取ってきたときだけ、いい子だねと喜びがちです。自分の価値観と合ったものは喜び、そうでないものは喜ばないというかたちで子どもをコントロールしてしまうんですね。そうではなくて、例えばヨチヨチ歩きを始めたばかりの子どもが車を見て「ブーブー」と言っては喜び、犬を見て「ワンワン」と言っては喜んだのを本当に自分も心から喜んであげるような喜び方をしているかどうか、それが重要です。また、成功者に嫉妬して、共に喜べないこともよくあることです。一緒に喜びを共にできたほうが本当は楽なんですけどね。

捨＝upekkhāは、来る者は拒まず去る者は追わず、偏りを離れて平静に見守る心です。子どもの成長状態に合わせて、少しずつ離れて、自立した後も無視するのではなく気にかけて見守っているような心です。

赤ちゃんのときには肌を離さず、ヨチヨチ歩きをしたら手を離さず、思春期になったら目を離さず、自立したら心を離さずという育児に関する教えがありますが、注釈書の中でもそのような子育ての心に例えた説明が出てきます。

そして、注釈書では、捨に似て非なるもの（近い敵）として否認や拒否があるとされています。平静なフリをして距離をとっている、拒んでいるのです。平静さを装った否認や拒絶は捨＝upekkhāではありません。また、捨の正反対なもの（遠い敵）として執着が挙げられています。

このように四無量心に関する注釈書では、四つの思いやりの心とそれに対する似て非なるものと正反対なもの、近い敵と遠い敵、つまり私たちが陥りがちな両極端——心理学ではアンビバレンスといいます——があると説明されています。

思いやりの心が大切だとわかっていても、現実には愛欲系の心で相手を好きになる自分もいますし、相手が自分の思い通りにならないからといって怒り系の心に転変して「お前なんか勝手にしろ」とか「死んでしまえ」と思ってしまう自分もいます。愛憎こもごもとはよくいったもので、愛と憎しみの間で揺れて初めて、相手との人間的で親密な関係が生まれ育ってゆくのも事実です。

患者さんとの関係においても同じです。自分を犠牲にしても相手のために尽くしたいと思う自分もいれば、思うようにならなかったから「もうどうにでもなってしまえ」と思う自分もいます。やはり現実の生活、現実の職場では、愛憎の両極端に動くのが自然なのです。

安易に両極端がない状態を目指してしまうと、ケア提供者側が燃え尽きてしまいます。ですから、真ん中を目標にして瞑想する一方で、両極端で揺れ動いているときには、今、自分の身体のどこが温かくなっているのか、冷たくなっているのか、緊張しているのか、そのときにどんな気持ちがどういう言葉になって出やすいのか、頭のなかでは何を思い考えやすいのか、と身口意の三つのレベルで自分を観察しながらうまく揺れるようにしてみます。

自覚してうまく揺れていると、何かが満たされてきます。私たちを医療現場に向かわせた、思い出すことの難しい人生最初期のできごとが、医療者として患者さんを癒そうとして揺れている間に自然に癒されていくのです。こうして人生の両極端を安易に排除せずに、ありのままに大切に見守って抱きとめて生きてゆける姿勢を仏教では中道と呼びます。

医療関係者の燃え尽き防止のためのGRACEプログラムの中核には、このような仏教の智慧と慈悲に関する瞑想の伝統が埋め込まれているのです。

これは医療関係者の燃え尽き防止だけではなく、実は医療全体を豊かにすること、あるいは教育・子育て、あるいは社会全体を豊かにすることにもつながっていくのではないかと思います。

ジョアン・ハリファックス老師のGRACEプログラムを、日本的なGRACEへ落とし込んでいくにはどうすればよいか、あるいは皆さんがご活躍されている分野にどのようなかたちで活かしていったらいいのかということを今後も皆さんと一緒に考えていきたいと思っています。ありがとうございました。

（二〇一六年一月一〇日、滋賀）

［注］

注1 「PEACE(Palliative care Emphasis program on symptom management and Assessment for Continuous medical Education)全人的ケアの必要性、苦痛の評価とマネジメント、コミュニケーションを含む緩和ケアのための医師の継続教育プログラム」は、日本緩和医療学会が開発した医師に対する緩和ケア教育プログラムで、詳細は日本緩和医療学会PEACEプロジェクトのHP(http://www.jspm-peace.jp/about/index.html)を参照ください。

仏教が医療に
与えるもの

藤田一照

曹洞宗国際センター所長

八正道をベースとした「死の臨床に向き合う」ための瞑想指導

構成　中田亜希

二〇一六年一月のGRACEのフォローアップ研修「ワークショップ『マインドフルネスによる終末期ケア』」では、井上ウィマラ氏の振り返りに続き、藤田一照氏による瞑想指導が行われた。

藤田一照氏は東京大学で教育心理学を学ばれた後に禅の道へ進まれ、約一八年アメリカで禅の指導をされたご経験を持つ。アメリカ滞在中から、禅だけではなく、さまざまな心理療法やボディワークに触れられ、心と身体のケアに関する豊かな経験をお持ちである。

瞑想指導では、瞑想するときの姿勢の調え方をはじめ、「触れて・触れられて感じてみる瞑想」、「呼吸とイメージを組み合わせた瞑想」、「ボディスキャン」が、藤田氏によって、GRACEのキーワードも交えながら丁寧にレクチャーされた。「瞑想は頭で理解するものではなく、身体でうなずくものである」という藤田氏の発言には説得力がある。身体と心の関係を深く追求されてきた藤田氏の知恵は必見である。

GRACEのポイントはプラクティス

僕はGRACEの研修には昨年の奈良のワークショップから参加させてもらっています。その後、東京で引き続き行われているフォローアップの研究会にもできる範囲で出席して、いろいろ学ばせていただいています。

ジョアン・ハリファックス老師のことはアメリカ時代から知ってはいましたが、お会いしたのは昨年が初めてです。奈良のワークショップで通訳をするにあたり、『Being With Dying』の翻訳版である『死にゆく人と共にあること：マインドフルネスによる終末期ケア』（春秋社、二〇一五）を事前に読ませていただきその時点ですでにとても面白いと感じましたが、実際、通訳をしながらGRACEのプログラムを経験させていただいて、やはり大変面白かったです（笑）。

GRACEのポイントはプラクティス（行）です。実際にやって体感して身につけていく「身体でうなずく」ためのプラクティスですね。教室でメモをとりながら理論を学ぶ必要もありますが、大事なのは、理論もプラクティスのための理論であるということです。

GRACEのプラクティスは、ウィマラさんもおっしゃったように、仏教から学んだものが多いんですね。

つまり医療関係者の人がGRACEに取り組むということは、医療者の人が、「仏教が培ってきた、あるいは開発してきた修行をやる」ということになります。これは非常に画期的なことだと思います。

僕は心理臨床の方たちからマインドフルネスのワークショップを頼まれることもよくありますが、

それも僧院の中でやっていた瞑想行をセラピストたちや臨床の現場に携わっている人たちがやるようになっているという画期的なことです。

　こういった流れは、仏教にとっても非常にチャレンジングであるしエキサイティングなことでもあると思います。

GRACEのキーワード

　GRACEのキーワードをいくつか挙げてみたいと思います。

　まず一つは臨床という言葉です。臨床とは現場という意味です。机上ではなく、生の人間を前にした抜きさしならない現実の場の問題だということ。

　それから、ケア＝careもキーワードです。ブッダの臨終の言葉は、「全ての作られたものは変化していく。怠らず勤めなさい――諸行無常、不放逸――」だったと伝えられています。

　これは仏教の基本テーゼです。不放逸は一般的に「勤勉に修行に励みなさい」と解釈されています。でも僕は、不放逸ではなくケアと訳すほうがよいのではないかと思います。

　もしそれが正しい理解だとすると、英語でいうケアにあたるコンセプトをブッダは臨終のときに言っていて、全てのものは変化する、それを踏まえて修行するんだけれど、特にケアを以て修行しなさい＝practice with careと言っていると理解できます。

　緩和ケアにしてもエンドオブライフ・ケアにしてもケアは大切です。GRACEとは、ケアとは何かを自分の身体と心の総力を挙げて探求し、臨床の現場でそれを実践しようとしているものだとまとめることもできるでしょう。

　それからもう一つのキーワードは全人＝whole personですね。アメリカでは瞑想が非常に流行っています。瞑想をやっている人はクール（かっこいい）だという感じで、ネコも杓子も瞑想瞑想と、とくに高収入、高学歴の人たちは言っているわけです。高収入、高学歴で、あともう一つ瞑想によって高い境地を得れば、三つそろって問題ナシだと。僕はそれが大きな問題だと思っているので、そういう人たちに水を差すようなことばかり言って、顔をしかめられています（笑）。

　彼らは、瞑想がテクニックだと思っているんですよね。呼吸をよく観察しなさい、そして呼吸から心が離れたら戻りなさい。まさにマニュアル的なインストラクションです。こうすべしというプログラムが書いてあって、そのプログラムを自分が遂行して、それに習熟していけばいつかお墨付きをもらって合格できる、そのようなイメージで考えられているわけです。この姿勢の問題点は、全人的ではないということです。ポケットにまたひとつ、達成した修了証書が増えるだけなんですね。

　whole person――その人まるごとが人生をかけてやるような視野――で瞑想やGRACEをとらえない限り、GRACEをやってもただ修了証が一枚増えて飾られるだけで、その人の本質は何も変わりません。ですので、このwhole personというのは非常に大事なコンセプトになります。

　最後のキーワードは否認です。それに対応する言葉として「あるがままの受容」も大事です。

　否認は僕たちの基本的な認識の癖です。現実をありのままに認めないこと。僕らは全てを自分の都合の良いように歪めて知覚しています。「私が見たから間違いない」ということ自体がもう間違いです。「私が見ました」「私はそう思います」――すべて「私」から出発して一生懸命やっているわけですが、その最初のところがまず問題になってくるんですね。最初から否認が我々の知覚を歪めていることに、ほとんどの人はまったく気がついていません。催眠術といったらいいのか、自己催眠というのか、そういう深くて微妙なレベルの否認なのです。

瞑想はあるがままを受容するということです。慈悲喜捨の捨にあたるものです。それで目指すべき目標がわかって、瞑想の目指す方角が定まって、それで初めて舟を漕ぎだすことができます。

瞑想のいろんな技法というのは、舟の種類とその漕ぎ方の違いの問題です。舟やその漕ぎ方がいかに良くても、舟をどの方向に進めていくかが間違っていると大問題なんですよね。

たとえば坐禅というと、「坐禅とはこうやるものです」と坐禅のやり方から始めてしまいます。そうするとほとんど坐禅が私の問題の解決の手段に終わってしまうわけです。最初の方向づけが不問に付されているんですね。

だから、八正道は正見から始まります。正しい修行のヴィジョンです。正念が、マインドフルネスに相当します。これは七番目です。三～五番目の正語、正業、正命が戒で、正定が八番目です。そして一番の正見と二番目の正思（正しい決意）が慧にあたります。八正道の順番で言うと、よく言われているような戒・定・慧ではなく、慧・戒・定になっています。最初に智慧があって戒、定なんですね。定によって初めて、ありのままの受容ができます。そこで一段深い智慧にいって、深い智慧からまた深い戒になって、深い定にいくような循環になっています。八正道は循環的修行モデルなんです。

人生は全て移り変わります。自分の思い通りにならないことが必ずあります。

代表的なことが、病気になる、年をとって死ぬということですが、僕らは日頃、それを否認しています。他人事のように思ったり、今は大丈夫だからとりあえず考えないようにしようというようなかたちで、否認したりしています。

たとえて言うならば、パーティーで会いたくない人があそこにいる。だからなるべくあの人とは鉢合わせしないようにとその人を避けながらパーティー会場を徘徊しているわけです。あの人がこっちを向こうとすると背中を向けてみたり、ということを無自覚にやっているわけです。

僕らの人生も、見たくないものは目に入らないように、身体の向きを変えたり、そこに近づかないようにしたりしがちです。僕らとしては避けることに成功していると思っているけれども、別の角度から見ると、触れた方がいいものに触れないで回避行動をしていることになります。せっかくの成長の機会をとり逃している。

否認しているものを受け入れ、組み込んだかたちで、どうやってこの思い通りにならない人生をハッピーに意義深く生きるかというのが仏教の課題です。

ですから瞑想というのは否認していた自分に直面する覚悟が必要なんですね。その覚悟なしにやると、自分が否認して避けていることと向き合わないために修行に励むということになってしまいます。

本当にスピリチュアルな意味で成長するためには、否認を乗り越えていかなければいけません。

此岸から彼岸に渡る覚悟

僕らが自分を騙して否認するとき、身体は緊張します。これをディフェンス・メカニズムと言います。身構えですね。

緊張の特徴は起きていることを感じずに、それについてあれこれ考えるということです。あいつがこう言ったらこうしようとか、これが起きたらこうしようとか、これが起きそうだから備えておこうというのはすべて考えることです。思考には必ず過去や未来が出てきます。また、起きていないことを起こそうとするとき緊張は生じてきます。現在を受容していないからないものをあらせよう、あるものをなくそうというように、まだ起きていないことを起こそうとするんですね。

瞑想はこのモードを変えようとする営みです。緊張の反対はリラックスです。リラックスすると敏感になり、感じられるようになります。感じるわけですから、感じられるのは今ここの私しかありません。リラックスはコントロールではなくallowです。日本語的にちょっとこなれていないのですが「許す」と訳します。起こることを許して感じるんですね。「ありのままの呼吸を感じましょう」とインストラクションするのはそういう背景があるからです。起きていることを感じると、感じたところからまた新しいことが起きてきます。感じて終わりではないんですね。感じると、感じたことによって現実が自ずと変わっていきます。

それは私が変えたものではありません。「それ（現実の全体、大文字のＩＴ《イット》）」が変わっていって、起こるのです。起きたことを邪魔しない、それが許すということです。許すと、許すことによって変化が起きます。それをまた感じます。

瞑想でやることは、無常の流れへのチューニングといってもよいと思います。無常の流れの中にいる自分を深く味わうのです。無常の流れからは出られるはずがないのに、現実には無常の流れから離れた固定的な自分を幻想してしまっています。無常から離れた自分の周りに都合のいい壁を作ってcomfortable に生きるという絶対うまくいかないプロジェクトをやろうとしています。

そういう生き方をするのも自由ですが、「これがいろいろ問題を引き起こしている原因なのかもしれない」と自覚した人が、そうじゃない生き方を求めて方向転換しましょうというのが正見です。

仏教では此岸《しがん》・彼岸《ひがん》と言います。別に死んだ先の話ではありません。此岸から彼岸に渡ろう、パラダイムシフトしようというのが仏教のプロジェクトです。

おおまかにいえば、このような理論と、パラダイムシフトするための具体的なプラクティスのセットが、いろいろなかたちで仏教のプロジェクトの形にまとめられていると言っていいと思います。南方系仏教のまとめ方もあれば、大乗的なまとめ方もあります。禅のようなまとめ方もあれば、チベット仏教的なまとめ方もあります。GRACEもその一つです。

こういった英知、実践は、死にゆく人々と共にいるという臨床現場では当然、役に立ちます。なぜなら死にゆく人々は、好むと好まざるとにかかわらず、普段僕らが不問に付している価値や意味自体が揺らいでいるようなシチュエーションにあるからです。

それに係わる人たちは、そういう人たちをそばで目撃しますから、自分の中の枠も揺さぶられざるを得ません。死にゆく人々、あるいはそれに寄り添っている人たちとは、仏教のこういう世界にメインゲストとして招かれる資格がある人なのです。

瞑想の心構え

リラックスして、感じて起きてくることを許すにはそれなりの練習が必要です。普段私たちはあまりそういうスキルを鍛えていません。感性も鍛えていません。むしろ感性を鈍くする方向に鍛えてきてしまっています。

それから、物事が勝手に起きるのはまずいことだという思い込みもあります。たとえば、自分の身体の中で勝手に起きてくる現象を挙げてみてください。げっぷ、あくび、おなら、身震い、便意、尿意、まばたき、しゃっくり、眠気……それからため息もそうですね。これらはだいたい人前ではやってはいけないことだと教わっていませんか？　四国に住んでいた僕のおばあちゃんはそういうことは「風《ふ》が悪い」と表現していました。他の人からぶしつけだとか、不作法だと思われて体裁が悪いんですね。

つまり自然に、勝手に起きてくることはあくまでもコントロールしなければならないわけです。特に日本のようなモラルコードがカッチリしているところでは特に縛りがきついです。

しかし瞑想の場合はむしろそれをオープンにしなければなりません。これが最初の難関です。でも深いレベルに入っていくためにはそれが必要です。

僕の考え方では、瞑想は彼岸に属しているものです。それを此岸側――文明で飼い慣らされた身体や心――でやろうとすると、非常に難しいことになってきます。ブレーキを踏みながらアクセルを踏んでいるようなものです。自分の中に葛藤が起きてくるんですね。

だからまず、彼岸のほうに自分の身体や心のモードをちょっとでもいいから変えたうえで取り組まないと、経験しなくてもいいような難しさや困難を経験することになります。

瞑想は仏教にとってエッセンシャルなエレメントです。資本主義的な価値観からすると全く意味のわからないものですが、ジョアン・ハリファックス老師も「Virtueを養うためには絶対に必要である」と結論づけています。Virtueは一言で言うならば人間力とでもいえるようなある種の力のようなもののことです。

僕もそうだと思います。瞑想は我々が一番やりたくない、一番向かないことだからこそ、やれば効果があるものです。文明化が極端なまでに進んでいる現在、バランスをとるためにも絶対に必要なものだと思います。

瞑想を実践してみる

僕は長年、坐禅をガンバリズムでやっていましたが、どうしてもうまくいきませんでした。

坐禅では調身、調息、調心と言います。調身とは、結跏趺坐の状態で体軸をまっすぐにして、手を組んで、目を半眼にすることです。呼吸はお腹に自ずと力がこもるような丹田呼吸、あるいは腹式呼吸です。調心は、たとえば呼吸瞑想だったら、呼吸から心が離れないように、あるいは思いの手放し状態になるように、と言われます。最初からゴールが決まっていて、それに到達するように頑張れと言われるわけです。うまい人はできるかもしれませんが、なかなかそんなにうまくはいきません。

僕の場合は、頑張れば頑張るほどできなくなりました。なぜなら身体や息や心の都合を聞いていないからです。身体や息や心の合意や協力、納得を取り付けていないのですね。手引書に書いてあるから、あるいは師匠に言われたからやるのだと、一方的な押し付けになっているわけです。自然に対して人間の都合でこうやれと強制的に言っているわけですから、深まれば深まるほど、身体の自然からの反撃が出てきます。

他の分野でも、ヨーガにしても武術にしても我《が》が頑張ってやっているアーサナとか技は力みがあるから美しくないし効かないのです。坐禅にしても本人は頑張っているつもりでも、外から見るといかにも暑苦しくて、美しくないわけです。

それで僕はアメリカに行ったときに坐禅をリセットして捉え直してみることにしました。仏教だけではなく他のところ、例えばボディワークやダンスのワークショップなどにも顔を出すようになりました。そこで習ったいろんなことを今、自分の坐禅のワークショップの中でやっています。坐禅をやる前には野口体操という脱力中心の体操――筋肉ではなくて重さで動くということを強調している動き方――にも取り組んでいました。それも今の僕のベースになっています。

触れて・触れられて感じてみる

ではさっそくやってみたいと思います。

靴を脱いで、二人一組になってください。ペアの一人が横になって、死んだつもりで屍《しかばね》のポーズになります。屍ですからこうしてもらいたいとかああなりたいというような意思はありません。

もう一人のパートナーの人は、相手の右手に触れて重さを感じながらゆっくり手を持ち上げていきます。片手で持ち上げても両手で持ち上げても構いません。

持ち方、触れ方も大事です。僕らはいつも対象をモノ扱いします。「モノは放っておいたらいつまでもこのままだから、俺が動かしてやる」というような態度です。しかし禅では対象を生き物としてていねいに扱うようにと言います。ご飯茶碗はブッダの目玉だと思って扱いなさいと言われます。

持ち上げる右手を生き物として敬意と丁寧さをもって扱ってください。重さを感じながらゆっくり持ち上げます。持ち上げられている人も、持ち上げられている感じを感じてください。ぐーっと持ち上がってきます。

ときどき、パートナーが手を離しても空中で腕が静止している人がいます。それは無意識に緊張しているからです。パートナーが手を取ろうとした拍子に、ひょいと腕が上がってくることもあります。そのように、何が起こるかをゆっくり観察してみてください。

重さを感じながらゆっくり持ち上げたら、ゆっくり揺らしてみてください。ぐーっと引っ張って、肩甲骨ごと揺らすような感じです。揺すったら、ゆっくり降ろします。

次は脚を揺すってみましょう。股関節が動くことを確認し、少し脚が長くなるようなイメージで、胴体から脚を引き出すようにしながら揺すります。これを両手、両脚について行います。

次は首と頭です。首と頭を胴体から生えた枝だと思って揺すりましょう。ここが一番難しいところです。首と頭は普段もっとも緊張しているところだからです。

首には湾曲がありますので、後頭部から指先を入れていって、手のひらに相手の後頭部がすぽっと入ったらゆっくりと持ち上げます。寝ている人は持ち上げるのを手伝おうとしないでください。逆に抵抗もしないようにします。完全に相手の手に重さを預けます。

持ち上げたら、最初は左右に揺らします。次に前後に揺らします。組み合わせると丸い動きになります。相手を感じるためにやっているので、できるだけゆっくりやってください。やっていると、相手の頭の中に液体的なものがあるのを感じるようになります。

次は胴体です。胴体はお腹が下になっているほうがいいので、パートナーに裏返しになってもらいます。裏返しになったら胴体に触れます。背中と仙骨辺りを揺すります。相手の左側に坐って、相手の胴体に水がたくさんある感じを感じるためにやっているので、たくさん動かそうと思う必要はありません。

相手の身体を借りて、自分の手の感覚をトレーニングしているのだという敬虔な態度でやってくださいね。胴体までやったら、お互いにお礼を言って交代してください。

別にうまくできた・できなかったではなくて、やってみて何が面白いか、何が難しいかを体験してみてください。

瞑想の姿勢のポイント

次は椅子に坐って行うプラクティスです。瞑想のときは身体の軸を垂直にします。ブッダも悟りを開いたときは背骨が重力に沿っていました。ブッダが横に臥しているときに悟ってくれれば、みんなそれでやったんですけどね（笑）。

坐禅というとすぐ脚を組むところから始めようとしますが、それがまずアメリカでは難所です。ほとんどのアメリカ人はあぐらをかくのも大変です。僕も最初、原理主義的に「両脚を組まないなんて坐禅じゃない」と言っていましたが、するとそのうち誰も来なくなってしまいました（笑）。

日本では「師匠が言う通りにつべこべ言わずやれ」という感じですが、アメリカでは必ず「なぜそうするのか？」と聞かれます。言わないと動いてくれません。ですので、僕もなんで脚を組んで坐るのだろうかとよくよく考え直しました。

わかったのは脚を組むことよりも体幹の状態のほうが大切だということです。両肩と両股の関節の四点に囲まれた部分に内臓が納まっています。五臓六腑と言われる、命の本体部分ですね。生きているという観点からするとこの四点に囲まれた体幹の部分が重要で、手足はそれこそ枝なんですね。

僕たちは普段の意識の上では、枝の部分を主にして、五臓六腑を軽視して生きています。瞑想でそれをもう一回元に戻して、本来のあり方にかえりましょうということだと思います。

坐禅の姿をイメージしてみてください。脚は組んで「移動のために使いません」というかたちになっていますね。人間は長い進化の果てに二足歩行の能力を獲得したわけですが、それを一時的にギブアップします。手も同じです。普段、僕らは手で道具を操作しますが、手を組むことで「これも使いません」というかたちにします。それから僕らは言葉を操って他人をコントロールしようとします。しかし坐禅では口を閉じて一時的に使わないようにします。それから最後、過去や未来のことを考える思考力も手放します。

つまり人間が進化の果てに獲得した、人間を人間たらしめている二足歩行、それから道具操作、言語操作、思考、これを全部一時的に保留状態にしているのが坐禅のあの恰好なんですね。

いろいろな人間的特性を一時保留して原初の命の姿に戻ってから、その観点から、歩いて、手で道具を使って、口で人を操って、ああだこうだ考える能力を新鮮に見直していこうというシナリオが瞑想・坐禅ではないかと僕は思っています。

実際に姿勢を調える

では椅子に坐った状態で姿勢を調えていきましょう。

足は支えです。椅子に坐って骨盤を前と後ろにゆっくり動かしてみると坐骨のかたちがわかります。前の方は割と滑らかな曲面ですが、とんがっているところから後ろは割とガクンとなっていますね。右に倒れたり左に倒れたりして、左右の坐骨のかたちを再確認してください。背中を真っ直ぐに、とよく言われると思いますが、背中の真っ直ぐさは、坐骨のどのポイントにどのように体重が落ちているかに左右されます。

次に骨盤をゆっくり後ろに倒してください。上半身は何もしないでそれに従います。尾骶骨《びていこつ》が椅子の座面に着くぐらいまで倒します。やってみると、腰が曲がって、肋骨が降りて、顎が閉まって、瞼がおちますね。電車の中でよく見る姿勢です。

ではゆっくり坐骨で椅子を押して、骨盤を起こしましょう。上半身は何もしません。骨盤だけを起こします。起きたら、さらに前に倒していってください。どのような変化が上半身に起きるかをフォローしてくださいね。なるべくギリギリまで前に倒してみます。先ほどと全く逆です。腰が反ります。胸が上がり、顎が開きます、瞼も開きます。これもよく見る姿勢ですが、坐禅的には悪い姿勢のもう一つの代表です。みぞおちが緊張して呼吸が深くできないからです。身体に緊張が生まれて息が通りません。

この二つの姿勢の間のどこかに、背中がすーっと自然に上下に伸びる骨盤の置き方があるはずです。自分の体感を手掛かりに探してみてください。人によって違います。同じ人でも条件によって違います。今のいい姿勢と明日のいい姿勢は違います。決めつけずに、その都度、その都度、フレッシュに身体に聞いて学びましょう。

出来合いの理想形があらかじめ決まっていてそれに合わせていくやり方の場合、身体の横に棒を当てて「この真っ直ぐな棒に合わせろ」という感じになりがちです。そうではなく、自分の感覚を紐解いて、一番すーっと伸びるところを探ってください。背骨の裏側が開く感じです。

背骨というと、外から触ってわかるデコボコの部分だと僕たちは思っていますが、あれは正確にいうと背骨の後ろ側です。人体模型を見るとわかりますが、背骨は前側で体重を支えるようにデザインされています。

背骨の前側を意識して、後ろ側は開いた感じが生まれるようにしましょう。「顎を閉めろ」とよく言われますが、顎を上げていると首の裏側が閉じた感じがしますよね。ゆっくり顎を閉めていくと首の裏側が開くところがあります。締めすぎるとまたそこが閉じてしまいます。

目線についても一般的には「四五度の半眼で」と言われますが、別に角度が厳密に決まっているわけではありません。後頭部で目の真裏にあたる部分が開いた感じがする目の位置があるので、目線を上げたり下げたりしてその感覚が生まれるところに目を落ち着かせます。

舌先は「上の歯の裏側に付けろ」と言われますが、これもそうではなくて、背骨の後側が開いている感じが生まれるようなところに置くようにします。そうすると結果的に歯の裏側に付きます。

つまり頭のてっぺんから尾骶骨まで、背骨の後側がふわーっと開いていて、体重を背骨の前側で支えているような感覚が生まれるような上半身のかたちを探します。

その姿勢ができたら、それを崩さないように、腕は胸鎖関節のあたりから下に脱力してぶら下げます。右腕の重さで右肩が引っ張られ、左腕の重さで左肩が引っ張られて胸が自然に開きます。意識で開こうとするとやり過ぎてしまうので、重さで自然に引っ張られて開いている感じを味わいます。

それができたら肘のところで曲げて、前腕（肘から先）をそっと前に出して手を膝の上に置きます。手のひらを上にして、手は自然に開きます。指先を使う必要はないので、ふわっと柔らかく開きます。足の裏はきっちり全体を床につけて、脚の重さを足の裏で支えます。床にしっかりグラウンディングしてください。ジョアン・ハリファックス老師もグラウンディングは非常に大事だと言っています。

背骨を上に持ち上げるのではなく、グラウンディングすることで自然に背骨が上に向かう感じが生まれるのが理想です。力みで真っ直ぐさを作らないようにしてください。

目は軽く閉じます。目の真裏のあたりの、後頭部のちょっと上あたりが開いている感じはありますか。広くふわーっと開いている感じです。舌の付け根あたり、喉の裏あたりが開いている。首と胴体の境目も開いています。

力が入りやすいのはお臍《へそ》の真裏です。無理に腰をいれようと力まないでください。外側の表層筋はなるべくリラックスさせます。坐禅は姿勢制御のためのインナーマッスル（深層筋）がメインに働いている状態です。必要最低限の筋肉だけを使います。意識が受動的になればなるほど、身体は能動的になっていくというような面白いことが起きています。

リラックスすることは、だらーんとすることではありません。リラックスするとだいたい僕らは寝てしまいがちですが、瞑想では深くリラックスしているけど意識ははっきり覚めている状態を育てていかなければいけません。

呼吸とイメージを組み合わせた瞑想

では実際に瞑想を始めましょう。今回は呼吸とイメージを組み合わせた瞑想を行います。

まず息を吸います。吸うときは、頭のてっぺんから息を吸い込んで胴体の中に息を入れていってください。頭から息が入って身体の中に満ちていくというイメージを思い浮かべます。吐くときは足の裏と、椅子と接しているお尻の辺りから下に向かって息が出ていきます。満ちた空気が足の裏とお尻のところから地球の中心に向かって出ていくというイメージです。息を吸うと独特の感覚が生まれます。

眠くなってきたら、眠くなった感じの中でこれをやり続けます。眠気と戦うのではなく、眠気は眠気として置いておいて、瞑想を辛抱強く継続するのです。考え事が起きてきても同じような態度で瞑想を続ければ大丈夫です。

息を吐くときには、呼吸と一緒に自分の中の思い煩いや自分の中に停滞しているものを全部出して地球の中にかえしていきます。自分をからっぽにして、また新しいものを入れて、頭の方から下に向かって入れていきます。

これがクレンジングタイプの瞑想の仕方です。やっている間にある思いが繰り返し現れてきたり、眠くなってきたり、落ち着きなさが身体の中のいろんなところに出てきたりもするでしょう。それにもちゃんと目を配ります。そういうこともみんな、瞑想の修行の糧になります。瞑想がうまくできた・できないというよりは、何が起きているかということに素直に気づくことが大切です。

瞼をゆっくり開いていきます。今の自分の状態に一番ぴったりの開き具合を探してみてください。目を開いてもこの瞑想はできると思います。歩いていても立っていてもできると思います。上から吸って身体の中に空気を入れて、出すときは下に向かって出していきます。力みや余計な思いも全部出していきます。

ボディスキャン

次はボディスキャンです。身体のいろんな部分に注意を集めて、そこで起きている感覚に注意を集めていく瞑想です。

最初は手から始めましょう。まず右手に注意を集めます。目を閉じている方がやりやすい人は目を閉じてください。開けていても構いません。注意が集めにくい人は右手を見つめてみると注意が集まった感じがわかります。

自分の右手を感じて、手首から先にどんな感覚があるか、多種多様な感覚を感じてください。感覚を作り出そうとするのではなく、すでにそこにある、今そこにある感覚に注意を向けます。指の一本、一本、手のひら、手の甲……刻々と変わっていく感覚をフォローしてください。

次は左手です。右手のことは忘れてください。左手の手のひら、手の甲、手首から先、親指、人差し指、中指、薬指、小指に、力まずそっと注意を集めます。

次は左右の両手です。……さあ、今度は両手と、両腕の肘から先まで注意の範囲を広げていきましょう。左右同時にやります。さらに範囲を広げます。右の肩から指先まで、左の肩から指先まで注意を集めます。さらに広げて、鎖骨のあたりも感じてみましょう。

次は頭部です。顔から頭、後頭部に注意を集めます。両腕から首、顔、頭に注意が集まっていますか。普段、自分を一番意識しているようなところです。

次は胴体です。胸のあたり、お腹のあたり、脇も、背中側も感じます。どこかブラインドスポットのように、感じられない場所があるかもしれません。それはそれでそのようなものとして感じてください。椅子と接しているお尻の下の部分、心臓の脈動とか肺の動き、下腹が膨らんだり縮んだり、わき腹が広がったり閉じたりしているのも感じます。

次は脚です。右の股関節から右の膝、右の膝から右の足首、足首から爪先まですべてに注意を集めます。左も同様です。

これで身体のすべてが全部カバーされました。さあ、あらためて今の自分の身体全体を一目で感じてみましょう。whole body awareness です。

この whole body awareness を背景におきながら、呼吸に照明を当てます。身体全体を感じながら、呼吸が一番ビビッドに表れているところを探します。鼻のあたりかもしれませんし、肺、あるいは下腹部かもしれません。whole body awareness を失わずに呼吸に照明を当てましょう。

知らない間にうとうと眠ってしまっていたり、ある考えに引きずられて考え事をしたりしていることに気ついたら、もう一回最初からやり直しです。グラウンディングして、身体全体を感じて、もう一回改めて呼吸を見つけます。これを辛抱強く続けてください。

日本の瞑想のこれから

瞑想にはいろいろなタイプがあ

ります。ジョアン・ハリファックス老師もチベット系、南方系、禅系をといろいろ取り入れていると思います。それぞれに特徴があります。

日本の場合「うちの宗派はこれ。これ以外はダメ」というセクショナリズムの傾向がありますが、それはもったいないことです。さまざまな瞑想に取り組んでいるうちに自分に合っているものが見つかります。各人がそれを深めていけばいいのではないかと思います。

最終的には、何々の瞑想をやっているという意識がなくなります。そうすればもう瞑想が自分から離れることはありません。瞑想スイッチのオン・オフがなくなり、ずっとオンでそれが自分の普通のあり方になっていきます。それが目標です。

GRACEもそうですが、スピリチュアルなプラクティスは、僕らが学校で習う国語、数学、理科、社会のようなものとは違います。学びは学びでもオーガニックな学びです。

オーガニックな学びの典型的な例は言葉の習得です。僕らは知らない間に日本語をしゃべれるようになりました。学校で学んだのでもなく、テキストがあったわけでもありません。そのための特別な時間があったわけでもありませんね。生活の中でオーガニックに学んで身につけたものです。それから二足歩行もそうですね。

瞑想というスピリチュアルな修行もオーガニック・ラーニングではないかと思います。失敗も糧になるし成功も糧になります。誰かのためではない自発的なラーニングだということを意識したほうがよいと思います。

坐禅のときに使う力は普段使っている力と変わりないものです。普段使っていない力を使って坐禅しているわけではないので、普段のレベルを上げないことには坐禅のレベルも上がりません。逆に坐禅のレベルを上げることで、普段の生活もより調ってくると僕は感じています。それがオーガニック・ラーニングの大切なところです。

日本では瞑想・坐禅が伝統の枠組みの中で固定的に捉えられがちです。しかしこれからはもうそこから解放していったほうがよいのではないかと思います。GRACEはそういったものから程よく解放されているいいモデルだと思います。

マインドフルネスに基づく独自の臨床用プログラムを作るためのリソースは日本にもたくさんあります。ジョアン・ハリファックス老師がやれたのですから、日本でもできるはずだと僕は思います。欧米から逆輸入するばかりではなく、医療の方たちと、お坊さんたちが協力してやれば日本でも十分、豊かなものができるのではないかと思います。

（二〇一六年一月一〇日、滋賀）

あるがままに観る人々の系譜

一人称の科学と三人称の科学の対話の可能性

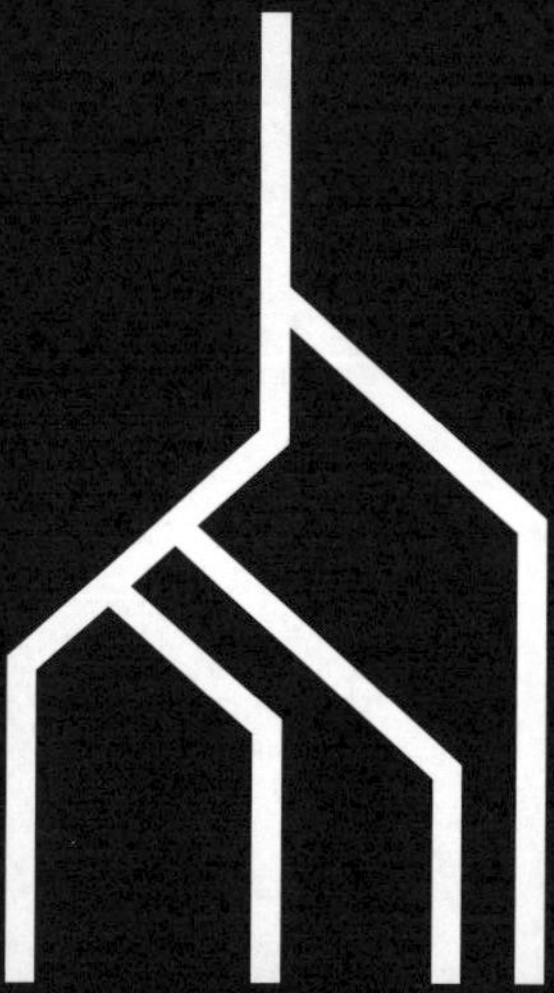

瞑想者であり神経科学者でもある研究者が、
仏教科学と近代科学の対話を成立させる。
「瞑想する神経科学者」の成果と課題

京都大学大学院教育学研究科　大学院生
日本学術振興会　特別研究員（ＤＣ１）
藤野正寛

一

仏教科学と近代科学の出会い――一人称的はじまり

二〇一四年四月に、京都で、京都大学の「こころの未来研究センター」とアメリカの「マインド・アンド・ライフ・インスティチュート（精神と生命研究所）[注1]」の共催による、ダライ・ラマ一四世と科学者の対話が開催されました。[注2]会場には、ダライ・ラマを始め、様々な分野の第一線で活躍する科学者や研究者が集まっていました。その中には、マインド・アンド・ライフ・インスティチュートの評議員の一人であり、瞑想の神経科学研究の第一人者でもある、リチャード・デヴィッドソンの姿もありました。開催にあたり、ダライ・ラマは次のように語られました。

「およそ三〇年にわたって科学者と対話を重ねてきました。世間では、それらの対話を仏教と科学の対話と表現することがあります。しかし、その表現は間違っています。仏教には、宗教・哲学・文化・科学など様々な側面があります。仏教では、サマタ瞑想とヴィパッサナー瞑想を実践しますが、それらが影響を与えるこころに関する詳細な智慧を蓄積してきました。これらの体験的な智慧の蓄積である仏教科学[注3]と物質的な現象を測定する近代科学の対話を重ねてきたのです。そのため、これらの対話では、来世や輪廻について語ったことはなく、こころや感情や慈悲について語ってきました」

また、次のようにも語られました。

「科学者は、宗教者と同じく、開かれた態度で、欲望や期待を持たず、ただ客観的に対象を観察し分析することで真実を理解することができます。そのため、もし科学者が瞑想を実践しこころを鍛えれば、真実を理解するために計り知れない恩恵を得ることができます。だからこそ、何年にもわたって、そのような科学者たちと対話を重ねてきたのです。その目的は、七〇億の人々が幸せに生きられる世界を実現することです」

この後の二日間にわたる対話は、瞑想の実践者と瞑想の神経科学者という一見異なる方向の道を同時に進もうとしていた私にとって、とても大切な道標となりました。その道標は、仏教科学と神経科学は同じ土俵で対話し、理解を深めあうことができるということでした。そしてそのためには、自分自身の体験的理解に基づいて研究をすること、様々な分野の宗教者・瞑想実践者・瞑想研究者との対話を大切にすること、自分自身を含むできるだけ多くの人々の健康や幸せのために研究をすることが大事なのだと気づきました。

瞑想による体験的理解

少し遡った二〇一〇年九月に、京都で、ゴエンカ式ヴィパッサナー瞑想の一〇日間コースに初めて参加しました。[注4]当時、医療機器の会社で忙しく働いていた私は、自分自身の身心が健康でないと、世の中の人々の身心の健康にきちんと貢献することは難しいのではないかという思いを抱き始めていました。一〇日間コースでは、殺さない・盗まない・性行為を行わない・嘘をつかない・酒類や麻薬類を摂らないという五つの戒律を守るとともに、沈黙を守ることが求められます。その上で、朝の四時から夜の二一時までの間に、休憩をはさみながら一〇時間程度の瞑想を実践します。前半の三日間はサマタ瞑想の一つである呼吸を用いたアーナーパーナ瞑想を実践します。この瞑想では、目と口を閉じて鼻腔を出入りする自然な呼吸に意識を集中することを繰り返し訓練することで、集中力を高めていきます。後半の七日間は、ヴィパッサナー瞑想を実践します。この瞑想では、高まった集中力を利用して、順番に身体感覚を観察します。そして気づいた身体感覚を利用して反応しない態度や判断しない態度を維持することを繰り返すことで、平静さを高めていきます。このように身体感覚に気づき平静であることを繰り返すことで、徐々にそれらの身体感覚に関わる身体とこころの緊張が解けていくのを感じました。[注5]

このコースでの体験から、同じように目を閉じて実践するサマタ瞑想とヴィパッサナー瞑想が全く異なるものであること、特にヴィパッサナー瞑想を実践することで身体とこころの緊張が解けること、コース後にもしばらく身心の穏やかな健康状態が持続することを、体験的に理解することができました。コースから戻った後に、多くの人にコースについて聞かれました。私はそれに対して、最初の三日間は呼吸に集中し続け、後の七日間は身体感覚をあるがままに観察し続けたら、コースからでてきてからほんのり幸せな日々が続いているということを、無邪気に説明していました。しかし、「ほんのり幸せな日々」などと言うと、不思議なものを見る目をされたり、すっと距離ができてしまったりすることを何度か体験しました。もちろん私に瞑想について語れる知識も経験も足りていなかったことが原因なのですが、この伝わらないもどかしさを繰り返し感じていく中で、自分自身が体験的に理解したことを、周りの人々にわかりやすく伝えたいという気持ちが大きくなっていきました。そして、コースを受けてから三ヶ月後に、会社に辞表を提出し、大学に入り直すことにしたのです。

二〇一二年四月に、京都大学教育学部に三年次編入してからは、年に二回一〇日間コースに参加しながら、そこで得られた体験的理解に基づいて、自分が研究すべき道を探り始めました。その中で、もう一つとても重要な体験をしました。それは、四回目の一〇日間コースでのことでした。ゴエンカ式では、ヴィパッサナー瞑想中に、身体の一箇所にとどまって身体感覚を観察し続けることや、無理やり身体内部の感覚を観察することがきつく禁止されています。これらは、ヴィパッサナー瞑想をするための安全装置だと考えられます。しかし、特定の身体部位に強い緊張を抱え、毎回その緊張から生じる痛みが瞑想の邪魔をしていると感じていた私は、その特定の部位に延々ととどまり、そこで何が起こっているかを観察し続けてしまいました。そうすると、一塊だと思っていた緊張感が少しずつ解けていき、一番奥にある神経のようなものを観察できるようになりました。そしてそのようなものが身体の中を張り巡っていることに気づき、好奇心を抑えられなくなり、それらを延々と辿っていくということを続けてしまいました。その結果、最終日くらいに、急に大きな不快感のようなものが身体の表面に現れてきて、それが消えることなく戻ることなくとどまってしまったのです。そのままコースを終えたあと、その不快感はおよそ二年間にわたり、断続的に生じてきました。日常生活が営めないほどの不快感ではありませんでしたが、そのような不快感が生じている間は、重いものを持ったり走ったりすることもままなりませんでした。このような不快感がどうすれば治るのかを調べようとしたのですが、そういったことを専門的に研究している人がみあたらず、また瞑想の禁忌研究もほとんどみあたりませんでした。幸い、身体の様子を見ながら少しずつヴィパッサナー瞑想を続けていくうちに、そのような不快感は消えていきました。

体験的理解を説明するための神経科学研究

このような体験や人から聞いた話とともに、年に二回一〇日間コースに参加するということを繰り返しながら、[注6]私は身心がタマネギのように複数の層から出来ているというイメージを持つようになりました。一回目の一〇日間コースで、前半の三日間で呼吸を用いたアーナーパーナ瞑想を実践し、集中力を高めることで、表面の一層目に蓄積する身体感覚に気づけるようになります。そして後半の七日間でヴィパッサナー瞑想を実践し、一層目で気づいた身体感覚という自然現象を利用しながら、自然の摂理に関する体験的理解を蓄積していきます。そのような智慧に支えられて、反応しない態度や判断しない態度を維持できる平静さが高まっていくのです。次に、二回目の一〇日間コースで、また前半の三日間でアーナーパーナ瞑想を実践します。この時には、一回目よりも集中力が高まり、二層目に蓄積する身体感覚に気づけるようになります。そのような身体感覚は、一層目にあった身体感覚よりも反応しない態度や判断しない態度を維持することが困難なものとなっています。しかし、一回目のヴィパッサナー瞑想で平静さを高めているために、そのような身体感覚を利用しながら、さらに自然の摂理に関する体験的理解を蓄積していくことができます。そのような智慧に支えられて、さらに平静さを高めることが可能となるのです。しかし、ヴィパッサナー瞑想中に、身体の一箇所にとどまって身体感覚を観察し続けた場合、集中力が低くても、タマネギに針を突き刺すように、いきなり奥深くのより複雑でトラウマティックな身体感覚に直面してしまう恐れがあります。そしてそのような身体感覚と向き合う平静さが足りないために、それに強く反応したり押さえ込もうとしたり、それが表面化してきて対処できない状況が生じたりするのではないかと考えるようになりました。

二〇一四年の四月に、京都大学大学院教育学研究科に進学してからは、これらの
①サマタ瞑想とヴィパッサナー瞑想が全く異なるものであること、
②特にヴィパッサナー瞑想の実践で身心の緊張が解けること、
③コース後にも身心の穏やかさが持続すること、

④瞑想は正しい実践方法を守らないと危険が伴うこと、

という体験的理解をもとに、fMRI[注7]を用いた瞑想の神経科学研究を進め始めました。当時、指導教官の野村理朗からは、「あと一〇年早く日本でこういった研究を始めようとしたら、神経科学系の研究室では、受け入れてくれるところが見つからなかったかもしれないね」と冗談で言われたことがあります。今振り返っても、日本の研究機関で瞑想の神経科学研究を始めるのに、とてもいいタイミングだったと感じています。

以下では、瞑想の神経科学研究の歴史を概観した上で、それらの研究によって解明されつつある瞑想のメカニズムと、今後の研究の課題について見ていきます。

二

瞑想の神経科学研究の歴史
――ビート・ジェネレーションから神経可塑性まで

瞑想の神経科学研究を進めるためには、研究の対象となる瞑想実践者と、研究をする神経科学者の両者がそろうことが大切である。このような瞑想実践者と瞑想の神経科学者が生み出される社会的背景も踏まえながら、瞑想の神経科学研究の歴史を概観する（図1）。瞑想の神経科学研究には、これまでに三つの段階があった。[注8]

図1

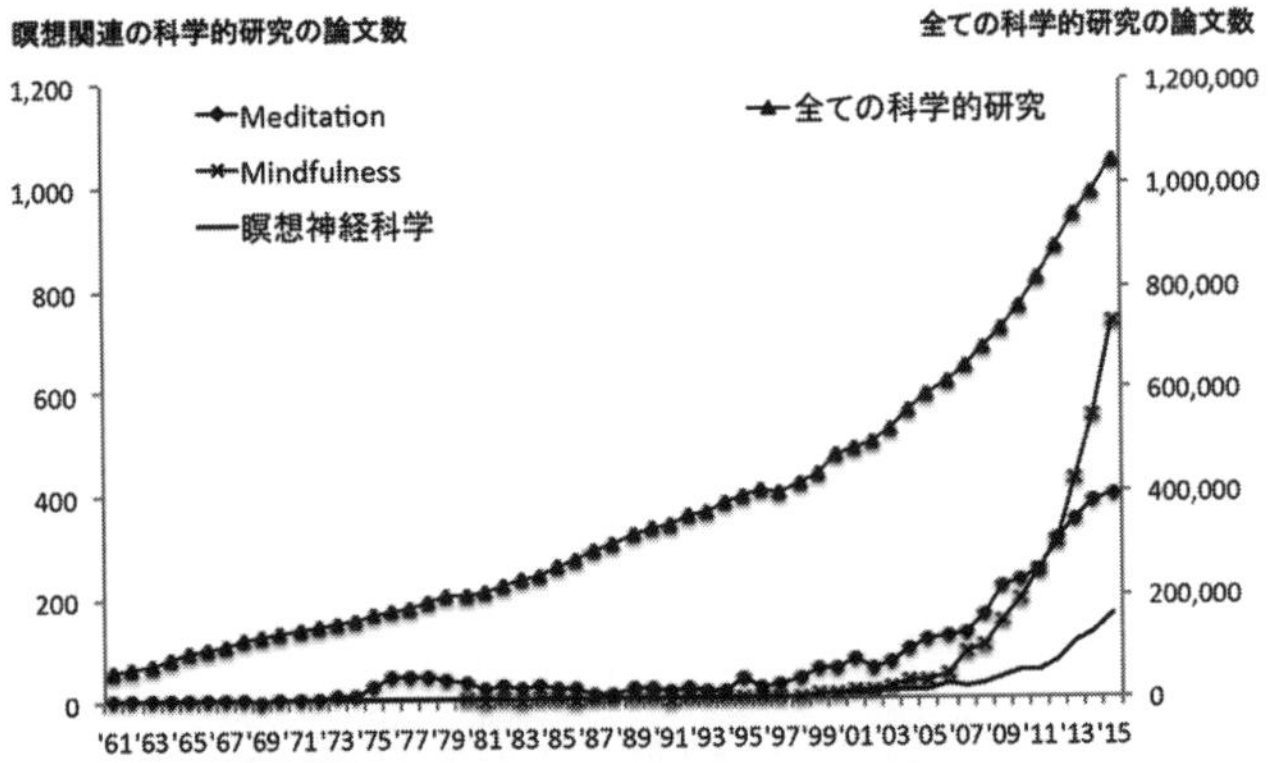

図1. PubMedで、瞑想関連の科学的研究（Meditation研究、Mindfulness研究、両者に含まれる瞑想神経科学研究）の論文数を抽出した（左軸）（Meditation研究とMindfulness研究には一部重複が生じている）。参考に英語で書かれた全ての科学的研究の論文数も抽出した（右軸）。これらの推移の比率からは、瞑想関連の科学的研究が、Mindfulness研究を中心として、急激に、一般的な科学的研究と同等の研究対象になりつつあることがうかがえる。

第一期——世界に先駆けた日本の禅神経科学研究と、禅に魅きつけられたビート・ジェネレーション

第一期は、一九五〇年代後半から一九六〇年代前半頃で、日本を中心に禅の実践者を対象とした脳波研究や、アメリカを中心にヨーガの行者を対象とした脳波研究が行われた。これらの研究によって、瞑想実践者の脳波が変化することなどが示された。日本では、禅の瞑想実践者を比較的容易に確保することができたこともあり、東京大学の平井富雄・笠松章らを中心とした先駆的な脳波研究が進められた。この流れは、曹洞宗の流れを汲む駒澤大学へと受け継がれ、世界的にかなり早い段階で組織的な瞑想の神経科学研究が進められていった。しかし、生じた現象をそのまま記述するといった研究が多く、それらの現象を基に構築された仮説に対する科学的検証があまりなされていなかったこと[注9]や、彼らの先駆的な研究を受け継ぐ瞑想の神経科学者が少なかったことなどから、一九八〇年代頃には個人的な研究へと縮小していった。[注10]

一方、アメリカでは、まだヨガブームが始まる前であり、ヨーガの瞑想実践者や特に長期熟練者を確保することが難しく、散発的な研究にとどまった。この当時、アメリカでは、鈴木大拙がコロンビア大学で教鞭をとっており、様々な知識人に禅の影響を与えていた。この影響を受けた人々の中に、ビート・ジェネレーションの代表的な詩人であるアレン・ギンズバーグ、ゲーリー・スナイダー、ジャック・ケルアックらがいた。特に、ゲーリー・スナイダーは、本格的に禅に傾倒していき、一九五〇年代後半から一九六〇年代にかけて、その大半を京都で過ごし、大徳寺で臨済禅の修行僧として禅に取り組んだ。また、ジャック・ケルアックは、一九五八年に、自身と、アレン・ギンズバーグ、ゲーリー・スナイダーらが放浪を繰り返しながら精神世界を探求した実体験をモデルにして、「仏教の法（ダルマ）」と「自由と真実に生きる放浪者たち（バムズ）」をタイトルに盛り込んだ『ザ・ダルマ・バムズ』を書いた。[注11]このとてつもなく魅力的なタイトルの本はベストセラーとなり、アメリカの一般社会に禅を広めるきっかけとなった。彼らの活動は、ヒッピーたちが人間性の解放や精神世界の探求を求めるムーブメントを生み出す大きなきっかけとなった。さらに、そのような解放や探求のツールとして、ロックやマリファナ、LSD[注12]だけでなく、禅や仏教瞑想という選択肢を提供する上でも大きな役割を果たしたのである。このような動きは、すぐさまアメリカで禅の実践者を対象とした瞑想の神経科学研究につながるということはなかったが、その後の、禅や仏教瞑想の実践者の増加につながっていった。

第二期――ヒッピーたちによる精神世界の探求と、ビートルズが火をつけた超越瞑想の神経科学研究

第二期は、一九七〇年から一九八〇年頃を中心とする期間で、アメリカで超越瞑想の実践者を対象とした脳波研究や生理学的研究が行われた。これに先立つ一九六〇年代後半に、西海岸を中心として、ヒッピー・ムーブメントが広がっていた。ヒッピーたちは、既成の権力や親の世代の価値観に抵抗し、独自の文化を作り出そうとしていた。このムーブメントの中で、精神世界の探求のために用いられたのが、LSDに代表されるサイケデリクスや、東洋の様々な瞑想であった。LSDは、一九四三年に幻覚作用があることが発見されて以来、様々な使用方法が科学的に

模索されていた。特に一九四七年からは、意識を人為的に変えることのできる精神治療薬としても用いられており、一九六四年までには、約一〇〇〇本もの論文が科学誌に掲載されていた。そのような研究に関わっていた研究者に、アレン・ギンズバーグらと同世代で親交もあった、ティモシー・リアリーやリチャード・アルパートがいた。彼らは、ハーバード大学で、シロシビンやLSDなどを用いたサイケデリクス研究を行っていた。しかし、一九六三年に、ガイドライン違反を理由に大学から解雇されたことを機に、サイケデリクスの研究を進めるための研究所を独自に立ち上げ、一般社会へのLSDの普及活動に努め始めた。ちょうどその頃に、ヒッピーたちも、意識を人為的に変える効果に魅きつけられて、LSDを使用し始め、LSD文化が瞬く間に花開いていったのである。[注13]

しかし、そのような状況は長くは続かず、一九六六年に、タイム誌がLSDの悪影響の特集を組み、さらにはLSD所持が非合法化され、その熱狂は収束していった。このような流れの中、一九六七年に、当時世界の若者に最も影響力のあったビートルズが、イギリスで行われたマハリシ・マヘーシュ・ヨーギの超越瞑想[注14]（TM瞑想）に関する講演に参加したという記事が新聞に掲載された。ジョン・レノンはインタビューで、「僕らはドラッグをやったことを後悔はしていないが、もし僕らがLSDをやる前にマハリシに出会っていたら、それをやる必要はなかっただろうと気がついた」と答えている。[注15]彼らは四人揃ってインドのリシケシにあるマハリシ・マヘーシュ・ヨーギのアシュラムに行き、しばらくの間、超越瞑想の修行を行った。その後、ジョージ・ハリスンを除いて、ビートルズとマハリシ・マヘーシュ・ヨーギとの間には仲違いが生じたが、この一連の出来事によって、超越瞑想を始めとする東洋の様々な瞑想に多くの注目が集まることとなった。実際、ヘルマン・ヘッセによる、様々な苦行や修行を経て悟りの境地に至る男の半生が描かれた『シッダールタ』が、一九五七年以降のアメリカで一〇〇万部売れたのだが、一九六九年のたった一年でその四分の一が売れたと言われている。[注13]この時期に、超越瞑想の実践者は飛躍的に増加していった。

そして、そのような超越瞑想の実践者の熱心な要請を受け、ハーバード大学のロバート・キース・ワレスと、ハーバート・ベンソンらが、彼らを対象とした一連の生理学的研究を行った。超越瞑想によって酸素消費量・心拍・脳波などが変化することが示された研究は、一九七〇年にトップジャーナルである『サイエンス』誌に、一九七一年に『アメリカン・ジャーナル・オブ・フィジオロジー』に掲載された。これらを皮切りに、一九七〇年代だけで、一〇〇本以上の超越瞑想関連の脳波研究や生理学的研究論文が科学誌に掲載された。しかし、一九八〇年以降は、掲載数が徐々に低下しており、現在は毎年一〇本前後の論文が掲載されるという状態が続いている。この原因としては、超越瞑想の神経科学研究の多くが主に超越瞑想の関係者によって行われており、客観性に疑問が生じていたことなどが指摘されている。[注16]第一期と比べれば、対象となる瞑想実践者の数は飛躍的に多くなったが、関係者以外の様々な分野の神経科学者による研究が少なかったこともあり、第二期でも本格的な瞑想の神経科学研究にまでは発展しなかった。

瞑想の神経科学研究の転換期

一九八〇年以降、二〇年もの長い間、瞑想の神経科学研究はほぼ横ばいの状態が続くことになる。社会的には、一九六七年をピークとして、ヒッピー・ムーブメントが衰退していきつつあった。そして、サイケデリクスによる刹那的で強烈な精神世界の探求ではなく、より持続的で穏やかな精神世界そのものの探求に興味があり、裕福で教育水準の高い新たな世代の若者が増えてきていた。[注17]この一九七〇年代に二〇代を過ごした若者たちが、マインド・アンド・ライフ・インスティチュートの主要メンバーとなっていくのである。そのような若者たちに新たな世界観を提示したのが、リチャード・アルパートだった。彼は、サイケデリクスによる深淵な精神世界の体験については肯定的だったが、それがあくまでも一過性のものにすぎないことに対しては憂鬱な気分を抱いていた。そして、一九六七年に、インドへと旅立ち、聖者であるニーム・カロリ・ババのもとで、ヨーガと瞑想の修行に専念した。[注18]その後アメリカへ戻ってからは、ラム・ダスと名乗り、一九七一年に、そのような内的葛藤や瞑想修行を真摯に描き出した『ビー・ヒア・ナウ』を出版した。この本は新たな精神世界の探求方法を求めていた若者たちのバイブルとなり、彼らは、インドや東南アジアへと旅立っていった。

その中には、ハーバード大学の大学院生だったリチャード・デヴィッドソンもいた。彼は、ティモシー・リアリーやラム・ダスとの交流から影響を受けて瞑想を始め、さらにはスリランカやインドを訪れて、集中的な瞑想リトリートにも参加した。そこで瞑想が身心の健康に大きく貢献することを体験し、瞑想が近代科学に大きな貢献をする可能性を秘めていることに気がついた。大学に戻った彼は、指導教官に瞑想の神経科学研究を始めたいことを伝えた。しかし、指導教官からは「もし科学の世界での成功を望むなら、そのような研究テーマはありえない」と一蹴され、周りからも大反対にあった。そして、彼は感情の神経科学研究を進めながら、周囲の研究者には知られることなく自宅でひっそりと瞑想を実践する「クローゼット・メディテーター」として、瞑想実践を続けることとなったのである。

アメリカでは、ビート・ジェネレーションやヒッピー・ムーブメントのうねりの中で、第一期・第二期の瞑想の神経科学研究が行われていたが、彼の指導教官のアドバイスからは、それらの研究が科学の世界ではあくまでもごく一部の動きでしかなかったことが理解できる。この後、彼が「クローゼットから出てきて」、公に瞑想の神経科学研究を始めるまでに二〇年もの歳月が流れた。しかし、これは本格的な瞑想の神経科学研究に発展するために必要な要素が揃うための二〇年でもあった。それは、

①瞑想センターの増加、
②マインドフルネス療法の開発、
③マインド・アンド・ライフ・インスティチュートの設立、
④神経可塑性というパラダイムシフト、

の四つであった。

①瞑想センターの増加

アメリカで瞑想を学べるセンターは、禅系（一九五〇年代後半〜）、チベット仏教系（一九七〇年代前半〜）、上座部（テーラワーダ）仏教系（一九七〇年代後半〜）の順に設立されていった。そして、一九九〇年代までに、およそ一〇〇〇のセンターが設立されている。特に上座部仏教系の瞑想センターは、一九七〇年代前半に、精神世界の探求を求めてインドや東南アジアに旅立っていったアメリカ人の若者たちが中心となって設立したものが多かった。

リチャード・デヴィッドソンより少し早い時期にインドに旅立った若者に、シャロン・サルツバーグがいた。彼女は、ブッダガヤでS・N・ゴエンカが開催する一〇日間コースに参加し、さらに半年ほどそのセンターに滞在して瞑想修行を続けた。そこで、彼女は、その後ともに瞑想を広めていくことになる、ジョセフ・ゴールド・シュタイン、ラム・ダス、ダニエル・ゴールマン、[注19]ミラバイ・ブッシュ、[注20]クリシュナ・ダス[注21]など多くの仲間と出会っている。彼女は、ジョセフ・ゴールド・シュタイン、ジャック・コーンフィー

ルドとともに、一九七六年に、マサチューセッツに、アメリカの在家者向けに集中的な瞑想リトリートを提供するインサイト・メディテーション・ソサエティを設立した。また、ジャック・コーンフィールドは、一九八四年に、サンフランシスコに、同様の目的でスピリットロック・メディテーション・センターを設立した。彼らの共通点は、タイの森林派のアーチャン・チャー、ミャンマーのヴィパッサナー瞑想の理論と実践を修めたマハーシ・サヤドーやその弟子のウ・パンディタ・サヤドー、ミャンマーの近代仏教の祖であるレーディ・サヤドーのヴィパッサナー瞑想をインドへと広めたS・N・ゴエンカなど、東南アジア仏教の教義を簡素化しながら瞑想実践を僧院から在家者へと広げていくことに貢献した指導者のもとで修行をしたという点であった。

彼らが設立したセンターは、そういった仏教教義の簡素化や瞑想実践を中心とした指導者たちの影響を受けながら、さらに宗教色の少ない瞑想実践の場を、アメリカ人に広く提供することとなった。このようなセンターは、現在三〇〇施設にまで増えており、瞑想実践者の増加に貢献するとともに、瞑想経験のある科学者を育てることに貢献している。

②マインドフルネス療法の開発

ヒッピー・ムーブメントがサンフランシスコを中心とする西海岸で起こり、その後自由な雰囲気の強い西海岸でシリコンバレーに代表されるITムーブメントが起こっていったのに対して、マインドフルネス・ムーブメントはマサチューセッツを中心とする保守的な雰囲気の強い東海岸で起こっていった。ジョセフ・ゴールド・シュタインやジャック・コーンフィールドと同世代で、このムーブメントの中心的な役割を果たした、ジョン・カバット＝ジンも、ニューヨークの出身であった。彼は、マサチューセッツ工科大学で分子生物学を学んでいる時期に瞑想と出会い、欧米でエンゲイジド・ブディズムを広げたベトナム僧のティック・ナット・ハンや、韓国僧のスーン・サーンなどの禅系の瞑想センターで修行を行っていた。そして一九七九年にインサイト・メディテーション・センターでの瞑想リトリート中に、瞑想が身心の健康に貢献するという体験的理解をもとに、苦しみを抱えた多くの人たちに瞑想をベースとしたマインドフルネス療法を提供すべきだと気づいた。そして、それまでの分子生物学のキャリアを大きく方向転換し、同年に、マサチューセッツ大学にストレス低減センターを立ち上げた。

リチャード・デヴィッドソンやジョン・カバット＝ジンの事例からは、集中的な瞑想リトリート体験が、科学者のキャリアを変える上で重要な役割を果たしていることがうかがえる。ジョン・カバット＝ジンは、このセンターで、八週間のマインドフルネス・ストレス低減法（ＭＢＳＲ）を開発した。これが、現在まで続くマインドフルネス・ムーブメントの中心的役割を担うことになるのである。このマインドフルネス療法は、細心の注意を払いながら宗教色のない療法として確立された。[注22] そして、二〇〇二年に、オックスフォード大学のマインドフルネスセンターのマーク・ウィリアムズやジョン・ティーズデールらが、厳密な科学的手法を用いた効果研究によってうつの再発予防に効果があることを示したことをきっかけに、マインドフルネス療法の効果を示す研究が急増していった。

こうした効果研究の急増が、その背景にある神経基盤への興味を高め、第三期の瞑想の神経科学研究へとつながっていくことになったのである。現在、七〇〇以上の施設で、ＭＢＳＲをベースとして開発された様々なマインドフルネス療法が提供されている。これらの施設は、瞑想センターと比べてさらに気軽にマインドフルネス療法を体験することができることから、さらなる瞑想実践者の増加に貢献するとともに、瞑想経験のある神経科学者を育てることに貢献している。

③マインド・アンド・ライフ・インスティチュートの設立

ここまで、第三期の瞑想の神経科学研究につながる一つの道筋を中心に概観してきた。しかし実際には、一九五〇年代から一九八〇年代のアメリカでは、仏教に関わる様々な伝統、宗派、流派が流入し、様々な研究分野が瞑想との関わりを持ち始めていた。そのような流れが、各々の流れを求めて拡散するのではなく、過度な派閥主義に陥るのでもなく、お互いが対話を重ねながら、ある明確な方向性をもって進んでいく上で、決定的に重要な役割を担ったのが、マインド・アンド・ライフ・インスティチュートであった。

マインド・アンド・ライフ・インスティチュートは、一九九〇年に、設立された。そのきっかけは、一九八三年に、起業家のアダム・エングルと神経科学者のフランシスコ・ヴァレラが、それぞれダライ・ラマ一四世と出会ったことにあった。その後、禅宗の尼僧であったジョアン・ハリファックスがアダム・エングルとフランシスコ・ヴァレラの目的が同じであることを知り、二人を引き合わせた。彼らの当初の目的は、仏教科学と近代科学、特に認知科学との対話の場を設けることであった。どちらの科学も、神などの超越的実在を設定せず、身体とこころを含む全ての現象を支配する普遍的法則があると考える点で共通している。このような法則を探求するために、体験的理解を重視する仏教科学では、一人称の科学的手法が磨かれてきた。それが対象を観察し分析するためのサマタ瞑想とヴィパッサナー瞑想である。

一方、客観的理解を重視する近代科学では、三人称の科学的手法が磨かれてきた。特に認知科学の分野では、脳活動を客観的に測定することができる脳波計やｆＭＲＩなどである。ダライ・ラマとフランシスコ・ヴァレラは、主観的な体験であるこころに関する科学的研究を進めていく上で、一人称の科学と三人称の科学が対話をすることに大きな可能性を感じ、このような対話の場を設けることを試みたのである。この対話は、一九八七年に、インドのダラムサラで開催されて以来、ほぼ一年に一回の頻度で継続的に開催され、二〇一四年の京都での開催へとつながっていったのである。

これらの対話には、認知科学のみならず、物理学、哲学、宗教学などの研究分野の研究者が参加し、こころに関する様々な議論を交わしながら、瞑想の神経科学研究の方向性を定めてきた。さらに二〇〇〇年以降、この研究所は、科学者が参加しやすい研究ワークショップという形での一週間の集中的な瞑想リトリートの開催、若手科学者を育成するための年に一回の一週間にわたる実践と研究のためのサマー・リサーチ・インスティチュートの開催、瞑想の神経科学研究のための助成金の支給、国際学会の開催など様々な活動を精力的に行っている。これらの活動によって、瞑想の神経科学研究を専門とする科学者の増加に貢献するだけでなく、瞑想の神経科学研究を、科学の一分野として確立することに大きな貢献を続けているのである。

④神経可塑性というパラダイムシフト

瞑想の神経科学研究が科学の一分野として確立するために、決定的な役割を果たしたのが、成人になっても脳は変化する性質を持続するというパラダイムシフトである。この神経可塑性について見る前に、少しだけ「筋トレを科学する」ということと「瞑想を科学する」ということを比較しておきたい。「筋トレを科学する」と聞いた場合には、違和感や胡散臭さを感じる人はそれほど多くない。それは、例えば「腕立て伏せを継続的に実施すると、ボールを遠くに投げられるようになる（パフォーマンスの変化）」という現象が確認された場合に、「腕立て伏せによって胸や腕の筋力が高まる（機能的変化）」という仮説や、「腕立て伏せによって胸や腕の筋肉が肥大する（物理的変化）」という仮説をたてて、実験によってそれらを明らかにできることが容易に想像できるためである。

しかし、「瞑想を科学する」という言葉を聞いた場合には、違和感や胡散臭さを感じる人が多くなる。それは、外から見るとただ目を閉じて座っているだけであるため、瞑想を実践していない人には、そのような瞑想を継続的に実施しても、そもそもどのようなパフォーマンスが変化するのかが想像できなかったのである。さらには、そのパフォーマンスの変化の背後にある機能的変化や物理的変化を示す指標もなかった。瞑想の神経科学研究が科学の一分野として確立されるためには、これら三つの変化に対応する指標が明確になる必要があった。

幸い、人間の認知的なパフォーマンスに関しては、一九六〇年代頃から、認知心理学の世界で、例えば注意研究などによって、その測定対象や測定技術が誕生し始めていた。しかし、機能的変化や物理的変化に関しては、一九九〇年代頃まで、測定対象が見当たらないという困難な状況が続いていたのである。それは、一九〇六年に、ノーベル生理学・医学賞を受賞したサンティアゴ・ラモン・イ・カハールが、成人の脳は変化する性質を失い固定化するということを発表して以来、それが神経科学の世界の定説となっていたためである。

ヒトの脳は、千数百億個の神経細胞から構成されており、それぞれの神経細胞が密接につながりあって、複雑なネットワークを形成している。この神経細胞は、他の細胞と異なり、細胞分裂をしないという性質を持っている。そのため、新たな神経細胞が生まれることはないと考えられていた。また、脳の機能はそれぞれ特定の領域に固定されていると考えられていた。そのため、複雑なコンピュータの配線を一本変えるだけでもコンピュータが機能しなくなるのと同様の発想で、脳の配線も容易に変更されることはないと考えられていたのである。

しかし、一九五〇年代から神経可塑性の研究が少しずつ進められ、一九九〇年代に登場したｆＭＲＩなどの新たな脳機能計測装置を用いた研究によって、成人になっても脳は変化する性質を持続するという考え方が定着していったのである。それらの研究によって、神経細胞は海馬などの一部の脳領域で新たに生まれることが示された。また、経験に応じて神経細胞同士の接続が切れたり新たにつながったりすることが示された。さらに、すでに出来上がっているネットワークでの情報伝達のしやすさが変化することも示されたのである。

そしてこれらの変化が生じるためには、継続的な訓練をすることが重要であることがわかってきた。さらに、同じ体験をしても、その体験に注意を向けていることや、その体験によって自分自身が変化できるという考え方を持っていることが、その体験による脳の変化に重要であることもわかってきた。すなわち、継続的な訓練だけでなく、注意や考え方といったこころのありようが、脳を変化させるために重要な役割を担っている可能性が示され始めたのである。

もともと仏教科学では、サマタ瞑想やヴィパッサナー瞑想がこころを変化させると考えられていた。そして、この神経可塑性というパラダイムシフトによって、近代科学でも、瞑想がこころや脳を変化させるということを検討できる環境が整ったのである。例えば、「瞑想を継続的に実施すると、集中を妨げる音刺激がある環境でも、長く集中できるようになる（パフォーマンスの変化）」という現象を認知心理学の手法で確認した上で、「瞑想によって注意関連の脳領域の活動が高まる（機能的変化）」という仮説や、「瞑想によって注意関連の脳領域が肥大する（物理的変化）」という仮説をたてて、実験によってそれを明らかにすることができるようになったのである。

第三期——本格的な瞑想の神経科学研究の始まり

第三期は、これら四つの要素が揃った二〇〇〇年代から現在に至るまでの期間で、禅系・チベット仏教系・上座部（テーラワーダ）仏教系の特定の目的をもたないマインドフルネス瞑想や、特定の治療を目的としたマインドフルネス療法、あるいは特定の能力を高めることを目的としたマインドフルネス訓練といった幅広い方法の、初心者から熟練者までの様々な瞑想実践者を対象とした、認知心理学的研究や生理学的研究、多様な脳機能測定装置を用いた研究が行われている。

その皮切りとなったのが、二〇〇四年と二〇〇五年に発表された、瞑想による神経可塑性の研究であった。

二〇〇四年に、リチャード・デヴィッドソンらは、ダライ・ラマの協力のもと、チベット仏教の修行僧を対象とした研究を行った。[注23] 彼らはこころの世界のオリンピック級のアスリートともいうべき実践者たちであった。その結果、瞑想前の何もしていない安静時と比べて瞑想時に脳波が変化していることが確認された。さらに驚くことに、一般人と比べて、何もしていない安静時でさえもそのような脳波の変化が持続していることも確認された。

また、二〇〇五年に、ハーバード大学のサラ・ラザーらは、より我々の感覚に近い、一般的な在家のヴィパッサナー瞑想の実践者を対象としたｆＭＲＩ研究を行った。[注24] その結果、身体感覚や感情の観察に関わる右の前部島皮質や認知的なコントロールに関わる右の背外側前頭前野といった脳領域に関して、一般人では年齢とともに物理的な容量が減少していくのに対して、実践者ではそういった減少が起こっていないことが確認されたのである。その後、第一期や第二期とは異なり、瞑想の神経科学研究は年々増加しており、二〇〇〇年以降の脳研究だけで、八〇〇〇本以上の論文が科学誌に掲載されている。

一九五〇年代から始まった精神世界の探求のムーブメントは、一九七〇年代頃からヒッピーやサイケデリクスといった一般的な科学の世界では胡散臭いと考えられていたものから切り離され、東海岸を中心とした宗教色のないマインドフルネス・ムーブメントへとつながっていった。このような動きは、その効果研究や科学的研究に支えられながら、福祉・司法矯正・教育といった一般社会へと広がり始め、さらにはビジネスの世界へも広がっている。特に、西海岸を中心とするＩＴ企業の多くがマインドフルネスを積極的に取り込んでいることはとても興味深い現象である。その中でも、グーグルは社員のためのマインドフルネスのワークショップをきっかけに、独自のマインドフルネス訓練であるサーチ・インサイド・ユアセルフ（ＳＩＹ）を開発した。このＳＩＹは世界中の企業へと広まっていき、二〇一一年には日本にも上陸している。このようなブームは、マインドフルネス瞑想・療法・訓練が一般社会で認知される良いきっかけになっている。しかし、ブームが定着していくためには、瞑想のメカニズムやその安全性・危険性などを、科学的に解明し説明していく必要があると考えられる。

三

瞑想のメカニズム――一人称の科学と三人称の科学の対話

それでは、第三期の瞑想の神経科学研究によって、瞑想が何を変化させることが明らかとなってきたのだろうか。瞑想の理論と実践に関する文献や、神経科学研究をとりまとめて総括したいくつかの論文によると、現在のところ、瞑想によって、

①注意制御、
②身体感覚への気づき、
③感情制御、
④自己感、

の四つが変化するという見解に落ち着いている。

以下では、そもそも仏教科学において、普遍的法則を一人称的に理解するということがどういうことを意味し、なぜそれが重要なのかを考えてみる。その上で、こういった体験的理解に基づいて立てられた仮説を瞑想の神経科学研究がどのように解き明かしつつあるかについて見ていく。

仏教には、

①聞くことによって得られる理解（聞）、
②考えることによって得られる理解（思）、
③体験することによって得られる理解（修）、

の三つの智慧がある。この中で決定的に重要な智慧が三番目の体験的理解であるといわれている。[注25]

体験的理解の重要性

それでは、一体何を体験的に理解しなければいけないのかというと、それが自然の摂理である無常・無我・苦なのである。無常とは、全てが生じては消えていく、すなわち変化し続けるということを意味している。

次に、無我とは、自分の有無に関する話というよりも、

自分の思い通りになるものはないということを意味している。例えば、目の前のペンは、触らずに思い通りにコントロールすることはできない。それによって、そのペンが自分ではないということが簡単に理解できる。それでは、自分の身体に生じた痒みはどうであろうか。実はこういった身体感覚も触らずに思い通りにコントロールすることはできない。さらには、鬱々とした気分や腹立たしい感情なども自分で思い通りに消すことはできない。ペンを思い通りにコントロールできないことに対していらいらする人はほとんどいないが、身体感覚や感情を思い通りにコントロールできないことに対していらいらする人は大勢いる。ただでさえ、痒かったり鬱々としていたり腹立たしかったりする上に、それらをコントロールできないいらいらや苦悩まで生じているのである。

そして、苦とは、肉体的・精神的苦痛に関するような話ではなく、不満足を意味している。人は、痒みなどの不快な体験をしているときには不満足を感じている。また、どんなに心地よい体験をしているときでも、例えば美味しいものを食べているときでも、もっと食べたいと考えたり、飽きてきたりという風に、常に満足し続けることができないのである。

これらの無常・無我・苦について、人から聞いたレベルや自分で考えたレベルの理解にとどまっている間は、不満足がなくなることはない。例えば、痒み止めの塗り薬がない状況で蚊に刺された場合を想像してみてほしい。その痒みを自分でコントロールすることはできず、いらいらしてもしなくても痒みはなくならず、またいらいらしてもしなくてもいずれ痒みはなくなるにも関わらず、多くの人が痒みに対していらいらしてしまうのだ。まさに「わかっちゃいるけどやめられない」という事態になるのである。しかし、自分でコントロールできないいずれ消えていくものにいらいらしてもしなくても痒みの変化は同じであるということを体験的に理解している人は、痒みをただ痒みとして受け入れ、それ以上あれやこれやと考えていらいらするということがなくなっていくのである。このようにして、身体感覚・感情・思考に気づき、それらが生じては消えていく自分ではコントロールできないものであること、すなわち自分自身ではないことを体験的に理解することで、それらにとらわれたり振り回されたりすることがなくなり、不満足が減少していくのである。

この自然の摂理を体験的に理解することを目的として、自分の身体とこころの中で生じては消えていく全ての現象を、科学者のように観察していくのである。そこで、対象に注意をとどめてそこで起きている現象を観察できるような集中力を育むために、サマタ瞑想を実践する。そして、そのような対象を、客観的に観察できるような平静さを育むために、ヴィパッサナー瞑想を実践する。これらの瞑想によって、観察技術を身につけるとともに、体験的理解を得ることができるようになる。その結果、自分だと思っていた身体感覚や感情や思考が徐々に自分ではなくなり、その自分だと思っていたものにこだわることで生じていた不満足から解放されていくのである。仏教科学は、自然の摂理を理解するために身体とこころを含む全ての現象を観察するという点で、近代科学と同じである。しかし、自己感が変容し、不満足から解放されるためには、三人称的な理解では足りず、一人称的に理解することが重要となるのである。

一人称の科学と三人称の科学の対話の可能性

従来から、このような体験的理解を得るためには瞑想の実践が重要であるということを説明するツールとして、法話などがあった。しかし、近年もう一つのツールとして、瞑想の神経科学的研究が登場してきたのである。以下では、体験的理解に基づいてたてられた仮説を瞑想の神経科学研究がどのように解き明かしつつあるかについて見ていく。

①注意制御の変化

身体とこころで生じる現象を観察するためには、観察対象に注意をとどめておく必要がある。しかし、これは思いのほか難しい。例えば、目と口を閉じて鼻で自然な呼吸をして、その呼吸に注意をとどめてみてほしい。そうすると、数秒後には、足の痒みが気になったり、その痒みにいらいらしたり、「自分はいったい何をやっているのだろうか」といった思考が生じてきたりして、いつの間にか注意が呼吸からそれていることに気がつくだろう。認知心理学では、このように、今やるべきことに関係ないことにとらわれることをマインド・ワンダリングと呼んでいる。『サイエンス』誌に掲載された論文では、我々は起きている間の四七%をマインド・ワンダリングの状態で過ごしているということが示されている。[注26]

そこで、伝統的な瞑想実践をする多くの流派では、集中力を高める訓練から始めるのである。集中するためには対象が必要となる。この対象は流派や目的によって様々であるが、身体の枠組みの中で自然の摂理を理解することが目的の場合は、自然に生じている呼吸を対象とすることが多い。

訓練自体は非常に単純である。

①自然に生じている呼吸に注意をとどめる、
②マインド・ワンダリングの状態になる、
③マインド・ワンダリングに気づく、
④それていた注意を呼吸に戻す、

というプロセスを根気よく繰り返すだけである。これを何度も繰り返すことは何度も腕立て伏せをするようなもので、徐々に呼吸に注意をとどめる時間が長くなり、マインド・ワンダリングに素早く気づけるようになり、それていた注意を素早く呼吸に戻せるようになるのである。

それでは、本当に瞑想中にこのような四つのサイクルが繰り返され、瞑想によって集中力が高まっていくのだろうか。マインド・アンド・ライフ・インスティチュートの若きリーダーでもあるウェンディ・ヘイセンキャンプらは、平均瞑想実践時間一三八六時間の瞑想者一四名を対象としたfMRI実験を行った。[注27] fMRIの中で、呼吸に注意をとどめ、マインド・ワンダリングに気づいたらボタンを押して、また呼吸に注意を戻してとどめるという課題であった。彼女らは、ボタン押しの前後三秒をマインド・ワンダリングに気づいた状態（フェーズA）、フェーズAの前の三秒をマインド・ワンダリングの状態、フェーズAの後の三秒をそれていた注意を呼吸に戻そうとしている状態、さらにその後の三秒を呼吸に注意をとどめている状態と仮定し、それぞれの脳活動を調べたのである。その結果、瞑想者は、二〇分間で平均一六回ボタンを押していた。そして、脳活動を調べると、呼吸に注意をとどめている状態では認知的なコントロールに関わる背外側前頭前野が活動し、マインド・ワンダリングの状態では内省に関わる内側前頭前野・後部帯状回や記憶に関わる海馬が活動し、マインド・ワンダリングに気づいた状態では、身体感覚や感情の観察に関わる島皮質や前部帯状回が活動し、それていた注意を呼吸に戻そうとしている状態では背外側前頭前野が強く活動していることが明らかとなった。さらに、それていた注意を呼吸に戻そうとしている状態では、瞑想実践時間が長いほど、内側前頭前野の活動が素早く低下することも明らかとなった（図2）。これらの結果は、瞑想実践時間が長くなるほど、背外側前頭前野が内側前頭前野の活動を制御して素早く内省を低下させることを示唆している。

図2

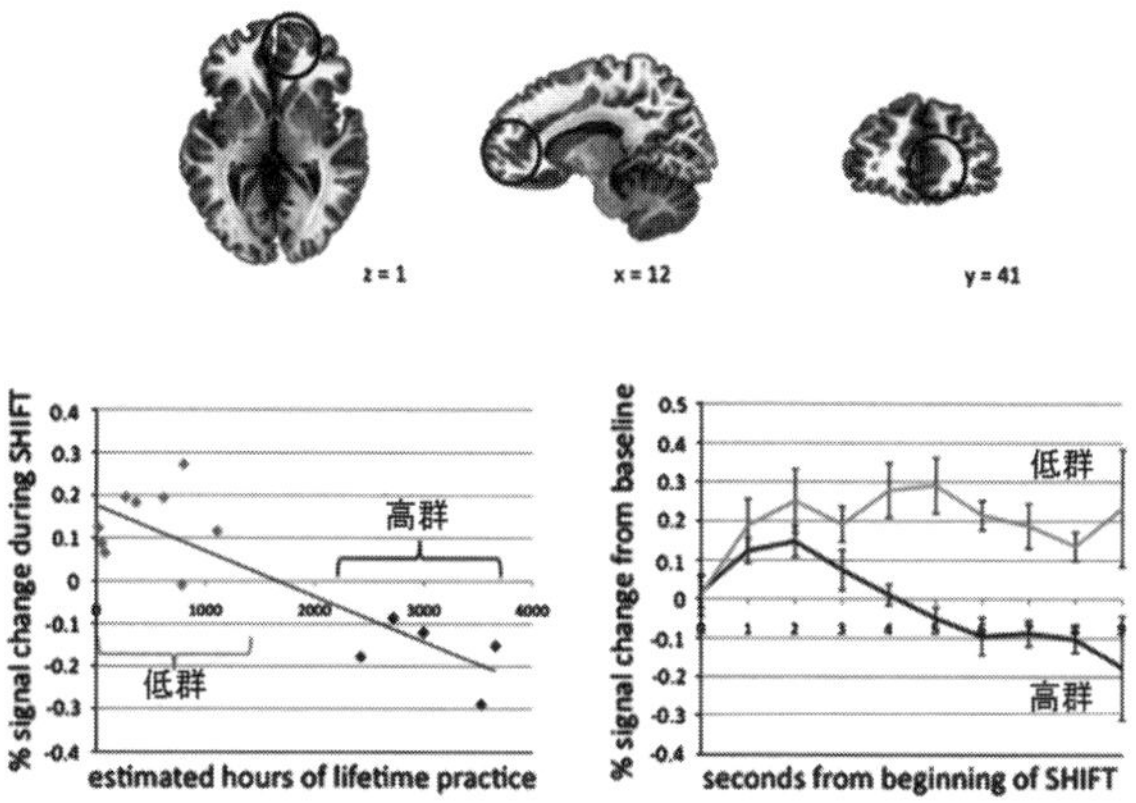

図2．上段の脳画像は、それていた注意を呼吸に戻そうとしている状態で、瞑想実践時間が長いほど、活動が低かった領域（内側前頭前野）を示している。
下段左のグラフは、縦軸が内側前頭前野の活性値で、横軸が瞑想実践時間を示している。左寄りの瞑想実践時間低群のほうが右寄りの瞑想実践時間高群と比べて活動が高かった。
下段右のグラフは、縦軸が内側前頭前野の活性値で、横軸が注意を呼吸に戻し始めてからの時間を示している。瞑想実践時間低群（灰色折線）では活動が低下していないが、瞑想実践時間高群（黒色折線）では活動が低下していった。（Hasenkamp et al., 2012より改変）

②身体感覚への気づきの変化

集中力が高まると、身体とこころで生じる現象の観察に進んでいくことができる。その最初の一歩は、身体感覚に気づくことから始まる。そこで、まずは身体感覚について考えてみよう。仏教では、眼耳鼻舌身意という五つの身体の感覚器官と一つのこころの感覚器官に外部内部の刺激が接触すると、必ず身体感覚が生じ、さらにその身体感覚は快・中性・不快を伴っていると考えられている。例えば、黒板をひっかく音を思い出してほしい。この音によって、鼓膜の振動に伴う身体感覚が生じるだけでなく、身体のどこかに不快な身体感覚も生じてくる。興味深いことに、この不快な身体感覚は、人によって様々な場所で生じるが、同じ人では毎回同じ場所に生じるのである。さらに、その音を聞いた場合だけでなく、その写真を見た場合でも、それを想像した場合でも、毎回同じ場所に生じるのである。このような身体感覚は、何かを食べている時や誰かと話している時などあらゆる状況で、多くの場合気づかないレベルで快不快を伴いながら生じ続けているのである。

一方、神経生理学では、五つの感覚器官に刺激が接触すると、感情を司る扁桃体を経由して身体に情報が伝達され、そこで身体反応が生じると考えられている。様々な研究によって、刺激の強さと扁桃体の活動の強さと身体反応の強さの間には関係があることが示されている。そして、その身体反応が再び脳に戻り、体性感覚野など様々な脳領域を経て、最終的に身体感覚や感情の観察に関わる右の前部島皮質に伝達されると考えられている。このように、仏教科学でも近代科学でも、感覚器官に刺激が接触すると身体感覚が生じると考えられているのである。

このような身体感覚に気づくためには、集中力を高めるだけでなく観察力を高める必要がある。顕微鏡を初めて覗いた時に、微生物を捉えられるようになるために、しばらく試行錯誤した経験はないだろうか。瞑想でも同様に、流派や療法によって方法は異なるが、身体を順番に観察したりしながら、徐々に身体感覚に気づけるようになっていくのである。ここで、本を机に置いて、利き手の手のひらを上にして、しばらくその表面に生じている身体感覚を観察してみてほしい。体性感覚野の中では手のひらに割り当てられている領域が最も大きいため、比較的簡単に身体感覚に気づくことができる。例えば、少しひんやりした感覚や、風が触れている感覚や脈打つような感覚などである。このように、注意をとどめて観察することで、もともと存在していた身体感覚に気づけるようになるのである。

それでは、本当に、注意をとどめた身体部位の身体感覚を観察しやすくなり、瞑想によってそのような観察力が高まっていくのだろうか。ブラウン大学のキャサリン・カーらは、瞑想経験のない一六名を集め、八週間のMBSRに参加する参加群八名と参加しない非参加群八名に分けて、MEG[注28]実験を行った。[注29]MEGの中で、手に注意をとどめるように指示された際に、手に取り付けられた装置からわずかな刺激が生じているかを判断する条件と、足に注意をとどめるように指示された際に、足に取り付けられた装置からわずかな刺激が生じているかを判断する条件で、刺激の有無を回答する課題であった。この課題を八週間のMBSRの前後に二回行った。MEGは脳の比較的小さな領域ごとのα波を調べることができ、体性感覚野のα波が低下するとそこに多くの情報が流れ込んでくることが知られている。さらに、例えば、手に注意をとどめると手に対応する体性感覚野のα波が低下するとともに、手以外に対応する体性感覚野のα波が上昇することも知られている。この研究では、手に注意をとどめた際の「手」に対応する体性感覚野のα波の変動と、足に注意をとどめた際の「手」に対応する体性感覚野のα波の変動に注目したのである。結果を見てみると、一回目は、参加群も非参加群も、手に注意をとどめるように指示されると、「手」に割り当てられている体性感覚野のα波が徐々に低下していった。また、足に注意をとどめるように指示されると、「手」に割り当てられている体性感覚野のα波が徐々に上昇していった。これらの結果は、注意をとどめた身体部位の身体感覚を観察しやすくなっている一方で、注意をとどめた身体部位以外の身体感覚を観察しにくくなっていることを脳状態のレベルで示していると考えられる。しかし、それらの変化の速さや大きさには差がなかった。一方二回目は（図3）、手に注意を向けるように指示されると、参加群のほうが、「手」に割り当てられている体性感覚野のα波が素早く大きく低下した。また、足に注意を向けるように指示されると、参加群のほうが「手」に割り当てられている体性感覚野のα波が素早く大きく上昇した。これらの結果は、注意をとどめた身体部位の身体感覚を観察しやすくなっていることや、注意をとどめなかった身体部位の身体感覚を抑制しやすくなっていること、さらには訓練によってそのような観察力が高まっていることを示唆している。

図3

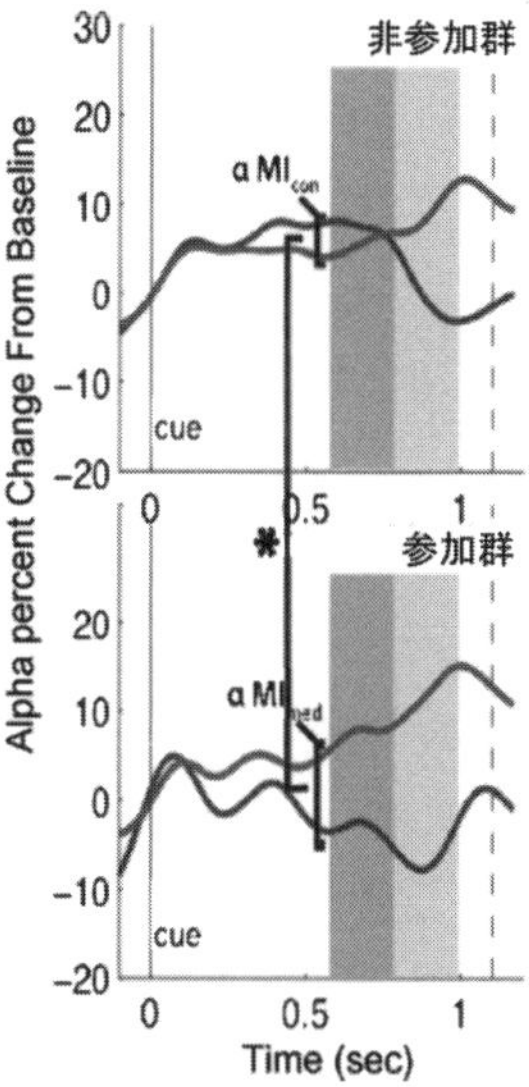

図3．測定2回目のα波の変化を示したグラフ。各グラフの1秒時点で、上側にある折線が足に注意を向けた際の「手」に対応するα波の変化、下側にある折線が手に注意を向けた際の「手」に対応するα波の変化。上段のグラフが非参加群、下段のグラフが参加群のα波の変化を示している。0秒の段階で指示が出てから、0.5秒後の段階で参加群のほうが素早く大きくα波が変化していることがわかる。（Kerr et al., 2011改変）

③感情制御の変化

集中力と観察力が高まると、様々な身体感覚に気づけるようになってくる。しかしここで重要なことは、できるだけ多くの身体感覚に気づくことではなく、先述の通り、気づいた一つ一つの身体感覚を客観的に観察して自然の摂理を体験的に理解することだといわれている。ここで、客観的に身体感覚を観察するためには、身体感覚に反応したり判断したりすることのない平静さを高める必要がある。しかし一方で、この平静さを高めるためには、自然の摂理を体験的に理解する必要がある。すなわち、流派によっても異なるが、平静さが維持できる程度の深さに存在している身体感覚を観察して無常・無我・苦を体験的に理解し、それらの体験的理解に支えられて平静さが高まり、その高まった平静さが維持できる程度のさらなる深さに存在している身体感覚を観察するというふうに、螺旋状に一歩一歩進んでいくことになるのである。余談になるが、このような螺旋状のプロセスであるために、集中力・観察力・平静さのバランスを保ちながら訓練を進めることが重要になるのだと考えられる。また、この螺旋状のプロセスや集中力・観察力・平静さのバランスに、瞑想の安全性を検討する際の重要なポイントがあるのだと考えられる。

このような平静さが、一般的な感情制御を瞑想的な感情制御へと変化させる上で、重要な役割を担うのである。一般的な感情制御の一つに抑制という方法がある。誰かに対して怒っていたときのことを思い出してみてほしい。このような感情を意図的に抑え込もうとして、かえって感情が強くなったり長くとどまってしまったりしたことはないだろうか。実際、認知心理学の実験で、ネガティブな感情を喚起する動画を見ているときに、ただそれを見るように指示された人よりも、感情を押し殺して見るように指示された人の方が、ストレスに関わる身体反応が長い間持続してしまうことが示されている。これに対して、瞑想の実践を続けていくと、身体感覚だけでなく、感情も、雲のように流れてきてはしばらくとどまり、また流れ去っていくもので、思い通りにコントロールできないものであることを体験的に理解できるようになるのである。そのような体験的理解に支えられた平静さによって、感情を、反応したり判断したりすることなく、観察することができるようになるのである。

それでは本当に、瞑想によって感情制御の方法が変わるのだろうか。モントリオール大学のヴェロニク・タイラーらは、一週間だけ瞑想をした初心者一〇名と禅瞑想の実践時間が一〇〇〇時間以上の熟練者一一名を対象としたfMRI実験を行った。[注30] fMRIの中で、瞑想をしていない通常条件と瞑想をしている瞑想条件で、赤ちゃんの笑顔やきのこやゴキブリといった様々な写真を見てもらい、どの程度感情が揺り動かされたかを自己報告してもらうという課題であった。その結果、自己報告では、初心者も熟練者も、通常条件よりも瞑想条件のほうが、感情が揺り動かされる程度が低下しており、両者の間に差は見られなかった。この自己報告だけ見れば、初心者でも熟練者でもうまく感情制御ができているように見えるが、脳活動がまったく異なっていた（図4）。初心者では、通常条件よりも瞑想条件のほうが、感情に関わる扁桃体の活動が低下していた。一方で、内省に関わる内側前頭前野の活動は増加していた。すなわち、感情を意図的に抑え込んだものの、それにとらわれて内省が生じているような脳活動になっていたのである。これに対して熟練者では、通常条件と瞑想条件で、同じくらい扁桃体が活動しており、条件間に差が生じていなかった。一方で、通常条件よりも瞑想条件のほうが、内側前頭前野の活動が大幅に低下していたのである。すなわち、感情をあるがままに受け入れて、それにとらわれず

図4

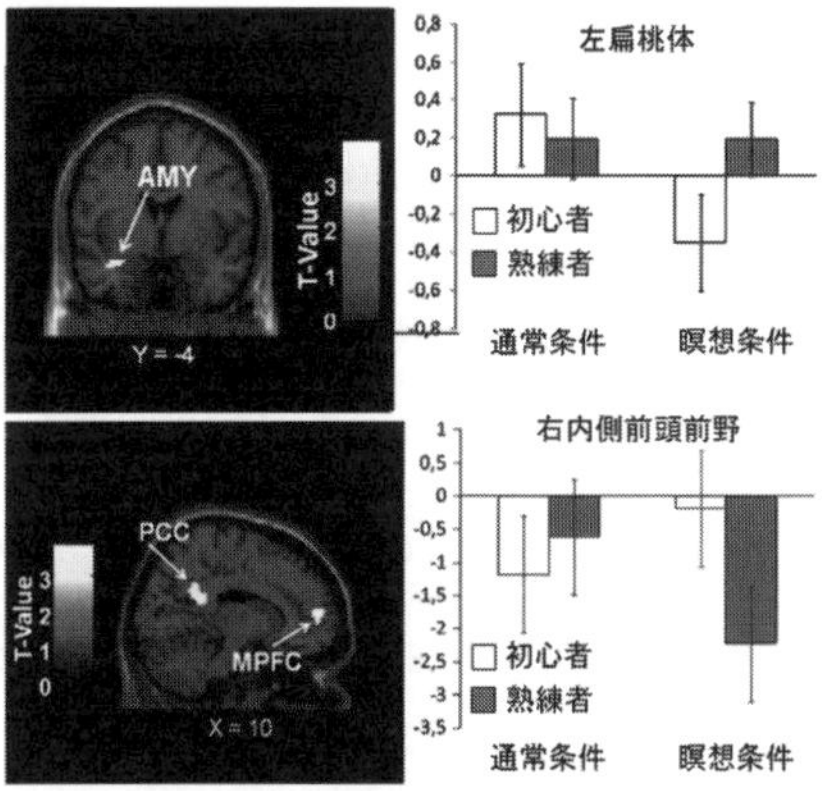

図4．脳画像上段は、通常条件よりも瞑想条件で、熟練者と比べて初心者のほうが、脳活動が低下していた領域（扁桃体(AMY)）を示している。
グラフ上段は、左扁桃体の活動を示している。初心者では通常時（左白縦棒）と比べて瞑想時（右白縦棒）に低下した。一方で、熟練者では通常時（左黒縦棒）と瞑想時（右黒縦棒）で差がなかった。
写真下段は、通常条件よりも瞑想条件で、初心者と比べて熟練者のほうが、脳活動が低下していた領域（後部帯状回(PCC)と内側前頭前野(MPFC)）を示している。
グラフ下段は、右内側前頭前野の活動を示している。初心者では通常時（左白縦棒）と比べて瞑想時（右白縦棒）に上昇した。一方で、熟練者では通常時（左黒縦棒）と比べて瞑想時（右黒縦棒）に低下していた。（Taylor et al., 2011より改変）

にあまり内省が生じていないような脳活動になっていたのである。これらの結果は、瞑想によって、感情制御に変化が生じている可能性を示唆している。

④自己感の変化

集中力・観察力・平静さが高まって、自分の身体とこころの枠組みの中で生じる現象を客観的に観察できるようになると、自然の摂理を体験的に理解できるようになってくる。この体験的理解が自己感を変化させていく上で重要な役割を担うといわれている。一般的に、我々は、無常や無我を突きつけてくるような死と向き合うことを避けて生きている。そして、知らず知らずの間に、自分が過去から将来にわたっていつまでも続いていく一塊の主体であると感じるようになる。さらにそのような一塊の主体を思い通りにコントロールできると感じるようになるのである。仏教では、このような永続し思い通りになるという自己感と、無常・無我という自然の摂理の間に差があるために、不満足が生じると考えられているのである。

このような差をなくすために、自分の身体とこころの枠組みの中で生じる現象を客観的に観察していくのである。そうすると、それまで一塊であると思い込んでいた主体が、身体感覚や感情や思考などの一瞬一瞬生じては消えていく現象の集合体であることが徐々にわかってくるのである。例えば、足に痛みがある際に、痛みと一体化している間は、「痛い、痛い」と感じ、それに対して二次的・三次的な感情や思考が生じやすくなるのである。ところが、痛みとの一体化から離れて痛みを客観的に観察できるようになると、「痛みがある」と感じるにとどまり、それに対して二次的・三次的な感情や思考が生じにくくなるのである。認知心理学では、このような一体化している感覚・感情・思考を認知の対象とすることをメタ認知と呼んでおり、認知的なコントロールに関わる右背外側前頭前野が関わっていることが示されている。

それでは、本当に、瞑想によってこのような自己感の変化は生じるのだろうか。この自己感の変化は、認知心理学の領域でも、まだそれほど研究が進んでおらず、瞑想の脳研究もあまりない。しかし、トロント大学のノーマン・ファーブらが、興味深い先駆的な研究を行っている。ファーブらは、瞑想経験のない三六名を集め、八週間のMBSRに参加しない非参加群一六名と参加する参加群二〇名に分けて、fMRI実験を行った。[注31] fMRIの中で、「大胆な」や「陰気な」といった人格を表す形容詞を提示して、その形容詞に関して内省をしてもらったり（内省条件）、その形容詞を見た際に生じた身体感覚・感情・思考を観察してもらったりする（観察条件）という課題であった。この課題を八週間のＭＢＳＲ後に一回行った。その結果、観察条件と比べて内省条件では、非参加群も参加群も、内省に関わる内側前頭前野の活動が増加していた。一方内省条件と比べて観察条件では、参加群のほうが、身体感覚や感情の観察に関わる右前部島皮質、認知的なコントロールに関わる右背外側前頭前野、右体性感覚野の活動が増加していた。さらに興味深いことに、内省条件と観察条件をまとめて、右前部島皮質の活動と協働している領域を探索的に調べたところ、非参加群では右前部島皮質と右腹内側前頭前野の間に相関があったのに対して、参加群では右前部島皮質と右背外側前頭前野の間に相関があったことが明らかとなった（図５）。すなわち、非参加群では身体感覚や感情を主観的に捉えているような脳活動になっていたのに対して、参加群では身体感覚や感情を客観的に観察しているような脳活動になっていたのである。これらの結果は、瞑想によって、身体感覚と一体化している状態から、身体感覚との一体化から離れている状態に変化している可能性を示唆している。

図5

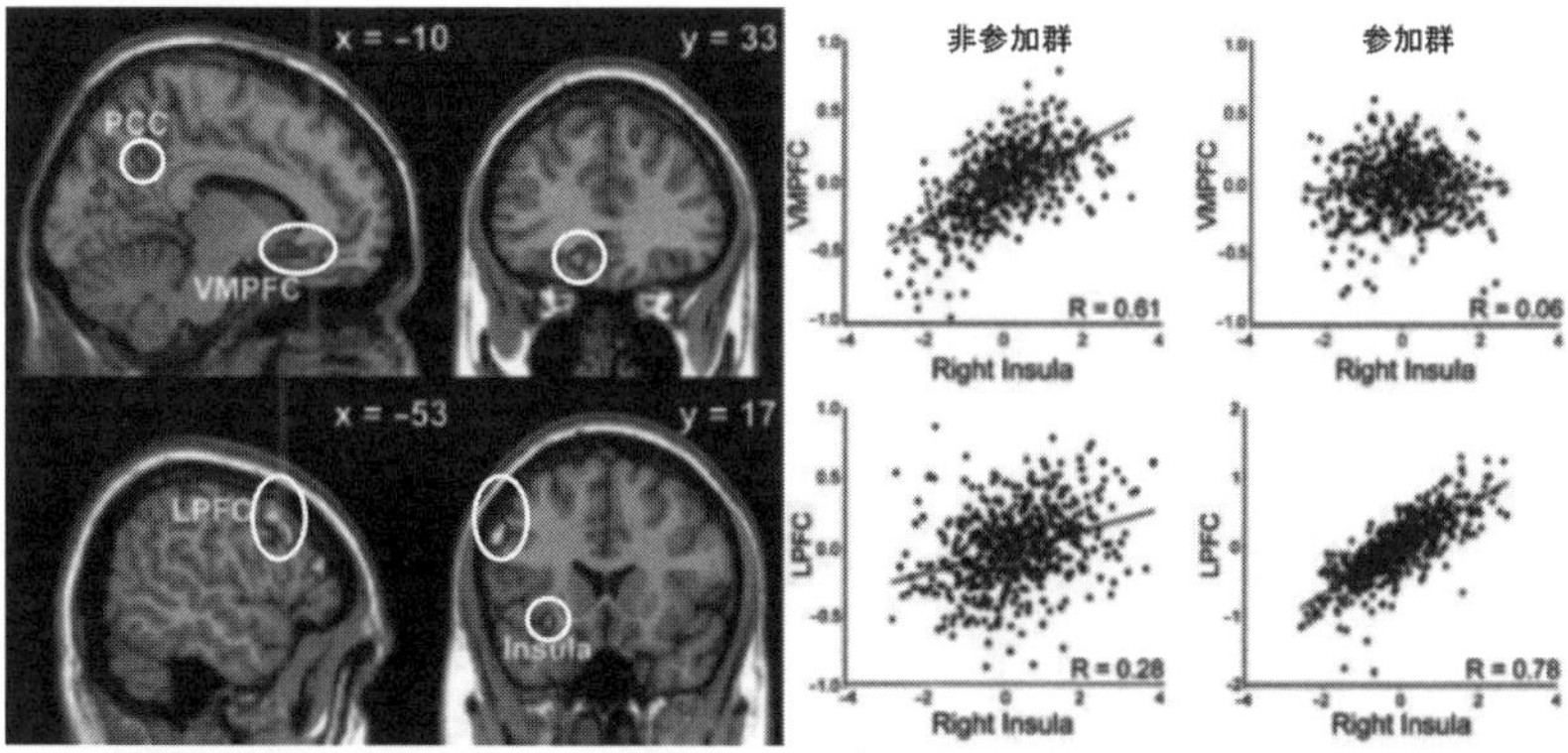

図5. 脳画像上段は、非参加群と比べて参加群で、右前部島皮質(Insula)との結合性が低下した領域（後部帯状回(PCC)と腹内側前頭前野(VMPFC)）を示している。
脳画像下段は、非参加群と比べて参加群で、右前部島皮質(Insula)との結合性が上昇した領域（背外側前頭前野(LPFC)）を示している。
グラフは、それぞれ非参加群（左列）と参加群（右列）に関して、上段が内側前頭前野の活性値（縦軸）と右島皮質の活性値（横軸）の相関、下段が背外側前頭前野の活性値（縦軸）と右島皮質の活性値（横軸）の相関を示している。(Farb et al., 2007より改変)

四

日本における瞑想の神経科学研究の課題――一人称的むすび

以上のように、一九五〇年代に種がまかれた瞑想の神経科学研究は、ビート・ジェネレーションやヒッピー・ムーブメントの大きなうねりの中で養分を与えられ、その後、当時の科学の世界では受け入れられなかったヒッピーやサイケデリクスや宗教といったイメージと距離を取っていきながら細心の注意をもって育てられ、二〇〇〇年代に入って花開き始めました。特に、第三期の瞑想の神経科学研究によって、瞑想によって注意制御・身体感覚への気づき・感情制御・自己感が変化するという現象が、脳の機能的変化や物理的変化の観点から検証され始めています。これらの研究では、脳の機能的変化や物理的変化のインパクトが強いため、その点に注目が集まりやすくなっています。しかし、瞑想によって生じる現象を適切に捉えられるようになったことも非常に重要な点です。適切な現象を捉えることによって優れた仮説が立てられるためです。

瞑想によって生じる現象が適切に捉えられるようになった背景として、瞑想実践者でもある神経科学者が増加したことがあげられます。彼らは、瞑想によって生じる現象を体験的に理解し、二五〇〇年間受け継がれてきた文献と照らしあわせることでその普遍性に確信を持ち、そのメカニズムを解明するために神経科学者としての技術を駆使することができるようになったのです。リチャード・デヴィッドソンも、二〇一五年に、ニューヨーク郊外で開催されたサマー・リサーチ・インスティチュートで、若手研究者たちに「瞑想神経科学者になるために必要なことは、①瞑想実践を積み重ねること、②神経科学の研究に専念すること、③あきらめないことの三つです」と、瞑想実践を一つ目にあげて、その重要性を伝えていました。また、瞑想によって生じる現象が適切に捉えられるようになったもう一つの背景として、そのような瞑想神経科学者が、様々な分野の宗教者・瞑想実践者・瞑想研究者と対話を重ねる環境が整ったこともあげられます。このように、神経科学者が体験的理解に基づいて、様々な瞑想関係者との対話を通じて、瞑想の神経科学研究を進めてきたことで、アメリカにおける瞑想の神経科学研究は多くの人々の健康や幸せに貢献することができるようになりました。

課題一――瞑想する神経科学者の育成と研究体制の構築

現在、日本でも、テレビや雑誌でマインドフルネスが取り上げられるようになり、ブームが始まりつつあります。このようなブームを一過性のものとして終わらせないためにも、瞑想の科学的研究を進めていく必要があります。先述のとおり、駒澤大学を中心に世界に先駆けて行われていた組織的な瞑想の神経科学研究は一九八〇年代以降横ばいの状態が続いていました。しかし、一九九三年に、早稲田大学の春木豊が、日本健康心理学会の国際会議にジョン・カバット＝ジンを招聘して以来、新たに、瞑想研究者が増えてきています。特に、二〇〇〇年代以降に、欧米で開発された様々なマインドフルネス療法が日本に紹介されたことをきっかけに、臨床心理学の領域で多くの研究が行われるようになっています。[注32]

このような、マインドフルネス療法を対象とした科学的手法を用いた効果研究の増加は、まさにアメリカの第三期の瞑想の神経科学研究へとつながっていった動きと重なってきています。しかし、そうだとすると、日本の瞑想の神経科学研究を進めていくためにも、①瞑想実践者の協力、②瞑想実践者でもある瞑想神経科学者の育成、③様々な分野の宗教者・瞑想実践者・瞑想研究者と対話を重ねる環境を、整えていく必要があります。

瞑想実践者の協力に関しては、京都大学で、瞑想の神経科学研究に協力していただける瞑想実践者のリストを作成し、ひろく瞑想実践者を募集するとともに、[注33]他の大学や研究機関との研究協力体制を構築中です。

瞑想神経科学者の育成や、対話の環境の整備に関しては、大学の研究機関などによって組織的に進めていくことが望まれます。特に、マインド・アンド・ライフ・インスティチュートが実施してきた、科学者が参加しやすい集中的な瞑想リトリートの開催、若手科学者を育成するためのワークショップの開催、瞑想の神経科学研究のための助成金の支給などといった様々なプロジェクトや研究支援体制が参考になると考えています。

課題二——瞑想の安全性と危険性に関する科学的エビデンスの蓄積

また、瞑想の神経科学研究が日本の人々の健康や幸せに貢献するためには、瞑想の安全性と危険性に関する科学的なエビデンスを蓄積していくことも重要です。特に、マインドフルネス療法の応用が始まっている状況では、このことは喫緊の課題です。しかし、世界的にみても、これらの研究はまだほとんど進んでいません。最近、ルース・ベアーとヴィレム・クイケンが書いた「マインドフルネスは安全なのか?」と題した記事が、オックスフォード大学のマインドフルネスセンターのブログに掲載されました[注34]。その記事でも、適切な運動が身心の健康にいい一方で運動強度・個人特性・状況によっては危険があることを例にあげながら、瞑想も同様に身心の健康にいい一方で実施強度・個人特性・状況によっては危険があるが、それに関する研究が進んでいないことが指摘されていました。

私は、サマタ瞑想とヴィパッサナー瞑想が全く異なるものであるという体験と、瞑想は正しい実践方法を守らないと危険が伴うという体験をもとに、サマタ瞑想で集中力を育むことと、ヴィパッサナー瞑想で平静さを育むことを、バランスをとりながら進めていくことが安全性を確保する上で重要であると考えています。しかし、世界的にみても、サマタ瞑想とヴィパッサナー瞑想を直接比較してそれらの神経基盤を明らかにした研究はほとんどありません。そこで私たちの研究チームは、一二名の瞑想実践者の協力を得て、fMRI実験を行いました。その結果、サマタ瞑想中とヴィパッサナー瞑想中では活動するネットワークが大きく異なることや、ヴィパッサナー瞑想中に活動しているネットワークが瞑想後にもしばらく持続していることを確認することができました。現在、この結果をもとに書いた論文を英文科学誌に投稿中です。一〇日間の瞑想コース後に「ほんのり幸せな日々」が続いているという無邪気な説明から、やっと一歩を踏み出せたと感じています。

また、このような瞑想の神経基盤を解明するだけでなく、瞑想による不快体験のデータを集めて、現象学的な観点からも安全性と危険性を検討するべきであると考えています。現在複数の大学とともにこれらの研究方法を検討しており、二〇一七年頃から瞑想による不快体験に関して、インターネットを利用したアンケートや、対面でのインタビューなどを開始しようと考えています。[注35]

課題三――日本から発信する瞑想の神経科学研究

最後にもう一つとても重要な課題があります。それは、すでに欧米で瞑想の神経科学研究が精力的に進められている状況で、日本の瞑想の神経科学研究が、いかに世界の多くの人々の健康や幸せに貢献していくことができるかということです。日本には、日本語で書かれた禅心理学研究の学術論文や図書が七〇〇件以上あり、これらの宝の山をマインドフルネスの観点から読み直すことで、重要な研究テーマを導けるのではないかと考えています。

その中でも、日本が貢献していける可能性のある大切なテーマとして、瞑想をする際の意図の問題があると考えています。この意図について、曹洞宗国際センター所長の藤田一照は、「瞑想技法は、ボートの漕ぎ方でしかなく、どこに向かって進んでいくかは別の問題ですよ」と説明しています。仏教では、瞑想を実践する際に、無常・無我・苦という自然の摂理を体験的に理解するという意図があります。この意図は、「わたし」という一塊の感覚を弱めていくということだとも言えます。これに対して、現在多様化しているマインドフルネス療法やマインドフルネス訓練では、「（わたしの）集中力が増加するため。（わたしの）創造性を高めるため」「（わたしの）ストレスを抑制するため。」というように、「わたし」という一塊の感覚を強めていくという、仏教本来の意図とは真逆の意図を持ってしまう可能性が指摘されています。[注36]

どのような意図がいいかは人それぞれです。しかし、神経可塑性の研究によって、同じ体験をしても、その体験に注意を向けているか否かや、その体験によって自分自身が変化できるという考え方を持っているか否かが、その体験による脳の変化に違いを生じさせるということがわかってきています。このことを踏まえると、同じ瞑想を継続的に実践しても、意図が異なれば、脳やこころの変化の仕方も異なる可能性があります。このことを科学的に示すことは、瞑想の神経科学研究の重要な課題の一つです。

アメリカで、ヒッピーやサイケデリクスや宗教などのイメージと距離を取りながら開発されたマインドフルネス療法は、その過程で意図も取り除かれて純粋な技法となりました。そのような努力によって、瞑想が科学の世界に受け入れられたことは素晴らしいことだと思っています。しかし、宗教や文化が育む意図から切り離された純粋な技法を、筋トレのように活用することは、生きていく上で必要のない筋肉を増やしていくことにもつながりかねません。多くの伝統で、瞑想は生きる技であると教えられていますが、そのような技法は、宗教や文化が育む意図の中で活用するからこそ、生きていく上で必要なしなやかな筋肉を育んでくれるのです。

日本には、従来から禅をベースとした文化があり、その文化が提供してくれる意図の中で、自然な形でしなやかなマインドフルネスが育まれてきました。例えば、俳句を学んでいる人は、知らず知らずのうちに、小さなつぼみのふくらみや雨が降る前のかすかな匂いといった自分の外側の変化に気づくようになります。そして、そのような感覚から喚起される自分の内側の変化にも気づくようになります。さらには、それらを客観的にとらえて言語化する能力も育まれていきます。岩にしみ入る蝉の声は、このようなしなやかなマインドフルネスでなければ聞こえなかったのではないでしょうか。瞑想の神経科学研究が、世界の多くの人々の健康や幸せに貢献することができるようになるためには、このようなしなやかなマインドフルネスについて研究を進めることが大切だと考えています。そして、世界に向かってこのようなしなやかなマインドフルネスを提案していけるとすれば、それはしなやかなマインドフルネスを体験的に理解している、日本の瞑想する神経科学者なのではないかと考えています。

【注】

1 The Mind and Life Institute（マインド・アンド・ライフ・インスティチュート：精神と生命研究所）

2 マッピング・ザ・マインド（http://kokoro.kyoto-u.ac.jp/jp/news2/2014/04/mapping-the-mind.php）

3 瞑想によって高められた観察力によって、こころの性質と機能を主観的・一人称的に研究する活動。仏教と科学は、どちらも普遍的な法則の存在を前提として、その存在を批判的に検討している点で一致しているといった議論が、一九八〇年代後半から行われてきている。この点に関して、ダライ・ラマは、もし近代科学が、仏教のある主張が誤りであることを示した場合には、仏教のその主張を放棄すべきだと考えている。

4 この記事内のゴエンカ式ヴィパッサナー瞑想に関する記述は、全て私の個人的な体験および見解であり、ゴエンカ式ヴィパッサナー瞑想を指導する日本ヴィパッサナー協会の公式見解と異なる可能性がある。

5 身体とこころの緊張が解けていくことの背景には、集中力と平静さとともに身体感覚を観察することによって、自然の摂理を体験的に理解できるようになっていくことがあると考えられる。この点に関しては、「体験的理解の重要性」で説明する。

6 ゴエンカ式ヴィパッサナー瞑想では、京都と千葉で、それぞれ年に一〇回程度の一〇日間コースが開催されており、繰り返し参加することが可能である。

7 機能的磁気共鳴画像法

8 永沢哲（二〇一一）『瞑想する脳科学』講談社

9 中丸茂、稲富正治、雨宮一洋、濱中 淳（一九九一）「禅に関する心理学的研究の諸問題：試論」『駒沢社会学研究』二三、一四五－一五三頁

10 加藤博己（一九九九）「禅心理学の成立」『駒澤大学心理学論集』一、九九－一〇五頁

11 ケネス・タナカ（二〇一〇）『アメリカ仏教—仏教も変わる、アメリカも変わる—』武蔵野大学出版会

12 リゼルグ酸ジエチルアミドの略。製薬会社のサンド社（現ノバルティス ファーマ株式会社）が発見した幻覚剤。当初は、様々な使用可能性が模索されていたが、LSDの非合法化に伴い、研究目的での使用も困難な状態が続いていた。しかし近年、厳格な倫理審査を経た上で、LSDが脳活動に与える影響などを解明した研究が出始めている。

13 竹林修一（二〇一四）『カウンターカルチャーのアメリカ—希望と失望の1960年代—』大学教育出版

14 マハリシ・マヘーシュ・ヨーギが、パタンジャリのヨーガスートラを基にして、サマーディと呼ばれる純粋意識の状態を持続することを目的として開発した、マントラを用いる瞑想法。

15 デレク・テイラー（一九八八）『サイケデリック・シンドローム—それはビートルズから始まった—』シンコー・ミュージック

16 ダグラス・コーワン & デヴィッド・ブロムリー（二〇一〇）『カルトと新宗教—アメリカの8つの集団・運動—』キリスト新聞社

17 デイヴィッド・ゲレス（二〇一五）『マインドフル・ワーク—「瞑想の脳科学」があなたの働き方を変える』NHK出版

18 ラム・ダス & ラマ・ファウンデーション（一九八七）『ビー・ヒア・ナウ—心の扉をひらく本—』平河出版社

19 作家・心理学者として、「こころの知能指数」の概念の確立・普及に貢献している。ハーバード大学の博士課程時代には、後輩にリチャード・デヴィッドソンがいた。

20 センター・フォー・コンテンプレイティブ・マインド・イン・ソサエティの設立メンバーとして、高等教育に瞑想を導入することに貢献し

ている。グーグルのサーチ・インサイド・ユアセルフの開発にも関わった。

21 インド系音楽（キルタン）のアーティスト。グラミー賞にもノミネートされたことがある。

22 このことは、宗教を否定的に捉えていたことを示すのではなく、一般社会が受容しやすい方法を模索していたことを示していると考えられる。

23 Lutz, A., Greischar, L. L., Rawlings, N. B., Ricard, M., & Davidson, R. J. (2004). Long-term meditators self-induce high-amplitude gamma synchrony during mental practice. *Proceedings of the National Academy,* **101**(46), 16369-16373.

24 Lazar, S. W., Kerr, C. E., Wasserman, R. H., Gray, J. R., Greve, D. N., Treadway, M. T., McGarvey, M., Quinn, B. T., Dusek, J. A., Benson, H., Rauch, S. L., Moore, C. I., & Fischl, B. (2005). Meditation experience is associated with increased cortical thickness. *Neuroreport,* **16**(17), 1893-1897.

25 ここでいう体験的理解とは、ただ体験をするということではなく、修行を通じてそれまでになかった智慧が生じてくるような理解を指している。

26 マインド・ワンダリングは、過去の経験の整理や将来の計画の立案などのために必要な機能であるが、その機能が強くなりすぎると、過去のことばかり反芻して鬱々としたり、将来のことばかり考えて不安になってしまったりすると考えられている。

27 Hasenkamp, W., Wilson-Mendenhall, C. D., Duncan, E., & Barsalou, L. W. (2012). Mind wandering and attention during focused meditation: A fine-grained temporal analysis of fluctuating cognitive states. *Neuroimage,* **59**(1), 750-760.

28 脳磁図

29 Kerr, C. E., Jones, S. R., Wan, Q., Pritchett, D. L., Wasserman, R. H., Wexler, A., Villanueva, J. J., Shaw, J. R., Lazar, S. W. Kaptchuk, T. J., Littenberg, R., Hämäläinen, M. S., & Moore, C. I. (2011). Effects of mindfulness meditation training on anticipatory alpha modulation in primary somatosensory cortex. *Brain Research Bulletin,* **85**(3-4), 96-103.

30 Taylor, V. A., Grant, J., Daneault, V., Scavone, G., Breton, E., Roffe-Vidal, S., Courtemanche, J., Lavarenne, A. S., & Beauregard, M. (2011). Impact of mindfulness on the neural responses to emotional pictures in experienced and beginner meditators. *Neuroimage,* **57**(4), 1524-1533.

31 Farb, N. A. S., Seagal, Z. V., Mayberg, H., Bean, J., McKeon, D., Fatima, Z., & Anderson, A. K. (2007). Attending to the present: Mindfulness meditation reveals distinct neural modes of self-reference. *Social Cognitive and Affective Neuroscience,* **2**(4), 313-322.

32 越川房子（二〇一四）「日本の心理臨床におけるマインドフルネス―これまでとこれから―」『人間福祉学研究』七（一）、四七‐六二頁

33 瞑想の科学的研究の協力者リストに登録していただける瞑想実践者の方は私（藤野）のメールアドレス（fujino.masahiro.68a@st.kyoto-u.ac.jp）にご連絡ください。その後の流れは、こちらから登録用紙を送付しますので、必要事項（瞑想の種類や瞑想歴など）を記入の上、返信いただくことになります。今回の登録は、協力者リストを作成することが目的です。実際の実験に協力いただく際には、大学の倫理審査を経た研究に基づいて、要件に該当する人に改めて依頼させていただくことになります。

34 http://www.oxfordmindfulness.org/is-mindfulness-safe/

35 瞑想時や瞑想後に身心の不快感を感じたことがある方で、瞑想の禁忌

研究に協力をいただける方は、私（藤野）のメールアドレス（fujino.masahiro.68a@st.kyoto-u.ac.jp）にご連絡ください。その後の流れは、実際に調査が開始された際に、ウェブ上での質問紙調査への回答をお願いするメールを送らせていただきます。

36 藤田一照（二〇一六）「仏教から見たマインドフルネス―世俗的マインドフルネスへの一提言―」『マインドフルネス―基礎と実践―』日本評論社、六五―二七七頁

【参考文献】

・安藤治（一九九三）『瞑想の精神医学―トランスパーソナル精神医学序説―』春秋社
・井上ウィマラ（二〇〇五）『呼吸による気づきの教え―パーリ原典「アーナーパーナサティ・スッタ」詳解―』佼成出版社
・井上ウィマラ、葛西賢太、加藤博己（編）（二〇一二）『仏教心理学キーワード辞典』春秋社
・魚川祐司（二〇一五）『仏教思想のゼロポイント―「悟り」とは何か』新潮社
・ウィリアム・ハート（一九九九）『ゴエンカ氏のヴィパッサナー瞑想入門―豊かな人生の技法―』春秋社
・大谷彰（二〇一四）『マインドフルネス入門講義』金剛出版
・大平英樹（編）（二〇一〇）『感情心理学・入門』有斐閣
・ケネス・タナカ（二〇一〇）『アメリカ仏教―仏教も変わる、アメリカも変わる―』武蔵野大学出版会
・シャロン・ベグリー（二〇一〇）『「脳」を変える「心」―ダライ・ラマと脳学者たちによる心と脳についての対話―』バジリコ
・竹林修一（二〇一四）『カウンターカルチャーのアメリカ―希望と失望の１９６０年代―』大学教育出版
・ダライ・ラマ（二〇〇七）『ダライ・ラマ 科学への旅―原子の中の宇宙―』サンガ
・ディヴィッド・ゲレス（二〇一五）『マインドフル・ワーク―「瞑想の脳科学」があなたの働き方を変える』ＮＨＫ出版
・永沢哲（二〇一一）『瞑想する脳科学』講談社
・藤田一照（二〇一六）「仏教から見たマインドフルネス―世俗的マインドフルネスへの一提言―」『マインドフルネス―基礎と実践―』日本評論社、六五-二七七頁
・ラム・ダス＆ラマ・ファウンデーション（一九八七）『ビー・ヒア・ナウ―心の扉をひらく本―』平河出版社
・ロバート・キース・ワレス（一九九一）『瞑想の生理学』日経サイエンス社

がんと心の関係

サイモントン療法からマインドフルネスへ

聖路加国際病院精神腫瘍科・心理カウンセラー

川畑のぶこ

サイモントン療法との出会い

「イメージの力でがんを治す療法がある」一九九九年一月、当時ロサンゼルスに住んでいた私の元に、そんな一本の国際電話がかかってきました。電話の主である友人は、私にその通訳を頼んできたのですが、専門外のためお断りし、その代わりに適任の通訳を探す約束をしました。ところが同療法の内容が、通常の医学とも心理学とも違うということで、なかなか通訳者が見つからず、結局「わかる所だけを耳元で囁いて訳してくれれば良いから」ということで、『怪しい』と訝る気持ち半分、『なんだか面白そう』という好奇心半分で、そのオファーを引き受けることにしました。

①病気の進行に違いを作る、②人生の質を高める、③死の質を高める、という基本理念を掲げる、「サイモントン療法」と呼ばれるその療法は、サンタバーバラというロサンゼルスから車で二時間ほど北上したリゾート地の、ラ・カサ・デ・マリアというキリスト教のリトリートセンターで、六日間にわたり行われました。

緊張しながら会場にチェックインすると、サンタクロースのような男性がゆったり腰掛けています。同療法の創始者である、カール・サイモントン博士でした。彼の微笑みに接するや、一気に緊張感が緩み、なるほど、この「あり方」が癒しを創造する源なのであろうと直感した瞬間でもありました。耳元で囁けば良いというはずの通訳は、結局はサイモントン博士の傍でマイクを握って行うというアクシデントがあったのですが、災い転じて福となすとはこのことで、この事件がその後の私の人生を一八〇度変える転機となりました。

この時、世界各国から三〇～四〇名の人々が集まり参加されていました。会場の前方に座っていると、誰が患者さんで誰がサポーターかは一目瞭然ですが、これが日を追うごとにどんどん変化していき、最終日には一体誰が患者で健常者か全くわからないくらいの変容が起こるのです。

参加者の中に、余命一、二か月の宣告を受けていた膵臓がんの女性がいて、偶然にも彼女は私が卒業した東海岸の大学出身者だったため、自ずと強い関心を寄せて彼女の経過を観察していたのですが、ハプニングが起きました。日頃から「他人に迷惑はかけない」と己の欲求を抑圧して生きてきた彼女は、一緒に参加しているパートナーの男性からプロポーズを受けていましたが、自分には離婚歴があり、ティーンエイジャーの息子がいることと、今となっては膵がんで余命いくばくもないということで相手や息子に迷惑をかけたくないという理由から、そのプロポーズを断っていました。サイモントンのプログラムは、六日間にわたって、毎日午前と午後、それぞれに①講話、②メディテーション（瞑想）、③グループシェアリング&エクササイズの三部構成となっており、それぞれの会にトピックが設けられているのですが、それは次のようなものです。

・私たちの本質、喜び、生きがいのワーク
・私たちと感情との関わり（ビリーフワーク）
・希望、信頼、目的、内なる叡智（スピリチュアリティー）
・ストレスのパターンと病気の恩恵
・死生観
・サポートとコミュニケーション
・二年間の健康プラン
・遊び
・健康維持のために（帰宅にあたって）

プログラムが進行するにつれて、彼女は「病気は自分が本来の自分から離れてしまったことを伝えるメッセンジャーである」ということに気づき、もし自分が本当に素直な気持ちで自分の欲しいものを欲しいと伝えて良いのなら、私の人生の目的が、幸せを体験することなら、私は彼のプロポーズにYESと言いたいと、彼のプロポーズに応えたのです。五日目に「遊び」の時間が設けられていますが、その時間がこの二人の結婚式となりました。参加者全員が「がん」のことなどそっちのけで、今・この瞬間を称えます。二人の幸せを祝福し、そのことで自分も幸せを体験するその瞬間、そこに患う者（患者）は一人も存在せず、皆が生き生きと輝ける「人間」に帰っていった瞬間でした。

この光景と一連の流れを目の当たりにして、サイモントン療法の何たるかを知り、打ちのめされるような大きな衝撃を受けました。以降、サイモントン博士や、なにより人生の先輩であり教科書である患者さんたちに導かれながら、これを自分のライフワークとすることになります。

治癒を左右する「希望」と「絶望」

東洋には「病は気から」とか、「心身一如」という概念が古くからあり、私たちも文化的にそのことに馴染んでいますが、実際に病気になったときに私たちがお世話になる医療現場では「気」であるとか「心」であるとかはほとんど考慮されません。長きにわたり、身体と心が分離されてきた西洋医学では、心身医学が確立された今でもなお、「胃がいたい」とか「頭痛がする」から精神科を訪れる人は少ないでしょう。西洋医学の父と呼ばれる、ヒポクラテスは、誓文に医療は第一に「害の無いこと」と記しており、これは広く知られていますが、二つ目の誓文はあまり知られていません。それは「自己治癒力を尊重しそれをサポートすること」というものです。すなわち、私たちには生まれながらにして治り癒える力が宿っており、医療というのはあくまでもそのサポートをするという立場です。残念ながら、現代医学はアンチ・ヒポクラテスの派閥によってその伝統を築き上げてきました。

サイモントンは一九六〇年代の研修医時代、実際に臨床の場に立ってみて、患者が教科書通りに治らないことに困惑します。放射線腫瘍医であった彼は、同じ診断が下った患者に対して、同じ治療をしても、一方の患者はがんが消失して元気になり、もう一方の患者はがんが悪化して死を迎えるといった矛盾を繰り返し目の当たりにします。そこでじっくり患者さんを観察した結果、どうやら「希望」を持って治療や人生に取り組んでいる患者さんは予後が好ましいのに対し、「絶望」しながら治療や人生に取り組んでいる患者さんは予後が好ましくないということに着眼しました。また、当時彼はがんのリサーチデザイン（研究企画）に最も強い関心を持っていたのですが、リサーチの際に常に問題になっていたことにコンプライアンスの問題（被験者が医師の指示通りに治療を続けるかどうかの問題）がありました。このコンプライアンスの問題も、絶望を希望に変えることで解消すると考えたのです。以降、彼の課題はいかにして患者さんの抱く絶望感を希望に変えるかということになりました。ところが、医療現場では「希望」に関しては大きな混乱があり、サイモントンは上司や同僚らから、「やたら患者に希望を与えるものではない」とか、「あなたの与えているものは偽りの希望だ」などと注意を受けるようになるのです。この混乱を解消すべく、彼は医学部の図書館へ行き「希望＝HOPE」の定義を調べました。すると、Websterというアメリカの一般的な百科事典の図書館版に次のように記されていました。

「希望＝可能性の隔たりにかかわらず、得たい結果が得られるという信念」

この定義は以降サイモントンが好んで引用する定義となりました。希望とは統計学的に確率の高いことを信じること、とは書いていなかったのです。また、希望とは権威や多数派の言うことを信じること、とも書いてありませんでした。これを、病気と健康の分野に当てはめるなら、希望とは、たとえ過去の群を対象とした統計学的な確率が低くとも、私個人が健康を取り戻すことは可能だと信じることであり、希望とは、たとえ病気が悪化したとしても、豊かに共存することは可能だと信じること、また、希望とは、たとえ死を迎えたとしても大丈夫であると信じることです。

心のありようが治療に影響を与える

サイモントンは一九七一年の四月、希望をサポートする心理的な介入を用いて、医学的に成す術のない、余命一、二か月と宣告された六〇代の進行した喉頭がんの患者さんに対して治療をしました。この時、高線量の放射線治療も同時に行いました。放射線など適応外で、死を早めるだけとされていましたが、結果、治療開始の二週間後には、この患者さんは固形物が食べられるようになり、四週間後の検査ではがんは認められませんでした。弱った患者さんに対して高線量の放射線治療を行ったにもかかわらず、この患者さんには副作用が一切なく、医学的に言って例外的なケースとなりました。

この経験から、サイモントンは私たちの心のありようは、病気の進行や治癒の過程、治療の効果、また副作用にも影響を与えると考えました。また、それを検証するべく、研究を行いました。一九七四年から一九七八年までの四年間にわたり、一九三名の進行がんの患者さんに対して、通常の治療にプラスして、心理治療を行ったところ、文献的に報告されているものと比較して、生存期間が約二倍となり、長期生存率は約四倍となりました。また、ＱＯＬ（人生や生活の質）は著しく高くなるということが明らかとなり、この研究結果は医学誌（The Medical Journal of Australia）に掲載されました。

このような流れから、サイモントンは心とがんに関する分野が自分の生涯をかけて取り組むべき仕事になると確信し、患者さんの希望を支援するようになります。ただし、希望に関しては、注意すべきことがあります。それは、執着と区別するということです。希望と執着は混同されがちです。何が何でも生きるという意志（執着）は時として真の癒しの妨げとなります。執着は不安や恐れからやってきますが、その恐れは、病気や死に対する誤った思い込みからくることがほとんどです。例えば、病気（がん）は攻撃者であり、死は敗北の表れで無価値になることであるなどといったものです。これらの信念は私たちに恐怖や不安を生み出し、生への執着を生み出します。大切なのは、希望を持ちつつ、執着を手放す姿勢であり、これは最初から諦める（Give Up）こととは異なります。

大切なのは、健康に生きることは可能であり、そのための努力をする。そして、たとえ病気があったままでも、あるいは病気が悪化しても、また死を迎えしたとしても大丈夫であるというしなやかな姿勢となります。生きることも、老いることも、病むことも、そして死ぬことも、人生に起こり得る自然のプロセスの一部であり、敗北ではないということを知り、それらを受容する姿勢です。ただし、はなから努力をせずに諦めるということではありません。人生に提供されている「時」や「機会」を十全に味わって生きる——人生における課題にしっかりと向き合い、取り組み、悔いなく卒業式としての死を迎える姿勢を育むことこそが、真の癒しへの道であるというのがサイモントンの基本姿勢です。

執着を手放し、信頼を育てる七項目

執着心は信頼感の欠如から起こるため、私たちが希望を育みつつ、執着を手放すのには、信頼感を育むことが重要となります。では一体何を、どのように信頼したらよいのでしょうか。サイモントンは、私たちの人生で基盤となる七つの項目を挙げており、それらの本質をどのように信頼するかが、私たちの人生の質に影響を与えるとしています。また、私たちに安心や平穏をもたらす信念を下記のように説明しています。

まず第一に、宇宙・自然界の本質について、宇宙や自然界は私たちが私たち自身を知っている以上に私たちのことをよく知っていて、私たちがこの世の何をも愛する以上に私たちを愛しているというものです。

第二に、人間の本質について、人間は本質的に善良な存在であるというものです。もちろん、私たちはストレス下において醜い行動をする存在でもありますが、本質的には痛みや苦しみから逃れ、安らぎや幸せに向かって歩む存在であり、より良くなろう、成長しようという動機から成り立っている存在であるということです。

第三に、命（Life）の本質について、命は私たちの教師や学び舎のようなものであり、「私（たち）は誰か」ということを教えてくれる場である、というものです。様々な経験、試練を通して、私たちはこのことを学んでいくということです。

第四に、健康・幸福・愛の本質について、これらは私たちが自分の本性に従って人生を歩んでいることを教えてくれる、肯定的なフィードバックであるというものです。よって、そのまま前進しなさいというメッセージであるということです。

反対に第五として、病気や苦しみの本質について、病気や苦しみは私たちが自分の本性から離れてしまっていることを教えてくれる否定的なフィードバックであるというものです。よって、方向変換をして自分の本性にあった自然な生き方をしてくださいというメッセージであるということです。

第六に、死の本質について、生が肉体的な生命の始まりであるように、死は肉体的生命の終わりであるというものです。ただし、非肉体的な私たち、すなわち、私たちの魂やエネルギーなどの本質的な部分は死後も（全体性にとって）好ましい状態で存続すると考えることはできます。

そして、最後に、人生の目的や運命の本質について、人生の目的は生まれながらにして私たちの中に宿っていて、幸せや喜びなどに導かれながら達成されていくというものです。

これらの基盤となる七つの信念は、事実かどうかを測ることはできませんが、私たちはそれが実証できない以上、この人生を、また今日この日を生き生きと豊かに生きるために信じたいことを信じることができます。それは私たち一人一人に与えられた、誰も侵すことのできない権利でもあります。

イメージと認知が苦しみを生む

がん患者さんの多くは、がんそのものよりも、がんに対するイメージや死に対するイメージによって苦しんでいることがほとんどです。がんに人生を奪われたという言葉をよく聞きますが、実際は、自分の抱くがんに対するイメージや思いが人生を奪っているわけです。がんがあっても気づかずに死んでいった人は、おそらくこのような苦しみは体験しないでしょう。また、昨日までもがんは身体の中にあったのに、検診で見つかった今日から苦しみが始まるのは、がんへの認知が私たちを苦しめていることを明らかにしてくれています。また、病気がわかった後は、自分の病気や死が自分の周囲へ及ぼす影響についても苦しみ悩みます。そのイメージというのは、自分も他人もそれらの出来事に耐えられず、惨めな人生を送るという思い込みによるものです。

サイモントンは、これらが事実であれば受け入れるほかありませんが、事実に即していない部分は多様な視点を持って状況を観察し、より人生が機能するようなイメージ（想い）や思いに変えてみることを提案しています。

例えば、画用紙に、自分自身と治癒力と治療とがんを描くエクササイズがあります。多くの患者さんが、がん細胞を真っ黒でトゲトゲしたイメージで描くのに対して、自己治癒力や治療は薄かったり少なかったり、がんに接していなかったり、明確に指示が与えられているにもかかわらず、時としてそれらが描かれていなかったりといったことがあります。これは「どうせ治癒力なんて無いんだ」とか「治療は効かないんだ」とかといった諦めがイメージとして具象化された例です。中には、がん細胞が吊り上がった目と牙をむき出しにして、槍《やり》を持っているイメージを描く人もいます。これはがんが「攻撃的」であるということを表していいます。ところが、がん細胞は細胞学的には、非常にいびつで不安定で、混乱した、脆弱な細胞です。また、攻撃はしませんし、できません。攻撃という表現を使用するなら、そのような性質を持っているのは免疫細胞の方であり、がん細胞ではありません。いびつで不安定で混乱したがん細胞は、死ぬことを忘れ、増え続けてしまっています。増え続けた結果、臓器を圧迫したり機能させなくしたりして、私たちを死に至らしめることがあります。ところが、決して「攻撃」はしません。私たちの体が、いつもの自然な仕事をすれば、簡単に制されていく細胞です。いつもより高度で複雑な仕事ではなく、いつも通りの仕事をするだけで制されるものなのです。

サイモントンの説明で興味深いのは、細胞学的に見て、がん細胞に似た性質の細胞がもう一つ私たちの身体の中にあり、それは脂肪細胞だと言っていることです。脂肪細胞も際限なく増え続け、直接的に私たちを攻撃することはありませんが、それを放置し、肥満となり、コレステロール値が高くなったりした結果、循環器系障害などを起こして私たちを死に至らしめることはあります。アメリカの死因の一位は、がんではなく、この脂肪細胞＝肥満と密接に関わり合いのある循環器系障害なのです。ところが、私たちは、脂肪細胞が増えることを、がん細胞が増えるようなイメージで捉えません。脂肪細胞を絵に描かせたのなら、白とかピンク、または薄い黄色などで、丸く弱々しく描く人がほとんどでしょう。サイモントンはそのような意味で、がんは差別されていると言っています。私自身、母が乳がんの手術を受けた時に、執刀医に摘出したがん細胞を見せてもらいましたが、白くてプチプチした細胞の塊で、脂肪の塊のように見えましたし、黒くトゲトゲはしていませんでした。もちろん、吊り上がった目や牙はありませんでした。なるほど、私たちはこの細胞を攻撃者扱いしているのかと、興味深く思ったものです。

自己治癒力を高める瞑想療法

このことを踏まえ、私たちが誤ったイメージや信念を修正して、健全なイメージや信念を育んでいくことは妥当であり健全なことです。これは地から足が浮いてしまったポジティブシンキング（積極思考）ではなく、自然に即したヘルシーシンキング（健全信念・思考）を育むプロセスです。このように、がんや人生に対してリラックスしていることは、気分が改善されるだけでなく、精神神経免疫学的観点からも、免疫機能、内分泌機能、神経機能の正常化に影響を与え、健康に欠かせない要素となります。

そのための具体的な心理的介入方法として、サイモントンは、瞑想とビリーフワークと呼ばれる認知療法を中心にプログラムを確立しました。サイモントンの瞑想はイメージ療法として知られています。代表的なものに、まず呼吸に意識を向け、リラックスした集中を得た時点で、自分に喜びや安らぎをもたらすものをイメージし、そのことで体の細胞一つ一つにエネルギーが生まれ、自己治癒力となって全身を巡るイメージをします。喜びや安らぎがもたらされることで、自分の本性に帰り、身体も本来のいつもの仕事をし始めます。そして、治癒力ががん細胞を包み込み、正常化したり排除したりしていくイメージを思い描きます。続いて、受けている治療が、治癒力の協力者となって病気に働きかけ、さらに病巣を制していきます。イメージの仕方はそれぞれで、人によっては暖かい光がバターのようながん細胞を包み込み、溶かすようなイメージであったり、優しいメイドさんたちがお腹の中を歩いて胸に抱えた抗がん剤と書かれたラベルの貼ってある壺から軟膏を手に取り、優しくがん細胞に塗っていくことで、真っ赤に怒ったがん細胞が、健康的なピンク色に変わっていくイメージであったりします。飛騨千光寺住職で臨床瞑想法の指導者である大下大圓氏は、瞑想には①緩める瞑想、②見つめる瞑想、③高める瞑想、④委ねる瞑想の四種があり、サイモントンのイメージ療法は③の高める瞑想に該当すると報告しています。このように、治癒力や治療が病気を癒すイメージ療法の他に、希望を持ちつつ執着を手放すための瞑想もあり、人生に起きている出来事や、全体性に信頼感を育むのに、「内なる叡智」の瞑想や、死のイメージを健全化することで恐怖を取り除き、今日この日を十全に生きるための「死の瞑想」なども行われます。

自然の営みを信頼するビリーフワーク

瞑想以外にも、不健全で非適応的な認知を修正するビリーフワークと呼ばれる認知療法も大切な取り組みとなります。例えば、主治医に余命二年と宣告された患者さんが絶望感を抱くケースでは「私はがんで二年以内に死んでしまい、残された子どもは惨めに生きるんだ」というビリーフ（信念）が絶望感を強化しているわけですが、実際に二年後生きているか死んでいるかは二年経ってみないとわからないわけです。そうであれば、今日、この日をよりよく生きるためには、「必ずしも二年以内に死ぬとは限らず、生きるか死ぬかは生きてみないことにはわからない」というものが健全であり適応的なわけです。また、「変化を起こし、治療も活用して健康を取り戻すことは可能だ」というものは希望を支持するでしょう。執着を取り除くためのビリーフとしては、「たとえ病気が悪化したとしても、人生を豊かに生きることはできる」「たとえ死んだとしても、それは敗北ではなく自然な営みの一部である（自然・宇宙に還る）」「残された家族は、彼らなりに困難を乗り越えて人生を切り開く力を生まれながらにして持ち備えている」と捉えることもできるでしょう。ポジティブシンキング（積極思考）では「がんは消える」とか「死なない」などと考えることが奨励されますが、サイモントンは、ポジティブシンキングは現実の否認からくることが多く、自然に即していないため、定着しにくいことや、思い通りにならなかった際の落胆が激しく、さらなる絶望感を生む悪循環に陥ることから警鐘を鳴らしています。意志の力によるコントロールよりも、自分の中にも外にも宿る叡智の声に耳を傾け、信頼し、最善の努力をしつつも委ねる姿勢を育むことを重要視しています。

仏教経由で取り入れられたマインドフルネス

これら、イメージ療法や認知療法（広義の意味においては、イメージ療法も認知療法に含まれますが）は、比較的、身体的また心理的エネルギーレベルの高い人には難なく実行しやすいですが、体力や気力が著しく低下している人にはエネルギーの消耗があるため逆効果となってしまうこともあります。がんが進行し、ベッドの上で寝たきりになった人々に対して、自分が元気になるイメージをすることや、論理的思考や合理的価値を見つけ出す作業は、ときに無理があり、消耗させてしまうこともあるのです。

このような時に、誰でも手軽に実践できて、身体的また精神的エネルギーを安定させたり、高めたりするのに効果的なのがマインドフルネスです。サイモントンは二〇〇〇年以降、マインドフルネスを積極的にプログラムに取り入れるようになりました。サイモントン療法はアメリカやヨーロッパでも提供されていますが、ドイツのサイモントンの通訳者が偶然仏教徒で、「サイモントンの教えは仏教に通ずるものがある」とコメントしたのをきっかけに、サイモントンは仏教を学ぶようになります。中でも、ティク・ナット・ハン禅師やダライ・ラマ十四世の教えに大きく影響を受け、マインドフルネスの呼吸瞑想や座る瞑想などを対患者のセッションでも頻繁に取り入れるようになります。各種イメージ療法を行う際にも、毎回、まずは今・この瞬間に意識を向け、それを称えるマインドフルネス呼吸法から導入することで、より深く瞑想に入りやすくなるという報告を多く受けるようになりました。また、呼吸にただ「気づき」「微笑む」という優しく温かなプロセスが、後回しにしがちな自分自身に対して、思いやりを育むことを重要視するサイモントンのメソッドとの親和性がとても高いものでした。サイモントン自身も、生前は世界中を飛び回っており、年間の三分の二は海外にいる状態だったのですが、飛行機の中や現地のホテルでマインドフルネス呼吸法を行うようになってからは、時差ぼけが解消され、睡眠の質が高くなったと報告しています。

彼は呼吸法については当初から重要性を唱えていましたが、晩年は呼吸を操作するのではなくただ「呼吸に気づき、微笑む」マインドフルネスを重要視しています。「心理学」「心理療法」また「精神医学」は、英語でそれぞれ、〝Psychology〟、〝Psychotherapy〟また〝Psychiatry〟と書きますが、〝Psyche〟というのはギリシャ語のプシュケが語源で、「息」や「呼吸」の意味があります。また、魂や霊のことは英語でSpiritと書きますが、ラテン語の〝Spiritus〟が語源で、これもまた「息」や「呼吸」を意味します。日本語で「息」という字は「自」の「心」と書きますから、これも同じ文脈でしょう。精神や心や魂が「息」を意味するなら、呼吸は私たちの命や本質そのものであるということであり、それを意識し称えることが健康の取り組みの大きな一歩であると考えるのは自然なことでしょう。

人生とは、期間限定・地球の旅のようなものです。中には長い旅もあれば短い旅もあるでしょう。旅の目的はその期間を延ばすことではなく、与えられた期間を、呼吸とともに十全に味わい、楽しみ、旅を終えるときに「なかなか素敵な旅だった」と納得いくことではないでしょうか。

肉体はそんな期間限定地球の旅をするための、地球服のようなもの。がんや病気は私たちが人生という旅の目的を忘れたことで、大切なバランスが崩れてしまったことを教えてくれる、無意識なメッセンジャーなわけです。そのバランスとは、身体的なバランスのみならず、心理・精神的バランスであり、社会的バランスであり、スピリチュアルなバランスでもあります。微細なエネルギーで構成されている私たちの、それら見えない部分から身体化されたメッセージとして顕れたがん――そのメッセンジャーをただ切ったり滅ぼしたりするだけでなく、心をオープンにして、素直な気持ちでそのメッセージに耳を傾け、必要な変化を起こしたのなら、私たちの身体だけでなく、人生そのものが癒されることでしょう。

少年院の矯正教育プログラムとして導入されはじめたマインドフルネス

全国の男子・女子少年院に先駆けて平成二三年度からマインドフルネスを導入している筑紫少女苑の試み

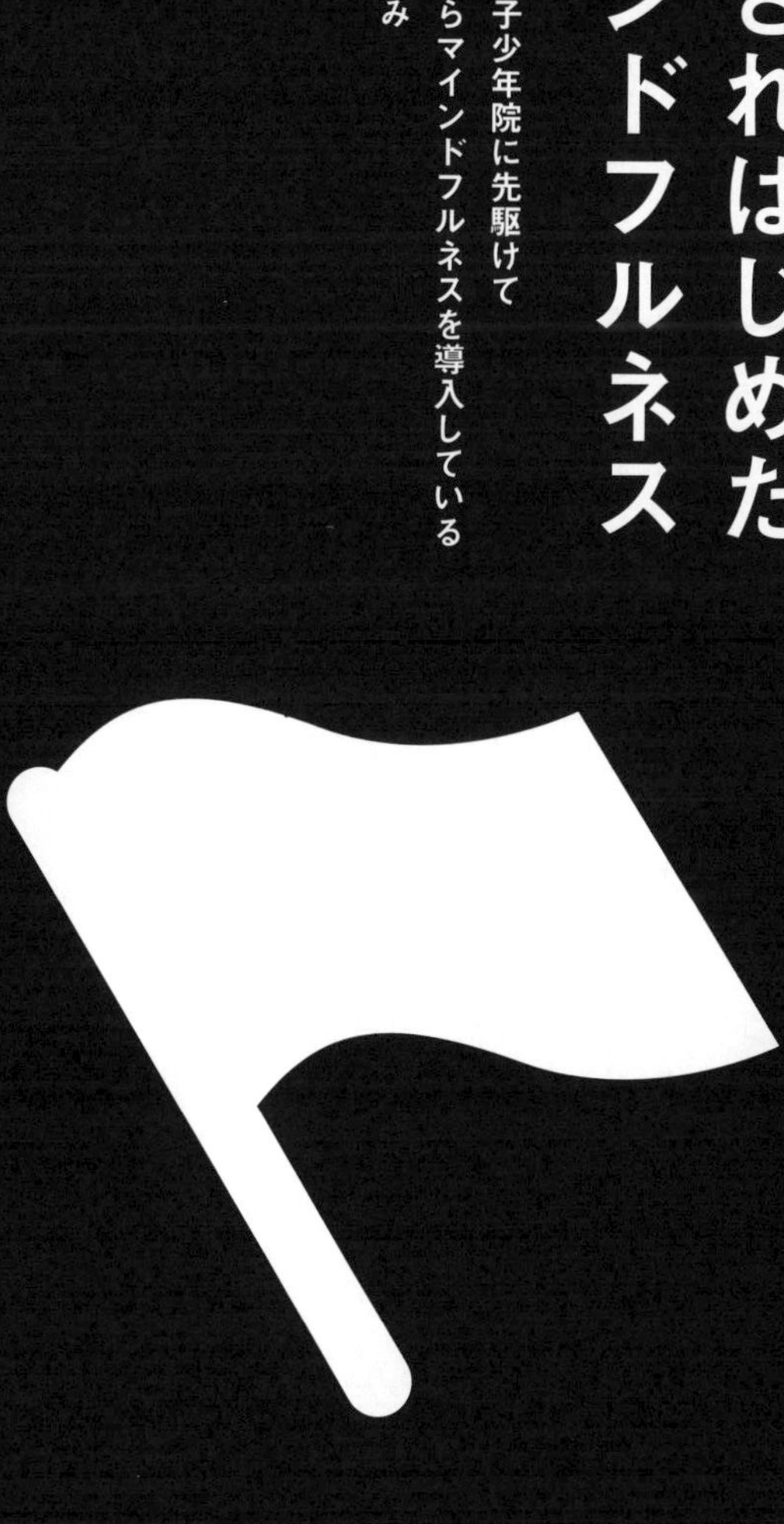

取材・執筆　森竹ひろこ（コマメ）

欧米で教育分野に広がる瞑想とマインドフルネス

二〇〇七年、イギリスでマインドフルネスの取り組みが、全国規模の学校で試行され、それ以降、教育分野におけるマインドフルネスの研究が進み、オックスフォード大学やロンドン大学では、生徒のメンタルケア（心の健康）を高めるという研究が実施された。

現在、アメリカやイギリスの各地の学校で、マインドフルネスを応用したプログラムが実施されている。貧困層の多い地域や、不安定な家庭環境の多い地域でも、瞑想やマインドフルネスを授業に取り入れることで、生徒の自発性の向上、教室でのフラストレーションの低下、出席率の上昇など、良好な効果が出ているそうだ。[※1]

全国の少年院が導入し始めたマインドフルネス

日本では法務省が、平成二六年度から少年院[※2]の矯正教育のプログラムの一つとして、マインドフルネスの試行をはじめた。現在では全国に九カ所ある女子少年院の全てで実施され、男子の少年院でも導入が進められている。

それに先駆けて、平成二三年五月からマインドフルネスを導入しているのが、福岡県福岡市の「筑紫少女苑」[※3]だ。マインドフルネスの実践を在院者のホームワーク（日課）に取り入れるとともに、職員も毎朝のミーティングで実践している。女子少年院といった環境に合わせて試行錯誤を続け、また在院者と職員がともに取り組むことにより、穏やかだがポジティブな効果があるという。

活動を担当する法務教官にメールインタビューをお願いした。今から五年前、まだ一般的でなかったマインドフルネスを導入した経緯から、現場に合わせた取り組みの工夫、具体的な効果まで、詳しく回答いただいた。

［注］

※1　http://www.theatlantic.com/education/archive/2015/08/mindfulness-education-schools-meditation/402469/

※2　少年院とは、家庭裁判所の少年審判により、原則少年院送致の判決を受けた少年・少女（原則十二歳以上二十歳未満）を収容する矯正・矯正施設だ。

※3　九州本土七県では、唯一女子の収容に対応している女子少年院。

筑紫少女苑メールインタビュー

――どういった経緯で、筑紫少女苑でマインドフルネスが導入されることになったのでしょうか？

筑紫少女苑では、在院者の再非行を防止する有効な処遇を展開するため、教科指導や職業指導、それぞれの非行に応じた指導等さまざまな教育活動を行なっているが、二〇一〇年当時行なっていた認知行動療法に基づく薬物再使用防止指導（リラプスプリベンション）をより効果的なものにしようと職員で検討していた際、アメリカの文献から、マインドフルネスと並行して実施するとより効果が高まるという情報を得て、まずは職員で体験してみることとした。職員が体感した結果、マインドフルネスは薬物問題を抱える在院者だけでなく、全ての在院者にとって、また職員にとってもよいのではないかという意見が職員間で上がり、二〇一一年五月から在院者の日課の一つとして導入し、職員も毎朝のミーティングの後に数分間実践するようになった。

――指導は誰が、どのくらいの頻度で行なっているのでしょうか？

当初は外部講師中心であったが、現在はマインドフルネスを担当する複数の職員が行なっている。入院して間もな

マインドフルネスに取り組む様子

い新入生については、入院後一週間以内に導入のためのオリエンテーションを行い、マインドフルネス瞑想の方法や目的、姿勢や取り組み方等について個別に指導を行なっている。

また、毎週一回（一単元五〇分）、全ての在院者を対象として体育館や大教室で全体指導を行なっている。

――どのようなマインドフルネスのプラクティスを行なっていますか？

プラクティスについては、「ホームワーク」として毎日夜間に一五分間寮内の各自の居室内で職員が作成したガイドCDに沿って行なっている。実施後は、記録用紙にそれぞれの気づき等を記入する。

実際内容は、月・火・水曜日が呼吸瞑想、木・金・土曜日はボディスキャン、日曜日は愛と慈しみの瞑想を行なっている。呼吸瞑想と愛と慈しみの瞑想については、畳ベッドに座布団を敷き、あぐら（足を楽に組む形）で、ボディスキャンは、椅子に座って行なっている。

――二〇一一年の導入から定着させた現在までの、道のりを教えてください。

実施の枠組みである週一回五〇分の全体指導、毎日の一五分間のホームワークは瞑想の順番や実施時間の調整は図ってきたものの、基本的には二〇一一年開始当初から変わっていない。

変化したことは①指導者が職員主体になったこと、②授業や講話や集合瞑想中心から未成年ということや在院者の特性に応じたものとしたこと、などがあげられる。

①指導者を外部講師から職員へ

マインドフルネス開始後数年間は、職員も経験が浅かったことから瞑想体験のある近隣の臨床心理士に指導を依頼していたが、職員もそれぞれに研鑽や実践を積むなどしてきたことや、少年院の在院者はそもそもマインドフルネス瞑想の実践の希望を持って集まった集団ではないため、外部講師による講話と実践、質疑応答のみではモチベーションを維持することは難しく、在院者と日常的に密接に関わる職員が指導したほうがより浸透するという考え方から、職員主体の指導となった。

②公的機関の未成年に応じた授業形態としたこと

在院者の中でマインドフルネスに抵抗を示す者は、「宗

筑紫少女苑

教っぽい」、「意味がわからない」、「たいくつ」等の感想を抱くことが多かったため、特定の宗教等ではないことを、メディア等も活用しつつ視覚的にも理解できる機会を設けたり、実施の目的やその科学的根拠を平易な言葉でわかりやすく説明するなどした。

また、身近な話題を具体例として説明するようにし、五〇分間の授業では、マインドフルな状態を体感できるゲームを導入時に行なったり、姿勢の指導やマインドフルネスヨーガ、集合瞑想後の職員も含めたそれぞれの気づきの分かち合いなどを取り入れ、座ったままではなく適度に動きのある構成とした。

授業の際は、職員も指導者としてではなく、在院者とともに円座となり、ともに気づきを深めるエクササイズを行なっている一員として参加し、「マインドフルネスの時間においては、心の中でも批判や判断をせず、全てのことにマインドフルに取り組むこと」を心掛けるというルールを導入し、職員も積極的に取り組む姿勢を示すことで、授業の雰囲気作りを行ない、在院者が安心して授業に臨めるよう心掛けている。

また、マインドフルネスの授業で学んだことを、より日常に溶け込ませるため、「心、ここにあらず」なマインドレスな状態と、「今、ここ」に集中したマインドフルな状態について理解できるよう指導し、日常生活において具体的にマインドレスな状態の行動や、マインドフルな状態の行動を発表させる等、日常生活にマインドフルネスを応用できるような説明を行なう機会を増やし、日常生活においてもマインドフルな行動を心掛けるよう指導している。

――マインドフルネスを導入して、どのような成果を感じましたか。また、在院者の感想も教えてください。

成果としては、マインドフルネスを導入することにより、自分の心や体の状態を観察できるようになり、感情のコントロールがより可能になった在院者が増えたように感じている。また、集中力の向上を実感する在院者が見られるようになった。

・「今、ここの瞬間」の大切さを理解する在院者が増え、それらを日記や作文に記したり、面接等の場で話したりすることがある。

・トラウマや薬物依存症によりフラッシュバックが起こりやすい在院者が、そのような状態になったら、自分の行動を心の中で実況中継し、「今」に留まるように意識している、と面談で話すことなどがある。

・物をていねいに（マインドフルに）置く、スリッパを整えて（マインドフルに）置く、などの行動がみられる。

・マインドフルネスとは別に実施しているアンガーマネジメントの授業では、怒りを感じたときの自分の身体の変化を、抵抗なく述べることができる在院者が増え、怒りの感情を感じたときの様子について、「頭が真っ白になって観察できなくなる」と述べる等、怒りの感情により自分の身体の意識を向けにくくなっている自分に気づいた発言をする者もいる。

・出院時の在院者のアンケートでは、「短気な性格が変わった」、「瞑想は苦手だけど、マインドフルネスの考え方が身に付き、感情のコントロールに役立てるようになった」、「集中しやすくなった」、「イライラのコントロールに役立った」などの感想がみられる。

その他、職員からは、感情不安定になっている在院者を指導している際、「今、ここ」をキーワードに気持ちを切り替えるよう助言すると素直に助言を受け入れることができたり、周囲の言動を客観的に捉えられるようになったなどという在院者の様子が報告されている。

ダライ・ラマ法王の医師・Dr. バリー・カーズィン（Dr. Barry Kerzin）インタビュー

慈悲と智慧の科学

チベット仏教と西洋医学の出会いが生み出す脳と瞑想の最先端

取材・構成　森竹ひろこ（コマメ）
通訳　丸山智恵子
撮影　相田晴美

西洋医学の医師であり、ダライ・ラマ法王のもとで出家した比丘でもあるバリー・カーズィン師。脳と瞑想の先端研究にも関わり、日本においては二〇一〇年にヒューマンバリュー総合研究所を立ち上げ活動する師に、慈悲と瞑想、そして医療とチベット仏教の関わりなどを伺った。

西洋医師の資格を持つ、チベット仏教僧

――バリー先生はアメリカで生まれ育ち、西洋医学の医師になり、その後チベット仏教の僧侶にもなられました。仏教には子どものころから親しまれていたのでしょうか？

私の家族は誰も仏教徒ではありませんでしたが、一四歳の時にたまたま二冊の仏教書と出会いました。一冊は世界的な仏教哲学者の鈴木大拙の本です。もう一冊は禅文化をアメリカに紹介したアラン・ワッツの仏教書です。この二冊を読んでも、当時の私には深い意味はわかりませんでしたが、それでも「現実をつくり出すパワー」という言葉が強く印象に残りました。

そういえば六〜九歳の頃には、よく瞑想的な体験をしていました。私が家のベッドに寝て部屋の隅のところを見ていると、急に壁がなくなって、広大な空間が広がったように感じるのです。当時は、宇宙という言葉では認識していませんでしたが、今思うとそのような無限の空間が広がったように感じました。それを見ていると、自分の不安や恐れ、抱えている問題、そして自分自身さえも小さく思え、なにか問題があってもたいしたことはない、意味がないと思えました。

また、六〜七歳の頃には、「私は、誰なのか？」、「私は、ここでなにをしているのか？　人生の目的はなにか？」といった思いがわき上がり、私が人として成長していた時期

Dr. Barry Kerzin
チベット仏教僧侶、医師、大学教授

アメリカ・カリフォルニア出身。インド・ダラムサラ在住。ワシントン大学客員教授。香港大学医学部名誉教授。
カリフォルニア大学バークレー校で哲学の学士取得後、南カリフォルニア大学で医学を学び医師となる。元ワシントン大学医学部准教授。インド・ブッダガヤにて、ダライ・ラマ法王第十四世からビクシュ（僧侶）の戒を受ける。約30年以上にわたり慈善医療活動と瞑想修行をしながら、アメリカ、ヨーロッパ、インド、モンゴル、日本で仏教や医療に関する講話を行う。世界のトップ科学者と仏教者の対話を促進する研究機関マインド・アンド・ライフ・インスティチュートのメンバー、そしてドイツのマックス・プランク研究所における「瞑想と慈悲の訓練の長期的研究」の顧問でもある。著書『チベット仏教からの幸せの処方箋』（オープンセンス）。所長を務めるヒューマンバリュー総合研究所主催で2012年11月に開催された、ダライ・ラマ法王と利根川進博士の公開シンポジウムが『物質と心』（サンガ）として、2016年11月に書籍化された。

の大切な問いかけとなりました。大学はカリフォルニア大学バークレー校に進学し、哲学の勉強に没頭しました。

――大学時代は哲学青年だったのですね。なぜ、医学に転身されたのでしょうか？

実は私は一一歳の時に、命を脅かすほどの脳の病気になりました。想像を絶する脳の手術を四、五回も受けることになりましたが、幸運なことに一命を取り留めました。だから、私にとって命を救ってくれたお医者さんは最高のヒーローであり、神様のような存在でした。

大学の卒業が近づいて将来を考える時に、「このまま哲学者になるのか、それとも子どもの頃から憧れていた医者になるのか」と、自分自身に問いかけてみました。すると、「私を救ってくれた医師たちのように人の命を救いたい。人を苦しみから救える人間になりたい」、という心の奥底の思いが再び胸によみがえり、私を動かしたのです。大学を卒業後、南カリフォルニア大学のメディカルスクールに進む決心をしました。

――そうして、医学の道を歩まれることになったのですね。

はい。メディカルスクールで学び、研修医の期間を終えた後、カリフォルニアのオーハイという町で、自分のクリニックを開きました。そして学生時代に出会った女性と結婚し、私は医学の道を、妻は法学の道をそれぞれ支え合いながら歩み、幸せな日々を送りました。しかしそれも長くは続きませんでした。二〇代から三〇代にかけての五年ほどの間に、優しい母親と、最愛の妻を、立て続けに同じ病気で失うことになったのです。

大きな悲しみを抱えた私は、インド、スリランカ、ネパールの旅に出ました。ネパールのコパン僧院では、ラマ・ゾパ・リンポチェから仏教のエッセンスである「空」についての法話を聞いた時は、あまりにも今までの考え方と違っていたため、頭が三六〇度回転したような不思議な感覚に襲われました。「いったいなにが起こっているのだ」というくらいの大きな変容が自分の中で起こり、また深い感動と喜びを覚えました。その時、仏教は私の人生において非常に重要なものであると、直感的に感じました。

帰国後は、シアトルのワシントン大学医学部の准教授になり、講義を持ち、医学研究を行うようになりました。しかし、その地で親しくしていた、偉大な瞑想者である高僧のゲン・ラムリンパ・リンポチェが、ダラムサラに帰られることになりました。さらに、西洋医学とチベット医学両方の視点で高血圧などの研究ができる医師が求められていたことなどが重なり、私もリンポチェとともにダラムサラに行き半年のつもりが、その後移り住む決意をしました。

ダラムサラでは、チベット医学のドクターたちと研究をし、絆が深まるなかで、もともと興味を持っていた仏教哲学を学び、瞑想修行をするようになりました。一五年以上の間、ダライ・ラマ法王をはじめとする高僧の方たちの法話を受け、三年三カ月にわたるリトリートも経験しました。今ではダラムサラに三〇年ほどになります。

――ダライ・ラマ法王からも、教えを受けられたのですね。

師であるダライ・ラマ法王からいただいた、私にとって大切な言葉があります。学び始めてさほどたっていない頃のことです。私は法王に「私は仏教の『智慧』、つまり『空』を学びたい」と伝えました。すると、いつもはにこやかな法王が、私を厳しい目で見つめて一言、「慈悲と智慧、フィフティーフィフティーだ」とはっきりと言われました。その言葉は、稲妻のように私の心に突き刺さりました。そして、少し傲慢になっていた自分に気づいたのです。この言葉は私が法王からいただいた、最も重要なアドバイスの一つになりました。それほどチベット仏教では智慧と慈悲のどちらも重要なのです。

そうして、ダラムサラで月日を重ねるうちに、私の仏教の道は深まっていき、自然と僧侶になりたいという気持ちが強くなっていきました。そこで、法王に何度も出家したいと申し出たのですが、毎回「そうだね、ではこれを勉強しなさい」と課題を与えられるのです。でも、その課題を終えて、もう一度出家の決意を伝えても、また次の課題が与えられました。そうされたということは、まだ私の準備ができていなかったからだと思います。

最終的に法王に許可をいただいた時は、もう自分のなかでも決意がかたまっていました。自分が僧侶になるべきか、在家として家庭を持つ方がいいのかといったことの疑いや迷いが、すでに減った状態になっていたのです。

結果的には出家までのプロセスは長かったのですが、いざ出家となると早かったです。準備段階の僧の戒律を授けられてから、正式な僧侶である戒律を授かるまで、普通は何年かかかります。でも、私の場合は、早朝に法王と儀式を担当する僧侶だけで準備段階の戒が授けられました。その後、朝食を食べていたら呼ばれて、「それでは、ビクシュ（戒を受けている者）になることを許可します」と言われ、その日のうちに正式な僧侶の戒を授かりました。

受戒式では出家を認めるため、法王や高僧たちとともに互いの手を重ねる儀式があり、みんな近くに集まります。法王はその前に、大麦でできたチベットの主食ツァンパをお食べになっていたのでしょうか。法王の息からツァンパのよい香りが漂ってきたのを、今も鮮明に覚えています。

――正式な僧になって、それまでと生活は変わりましたか？

それが、その直前まで三年三カ月間のリトリートをやっていました。髪をそって、服も簡易な僧のようなものを着て、大きな戒律は全て守り、外に出かけることもありませんでした。ですからライフスタイル自体は変わらずに生活が続くことになりました。

それでも出家したことで喜びにあふれていましたし、深いところでリラックスしていました。社交的なことにもわずらわされず瞑想に専念できるようになり、よいタイミングで修行を続けることができたと思います。

ただ、衣の着方がよくわかりませんでした。正式な僧侶の衣は、左と右で違う数のひだを作り、それを真ん中に持ってきて落ちる前に縛るという複雑なものなのです。慣れていないので、着るのに時間がかかりましたね（笑）。

――ダライ・ラマ法王のもとで出家されたということは、バリー先生はゲルク派の僧侶という認識でよろしいのでしょうか？

チベット仏教と一言でいっても、均質化されているわけではないので、いろいろな派があります。ゲルク派は学問を強調します。私はゲルク派の先生にもたくさん教わりましたが、三年三カ月間のリトリートはニンマ派の先生につきました。チベット仏教といってもたくさんの派に分かれていて、複数の派で学んでいる人も多いのです。私自身は何派に属しているという意識はなく、ただブッダに従っているだけです。

テーラワーダ仏教もタイやミャンマー、ラオスやスリランカなど、それぞれ特色があります。マハーヤーナ仏教も日本の天台宗や真言宗、禅宗をはじめ、韓国やベトナムにもいろいろあり一括りにはできませんね。チベット仏教も同様です。ただ、同じ仏教だけど多様性があるということは、ブッダの教えが多様性のあることを表しているのだと思います。だからこそ仏教は、豊かになっているのではないでしょうか。

——日本ではみなさん敬愛を込めて、バリー先生やDr.バリーとお呼びしていますが、チベット仏教僧としてはラマ、リンポチェなど、どのような敬称でお呼びするのがふさわしいですか？

三年のリトリートを行うことがラマという呼称のつく条件ですが、そういった意味では私はラマと呼ばれる資格があります。でも、人にはそう呼ばないでくださいと言っています。また、仏教や瞑想を教える人もラマと呼ばれますので、私もその対象です。でも、そう呼ばないでくださいと言っています。

リンポチェにも二つの意味があり、一つはラマの生まれ変わり「トゥルク」と呼ばれる人たちです。もう一つは先生の敬称ですが、私はそうも呼ばないようにお願いしています。

——なぜ、そうされるのでしょうか？

私のエゴが増長しないように修行の一環としてそのようにお願いしているのです。

光明と虹の体

——僧侶の修行中は、医師としての活動はされていましたか？

ダラムサラでは、自分のクリニックを持ったり、勤めたりしているわけではないのですが、法王の勧めもあり、経済活動としてではありませんが医療活動は続けていました。現在もアメリカの医師の資格を更新しながら、三〇年近く人々の慈善医療の実践を続けています。そうしたなかで、ダライ・ラマ法王をはじめとする高僧の方々の、医療的ケアも行ってきました。医師としても、僧侶としても恵まれたことに、三人も高僧の死に立ち会う機会もありました。

現代医学では心臓が止まったり、呼吸が止まったりした時を死と定義していますね。でもチベット仏教では私たちの意識には微細な部分があり、その微細な意識が死の時に肉体を離れると考えています。ただしそれは心肺停止の時と同時ではありません。

チベット仏教では死のプロセスには、八つのステージがあるといわれています。体の動きが止まり、呼吸や心臓が止まるのは、四つ目のステージまでで起こることです。その後には、まだ四つのステージがあり、最後のステージで微細な意識が離れた時が死です。この微細な意識は「光明(クリアライト)」といわれ、チベット仏教では死の時に、それを体験するのが大事だとされています。もし中断することなく永遠に光明の状態にいるのならば、その人はブッダの悟りの境地に達したといわれます。

二〇〇八年に南インドでロプサン・ニマ・リンポチェ(第一〇〇世ガンデン・ティパ座主　チベット仏教ゲルク派教主)という高僧が、八〇代後半で亡くなりました。晩年は何度も脳卒中を起こし、自分で歩くことも、食べることも、流暢に話すこともできず、介護を受けながら死を迎えました。ですから、見た目は年老いて衰弱したおじいさんのように見えました。

しかしこの高僧は亡くなってからも、心臓が温かい状態が一八日間も続きました。この間、肉体は全く腐敗せず、よい香りまでしました。ご存知だと思いますが、人は死ぬと体温が急激に低下し、身体は硬直します。そのままにしておくと、室温にもよりますが、数日のうちには皮膚には死斑と呼ばれる青や黒いあざがうかび上がり、体がむくみ、異臭もしてきます。しかし、この高僧は一八日間、そういったことが全く起こらなかったのです。

――なぜ、そのようなことが起きるのでしょうか?

修行を積んだ高僧の方は、光明の体験を得るために何十年もかけて瞑想をして準備をしているので、死の瞬間も瞑想を続けることができるのです。そこでは母なる光明と息子なる光明が出会う、と表現されることが起こります。母なる光明は死に際に、息子なる光明は瞑想を通して体験するものです。このことにより、高僧の方は心臓が停止してからも、数日から数週間ほど生き続けることがあるのです。生きている間にそのプロセスを訓練しているので、「光明の状態にとどまっている」ということに気づくことができるのです。

いつもというわけではありませんが、時々そういうことが起こります。私が死に立ち会った三人の高僧も、最後にはその状態に達し、さらに長い時間その状態にとどまり続けました。このように、心臓が止まって医学的には死亡と診断された後も、体温が保持されて遺体が腐敗しない現象を、チベット語で「トゥクタム」といいます。

こんなケースを聞いたことがあります。十年ほど前のことですが東チベットのカム地方で、ある高僧が亡くなると体が縮みはじめ、最後には髪の毛と爪と衣だけが残ったそうです。そして、空には大きな綺麗な虹がかかったといいます。

私たちの肉体を最も微細なエネルギーに変容させるには、最も微細なレベルの意識である光明が必要です。この高僧の肉体は、私たちのような粗いレベルではなく、最も微細な意識を体験して、光の体、虹の体に変容したということだと思います。

――「虹の体」に「光明」、とても不思議な現象です。もう少し説明をお願いできるでしょうか。

はい、虹の体は慈悲や菩提心、つまり人を助けるということの究極の道を表しています。また、虹の体はルーパカーヤ（色身：Rūpa-kāya）に近いです。

光明は智慧を育む究極の道であり、ブッダの心を表す「空」であり、真実を表すダルマカーヤ（法身：dharma-kāya）でもあります。両方はブッダの体と心ともいえ、無条件の愛、菩提心、それから智慧といった神聖なものに基づいています。これは密教修行の目標であり、行き着く先でもあります。

パーリ語経典では記述が少なく、あまり詳細に述べられていません。しかし密教のタントラでは、より多く詳細に述べられています。私は、これらもブッダの正式な教えの一部だと理解していますが、そうと考えていない人もいると思います。「馬を水場に連れて行くことはできても、水を飲ませることはできない」という英語のことわざがあります。そのように説明しても、実際に理解してもらうことは難しいこともあります。

微細な体験のような、いわゆる非概念的な体験は、言葉で説明することは大変難しいものです。微細なレベルになればなるほど、粗いレベルで使われている言語や概念は、かえって邪魔になってしまいます。ですからみなさんには、感覚的、直感的にわかってもらうしかないところがあります。

――密教であるチベット仏教は日本ではまだ馴染みが薄く、ミステリアスなイメージを持っている人も多いようです。

密教とは、誰かから隠して秘密にしておくという意味ではありません。実践する修行が非常に奥深いものなので、細心の注意が必要だという意味なのです。密教の修行がセクシャリティをともなうものだと勘違いしている人もいますが、それも誤解です。密教がタントラで一体になると言っているのは、智慧と慈悲が一体になるということです。
また、チベット仏教の僧侶は密教だけを修行していると誤解されることもありますが、全ての仏教を学び、そのなかに密教も含まれているのです。

科学者による脳と瞑想の研究

――バリー先生は、世界的な脳科学者である米国ウィスコンシン大学のR・J・デヴィッドソン博士が中心になって行われた、瞑想の効果を科学的に調べる研究に参加されていました。

はい。検査の対象となったのは、長期間瞑想をしているチベット仏教の僧侶一〇人です。最低でも一万時間、ほとんどの方が四万から五万時間ほどの瞑想経験者です。私もその一人として、実験に協力しました。これだけの瞑想経験者に協力を得るのは大変なことですが、ダライ・ラマ法王が協力され、インドやネパールで長期の隠遁修行をしている人に声をかけられたことで実現しました。また比較のため、瞑想経験のない人も同じ人数を集めて、同じ検査をしました。博士が投げかけた問いは「長期瞑想者の脳と、他の人の脳は違うのか」、この一点です。その問いに答えるために、さまざまなメソッドを使った実験が行われました。

fMRIを使い、瞑想中の脳の活動を調べる検査をしました。また、白いワイヤーを何十本も頭に付けて、電子的にいわゆる脳波を調べるEEGも受けました。通常の臨床的な検査では、付けるワイヤーは二〇本ほどですが、より詳しいデータをとるため五八本ものワイヤーが私の頭に付けられました。この時、私たちの頭には、大量の蛇がまとわりついているように見えたそうです（笑）。

どちらの検査をする時も、四つのことのどれかをするように求められました。まず、瞑想をするか、意図的に瞑想をしないか。さらに瞑想をする場合は、シャマタ瞑想とオープン・プレゼンス瞑想、そして慈悲（菩提心）をともなったオープン・プレゼンス瞑想の三種類の瞑想が指示されました。

シャマタ瞑想のシャマタはサンスクリット語で、英語では「穏やかにとどまる」という意味があります。漢訳の日本語では「止」だそうですね。この瞑想の目的は、心を落ち着かせ、集中力を高めることです。一般的に、この瞑想は心をひとつの特定の対象に焦点を定め、通常は、鼻の下で出入りする呼吸に意識を集中させます。または、心に描いたブッダの姿や、心そのものに焦点を当てることもできます。密教の修行では、慈悲を表す観世音菩薩のようなひとつの本尊、あるいは本尊の集合体（曼荼羅）としての自分自身に意識を集中します。

二つ目のオープン・プレゼンス瞑想は、日本の禅寺でされている「坐禅」に近いものです。自分自身に焦点を当てずに、また特定の対象にも焦点を当てません。主観を一切そこに入れないこと、「私」という意識をそこに入れないことが大切です。視覚によって見ようとすることも、聴覚によって聞くことも、「私」と思う感覚をもつこともなく、ただくつろいでいるような感じの瞑想です。それは、とても非二元的な感覚です。

三つ目の慈悲心をともなったオープン・プレゼンス瞑想は、二つ目の瞑想の非二元的な状態において、心の本質である慈悲が光り輝くという瞑想です。大変熟練した瞑想者は、自然に菩提心が流れ込むような感じになるといわれます。私はまずは菩提心を概念的に考え、そのあと思考を使わずに非概念的に体験するといった感じで行いました。

――実験によって、どんな結果が出たのでしょうか？

瞑想の訓練を長年してきた人の脳は、瞑想をしている時としていない時では、驚くような違いがあることが明らかになりました。瞑想をしている時は、額のすぐ後ろ側にある前頭葉前皮質の活動が非常に活発になっているのです。瞑想をしていない時は、それは起きませんでした。前頭葉は精神作用や随意運動の実行センターといわれ、視覚などの感覚から、想像、対人関係、「自分は何ものか？」などの精神的なものにも関係します。さらに、長期瞑想者はこの部分のボリュームが他よりありました。前頭葉が大きいということは、活発ということです。私がそうかどうかは、わからないですが（笑）。

また、瞑想中の長期瞑想者の大脳に、高周波のγ（ガンマ）波が頻発して大きく出るということが起こりました。それも脳の前部だけでなく、後ろや左右でも見られました。いきなり爆発的にγ波が出て、高い振幅の脳波が大脳皮質全体に何秒間にもわたって現れる状態が、脳波計で計測されたのです。このようなγ波が瞑想中に現れたのは、長期にわたる瞑想経験者だけでした。

この結果に、脳科学者たちは「一体、脳の中で何が起こっているんだ?」と驚いたそうです。始めはてんかんの発作を疑ったそうですが、でもそのような症状は出ていません。それまで脳内のコミュニケーションは、一センチメートル以内ほどの近い部位にしか起こらないと考えられていました。しかし、この実験で大脳皮質の多くの部位が、離れた部位とも相互にコミュニケーションできるということが明らかになったのです。それでは、彼らも驚くはずですね。

最近になって、瞑想をしている時は脳の一部ではなくて全体でシンクロニシティが同事多発で起きている、つまり脳のあらゆる部位が同時に相互で対話しているような状態になっているのではないか、という仮説が立てられてきています。瞑想中はおそらく脳の中が、交響曲のような非常に調和のとれた状態なのだろうということが、少しずつわかってきたのです。

まだ議論は終わっていませんが、もしそうなら脳神経学の新しい発見です。私が医学を勉強している時には、このようなことは学びませんでした。今後さらに研究が必要ですが、非常に興味深いことです。

――その研究結果が私たちの社会や生活に、どのように反映されていくのでしょうか？

それはとても、重要な質問ですね。この研究は八～九年前に行われましたが、分析はまだ続けられていて、デヴィッドソン博士とウィスコンシン大学の研究チームは、すでに多くの論文を発表しています。最も権威があり、掲載の基準も厳しいとされる機関誌『米国科学アカデミー紀要』や、世界的な科学雑誌『ネイチャー』などにも研究論文が掲載されました。興味をもった多くのメディアが後を追い、脳と瞑想の関係を記事にしています。

仏教側では、南インドにあるチベット仏教の僧院が、現代科学を正式な科目として採用し、特に脳に関する勉強をするようになりました。

では、科学者側にはどんな影響があったのでしょう。まず、彼らの間で瞑想に対する信頼がどんどん高まりました。特に若い脳科学者が瞑想するようになり、仏教徒になる人も増えました。そのように、仏教に対する関心が開かれていった、という大きな変化がありました。さらに、この研究から二つの問いが生まれました。一つは瞑想と慈悲の効用について。もう一つは死とはなにかということです。

まず瞑想や慈悲がポジティブな影響を与えるということがわかりましたが、実験の対象となったのは、人生の全てを瞑想に捧げているような人たちです。では、普通の人たちはどうなのだろうかという問いが、出されたのですね。そこまで長期にしなくても、普通の人ができる範囲の瞑想と慈悲のトレーニングでも、その人の人生にポジティブなものを生むか、ということが研究されてきました。

その結果、瞑想や慈悲のトレーニングは普段の生活にも持ち込むことができるということがわかり、幼稚園からもっと上の年代まで、世界中の学校教育が取り入れるようになってきました。アメリカ、ドイツ、イギリス、オーストラリア、スペイン、カナダ。カナダは非常に広い範囲で幼稚園から取り入れられています。そして北欧の一部、日本でも徐々に始まっています、中国はわかりませんが、香港では始まっています、そしてロシア。科学的な裏付けがあるからこそ、多くの国で公的な機関も含めて、教育システムに採用されたのです。

まずはシンプルな瞑想と、慈悲について学びます。そして、その文脈にそった非暴力的なコミュニケーションの実践も始まっています。例えば、子ども同士でおもちゃの取り合いになったとします。「僕のものだ！」「違う、僕のだ！」と手を出すのではなくて、まずは座って話し合いをするように促します。

このような非暴力による紛争解決のトレーニングを受けた子どもたちが、成長して世界のリーダーになると、兵士や爆撃機を送り込む代わりに、「対話」での解決を模索するようになるかもしれません。全ての戦争を無くせるかどうかは私にはわかりませんが、平和な世界を築いていく可能性が広がっていくのではないでしょうか。これから国際社会も環境問題も、ますます困難なことが起こるかもしれませんが、瞑想と慈悲のトレーニング・システムが学校教育に取り入れられている限り、結果的にはよくなっていくのではないかと思います。

もう一つは、死についてです。瞑想に熟練した高僧はトゥクタムのなかで、心肺停止した後も医学的には「生きた」状態が長く続いている。では、死とはなにかが、あらためて議論になってきています。特にデヴィッドソン博士の研究グループが、長い瞑想者の光明の状態、死ぬ際にどうなるかなどを調べています。研究の成果の一つとして、より科学的にトゥクタムの研究も進むようになったといえます。

——そういった神秘的にも思える現象が科学的に解明されるのは、とても興味深いことです。

実は近代科学と仏教のアプローチは、どちらも理論と合理性に基づいているという点で似ているのです。現代人は多くの場合、見えないもの、触れられないものに対して、拒絶する気持ちが起こるものですが、仏教を学んでいくと、見えないものや、触れられないものにも、だんだんと理解が生まれてきます。

二つの文脈のマインドフルネス

――日本でも宗教を越えて、マインドフルネスに関心を持つ人が増えてきました。研修会の講義ではマインドフルネスはシャマタ瞑想と、内面を見るという二つのアプローチがあると触れられていましたが、もう少し詳しくお聞きできますか。

本来、マインドフルネスという言葉自体は、「思い出す」「覚えておく」という意味があります。シャマタ（集中）瞑想をしている時は対象を思い出し、そこからそれないようにします。それが集中の文脈からのマインドフルネスです。

もう一つは、もう少し幅広い一般的な使い方です。今この瞬間に、自分のなかで起きていることに気づく、あるいは思い出すということです。考えていること、感じていること、体の感覚など、今なにが起きているかがわかるということです。これは、ネガティブな感情に対する解毒剤にもなります。ネガティブなものに気づいた瞬間に使うことで、ポジティブなものに変容することが可能です。ネガティブな感情を抑圧するのではなく、変容させるのです。

私たちの祖父母はバターを自分たちで作っていました。まず、竹でできた筒に生クリームを入れます。その筒に専用の棒を入れて、上下して攪拌《かくはん》することでバターになります。生クリームはどこに行ったのでしょうか？　生クリームはバターになっただけで、どこかへ行ったわけではありませんね。感情も同じです。怒りだったものを忍耐に変容することができ、それをさらに変容させて、愛や慈悲にすることもできるのです。

動機と行為――オウム真理教事件をめぐって

――講義や著書でも取り上げられていた、動機と行為について質問させてください。書籍ではお釈迦様が前世で五〇〇人が乗っていた船の船長だった時、全員を殺害して船に積んだ宝物を独り占めしようとしていた乗員の企てを見抜き、その乗員を殺したという経典の紹介がありました。そこでは、殺人も怒りの気持ちからではなくて、人を助けるという動機であれば、そういうこともありえる。行為より動機が大切だと説明されていました。さらに講義では、一連のオウム事

件を起こした麻原彰晃を、悪の動機の例として出されていましした。では、もし彼の動機が本気で人類救済のためだったとすれば、同じ行為をしても肯定されるのでしょうか?

私たちは彼が正しかったかどうかを、見ていくことが大切です。主張はなんでもできるけれど、それが正しいとは限りません。

経典の船長さんはブッダの前世であり、かなり覚醒した人です。人の心を正しく見える人です。彼は四九九人を救うために一人を殺しただけでなく、実はこの殺人者になりうる人を助けたことにもなるのです。もしこの人が殺人者になったら、大きな苦しみを背負うことになるからです。とても極端な話ですが、殺す側の船長さんが究極の菩提心を持っているからこそ、できたことです。麻原は菩薩でしょうか? そんなこと、まだ聞いたことがありませんね。覚醒した人であるとか、ブッダであるわけではないので、経典とは状況が違うと思います。

ヒットラーを信じた人も、自国のためを思って多くの人を殺しましたが、だからといって正しいとは言えません。基本的に仏教の考え方としては殺生をしない。命がどれだけ尊いかということから始まっているので、それが根本です。蚊の命すら奪いません。

こういう時は、私たちの常識を使えばいいのです。頭がおかしくなった人から「この人を殺せ!」と言われて、自分も信じてやってしまったら大変です。そのようなことで人生を左右されてしまうのは、悲しいことです。だから、動機が大事だと思います。

――動機が宗教的なところにあるケースもあります。宗教は世俗の倫理を越えたところにあると思いますので、そこに常識を働かせるのは難しいこともあるのではないでしょうか。

はい、それが仏教の素晴らしいところです。常識は非常に価値があるとされているのが仏教です。仏教には世俗諦と勝義諦の二諦の教えがあります。究極の真理(勝義諦)は「空」ですが、人によっては何も存在しないことと解釈してしまい、誤解を招くかもしれません。でも、もう一つの人間社会からみた真理(世俗諦)は、「私たちはみな苦しんでいる。でも、その苦しみは取り除くことができる」というところにあります。そちらが常識的、現実的な実践につながるものです。

ですから仏教を語っておかしなことをする人たちもいますが、それは私から見たら仏教ではありません。ブッダの教えに従っていないということになります。

日本での活動

――バリー先生は年に何度か来日されています。日本ではどんな活動をされているのかご紹介ください。

実は、私は自分の一部は日本人だと感じています。日本人といると居心地がいいですし、日本にいる時、幸せを感じます。また、たくさんの日本人の友人にも恵まれています。二〇一〇年には研究の場として、一般社団法人ヒューマンバリュー総合研究所を設立して、その代表理事に就任しました。

現在、年に数回来日して、各地で講演や瞑想リトリートを行っています。また東京や福岡では、チベット仏教のエッセンスが詰まっている『入菩薩行論』をテキストに教えています。これは一三〇〇年前のインドのナーランダ僧院大学の僧侶シャーンティデーヴァの教えをまとめたもので、慈悲と智慧について説いている非常に大事なテキストです。

四国巡礼もすでに五回ぐらい行っています。弘法大師空海の足跡を辿ることで外側の世界を歩きながら、それと同時に内的な体験についても考え、また静かに瞑想をする時間をともにすごします。なぜか空海には、近いものを感じるのです。

少年院での活動も続けています。瞑想も教え、健全な自信を持ってポジティブに生きることを少年少女たちに伝えています。また医師として日本の医療従事者に、愛と慈悲と瞑想をどう医療現場で使うかを教えています。被災地も含め、現在、日本で継続的な活動を続けています。今まで四回シンポジウムを開催しましたが、近いうち五回目を開催して、日本人と一緒に話し合うということをしていきたいです。

――広く活動をされていますが、その根本にはどのような動機がおありですか？

それは、愛と慈悲です。瞑想や、愛と慈悲を教えることを通して、少しでもみなさんに幸せを伝えられたらと思います。また、怒り、奢り、嫉妬などのネガティブな感情に気づいてきれいにしていく、そういった感情の衛生学的なことも伝えていきたいです。そういった役に立つことを提供することで、その人の人生がもう少し幸せになればいいな、というのが大きな目標であり動機です。そして、その根本にあるものは愛と慈悲です。

（二〇一五年一一月九日、東京）

（『サンガジャパン Vol.22』〈二〇一六年一月〉掲載を加筆修正）

Dr.バリー・カーズィンの『幸せの処方箋』瞑想研修会

取材・構成・写真　森竹ひろこ（コマ

Compassion
瞑想と慈悲
「幸せの処方箋」
St Luke's
Barry Kerzin, M.D.
Heart Sharing Network
November 7 - 8, 2015

【日　時】二〇一五年一一月七日（土）～八日（日）
【場　所】聖路加国際病院
【主　催】NPOハートシェアリングネットワーク
【後　援】聖路加国際病院精神腫瘍科
一般社団法人ヒューマンバリュー総合研究所

二〇一五年一一月七、八日の二日間、チベット仏教僧侶で米国の医師のバリー・カーズィン先生を迎えて、聖路加国際病院で瞑想研修会が開催された。対象は医療従事者や心理職者、そして健康分野におけるメンタルケアに関心のある人たち。サブタイトルは「ヘルスケアチームのための、慈悲心を養う瞑想研修会」だ。慈悲と瞑想……どちらもパーソナルな精神的な要素が強いものに思えるが、科学的実証性を重視する医療との両立は可能なのだろうか。そんな問いを持ちながら、会場へと足を運んだ。

はたして仏教に由来する瞑想と慈悲は、現代医療とどのように結び合うのか。両日の模様を紹介しよう。

一一月七日

講義

一日目の研修は病院本館内のトイスラーホールで、午後一時から開始された。トイスラーホールは患者さんやその家族、病院や大学関係者のための病院内のチャペル。朝の礼拝がほぼ毎日行われている「祈りの場」だが、医療関連の会議や研修会などにも使用されているそうだ。

参加者は三人掛けのベンチを二人で使用できる程度の、ほどよい埋まり具合。ゆったりと座って瞑想ができるように参加人数も配慮されていた。それでも、これだけの医療、心理関係者が瞑想に、それも慈悲やチベット仏教などの精神性を伴った瞑想に関心を持っていることに、少々驚かされた。

研修会は主催者であるNPOハートシェアリングネットワークの医療スタッフを代表して、聖路加国際病院精神腫瘍科・部長の保坂隆先生の挨拶で始まった。続いて、チベット僧の赤い僧衣の上に白衣を着た、バリー・カーズィン先生が登場。先生は長身のアメリカ人、年齢を感じさせない快活なエネルギーであふれていた。普段は僧衣ですごされているが、この日は参加した医療、心理関連職の人たちに敬意を払い、医師として白衣を着用しているそうだ。

ところで、今回の主題となる慈悲や瞑想は、人によって言葉に対する認識がかなり違うのではないか。そこでバリー先生はまず、慈悲とは「他人の苦しみを取りたいと願うこと。そのために行動することです」と具体的に説明され、瞑想を「心の訓練」と簡潔に定義された。そして、瞑想を通して、自分自身の内面をありのままに観ることや、心に平安をもたらすこと、さらにレジリエンス（精神的回復力、打たれ強さ）を育てることの大切さを説かれた。これらは自分自身のケアにも通じるそうだ。

さらに、瞑想の本質（定義）を三つあげた。一つは「心が健康になるように訓練する」、二つ目は「安定性と明晰さを育てる」だ。そして三つ目は「瞑想の対象と心を融合させる」とされ、瞑想の具体的な方法として一点集中瞑想と分析的瞑想について解説。次のプログラムである、瞑想の実践へとつながれた。

バリー先生の講義は、時おり「四聖諦」や、チベット仏教の伝統など、仏教の教えに触れながらも、宗教を越えて万人に向けた内容で進められた。

そういえば少々余談になるが、講義の途中で「これは、もういいでしょう」と言われ、僧衣の上の白衣を脱がれた。医師であるとはいえ、比丘の戒を受けてチベット仏教僧として生きる先生にはやはり僧衣が一番しっくりこられるのだろうか。笑顔がより軽やかになられたようだ。現代的なシンプルなデザインのチャペルに、チベット仏教僧の先生が違和感なく馴染んでいた。

三つの瞑想の実践

研修では瞑想の講義だけでなく、実践の時間も取られていた。ストレスの多い職場で働く人にはセルフケアが必要だが、瞑想はその役目も期待できる。さらに近年は、医療の現場でも瞑想の活用が注目されている。今回は実践のさわりていどと先生は言うが、それでも医療・心理関連の従事者が瞑想を体験するのは意味があることだろう。

実践では、三種類の瞑想のレクチャーを受けた。一つ目は9ラウンドの呼吸瞑想。リラックスして椅子に座る。片方の鼻を指で押さえて、反対側の鼻で息を吸って吸いきる。次に反対側の鼻を指で押さえて、もう一方の鼻の穴で吐いて吸いきる。これを交互に行う。ゆっくりと深い呼吸を心がける。次に指を離して、ただ吸って吐く呼吸を繰り返す。この瞑想は、本格的な瞑想をする前の準備体操のような瞑想だそうだ。たしかに終わった時には頭がスッキリしたように感じた。手術前に瞑想をするドクターもいるそうだ。

頭がクリアになったところで、講義で解説された一点集中の瞑想を行った。口を閉じて鼻から自然な呼吸をする、目は開けて、頭は正面を向いて視線だけ少し下に下ろす。意識を鼻の穴の下に集中して、空気が出入りする感覚に集中する。意識がそれたら鼻の下にもう一度もどす。この瞑想を一〇分ほど行った後の会場は、シンとした落ち着きで満たされていた。バリー先生は「この静かなエネルギーを保ってください」と穏やかに言われた。

そうして心が静まったところで、三つ目の「心の本質の瞑想」とも言う「何もしない瞑想」のレクチャーに入った。バリー先生は「この瞑想の本質は、何にも執着しない、手放すことです」と説明された。まず、目も頭もしっかりオープンな状態にする。目線を真っすぐに向け、そこから二〇度上に向ける。特になにかをじっと見ることをしない。さらに口も軽く開けて、この状態で普段の呼吸をする。

「これは、何もしない瞑想です。深くリラックスしながらも、注意深さを保って、眠らない。この穏やかな感じを保ってください。何か考えたり感じたりしても掴まないで、ただそのままにします。眺めることはできるけど、近づいたり、執着はしません」

例えるなら、コップいっぱいに入った泥水を、何もしないでテーブルの上に置いておく。そうすると、しばらく経つと泥は自然にコップの底に沈んで、水はクリアになる。そういったイメージだそうだ。何もしないことで、心がより清澄な状態になっていく。焦点を当てない、意識的な観察もしない。これは禅でいうところの只管打座に近いように感じた。

一一月八日

講義

二日目は朝から夕方までの一日研修会になり、会場は会議室に移った。

午前中はバリー先生も実験に協力された脳と瞑想の研究（研究の詳細は、本誌インタビュー「慈悲と智慧の科学」を229頁参照）や、瞑想の医療領域への活用についての講義が、大学や研究機関による実験で得られた豊富なデータを紹介しながら行われた。

日本でも認知されつつあるマインドフルネス瞑想をベースにした、マインドフルネス認知行動療法に関して、欧米では多くの研究が行われている。その一つとして、この療法と一般的に処方されている抗鬱剤ＳＳＲＩ（選択的セロトニン再取り込み阻害剤）を、二年間続けた人と、瞑想を行った人とを比較する研究を解説された。その結果によると、効果はさほど変わらなかったそうだ。

また、子ども時代に虐待を経験した人の、ストレスや鬱の症状が減少したという、二〇一〇年発表の論文や、不安障害の人の症状が減少したという同年の論文も併せて紹介された。また、がん患者さんの、不安や鬱の症状が減少したという研究や、さらに関節炎や糖尿病、感染症、慢性とうつうなど、炎症性疾患の減少が実証できた研究が多く発表されていることも解説された。

バリー先生はそれらを踏まえたうえで、瞑想の活用における患者さんの意思の尊重や、投薬との併用など現実的なアドバイスをされた。

「私自身、患者さんに抗鬱剤を勧めることもありますが、受け入れる気持ちのある人には適切な瞑想を教え、継続できるよう指導者や実践者のグループを知っていれば紹介しています。また多くの場合は、抗鬱剤と瞑想を組み合わせるように勧めています。患者さんによってですが、瞑想をすると薬の分量が減る、服用期間が短くなるということもあります」

さらに慈悲や愛、優しさなどを、より高めるトレーニングをした時に、ストレスや炎症にどんな効果を与えたかを調べた実験の紹介があった。被験者を二つのグループに分けて、一つのグループは慈悲を育むトレーニングを、もう一つのグループは健康に関する教育を、それぞれ六週間にわたって受けた。

六週間後、二つのグループで大きな違いが出た。慈悲のトレーニングを受けたグループは、ストレスに関するホルモンが大幅に低い数字が出たのだ。さらに血中の成分から炎症を調べた結果、瞑想をするほど炎症が不活発になることがわかったそうだ。

興味深いことに、これらの実験によりマインドフルネス瞑想と慈悲のトレーニング、どちらからも炎症を軽減すると思われる結果が得られた。最近はがんを含めた多くの病気と慢性炎症の関連が指摘されてきたというが、それに対してバリー先生は「私は瞑想や慈悲が、がんを予防するとまでは言いません。さらに調査研究が必要です。でも、がんによっては、そういったものが役に立つのではないかと考えています」と見解を示した。

質疑応答　ディスカッション

質疑応答は両日行われた。特に二日目は質問が続出し、瞑想実践の時間を削って質疑応答に費やされることになった。それほどバリー先生との対話が、求められていたのだ。

二日間で出た質問は、講義の内容に関するものをはじめ、患者さんに瞑想を教えるための資格の必要性、瞑想と自然治癒力の関係、バーンアウト（燃え尽き症候群）への対応など、医療や心理関連の従事者ならではの質問も多かった。それらにバリー先生はチベット僧として慈悲と智慧をベースにしながらも、医師としての知識や経験を踏まえて答えられた。さらに、必要に応じて保坂先生の日本の医療事情に合わせた補足が入り、議論はより深まっていった。

そのなかで、医師の切実な問いに対するアドバイスを紹介する。

質問　治療が不可能な病気の告知をすることで、それまで平穏に暮らしていた人に苦しみを与えてしまうことがあります。告知しないほうがいいのではないかと、苦悩を感じることもあります。

バリー先生　素晴らしいご質問を、ありがとうございます。それには本当に単純な答えはなく、ケースバイケースだと思います。まず、私の学んできた背景から言うと、「患者さんに正直でありなさい」と教わってきました。ただ、私自身が医師としても経験を積んできたこともあり、今ではそのやり方を少し変えています。

まず、私は患者さんに奉仕をするためにいると考えています。そこで、始めに患者さんが何を望んでいるのかを理解します。時には、「あなたは、どのくらい、知りたいですか？」と直接聞きます。あるいは、もう少し間接的に聞きます。もし、本人があまり聞きたくないと望んでいるなら、私から告知はしません。でも結局、私が気づいたことは、患者さんは知っているということです。また、聞いた時には告知を望んでいなくても、後で気持ちが変化することもあります。

ですから、私は患者さんの言葉では直接表さない、サインとか願いを読むようにしています。基本的には、何がその患者さんにとって一番役に立つのか、そこに重きをおいて対応しています。ただし、私がいつも正しいわけではありません。間違いも起こします。でも、間違いを起こしたら、そこから学ぶ努力はしますが、自分自身を傷つけるようなことはしません。

このように慈悲を持った状態でいると、自分が人として楽になりますし、医師としても楽になります。すると、その患者さんといる時も、あたかも自分の親戚といるかのように、その人と楽に心地よくいることができます。そういう関係が築ければ、困難な診断が出た時も、一緒に話し合うことができます。「一緒に取り組みましょう」と励まし、私たちの側もできることは全てやります。信頼からやってくるパートナーシップを組んでいます。信頼というものは、癒しのとても重要な部分をしめています。ここでいう癒しは、患者さんにとってはもちろんですが、私たち医療従事者にとっての癒しも含まれています。

＊　＊　＊

参加者の中には介護の職場で葛藤を抱える人や、がんを患った家族への接し方に悩んでいる人がいた。また、大切な家族を亡くして日がまだ浅く、大きな悲しみを抱えて参加した人もいた。バリー先生はその一人一人と対話をまじえながら、ていねいに回答をされていた。理論的に答えるだけでなく、その人の抱えている苦悩まで癒すように話されていたのが印象的だった。先生は慈悲を「他人の苦しみを取り除きたいと願うこと、そのために行動することです」と説明されていたが、この時の対応そのものが慈悲の実践を示されていたようだった。

プログラムを終えて

二日間の研修を通じて、瞑想や慈悲に対する科学的な研究が進み、病気の予防や、症状の改善などの効果が期待されていることが理解できた。

「瞑想は宗教の枠を越えたものです。ヒューマニズムと言うことができます。だからこそ、瞑想は医学にも応用できるのです」というバリー先生の言葉は、多くの受講者にとってとても納得できるものだったのではないか。

（『サンガジャパン Vol.22』〈二〇一六年〉掲載を加筆修正）

追記（二〇一六年十一月）

バリー・カーズィン氏は二〇一〇年に、教育を通して身体、精神、心（感情）、スピリチュアルな健康を包括的に増進し、人間の内面の価値（ヒューマンバリュー）を育てることに貢献する「一般社団法人ヒューマンバリュー総合研究所」を設立し代表理事に就任。普段はインドのダラムサラに滞在されているが、年に何度か来日して、一般に向けた瞑想リトリートや経典勉強会からシンポジウム、医療・心理関係者、教育者などに向けた研修会までさまざまなプログラムを行っている。バリー氏の次回の来日は二〇一七年四〜五月の予定だが、聖路加国際病院にて第三回目の医療者向け慈悲と瞑想のトレーニングコース［ロジョン・トレーニング］が予定されている。また、来日の研修内容の映像やドキュメントは順次、一部Webサイトで公開される予定。ヒューマンバリュー総合研究所の活動内容や、今後のバリー先生の来日予定は、以下、Webサイトにアップされる。メルマガのアドレス登録をすれば、今後、様々な情報の案内が届くそうだ。

一般社団法人ヒューマンバリュー総合研究所
http://humanvalues.jp/

またここでリポートした、二〇一五年の聖路加国際病院での医療従事者向けの研修会は、DVD化されている。
『医療における瞑想の実践』（DVD四枚組）

詳細は以下のHPを参照のこと。
https://goo.gl/YwkFub

Part 2

ビジネスへの展開

マインドフルネスはGoogle、Facebook、Intelなど、米国シリコンバレーのIT企業が導入し、日本のビジネスシーンでも注目され始めている。禅に傾倒したアップルのスティーブ・ジョブズに代表されるように、カウンターカルチャーを背景として生まれた企業と瞑想がコミットする西海岸の文化は、どのような形で日本の企業文化に吸収されていくのだろうか。いまその試みが始まっているといえるだろう。注目が集まるGoogle由来のSIY(Search Inside Yourself)、あるいはティク・ナット・ハン師の教えなどに加え、日本ならではの文化的な受容と幅広い分野への展開の様子を紹介する。

慶應SDMヒューマンラボ主催シンポジウム

「マインドフルネスと幸福学の未来」

前野隆司／藤田一照／井上広法／田中ウルヴェ京／荻野淳也／清水ハン栄治／秋山美紀

2016年3月に慶應義塾大学三田キャンパスにて「マインドフルネスと幸福学の未来」が開催された。登壇者は、仏教、ビジネス、幸福学、スポーツ、看護と異なる分野に軸足を置きながらも、マインドフルネスへの理解と期待にはぶれがない。「Iからweの転換」こそが幸福へのベクトルであるという。

シンポジウムの最後に行われた、藤田一照氏のアナウンスによるマインドフルネスの実践。

取材・執筆　中田亜希／撮影　編集部

開催概要とこれまでの道のり

二〇一六年三月二二日、慶應義塾大学三田キャンパスにて、慶應ＳＤＭ（システムデザイン・マネジメント研究科）ヒューマンラボ主催のシンポジウム、「マインドフルネスと幸福学の未来（The future of Mindfulness and Happiness Study）」が開催された。

慶應義塾大学・前野隆司教授が司会を務め、藤田一照氏、井上広法氏、田中ウルヴェ京氏、荻野淳也氏、清水ハン栄治氏の五名がゲストスピーカーとして登壇した。藤田氏と井上氏の二名は僧侶、清水氏と荻野氏はビジネス畑出身、田中氏は長年瞑想に取り組むスポーツ心理学の専門家である。

この顔ぶれはまさに今の日本のマインドフルネスの状況を象徴していると言えよう。すなわち仏教界から一般社会へのマインドフルネスの進出と融合である。

マインドフルネス（Mindfulness）という言葉を世界的に広めたのは禅僧、ティク・ナット・ハン師である。ティク・ナット・ハン師は祖国ベトナムを追われ、長年にわたりフランスで仏教の伝道と実践に尽力してきた。マインドフルネスはもともと仏教の正念をルーツとした考え方だが、伝道の相手が欧米人であるために、仏教の教えを英語に置き換える必要があったのである。

その後六〇年代に起きたアメリカ西海岸での禅ブームを経て、マインドフルネスは仏教者だけでなく、医療関係者をはじめとする一般の人たちにも広がりを見せた。欧米ではキリスト教徒でもイスラム教徒でも、宗教にかかわらずマインドフルネスを実践している人は多い。彼らにとってマインドフルネスは宗教ではなく、よく生きるためのツールの一つなのである。

日本にも同じ流れがある。日本でマインドフルネスという言葉に注意を向けたのは、最初はやはり仏教者が中心であった。しかし欧米での取り組みが伝えられるようになるにつれ、近年は日本の一般社会にもマインドフルネスは認知されつつある。経営者や企業の人事担当者を対象としたマインドフルネスセミナーを目にする機会は日に日に増えているし、二〇一六年の三月にはビジネス総合誌『PRESIDENT二〇一六年四月四日号』（プレジデント社）で『心を整える「禅・瞑想」入門』が特集された。日本でもっとも人気のあるビジネス誌がマインドフルネスを特集したインパクトは大きい。

シンポジウムは盛況であった。主催が慶應義塾大学であることも大きかったかもしれない。これまで瞑想というと、宗教という枠の中にあるものとして認識されることが多く、時には神秘的な印象を持たれることもあったが、今回は大学が、広く学ばれるべき学問の一つとしてマイドフルネスの公開講座を開催したのである。

平日の昼間にもかかわらず三田キャンパスには一〇〇名以上の聴衆が集まり、熱狂的な拍手でスピーカーたちを迎えた。聴衆には固い雰囲気はなく、驚くほどオープンでポジティブな雰囲気に満ちていた。

シンポジウムは二部構成で行われた。第一部、第二部ともに、話題は多岐に渡った。順に振り返りたい。

第一部

第一部では、冒頭に瞑想体験が行われ、続けて五名のゲストスピーカーによる講演が行われた。各人の経験に結びついたエピソードを聞いていると、立場や職業が違えば、マインドフルネスの活かし方も違うということがよくわかる。発言要旨を紹介する。

前野隆司教授（左）と秋山美紀准教授（右）

前野隆司氏（司会）　皆さんマインドフルネスをどれくらいご存知でしょうか。マインドフルネスのもとは禅や南方仏教の瞑想で、リラクゼーションや心を整えるためのものというのが私の知識です。

　グーグルが「Search inside Yourself」（以下ＳＩＹ）というプログラムでマインドフルネスを社員に実践させました。マインドフルネスによって社員の心の状態が整ってハッピーになり、幸せ度が上がる。そうすると仕事のパフォーマンスや創造性も上がるということで、グーグル以外のシリコンバレーの会社も取り入れるようになったと聞いています。

　これから五人のゲストスピーカーにご登壇いただきます。最初にグーグルＳＩＹ認定講師の荻野淳也さん。瞑想指導もしていただきます。次が浄土宗のお坊さんの井上広法さん、三番目がオリンピック銅メダリストの田中ウルヴェ京さん。四人目が清水ハン栄治さん。最後に藤田一照さんです。

①荻野淳也氏

　まず皆さんと一緒にマインドフルネス瞑想をしてみたいと思います。背筋を伸ばし、腰骨をしっかり立てて座ります。手は腿の上に乗せてください。掌《てのひら》は上下どちらに向けても構いません。目は閉じます。半眼《はんがん》でも構いません。自分のペースでゆっくり深呼吸してください。マインドフルネスは今ここに意識を向けている状態です。今ここに意識を向けながら呼吸にも意識を向けることによって自分の心

荻野淳也氏

を整えます。雑念がわいてきたら雑念を観察してみてください。観察が終わったら呼吸に意識を戻します。なるべくゆっくり吸って、吐いてください。仕事中はいつも呼吸が浅くなっています。呼吸を楽しんでください。

――ではゆっくり意識を戻して目を開けてください。約五分間実践しました。心と体の状態はいかがですか？

私はビジネスコンサルタントや経営者のためのコーチングをする傍ら、グーグルのＳＩＹの認定講師としてマインドフルネスの講師をしていています。ここ数年は「人が幸せになる経営とは何か」を考え続け、「人を幸せにする会社」コミュニティーに関わったり、ＮＰＯ法人「いい会社をつくりましょう」の発起人を務めたりしています。

約一〇年前、私はあるベンチャー企業で仕事をしていました。休みも取らず、毎日平均一八時間ぐらい働いた結果、精神は疲弊し、住んでいたタワーマンションの三〇階から外を見て「降りたら楽になるだろうな」と思うほどでした。

ある日、知人から「ヨガが流行っているらしいよ。行けばきれいなおねえさんがいるかもしれないよ」と言われ（笑）、ヨガと瞑想のクラスを受けました。その体験が衝撃的でした。頭と心と体がすっきりしてクリアーになり、世界がすばらしく思えたんですね。生まれ変わったような気持ちになって、これはビジネスリーダーに伝えていくべきだと直感しました。

欧米のリーダーシップ開発で最近主流になりつつあるのは、自分自身の価値観と外側の世界を整合させていく「vertical development」（垂直型開発）です。これまでの主流は研修で知識やスキルを身につけていく「horizontal development」（水平型開発）でしたが、第一線で戦っているビジネスパーソンは以前ならＭＢＡで学んでいたような知識やスキルを当たり前のように持つようになっていますし、なくてもネットなどで簡単に検索して習得できる時代です。そこで、知識などの中身の問題ではなく、それを入れる「リーダーの器」をどうしていくか、要は人の成長を阻害しているのは心の癖なのだから、それを直そうという考え方のほうがメインとなってきています。

宗教の世界から科学の世界にマインドフルネスを応用したのは、ジョン・カバットジン博士です。アメリカ人の医者である彼が一九七〇年代、八〇年代に精神治療の分野で成功したおかげで、世界にマインドフルネスが広まりました。マインドフルネスを実践すれば自己認識力が育ち、自分自身の「リーダーの器」をself-aware、つまり、自己認知するのに役立ちます。また、マインドフルネスによって価値観や使命感など、自分のポジティブな感情の源泉も見えてきますし、子供のときからの満たされない思いやトラウマなど、ネガティブな思いも立ち上がってきます。それによって、より深い部分から自分自身に気づくことができるようになります。

企業コンサルタントとしてたくさんの会社を調べていくうちにわかったのは、いい会社は社員の「気づきの力」を高める教育をしているということです。

「この会社に入れば幸せになれる」というのは幻想です。別に会社は社員を幸せにしてくれません。社員が自分の幸せに気づけるかどうかだけです。

これから主流になるのは教えない教育です。「気づきの力」は教えて身につくものではなく、本人が気づいて自ら習得するものだからです。いい会社は社員が気づくための環境を作っています。それが、社員が幸せになれる経営のスタイルです。マインドフルネスによってそれが実現できるのではないかと思っています。

②井上広法氏

あるとき私のお寺に精神科医の水島広子先生を招いて講演会をしたことがあります。講演会が終わったあと、ある男性が「死別の悲しみで心が病んでいる。水島広子先生を紹介してほしい」と言ってきました。彼は私と同年代で、お母さんを自殺で亡くしていました。

なんてことないエピソードかもしれませんが、私はこのとき「お寺は心のケアをする場所ではない」ということを

井上広法氏

はっきり自覚しました。ショックでした。佛教大学で仏教を学んだときから「仏教の古いお経の中には現代人に活かしていける教えがたくさんある」と感じていました。しかし、彼の眼中にお寺はなかったのです。

悔しかったです。いっそ精神科医になろうかと思いましたが、友達に相談して、臨床心理学を学ぼうと決め、センター試験を受けて東京学芸大学で学ぶことにしました。二回目の大学ですから親に学費を払ってもらうわけにもいかず、お坊さんをしながら学生をしました。一年休学をして半年留年しましたが、無事卒業することができました。

大学では人の悲しみの研究をしました。死別の悲しみはどうやったら癒されるのか、檀家さんに協力してもらって検証したのです。

冠婚葬祭の中で、二回も三回も親戚が集まるのは「葬」だけです。地域によって差はありますが、通夜、葬儀、四九日、一周忌と何度も顔を合わせます。そうすることによって親戚のつながりが強くなり、ピアサポートが発揮されるのです。伝統的な年回忌をしっかり行うことによって、日本人は心のケアがしっかりできていることが研究によって裏付けられました。お寺は悲しみを癒すのです。

しかし、私には新たな悩みが生まれました。

「お寺は悲しみを持った人を癒すだけでいいのか、病気になった人を治すだけでいいのか、普通の人をもっと元気にできるのがお寺ではないか」

そんなときにちょうどご縁をいただいたのが、ここにいらっしゃる清水ハン栄治さんです。私は彼からマインドフルネスのエッセンスが入った「ハピネストレーニング」というワークショップを教えていただき、そこに仏教スパイスを少し入れて、「お坊さんのハピネストレーニング」を始めました。

マインドフルネスは英語に訳されてまだ一〇〇年しかたっていません。先ほど荻野さんが指導された瞑想方法も、本格的に知られるようになってまだ数十年です。

しかし仏教には二五〇〇年の歴史があります。二五〇〇年の歴史のある仏教の中でマインドフルネスはどういう位置付けなのでしょうか?

実は、仏教の原点にマインドフルネスはあるのです。お釈迦さまは悟りを開いたときに八正道の教えを説かれました。八正道は八つの正しい行いです。その中に、正しい念と書く「正念《しょうねん》」があります。これを英語に訳したのが「マインドフルネス」です。氣志團の綾小路翔さんが一人になるとDJ OZMAになるように、八つセットの中から一つ飛び出して改名したのがマインドフルネスなのです。

私たち現代人は、体のケアや生活習慣のケアなど目に見えやすいところは意識します。しかし心のケアは疎かになりがちです。皆さん自分自身の心のメンテナンスはしていますか?

僧侶としてマインドフルネスを歓迎すべきかどうか? マインドフルネスが皆さんの心のセルフケアに大いに役立つのであれば、仏教者としても何かお手伝いできることがあるのではないかと私は思っています。

③田中ウルヴェ京氏

一九八八年ソウルオリンピックで国民的ヒロインとなった小谷実可子さんを覚えていますか? その横にいたのが私、田中です。当時はよく「小谷ら」と省略されていました(笑)。

私は子供のころからずっと「死ぬのが怖い」と思っていました。死ぬのが怖い理由をよくよく考えてみたら、「人に忘れられるのが寂しいのだ」と気づきました。「じゃあ歴史に残る人物になればいいんだ。競技人口の少ないシンクロはちょうどいい」、そう思ったのが一〇歳のときです。

しかし高校一年でナショナルチームに入ると、現実はきついと感じ始めました。朝起きるのが辛いし、練習もきつい。プールは冷たい。毎年「今年で最後だ。絶対にやめよう」と思っていたくらいです。

日本大学に通った四年間は徹底して自分を消しました。シンクロが採点競技だということもありますし、特殊な競技特性があります。自分が黒だと思うこともコーチが白だと言えば白だと思うようにしました。最善の効果と効率を考えた。そうまでしてメダルが欲しかったのです。

晴れて大学四年生でオリンピック銅メダルを取りました。メダルを取った日の日記には、「メダルを取った。全てを犠牲にして本当によかった。余生はどう過ごそうか」と書いてあります(笑)。

田中ウルヴェ京氏

引退直後はちやほやもされましたが、二、三年で自分のアイデンティティーは崩壊

しました。そんな自分を救ってくれた言葉こそが、self-awarenessでした。アメリカの大学院で認知行動療法やポジティブ心理学をかじっていたときに学んだのですが、初めて聞く言葉でした。

大学院での学びの中で、「自分は選手時代、自分に気づくために何をやっていたか」を振り返ってみました。self-awarenessという言葉を知る前だった選手時代にも、自分に気づくために実践していたことがすでにあったんです。大きく分けて二つありました。

一つは「自分の色眼鏡を外す」、すなわち「自分の思考の癖に気づく」練習です。どんなに嫌なことがあってもどんなにコーチの指示する内容が面倒臭くても毎朝五分ほど「ハァ〜」とわざとバカな顔をして「ありがたい、ありがたい。面倒臭いと思うのは自分なんだ。勝者は神様が勝手に決めるものだから、こういう辛いことは神様からのお題だと思えるようすればいい。こういう経験をさせていただけるのはありがたい」と思うようにしていました。「『メダリストにふさわしい人間』とはどういう人か？」を常に考えていました。ふさわしい行動ができるマインドを目指していたのが当時です。

もう一つは交感神経が上がりすぎている自分を抑えるため、試合直前に目をつぶり「これは現実なんだ」と認識する練習です。シンクロは骨盤と背骨を均等に整えることが大事なので、それこそvertical developmentなのですが、試合前にベントニーポジションという技をしながら体の軸を整え、無の状態になるようにがんばっていました。

今は、特にトップアスリートのメンタルトレーニングを本業としています。スポーツ選手のゴールは不幸せな状態を残すことです。所詮勝負は相対評価なので、勝ったり負けたりするものです。勝ちたいと思ってもだめで、自分の知らない極限に挑戦するためにちょうどいいネガティブ感情を残すのが大事なのです。ポジティブ感情はなるべく残さないようにします。自分を幸せにしてしまうからです。幸せになると、試合に行く必要がなくなってしまいます。ネガティブをしっかり残しながら、認知行動療法に則ってゆっくり選手たちのコンディションを整えていきます。

試合直前にはしっかりエネルギー感情を調整し、毎朝ありがたいという気持ちになることを、私は長年、筋肉と連動させながらやってきました。スポーツでは、感情をコントロール（抑制）するのではなく、感情をうまく利用するマインドフルネスが重要なのです。

④清水ハン栄治氏

今日はマインドフルネスと幸福学の話をします。そもそもぼくは不幸せな人間でした。一〇年ぐらい前は、大手企業のサラリーマンという言わば〝勝ち組〟で、自由が丘のマンションに住み、黄色のオープンカーに美女を乗せ、表参道の交差点でわざわざ止まって人の注目を浴びたいと思うような人間でした。そのための努力は惜しみませんでした。勉強をしたりおしゃれをしたり。ちょっといい男なんで、実際よくもてました（笑）。

清水ハン栄治氏

しかし転機が訪れました。ある日の通勤電車がやたら混んでいたんですね。額に汗をかいた体調の悪そうなおじさんが、電車が揺れた瞬間にぼくの胸に倒れこんできました。ブランド物のシャツがおじさんの汗にまみれ、ぼくはキレました。「このくそおやじ！」と彼を睨みつけました。

謝る彼を見ながら、なぜかぼくは冷水を浴びせられた思いがしました。「ああ、こいつのこと、俺は嫌いだ」と思ったんですね。……「こいつ」というのは「自分」です。おじさんが嫌いなのではなく、自分のことが嫌いだと思いました。なんで「こいつ」はこんな些細なことでキレるのか。勝ち組と言われているけどおかしいんじゃないのか。

こんな大人にはなりたくありませんでした。当時のぼくは怒りだけでなく、悲しみや嫉妬や落胆でもいちいちキレていました。車やワインなどの快楽に関してはマックス幸せでしたが心の安定は欠乏していたんですね。

ぼくはこれを転機に会社をやめました。欠乏していた心の幸せを探しに、世界中を旅することにしました。ただ探しに行くだけではもったいないので、その様子をドキュメンタリー映画にし、できたのが映画『Happy』です。

世界を二周半する中でポジティブ心理学や、マインドフルネス、コンパッション、感謝の気持ち、楽観などの重要なキーワードに出会いました。これらは「こうすると幸せになるよ」と心理学や脳科学の先生が科学的に検証している幸せのドライバーです。

スピリチュアリティーと科学はガリレオ・ガリレイの時代から水と油でしたが、こと幸福学に関しては歩みあっているんですね。ダライ・ラマが科学に対してオープンだということもあり、仏教も世界中でここ一〇年ぐらい、幸せに関する研究と密接に絡んでいます。

心を整える（調える）術《すべ》を知らなければ、ぼくたちは人や自分に優しくなれませんし、感謝の気持ちも持てませんし、楽観的に物事を考えることもできません。マインドフルネスが世界中で注目されているのは、マインドフルネスは幸せのドライバーを積み上げる心の土台を作るからです。

少し脱線しますが、四年前に手術をしたときの話をします。ぼくは肝臓癌の父親に肝臓を提供しました。当時四〇を超えていたので手術後はかなりグロッキーになりました。一二時間の手術を終え麻酔から覚めたとき、激痛が走り、心と体がパニックになりました。ぼくは瞑想などをいろいろやってきていましたが、心を整える（調える）のはめちゃくちゃ難しかったです。

そのとき死について考えました。死ぬなあと思ったら、白鳥が富士五湖のあたりをふわふわと飛んで静かな湖面にランディングするイメージが浮かんできました。肝臓癌で苦しんでいるときの父はガチョウのように「死にたくない、死にたくない」ともがいていましたがぼくはそれまでの人生を振り返り、未練なく白鳥が穏やかに着水するように死にたいと思いました。そのためには今のままではだめだと思いました。幸せのドライバーのことが実感をもって蘇ってきました。

ジョン・カバットジン博士は「マインドフルネスを会得すると長生きできる」と言っています。物理的に長生きできるというわけではない。一つひとつの体験が濃くなるから密度の濃い生き方ができるようになるのだと言うのです。ぼくは普段バリ島に住んでいますから皆さんと話をするのは今日が最初で最後かもしれません。そう思うとこの出会いの密度も濃くなります。

マインドフルネスをしっかり会得して一瞬一瞬を濃く生きる、そうすれば白鳥のように死ねるのかなと思っています。日々の活動を通して、皆さんにも何かそういう気づきを提案できたらいいなと思っているところです。

⑤藤田一照氏

ぼくはお坊さんになる前、大学で心理学の研究者をしていました。当時のぼくは何かやっていないと気が済まない性格で、何かに駆られるようにあれこれ手を出していたんですね。社会的な評価は受けていましたが、このまま年を取っていっていいものか、納得できない思いがありました。

ある日、人の紹介で鎌倉のお寺に禅の接心に行きました。

藤田一照氏

坐禅はまったくうまくいきませんでした。思いを手放しながらじっと坐るというのは、何か思いついたらまずやってみるぼくのアプローチとは真逆だったからです。意識の九九パーセントでは「禅なんてナンセンスだ」と思いました。しかし一パーセントは「This is it.」だと言うんですね。その声を無視できなくて、その声に従ってお寺に通ううち、坐禅の優先順位が高まって一年後には大学院を中退し、本格的にお寺で修行することになりました。親は驚いていました。

修行を始めて六年たったとき、師匠の命令でアメリカに渡り、三三歳のときから一八年近く現地で暮らしました。禅堂のあったマサチューセッツはアメリカのマインドフルネスムーブメントの発祥の地です。ジョン・カバットジン博士のオフィスも車で一時間のところにありました。アメリカから帰ってくると日本でもマインドフルネスという言葉を聞くようになっていました。

今世間で話題になっているマインドフルネスは世俗的なマインドフルネスです。世俗的なマインドフルネスと仏教のマインドフルネスは前提が違います。

私たちは普段、「私と世界は切り離されている」と思い、そういう前提で言葉を使い、生活して、人生設計を考えています。しかし、仏教は「それは一つのバージョンの世界観でしかない。そして、人はその世界観のせいで苦しんでいる」と言うのです。これが仏教の基本的なメッセージです。

みんなこぞって「この私と私以外の世界がある」と言って、お互いにマジックを掛け合っていますが、そのトリックを見破るために仏教のマインドフルネスは開発されたのです。「私」というのが最初にあって「この私がなんとか幸せに、なんとかましになるため」にマインドフルネスがあるのではありません。その私という錯覚から覚めるためにマインドフルネスが開発されているんです。

普通「I have a mind.」と言いますが、仏教的には「Mind has I.」なんですね。逆の考え方なんです。mindがIを作り出しているのに、Iは自分がmindを持っていると勘違いしている。人生は「私がある」というところから始まりますが、マインドフルネスはその手前を吟味するための道具なんです。しかし野菜を切るための包丁で人を殺せるように、マインドフルネスも一つの道具ですから、I（私）が人生をうまくやっていくために役立てることも可能です。それになりに役には立つのです。

西洋で科学が飛躍的に進歩したとき、その裏には観察装置の飛躍的な発達がありました。望遠鏡しかり、顕微鏡しかり。では私たちの内的世界を観測する装置はあるのでしょうか？　それこそがブッダの見つけたマインドフルネスです。

ぼくらの心の中に起きている現象は、生理学的な反応とか、過去の記憶、将来の不安などが複雑に絡み合って起きています。しかしぼくらはそれを「怒っている」とか「恐れている」とか「嫌われている」とか非常に雑にしか見られていないわけです。

仏教は複雑で理解困難なものは分割しなさいと言います。分割するには高い解像度が必要です。マインドフルネスという顕微鏡を使えば空間的、時間的な解像度が上がります。空間的な解像度が上がれば、近視の人が眼鏡をかけたときのように、現実がはっきり見えて、適切な対応ができるようになります。時間的な解像度が上がれば、現象の流れをスローモーションで見られるようになります。動体視力のいい人がボールを正確に見届けて対応できるように、現象を明確にフォローして、現象と現象の間にスペースを入れることができるようになります。そうすれば、今まで決まったパターンでしか対応できなかった現実に対して、もっと建設的でインテリジェントな対応ができるようになるんですね。選択肢が増えると言ってもいいです。

マインドフルネスがもたらすこの二つの効果はいろいろな分野で実感され科学的に証明されてきています。うまく解像度を上げるための様々なプログラムも開発されてきています。

日本人には日本人のメンタリティーがありますから、海外のものを参考にしながら日本独特のマインドフルネス訓練プログラムを編み出していけばいいのではないかとぼくは思います。一つ注文するなら我がやるマインドフルネスより我を落としてやるマインドフルネスのほうが深くて効率がいいんじゃないかということです。そういう、無我あるいは無心のマインドフルネスを育てるプログラムはまだ考えられていないのではないかと思います。長い仏教の伝統を持つ日本はそういう役割を果たせるのではないでしょうか?。

第二部

第二部では、先の六名に東京医療保健大学の秋山美紀准教授が加わってパネルディスカッションが行われた。

議論は縦横無尽に繰り広げられたが、第一部の最後にも触れられた「世俗的マインドフルネスと宗教的マインドフルネス」の話題を中心に振り返りたい。異分野が混じり合うこのメンバーならではの議論となり、会場の熱気もヒートアップした。話のメインテーマは「ＩからＷＥへの転換」である。

世俗的マインドフルネスと宗教的マインドフルネスは対立するのか?

前野　井上さんと藤田さんは「マインドフルネスは仏教の一部であって自分を深く知るためのベースである」と言い、荻野さんや田中さんは「マインドフルネスでビジネスやスポーツで勝つ」という立場でお話されました。仏教者から見ると「仏教の一部だけを取り出してビジネスに使うのはおかしいんじゃないか」、ビジネス側から見ると「仏教なんて古くさいこと言うなよ」そういうことなんでしょうか? 喧嘩になりそうですが（笑）。

清水　マインドフルネスのピラミッドの頂点にいるティク・ナット・ハン師は「ビジネスにマインドフルネスが使われていることについてどう思うか」と尋ねられたときに、

「私は要請があれば企業にでも軍隊にでも行く。金儲けをしようとか人を騙そうと思っている人でもマインドフルネスに取り組めば慈悲の気持ちが生まれやがて倫理的な決断もできるようになるのだ」と言っています。ビジネスに利用するといってもそういうお墨付きはありますね。

藤田　ティク・ナット・ハン師はマインドフルネスを単体で語らず、仏教の全体的パッケージの中で語っていますよね。彼の教団では戒律のことをpreceptとは言わずmindfulness trainingと言います。preceptですと「○○してはいけない」と無理やり守らせるイメージですが、本来戒律は「自分がこういうことをするとこういう結果になる。だからこういうことをしないでおこう」とよく分かった上で自分で自分に誓いを立てるものなんですね。自分のやった行為の結果や影響にmindfulになることが大事、だから戒がmindfulness trainingとなったんです。

　ティク・ナット・ハン師のマインドフルネスはジョン・カバットジン博士の定義よりもっと広い意味があると思います。そこには戒も智慧も入っています。mindfulnessの意味合いは人によっても違うということです。

前野　ビジネスの視点から、荻野さんいかがですか。

荻野　幸せな会社というのは経営者のあり方次第なのですが、経営者が会社をエゴでやっているのか、社員のため社会のためにやっているのか、表面的にはわかりづらいものです。紙一重なんですね。口ではいい会社を作りたいと言っていても最後の最後に「あの部下が悪い、あの取引先が悪い」と言う経営者はけっこういるんですよ。

『ビジョナリー・カンパニー2』（日経ＢＰ社）という本に、「偉大な会社を作る偉大な経営者の要素は二つある。ambitious（野心）とhumility（謙虚さ）だ」と書かれています。野心というのはエゴからくる野心ではなくて、「社会や国をどうしたいか」という自分を超えたところにある志です。

　ぼくの経験から言っても、野心のある経営者はみんな謙虚なんですよ。いい経営者はみんな「自分がこれを成し遂げた」とは言わず「人のために」とか「社員のおかげ、お客様のおかげ」とお坊さんみたいなことを言うんですね。そういう経営者を見ているとＩからweに転換する体験をどこかでしているんですよね。一照さんにとっては坐禅でしたし、清水さんにとっては電車でのおじさんとの接触がそれでした。そういう使命感が降りてくるような体験、これを自らできた人はいいのですが、そうではない経営者はどうしたらいいのか？　それを考えていたときに、気づきの練習としてマインドフルネスは有効だなと思ったんですね。マインドフルネスで気づきの解像度を上げて、ポジティブもネガティブも見られるようになると、その人の人生を振り返る解像度が上がります。そうすると、Ｉからweへの転換が起きやすくなるんですよ。

前野　スポーツの分野ではいかがですか？

田中　スポーツの世界では競技引退後、次の人生の目標を立てるとき「より豊かで人の役に立つものってなんだろう」と考えることが大事と言われています。競技に専念し、自己の限界に挑戦していた頃の自分とはまた違う他視点で人生を見るということです。究極、目指すべきは「自分で責任は取るが、自分を手放してweで考える」という意識の段階。自責でweで考える、ということが本当のリーダーシップですものね。

それができるようになるためには、まず人の思考や感情を徹底的に学び、意識の段階に気づくことです。一番下は自分で責任は取らずに、物事をＩ（自分の都合のみ）で捉える人。次は、みんな（we）のことを考えるんだけど、でも、他責の人。そして上位の意識は、自分に責任を取って考え、感じる人です。自分は今、どの意識で物事をとらえているのか、自分の心理状態に気づくようにし続けると、ありたい自分像が明確になりますよね。

前野　ビジネスでもスポーツでも、最初は勝つとか、部下にきつくしてでも利益を出すとかいろいろやりますけれども、レベルが上がっていくと仏教の境地に近づいていくということなんでしょうかね。マインドフルネスも世俗編と仏教編があるわけではなくて、人間の成長度合いにしたがってつながっているというイメージを持ちました。皆さん喧嘩せずに共通のイメージを作りあげましたね（笑）。

Ｉからweへ、発心すること

藤田　仏教ではこちらの岸からあちらの岸に渡るというモデルをよく使います。こちらの岸である「娑婆《しゃば》」はもともと「我慢しなければならない世界」という意味ですが、今の人たちはそれでもなんとか適当に楽しんでいるからこっちの岸でいいと思っている人は多いんじゃないかと思います。わざわざ苦労して向こう岸に渡ろうとする発心《ほっしん》のある人は、今はどれくらいいますかね。発心がなくて仏教に出会ったら単なる教養です。適当につまみ食いをして「仏教、わかってますよ」とそれだけですね。生老病死を目の当たりにしてお城を出たお釈迦様に匹敵する切実さが自分にもないと、仏教の理解は浅いものになるだろうと思います。しかし発心は機縁に触れて偶然に起こるというしかないんですね。必ずそうなるようにプログラム化できるものではないと思います。プログラムで発心の確率を上げることはできるかもしれませんが。

井上　「どうしたらいいお坊さんが作れるのか」と考えるときに、「このプログラムを終えたら発心していいお坊さんになる」というのがあれば、発心の再現性が上がるんだろうなと思うことがあります。そういうプログラムでみんなが発心できるようになるといいのですが、どうすればいいんですかね。二五〇〇年の仏教の歴史を見ていても、未だにそういうプログラムはできていなさそうですね。

藤田　そうですね。プログラムで人工的に起こった発心は果たして発心と言えるかどうか、という問題もありますね。

荻野　発心を起こすメソッドがないと言いますが、二五〇〇年の歴史があるのですから、ちゃんと伝えてほしいと俗世の人間としては思いますね。グーグルのSIYを開発した元エンジニアのチャディー・メン・タン氏は「悟りの科学化」、「悟りの民主化」と言っています。ここまで脳科学や人材開発などが発達しているのだから、悟りは民主化できるのではないかと彼は言っているわけです。ティク・ナット・ハン師もこれからのブッダは一人ではなく集合チームだと言っています。

脆弱性とエゴと看護と

井上　Iからweへの転換で大切なのは、自分だけではなく他者に対する思いやりや共感、コンパッションを持つことですよね。仏教では慈悲と言い、キリスト教では隣人愛と言いますが、私たちは裸のハートでいることが怖いから、ハートではなく頭で生きているわけです。もうちょっと個人の脆弱性を認めるコミュニティー作りをしていくといいのではないかと思いますね。

『グーグルのマインドフルネス革命』（サンガ）によると、グーグルでは社員の脆弱性を認めるような社風になりつつあるんですよね。

荻野　そうですね。グーグルで、vulnerability、つまり、脆弱性が大切にされているのは、安心、安全な環境で働けるかどうかが well-being や happiness につながるとグーグルが認識しているからです。日本のブラック企業ですと鎧を着て仕事をしなければなりませんが、鎧を着て仕事をするのと、安心、安全な本来自分自身として働くのとは大きく違うんですね。鎧があると戦士と戦士の戦いになりますから、仕事にエゴが出るのは当然です。グーグルではエゴの手放しの一つとして vulnerability を推奨しているんですね。

藤田　脆弱性、vulnerability というのは、自分と世界の「仕切りを外す」ということですよね。自分をプロテクトしているバリヤーを取り払うわけですから。『The Power of Vulnerability』という本も出ています。それは人生を変えるパワーになり得る。

仏教の大切な教えは縁起です。縁起とはつながっていて仕切りがないということです。もともと全部つながっているんですけど、ぼくらはどうしても仕切りを入れたがるんですよ。自他の区切りを。仕切りを入れると、それを維持するための緊張が必要なんですけど、ずっと緊張していると疲れるんですね。それで、ぼくたちは一時的に緊張を外すためにお酒を飲んだりするわけです。仕切りのないほうが本当はずっと楽で愉しいんだということを体認するのが坐禅です。

清水　ダライ・ラマ法王は仕切りがありませんよね。ダライ・ラマ法王はいろんなところで講演をしていますが、会場を出るときに、ガードマンをすり抜けてみんなとハグするんですね。子供たちも、見た目がいかつい怖そうなお兄ちゃんも、ホームレスのような人もみんな同じようにハグするんですよ。ダライ・ラマ法王には「この人はこうだからこう考えなくちゃいけない」という概念がなくて「ただ単に生きとし生けるものを抱きしめたい」という無条件の慈悲だけがあるんですよね。しかもそれが一時的なものではなくて、常にそうあるんですよ。

ポジティブ心理学は別の言い方で subjective well-being と言います。well-doing じゃなくて、being なんですよ。doing は簡単なんですね。一瞬だけなら誰でも善人になれます。その doing を being にしていくのがチャレンジングなことなんです。doing をステイするのは難しいのですが、注意や思いを意図したところに留めておく能力を積み重ねていくことが well-being なんだと思います。

藤田　われわれは社会から「being heartful では危ないから、それは自粛するように」と条件付けられているので、本来ハートがやるべきこともマインドでみんなやろうとしていますよね。だから変なことになっている。ダライ・ラマ法王は賢くて学僧としてもすごい人だけれども、ハートの上にマインドが働いているから、ああいうふうに自発的でナチュラルな感じでやれているんだと思いますね。

ぼくらも自分の中にハートがあります。たいていの場合ハートは隠されているけど常にあるんです。マインドを静めるとハートの声が聞こえてくるんですよ。普段はその状態で、必要なときにだけマインドで仕切りをうまく使って、ハートのやりたいことをこの世の中で賢明に実現していくといいと思いますね。

ぼくたち人間は普通、自分と他の人との違いに注目していますけど、掘っていくと仕切りがなくなってweの共通性が見えてきます。すべての生命との共通性も見えてきます。マインドフルネスはもともとはそのように自己を深さに向かって探求する道具なんですよね。

秋山　皆さんのお話を観客席に近い立場で聞かせていただき勉強になりました。私は大学の授業にマインドフルネスを取り入れています。最近、看護管理という科目の教科書を書くことになり、セルフマネジメントの項にマインドフルネスを入れました。おそらく看護系の教科書では初めてではないかと思います。今後は国家試験の問題にもなっていくと思います。そういった先駆けの仕事ができてよかったと思っています。今後も皆さんとともに勉強していきたいと思います。

おわりに

マインドフルネスも仏教も、目指すところは「思いやりの気持ち」、すなわち「慈悲」なのであろう。偉大なビジネスリーダーの条件は「野心と謙虚さ」であり、一流のスポーツ選手も、引退後は「weで考えられる人材」になることを目指すと言う。仏教の悟りは「究極のweに到達すること」である。究極のweとは、生きとし生けるものすべてを範囲とするwe、すなわち「無我」が腑に落ちることだ。

マインドフルネスに取り組むと、仕事の生産性が上がるとか、ストレスが軽減されるとか、いろいろな効果がうたわれている。「仕事の生産性が上がる」と言うと「自分の仕事の生産性が上がる」と捉えがちであるが、そうではない。根本にあるのはIからweへの転換であって、我の強い人間になることではないのだ。そういった共通のビジョンがあるからこそ、今回のシンポジウムでも、ビジネスやスポーツでマインドフルネスを利用することと、仏教の正念が調和したのだろう。

科学とマインドフルネスは相性がいい。幸福学とマインドフルネスも相性がいい。マインドフルネスが仏教者だけのものではなくなったとき、このようないい化学変化が生まれるのだという例を、今回ありありと見た思いがする。

シンポジウム開始前に出演者の控え室を訪れた際、そこが驚くほどの幸福感とポジティブな空気にあふれていたことも今、思い出す。皆、仕事や人付き合いの楽しさを満喫し活力にあふれていた。人と人との間に仕切りがなく、場は打ち解けていた。人前に立つような人たちだから、根から明るいタイプなのかもしれない。しかしマインドフルネスによる効果も少なからずあるのであろう。専門分野を持つ各人が自分をつくろわないでありのままそこに存在しているパワーは強大であった。軽やかでのびのびとしたポジティブさに触れた実感がある。

日本にはマインドフルネスが文化の中にすでに根付いているとティク・ナット・ハン師は言う。藤田一照氏の言う、「日本独自の我を落としてやるマインドフルネスプログラム」はやがて生まれるのだろうか。それは誰が手掛けるのだろうか。

人口が減少する中、日本のお寺は存亡の危機を迎えているが、日本にマインドフルネスが広がることで日本の仏教が再び盛り上がりを見せるのか、あるいはマインドフルネスはお寺と切り離されたまま科学として一人歩きし、幸せの種をまき続けるのか。それも気になるところである。

マインドフルネスが看護の教科書に入ったことにも驚いた。看護を学ぶ学生の裾野は広い。日本で爆発的にマインドフルネスが普及するきっかけとなるかもしれないと思う。

日本のマインドフルネスの今後を作るのは私たち一人ひとりの興味、関心である。今ここにあるマインドフルネスを感じながら、未来を楽しみにしたい。

■プロフィール

前野隆司（まえの・たかし）

一九六二年、山口県生まれ。慶應義塾大学大学院システムデザイン・マネジメント研究科教授。東京工業大学卒、同大学修士課程修了。キヤノン入社後、カリフォルニア大学バークレー校客員研究員、ハーバード大学客員教授、慶應義塾大学理工学部教授等を経て、二〇〇八年より現職。博士（工学）。著書に、『幸せのメカニズム―実践・幸福学入門』（講談社現代新書）、『システム×デザイン思考で世界を変える―慶應SDM「イノベーションのつくり方」』（日経BP）、『人生が変わる！無意識の整え方―身体も心も運命もなぜかうまく動きだす30の習慣』（ワニプラス）など多数。

藤田一照（ふじた・いっしょう）

※プロフィールは巻末参照

井上広法（いのうえ・こうぼう）

一九七九年、栃木県生まれ。浄土宗光琳寺副住職。寺子屋ブッダプログラムディレクター。佛教大学卒。東京学芸大学で臨床心理学を専攻し、グリーフケアの観点から「遺族における法事の心理的役割の検討」を執筆。お坊さんが答えるQ&Aサービスhasunohaを企画運営。近年は「ポジティブ心理学」などの知見を参考にエビデンスのある「生きるための仏教」を模索している。史上初のお坊さんバラエティ番組「ぶっちゃけ寺」をはじめ、様々なテレビやラジオなどのメディアに多数出演中。著書に『心理学を学んだお坊さんの 幸せに満たされる練習』（永岡書店）、共著に『hasunoha お坊さんお悩み相談室』（小学館集英社プロダクション）、『つながる仏教』（ポプラ社）がある。

田中ウルヴェ京（たなか・ウルヴェ・みやこ）

一九六七年、東京都生まれ。一九八八年にソウル五輪シンクロ・デュエットで銅メダル獲得。引退後、日本、アメリカ、フランスで代表チームコーチを歴任。一九九一年に渡米。米国大学院で認知行動理論、コーピング、パフォーマンスエンハンスメント、アスレティックリタイヤメント等を学び修士修了。二〇〇一年に起業。現在、日本スポーツ心理学会認定メンタルトレーニング上級指導士。アスリートからビジネスパーソンなど広く一般にメンタル指導、経営コンサルティングを行っている。著書に『「1日30秒」でできる 新しい自分の作り方』（フォレスト出版）など多数。各局報道番組のコメンテーターをつとめる。

荻野淳也（おぎの・じゅんや）

※プロフィールは巻末参照

清水ハン栄治（しみず・ハン・えいじ）

一九七〇年、神奈川県生まれ。メディアプロデューサー。University of Miami にてMBAを取得後、サン・マイクロシステムズ、リクルート社を経て渡米。『happy』のメインプロデューサーとして世界中のハピネスを研究する。同時に、人権や平和の尊さを分かりやすく伝える学習マンガをプロデュース。ダライ・ラマ、マザー・テレサ、ガンジー、チェ・ゲバラなどの伝記シリーズは世界二〇ヶ国以上で愛読されている。その後、ポジティブ心理学や世界中の瞑想法を探求し資格を取得。バリ島に移住。しあわせ向上のワークショップなどを開催しながらシンプルライフを満喫している。著書に『HAPPY QUEST（ハッピー・クエスト）』（A-Works）がある。

グーグル発のマインドフルネスプログラム Search Inside Yourself（SIY）認定講師、ダライ・ラマ監修の Cultivating Emotional Balance (CEB) 認定講師。

秋山美紀（あきやま・みき）

一九六五年、北海道生まれ。東京医療保健大学医療保健学部看護学科准教授。東京大学医学部健康科学看護学科卒業。二〇〇六年、東京大学大学院医学系研究科健康科学・看護学専攻満期退学後、同年四月から現職。博士（保健学）。現場での豊富な経験から、患者に最適な看護を行うためには看護師のウェルビーイング・心身の健康が大切と考え、講演や臨地実習指導で「心の折れないナース」の育成に励む。

第27回　サンガくらぶ
「グーグルのマインドフルネスを体験してみる」

2016年9月15日
神保町101ビル3階

一般社団法人
マインドフルネスリーダーシップ
インスティテュート代表理事
荻野淳也

構成　森竹ひろこ（コマメ）

〔前半〕

二〇一六年九月一五日、ワークショップ「第二七回　サンガくらぶ　グーグルのマインドフルネスを体験してみる」が開催された。

講師の荻野淳也先生は、グーグル（Google Inc.）がマインドフルネスをベースに最新の脳科学に基づいて開発した、パフォーマンス向上プログラムＳＩＹ（Search Inside Yourself）の公認講師だ。そして日本のビジネスパーソンに向けて、ＳＩＹをはじめとしたマインドフルネス・メソッドを提供する「一般社団法人マインドフルネスリーダーシップインスティテュート（以下、ＭｉＬＩ）」の代表理事でもある。

会場は都心の神保町駅近くのビルの会議室。平日夜の開催のため、仕事帰りのスーツ姿の人も目立った。

サンガくらぶのイベントということもあり、参加者は仏教に関心のある人や、瞑想の経験者が多数派のようだ。「宗教色を排除したマインドフルネスとは、いかなるものか？」、そんな関心をもって参加した人も多かっただろう。

日本のビジネスパーソンに、マインドフルネスを！

荻野先生は爽やかなポロシャツ姿で登壇。まずは、代表理事を務めるＭｉＬＩとご自身の紹介から始まった。

ＭｉＬＩは日本のビジネスパーソンに向けて、能力やリーダーシップと、心身の健康の向上のために、科学的検証を背景にしたマインドフルネス・メソッドを提供する法人として二〇一三年に設立された。荻野先生は「能力とリーダーシップ、心身の健康、そのどちらか一方ではなく、どちらも大切です」と強調する。

荻野先生がそのような信念をもち、マインドフルネスのプログラムを提供するようになったのは、自身の経験が大きく関わっているそうだ。

今から十年ほど前、勤めていたベンチャー企業がＩＰＯブームのなかで上場を果たし、二十人ほどの部下を抱え、十～二十ものプロジェクトを同時に動かしていた。一日に十八時間から二十時間以上仕事をして、寝るのはたいてい会社の会議室。家に帰れない日も多く、ちょうど会社のビルにフィトネスジムが入っていたので、帰宅できない日にお風呂に入るために入会した。

そんな生活が一年以上続き、いわゆる燃え尽き症候群や、鬱の手前といえる状態に至った。当時、マンションの三十階に住んでいたが、部屋にいると「ベランダから飛び降りたら楽になるかなぁ……」と思うほど、危ない状態だったそうだ。

そんな時に、たまたま友人に誘われてヨガのプログラムに参加して、六十分ほどヨガで体を動かし、その後、三十分の瞑想をする機会があった。その九十分のプログラムが終わったあと、荻野先生は衝撃的な体験をした。

「それがマインドフルネスという状態だと思いますが、とっちらかって疲れきっていた頭も心も、非常にクリアになりました。それまで本当に疲れていたのに、その九十分で吹き飛んでしまったのですね。

この経験により、日々の心身のメンテナンスの大切さを実感するとともに、これは自分のような忙しいビジネスパーソンに必要なものだと直感したそうだ。

　荻野先生は自分が救われたヨガや瞑想をビジネスパーソンに広めていきたいと、ヨガスタジオに転職した。さらに、ヨガと瞑想と人材開発を組み合わせたプログラムを開発して独立。さまざまな企業にプログラムを持ち込むが、どこの会社の上層部にも、リラクゼーションの大切さがなかなか伝わらなかった。

　どうすればいいかとリサーチをしていくうちに、あのグーグルも人材開発に瞑想を取り入れていることを知った。すぐにサンフランシスコに渡り、ＳＩＹを普及している組織のボードメンバーに直談判。その場で、日本で開催する第一回目のＳＩＹ研修プログラムの日程を決めてしまった。

　その後、ＳＩＹの講師養成のトレーニングも受けて、日本で教える承認も得て今日に至るそうだ。

ワーク1「チェックイン」

　イントロダクションともいえる紹介が終わると、最初のワーク「チェックイン」を行なった。

　近くの席の人と三人ほどでグループになり、自分の名前（ニックネーム可）、今回の参加動機、そして今の気持ちを一人ずつ伝える。

　私が入った四人グループの他の三人は男性で、みなさん会社員だ。ＭｉＬＩのセミナーに何回も参加していて、瞑想を習慣としているシステムエンジニア、以前からＭｉＬＩの活動が気になっていたが、今回は比較的参加費がリーズナブルなことから初めて参加を決めた人、マインドフルネスを会社の研修に導入できないかと、視察を兼ねて遠方から駆けつけた人。動機も関心の濃度もそれぞれで、マインドフルネスに関心を持つビジネスパーソンの広がりを実感した。

　私のグループもふくめて、大半のグループが初対面同士だったが、荻野先生が明るくオープンな場を作っていたこともあり、どこも和やかに話をしていた。

　開始から五分後、終了を知らせる鐘がなったときには、まだ話し足りなそうな顔をするグループも多かった。

　終了後、荻野先生は、「マインドフルネスで大切なのはオープネスです。自分の態度や心が開かれているのが大切です」と説明。このワークは自己紹介だけでなく、心を開くトレーニングの意味合いがあったようだ。

「ＶＵＣＡ」という世界観

　ワーク「チェックイン」により参加者の心がオープンになり、会場があたたまったところで講義が始まった。

　現在の世界を表す四つのキーワードの頭文字をとった、「ＶＵＣＡ」という言葉がある。もともと米国の軍事用語として生まれ、その後ビジネス界でも現代社会を表した世界観として使われているそうだ。

・現在の世界を表す四つのキーワード
　Volatility　変化が非常に速い
　Uncertainty　未来を予測する事は困難
　Complexity　複雑化した世界
　Ambiguity　問題も解決も明確ではない

「現在は変化が非常に激しくて、先が見えない時代といえますね。そのなかでビジネスパーソンやビジネスリーダーは、どうセルフマネジメントをすればいいのか模索しています」

荻野先生はそのように言い、不確実な現代社会では、より質の高いセルフマネジメントや人材開発が求められていることを解説する。グーグルのマインドフルネスに基づいたSIYは、そういった現状のなかで生まれた経緯があるそうだ。

金魚の集中力

さらに、スクリーンに金魚の写真を掲げて、参加者に問いかけた。
「金魚ちゃんの集中力って、どれくらい持続すると思いますか?」

その答えは「九秒」だという。そしてマイクロソフトの発表によると、現代人の集中できる時間は二〇一三年の調査では、わずか八秒だったそうだ。これは金魚の集中力の九秒よりも短い。しかも、二〇〇〇年の調査では一二秒だったので、わずか十三年の間に三分の二になってしまった。なぜこんな短期間で、集中力が金魚以下にまで落ちてしまったのだろう。

荻野先生はその大きな原因として、インターネットの発達を指摘した。
「最近、スマホではLINE、Facebook、メッセージアプリなどから、どんどんメッセージが飛んできますよね。さらにパソコンは、メールを頻繁に受信します。それぐらい集中力を削ぐものが、まわりにいっぱいあります。

例えば、エクセルで表計算していたときに、上司からメールが届いたとします。相手はせっかちな上司だったので、すぐに返信をしなくてはいけない。そのための資料を調べようとインターネットを見たら、台風のニュースが目についた。進路や被害が気になって、どんどん見ているうちに十五分がたっていて、ハッと気がついて上司にメールの返事をしようとするけど、すっかりエクセルのことは忘れていて……」

その例え話は、身に覚えのある人も多いのだろう。会場のあちこちで苦笑する人、うなずく人がいた。荻野先生は「だからこそ現代人は、今ここに集中することが大事です」と、集中力の大切さを強調した。

自己認識力(セルフアウェアネス)

世界は二〇二〇年を境に、第四次産業革命が起こると言われている。あらゆるところにインターネットや人工知能が導入されて、世界が大きく変わると予測されているのだ。今年の世界経済フォーラム、通称「ダボス会議」で発表された、第四次産業革命時代に必要なスキル予測のトップテンにも、「エモーショナルインテリジェンス(心の知能指数として日本ではEQとして知られている。以下、EI)」が入っているそうだ。

さらに、「リーダーが開発すべき、最も重要な能力はなんだと思いますか?」と荻野先生は問いかける。

その質問に対する、スタンフォード大学ビジネススクールの七十五人の評議会メンバーの、ほぼ全員が合意した答えが「自己認識力(セルフアウェアネス)」だったそうだ。

また、実業家ジャック・ウェルチがメディアから「あなたは、なぜ『二十世紀最高の経営者』と言われるようになれたのですか？」といった質問を受けたときも、一言「自己認識力」と答えた。

ＥＩを構成する一番重要な能力も自己認識力であり、自己認識力が高まるとエモーショナルインテリジェンスも向上するとのこと。

荻野先生は実例をあげながら、自己認識力の大切さを強調。今では「自分への気づき」の重要性が、トップリーダーには当たり前のこととして認識されているという。

「自己認識力とは、自分自身への気づきの力ですね。まず自分自身を知らないと、周りの人にリーダーシップを発揮できません。よく考えたら、あたりまえのことですよね。それだけ自分に対する認識、気づきが大切です」

ビジネスパーソンにとって気づきを保つこと、つまりマインドフルネスであることの大切さを伝え、前半の講義は終わった。

〈後半〉

ワーク2「アテンション・トレーニング」

後半は、ワーク「アテンション・トレーニング」から始まった。これは、日本では集中瞑想ともいわれているものだ。荻野先生は前半の講義で集中することの大切さを伝えたが、いよいよ、そのトレーニングだ。

まずは、楽な姿勢で椅子に坐り、手をももの上に置く。手のひらは上下どちらに向けてもかまわない。「自分で選択する」というのも、トレーニングのポイントだそうだ。目は閉じる、もしくは抵抗のある人は半眼で、一メートルほど先の床に目を落とす。

ゆったりとした自然な呼吸のまま、意識を呼吸に向ける。鼻の入り口に集中して、呼吸を吸って吐くのに合わせて、空気が体を出入りするのを感じていく。瞑想中も、荻野先生のゆっくりした口調のガイドが入った。

「外の音が気になったり、注意の向かう先がいろんな感情や考えになったら、そのことに気づいてください。もしくは自分の状態を観察して、今こんなことを考えていたなとか、注意が呼吸でなくてあちらに向いているんだなと、客観的に観察してみます」

「注意がそれたことに気づいたら、手放して、呼吸に注意をもどし、呼吸に注意を向き続けていきます。この繰り返しです」

「堂々と山のように座る」

ガイドの文言は、だんだん抽象的になっていった。参加者の集中が深まるのに合わせるように、会場もどんどん静まっていく。開始から五分ほどで、終了を告げる鐘が会場に響き渡った。

ワーク3「マインドフルネス・リスニング」

参加者の集中が高まったところで、次のワーク「マインドフルネス・リスニング」を行なった。二人一組になり、仮に髪の毛の長い方がAさん、短い方がBさんになる。

はじめにAさんが二分間、この前に行った「アテンション・トレーニング」の感想を話す。BさんはAさんの話に注意をむけて、しっかり集中して聞く。その時にうなずきや、相づちはしてもいいが、話しかけない。二分間、Aさんが話し続け、Bさんは話を集中して聞く。Bさんは評価や判断を手放して、ジャッジをせずにありのままに聞くことがポイントだ。

お互いに、「よろしくお願いします」と挨拶してスタート。二分間はけっこう長い。言葉につまる人や、ちょっと沈黙してしまうペアもあった。

二分間がたったことを告げる鐘がなった。

「二分間、話がもたなかった人はいますか?」と荻野先生がたずね、何人かが控えめに手をあげた。

「話がもたなくなったときは、『やばい、やばい、どうしよう』とか、『何にも言うことが思い浮かばない』とあせる自分に、気づきをむけてみるのも、このワークのひとつのポイントです」

同じように、聞く方のBさんも、相手が言葉につまったら、手をさしのべたいと考えだした自分に気づく。もしくは、沈黙の気まずい雰囲気に気づきを向ける。

「メタで、その状態をみることが大事ですね」と荻野先生。このワークは、二分間集中して話し続けること、聞き続けることだけでなく、その時の自分の状態に客観的に気づくことも狙いとしている。

また、荻野先生は、特にビジネスパーソンに指導する時は、「評価や判断を手放す」ことを強調して伝えるそうだ。相手の言葉にただ集中して聞くことで、今まで自分はいかに漠然と人の話を聞いていたかに、気づく人も多いそうだ。

ワーク4「ジャーナリング」

最後のワークは、書く瞑想ともいわれる「ジャーナリング」だ。このワークは与えられたテーマに対して、二分間ひたすら書き続ける。なにも浮かばないときも、「書く事がない」、「頭真っ白」など、ともかく今の自分の状態をとらえて言語化する。二分間、手を動かし続けることが大切だそうだ。今回は二つのテーマが与えられた

・テーマ1

私がベストの状態であるとき、私は……

・テーマ2

私が本当に大事にしていることは……

「……」に当てはまる、言葉、キーワード、文章、なんでもいいので箇条書きで二分間書き続ける。

例えばテーマ1の「私がベストの状態であるとき、私は……」の場合、「楽しい」「力がみなぎる」「最高のパフォーマンスが発揮できる」「いつまでもこの状態が続けばいいのになぁと思う」「ちょっと不安になる」「もう書く事が出てこない」……などと、ひたすら書き続ける。このトレーニングは、しっかりと言語化して、それを認知することがポイントだ。

「普段、無意識になんとなく考えていること

を、しっかりと認知して言語化することで、自己認識が具体的に高まります」と荻野先生。これは、これからのビジネスパーソンに何より必要だとされる、「自己認識」を高めるトレーニングでもあるようだ。

なお、今日はポジティブなテーマで行なったが、むしゃくしゃしたときや、ネガティブな感情に囚われて自分をコントロールできないとき、その時の感情を書き続けるのもお勧めだとか。だんだんその感情が和らいでいき、自分を客観的にみられるようになるそうだ。

マインドフルネスというOS

最後にまとめの講義に入った。

現在のビジネスパーソンは理論的思考や、システムシンキング、マーケティングスキル、品質管理……そういった研修をたくさん受けているが、それでも足りないと、さらに何かを求めている。

荻野先生はそのような状態を、コンピューターに次々に新しいアプリケーションを入れ、やみくもにアップデートを重ねることに例え、それだけではスキル開発もうまくいかないと指摘した。

「もちろん、そういったことも大事です。でも、その根底の部分にマインドフルネスやエモーショナルインテリジェンスがあるのではないかと思います。そのOSをバージョンアップしないと、アプリケーションを生かすことはできません。両方大事ですが、とくに現代はOSの部分がおざなりにされているので、そこをバージョンアップすることが大切ではないでしょうか」

アメリカのシリコンバレーではマインドフルネスが一般化し、コンパッション・マネジメント（思いやりの経営）なども普及しているそうだ。

さらに、アメリカでは伝統的な仏教とは一線を画した、「アメリカ仏教」が広がっているという。それは、ブッディズムではなくて、コンパッションとか、マインドフルネスとか、ウイズダムという言葉とともに広がり、実際に宗教としてではなく、フィロソフィー（哲学）や生活様式としてとらえている実践者も多いそうだ。

「つまり、アメリカでは、お坊さんのみならず、経営者やビジネスリーダーが仏教をライフスタイルとして実践し、広めている側面、流れがあるように思われます。」と荻野先生。ビジネス関係者が広める仏教、それがアメリカ仏教の特徴の一つだとしたら、なかなか革新的だ。マインドフルネスだけでなく、仏教まで宗教色が排除されていく傾向があるのだろうか。

荻野先生は最後に、マインドフルネスを身につけるには継続したトレーニングが欠かせないことをアドバイスされて、ワークショップは終了した。

受講後、「もう少し、ワークをやってみたかった」という感想をあげた参加者がいた。確かに、本来はもっと時間をかけて行なうプログラムなので、一つのワークにかける時間も短めだった。より学びたい人は、MiLIで開催されている本格的なプログラムを受けるというのもありだろう。

また、「導入のお話から興味深く、講義もいろいろな例をあげてわかりやすかったです。後半の実技では、瞑想導入もすんなり受け入れられました。自分にとって、今まさに必要な講義内容でした」と、満足度の高い感想を伝えてくれた参加者もいた。

講義ではマインドフルネスの構成要素である、集中、気づき、認識が、いかに現代のビジネスパーソンに大切かを伝えることでモチベーションをあげ、目的意識をもってワークに取り組める構成になっていた。そのため、ビジネスの文脈にそったマインドフルネスを、システマチックに理解し、体験することができた。

しかし、理解して満足するだけでなく、荻野先生が強調されたように日常的に継続して身に付けていくことが大切なのだろう。これは、宗教を排したマインドフルネスでも、仏教的な価値観のもとで実践するピュア・マインドフルネスでも、どちらも同じだと言えよう。

団体紹介

一般社団法人 マインドフルリーダーシップインスティテュート（MiLI）

仏教の実践の要であるマインドフルネス（念）は、科学的なエビデンスを得て、一九九〇年代から認知療法の一つとして、アメリカを中心とした医療の現場で本格的に採用されるようになった。さらに現在では、マサチューセッツ大学医学部をはじめ、各地の大学で検証がすすみ、有効性の高いセルフマネジメントや人材開発のメソッドとして、アメリカの大企業に広がり、さらに日本の企業でも導入が始まっている。

マインドフルネスを導入した企業の先端といえるのが、大手ＩＴ企業のグーグル（Google Inc.）だ。

グーグルでは、すでに二〇〇五年ごろから、小規模ながら瞑想のワークショップを社内で開催していた。二〇一一年にはダライ・ラマ法王と並ぶ世界的な仏教者、ベトナムの禅僧ティク・ナット・ハン師を本社に招き、マインドフルネスを実践する一日研修会を開催。瞑想が社会のメインストリームに取り入れられつつあるというインパクトを、世間に与えた。

さらに特筆すべきは、マインドフルネスに基づくリーダー向け研修プログラム「Search Inside Yourself（ＳＩＹ）」を開発したことだろう。現在では、ＳＩＹは社内を越えて、フォード・モーター、ヨーロッパ最大級のソフトウエア会社のＳＡＰ、世界最大級のビジネス特化型ＳＮＳを提供するLinkedIn、ＵＣバークレービジネススクールなど、名だたる組織が次々に採用している。

そのＳＩＹを日本で紹介しているのが、「一般社団法人マインドフルリーダーシップインスティテュート（通称ＭiＬＩ）」だ。

ＭiＬＩは、二〇一三年に、荻野淳也氏、木蔵シャフェ君子氏、吉田典生氏の三名によって、次にかかげた事業ミッションのもと設立された。

・企業、官庁、地方自治体、NPO、NGO等の組織にむけて、マインドフルメソッドを用いたリーダーシップ開発、人材開発、組織開発を行うこと。
・心理学、脳科学、神経学等の科学的な検証を背景にしながら、マインドフルメソッドにより、リーダーや組織の変容を支援していくこと。

二〇一四年には、「Search Inside Yourself（SIY）」の二日間にわたるコアプログラムを日本で初めて開催した。

現在は、企業向けにマインドフルネスに基づく研修や、コンサルティングを提供。また個人向けには、月例セミナーや、SIYと同様の内容が体験できる一般参加向けの「SIYパブリックプログラム」、さらに忙しいビジネスパーソンが一日〜数日間、じっくりマインドフルネスに浸かるための「MiLIマーションプログラム」などのサービスを提供している。

今後も、SIYの世界展開を担うSIYLI（Search Inside Yourself Leadership Institute）のボードメンバーと連携し、SIYの日本への普及に取り組んでいく。さらに、世界最大のマインドフルネス・カンファレンスであるWisdom 2.0や、マインドフルネスに基づくリーダーシップ開発や組織開発などのトレンドを、日本に紹介することも継続的に行っていくそうだ。

データ

法人名
一般社団法人 マインドフルリーダーシップインスティテュート
（Mindful Leadership Institute　略称 MiLI）

公式サイト
http://mindful-leadership.jp/

理事
荻野 淳也（代表理事）
※プロフィールは巻末参照

木蔵シャフェ君子（理事）
ICU卒。ボストン大学MBAを取得後、外資系大手企業の有名ブランドにて、多数のブランドマネジメントを行い、香水、石鹸、スキンケアなどで高いマーケットシェアを獲得する。
二〇〇〇年より渡米・独立し、コミュニ

ケーションとリーダーシップについての講師・コーチとして、各国で講演活動を行う。

二〇〇七〜二〇一三年、医療コミュニケーション研修会社経営。

二〇一三年、一般社団法人マインドフルリーダーシップインスティテュート（ＭｉＬＩ）設立。日本のビジネスにマインドフルネスをお届けする。日本人初のＳＩＹ講師の一人として認定され、グローバルな人脈と情報を日本に橋渡しする。

著書として、『ＮＬＰイノベーション』（春秋社、共著）、『Innovations in NLP』（Crown Publishing、共著）、『一〇〇歳までウォーキング』（日本フィットネス協会、共著）などがある。

吉田 典生（理事）

関西大学社会学部卒。ビジネス誌の編集・記者を経て、九〇年よりフリーランスのジャーナリストとして主に「人と組織」に関わる分野を中心に、数多くの月刊誌、週刊誌等を舞台に取材、執筆。

二〇〇〇年に（有）ドリームコーチ・ドットコムを設立。日本におけるビジネスコーチング分野の開拓、リーダーシップの裏側にあるフォロワーシップに視点を当てた企業研修プログラムの開発に取り組む。

国際コーチ連盟マスター認定コーチ、米国プロファイルズ社戦略的ビジネスパートナー、ビジネス・ブレークスルー大学大学院オープンカレッジ講師。

著書として、『なぜ、「できる人」は「できる人」を育てられないのか？』（ソフトバンク文庫）など多数ある。

監修書籍

『世界のトップエリートが実践する集中力の鍛え方——ハーバード、Google、Facebookが取りくむマインドフルネス入門』
荻野淳也／木蔵シャフェ君子／吉田典生［著］
一般社団法人 マインドフルリーダーシップインスティテュート［監修］
（日本能率協会マネジメントセンター、2015年）

『サーチ・インサイド・ユアセルフ——仕事と人生を飛躍させるグーグルのマインドフルネス実践法』
チャディー・メン・タン［著］、ダニエル・ゴールマン［序文］、一般社団法人 マインドフルリーダーシップインスティテュート［監修］、柴田裕之［翻訳］
（英治出版、2016年）

『たった一呼吸から幸せになるマインドフルネス JOY ON DEMAND』
チャディー・メン・タン［著］
一般社団法人 マインドフルリーダーシップインスティテュート［監修］、高橋則明［翻訳］
（NHK出版、2016年）

ビル・ドウェイン
Bill Duane

グーグル人材開発部門所属。社員が幸せに生き、仕事で高い成果を出し続けるためのプログラム開発チームを率いている。チームの使命は、グーグル社員および会社全体の仕事の質の向上と幸せを実現すること。ひいては、よりよい世界を作ることである。以前のキャリアはエンジニア。シニアマネージャーとして、ウェブ検索システムのインフラ等を担当していた。

現在、「Honoring the Path of the Warrior」で退役軍人に無償で瞑想指導をしているほか、ノア・レヴァインとともに「Against the Stream」で活動を行っている。

ビル・ドウェイン（グーグル）インタビュー

グーグルも注目する、ティク・ナット・ハン師のマインドフルネスプラクティス

取材・構成　中田亜希

近年、米国を中心として、仏教瞑想をルーツとしたマインドフルネスの取り組みが広がっている。二〇〇七年、米国グーグルは、マインドフルネスに基づいたリーダーシップ社員研修プログラム「サーチ・インサイド・ユアセルフ（Search Inside Yourself）」を導入し、EQ（情動的知能指数）を養うことを主な目的として、マインドフルネスのビジネス分野への応用を開始した。「あのグーグルがマインドフルネスを研修に取り入れている」というインパクトは大きく、日本でも注目を集めている。

米国のマインドフルネスは、ティク・ナット・ハン師の存在なくしては語れない。師の著書はアメリカ国内だけで二〇〇万部以上売れており、師の千人単位のリトリートは、チケットがすぐに完売になるほどの人気だそうだ。

米国グーグルも、二〇一一年と二〇一三年の二回にわたって、ティク・ナット・ハン師をシリコンバレーに招聘し、丸一日かけて社員が師からマインドフルネスプラクティスの指導を受ける機会を得た。

時代の最先端を行くグーグルはティク・ナット・ハン師から何を学び、どのようにマインドフルネスを企業経営に活かしているのか、米国グーグルで人材開発チームを率いるビル・ドウェイン氏にお話を伺った。

――日本でもマインドフルネスが近ごろブームとなりつつあります。その理由の一つとして、世界のリーディングカンパニーであるグーグルが、社員研修プログラムとして導入しているメソッドだから、ということが挙げられます。そもそもなぜグーグルでは精神的なことを企業として取り組むようになったのでしょうか。精神的なことという、ごく個人的なことを、個人に任せず、組織として取り組むことになった理由を教えていただけますか。

マインドフルネスは個人と企業の両方にメリットがあると、わたしたちは考えています。

個人にとってのメリットとは、自己認識と自己制御の力が身につくことです。この二つは、わたしたちが仕事に取り組むときに必要な「意思」と「自分自身に思いやりを持つ気持ち」の整合性をとるために不可欠なものなのです。

自己認識と自己制御の力を持つ人は、そうでない人に比べて、仲間と一体感を持ち、調和の中で働くことができます。またそのような力を持つ人は、慈悲に基づく決断、より大きな利益に基づいた決断をくだすこともできます。これがマインドフルネスを導入することによる、企業にとってのメリットだといえます。

また、不可能なことに挑戦し続けることはたいへん困難なことですから、わたしたちは、マインドフルネスの実践によって、認知のスキルを上げること、そしてストレスを軽減する効果についても関心を持っています。

わたしたちはかなり多くの時間を職場で過ごしますし、職場のありかたは、たいへん多くの人たちに影響を及ぼすものです。ですからわたしたちは今、職場におけるマインドフルネスに力を入れているのです。

――グーグルではどのようにマインドフルネスが実践されているのでしょうか。具体的なお話や意図を聞かせください。

グーグルにはマインドフルネスについて学び、実践するためのクラスがたくさん用意されています。例えば、「サーチ・インサイド・ユアセルフ（Search Inside Yourself）」のクラスや、ジョン・カバットジン氏の「マインドフルネス瞑想に基づいたストレス低減法」のコース、瞑想の基礎コースなどがあります。新入社員のオリエンテーションにも、マインドフルネスのための小休止が設けられています。グーグルのチャディー・メン・タン氏によって執筆された『サーチ・インサイド・ユアセルフ』は、今や多くの国でベストセラーとなっています。
グーグルには瞑想するためのスペースが三十一ヶ所あり、社員は「ヘッドスペース（Headspace）」というスマートフォンのアプリを使って、日常的にも、坐る瞑想に取り組んでいます。

――グーグルにティク・ナット・ハン師を招いたときのお話をお聞かせいただけますか。

タイ（ティク・ナット・ハン師）はグーグルを二度訪問されました。二回ともタイは丸一日かけてマインドフルネスのプラクティスを行いました。
タイはマインドフルネスのもたらす恩恵についてわたしたちにお話をしてくださり、歩く瞑想と食べる瞑想の指導をされました。
また、環境問題による危機、それから強欲であることの危険性、持続可能な経済モデルの必要性などについても、わたしたちにお話をしてくださいました。
グーグルのエンジニアやマネージャー陣との対談では、マインドフルネスをグーグル製品に応用する可能性について検討をしたほか、タイのミッションをサポートするためにグーグルとして何ができるか、といったことについても話し合いが行われました。

――グーグルがティク・ナット・ハン氏から最初に瞑想指導を受けたのは二〇一一年ですが、それ以前にもグーグルには瞑想や精神世界を重んじるような兆しはあったのでしょうか。

はい、その兆候はありました。グーグルでは二〇〇五年ごろから瞑想の取り組みが始まっていました。
その当時は、チャディー・メン・タン氏のような社員が瞑想についての話をし、瞑想に興味をもった他のグーグル社員に対する指導を始めているといった感じでした。

――グーグルで働く人々の宗教的なルーツは、特にアメリカでは、さまざまだと思います。仏教の僧侶であるティク・ナット・ハン師を招いてマインドフルネスのプラクティスをするにあたり、宗教的な難しさはなかったのでしょうか。

もっとも大切なのは、どのような信仰を持っている人も、そしてぼくのような無神論者も、プラクティスを心地よく感じられることです。特定の宗教の押し付けはいけません。

ですから、わたしたちが実践するマインドフルネスは、宗教とは完全に切り離されたものとなっています。特定の宗教に入らなければならないと参加者が感じることなく実践できること、それが大切なのです。

その一方で、わたしたちは、さまざまな宗教的背景を持つ人々を、研修の講師として招くようにもしています。そのおかげで、宗教的世界からも知恵を学ぶことができるのです。

宗教的背景を持つ人を招いて講演会を行う際、わたしたちは宗教的なコンテンツが含まれている可能性を社員に明示するようにしています。

ですから、社員はひとりひとりが参加するかどうかについて、自分で判断することができるのです。

――生産性の追及と瞑想の習慣は矛盾するのではないか、と考える人もいると思います。グーグルでは「競争社会で生きている現実」と「戦ったり競争したりする概念がない仏教・マインドフルネス」に、どう折り合いをつけていますか。導入前にそのような懸念はなかったのでしょうか。

マインドフルネスと生産性が対立するとは思っていません。

ぼく自身、マインドフルネスの実践に時間を費やしたおかげで、仕事への取り組み方が明瞭になり、集中力が増し、対人関係のストレスが減り、よりエネルギッシュになりました。瞑想のために毎日四十五分間座り、一ヶ月間のリトリートに参加することは、十分価値がある投資であると確信しています。

ちなみに、なぜ皆さんが好きなだけ、やりたいだけマインドフルネスを実践しないのか、その一番の理由は時間の心配だと思います。

そこで、わたしたちのチームは、マインドフルネスの実践を奨励し、マインドフルネスが時間をかける価値のあるものであることを合理的に示す研究に、数多く取り組んでいます。

――マインドフルネスを始めて、グーグルは変わりましたか。グーグルの製品、例えば、最新のテクノロ

ジーを利用したグーグル・グラスや自動運転車は、マインドフルネスの影響を受けているのでしょうか。

グーグルは変わったと思います。

わたしたちのプログラムを受講した人たちからのフィードバックは非常に素晴らしく、ときに感極まることがあります。

受講者は、自分の人生が変わり、より慈悲深くなって、人生の目標を違った角度から見ることができるようになったと語ります。

集中力が増したとか、仕事のパフォーマンスが向上したといったような、ありきたりな成果はもちろんのことです。

瞑想クラスや実践セッションの参加者からのフィードバックを読むと、自分がこの仕事をしていることをたいへんありがたく感じ、感謝の気持ちでいっぱいになります。

わたしたちは、穏やかで幸せに満ち、集中している心を持つことがイノベーションの鍵であると確信しています。

とは言え、わたしたちにはまだまだすべきことがたくさんあります。

より多くのグーグル社員がマインドフルネスを実践し、集中力や知恵、思いやりのこころを持ったときに、グーグルという企業として何が達成できるのか、それを見ることができるのは、まだ先のことなのです。

（『サンガジャパン Vol.19』〈二〇一五年一月〉掲載）

【　参考文献　】

●チャディー・メン・タン『サーチ！』
柴田裕之訳（宝島社、2012 年）
● theguardian
http://www.theguardian.com/sustainable-business/global-technology-ceos-wisdom-zen-master-thich-nhat-hanh
● WIRED
http://www.wired.com/2013/06/meditation-mindfulness-silicon-valley/all/
● Headspace
https://www.headspace.com/headspace-meditation-app

ビジネスパーソンにもう一つの視点を与えるマインドフルネスの効果

焦燥感を離れ、今ここに心を置くレッスン

講師の島田啓介氏

グロービス経営大学院公認クラブ
メンタルヘルス研究会

「第20回 メンタルヘルス研究会 ビジネスに活かすマインドフルネス〜自分の志を本当に実現していくために」

2016年1月22日
於：グロービス経営大学院東京校
http://mba.globis.ac.jp

取材・執筆　森竹ひろこ（コマメ）

アメリカのビジネス界では、マインドフルネスのストレス緩和や能力開発の効果が期待され、まずグーグルやFacebook、LikedInなどのベンチャー企業で広がり、今では大手企業でも導入が進んでいる。

その流れは日本にも波及し、特にここ数年は「マインドフルネス」を冠したビジネスパーソンを対象とする、講演会やセミナーの告知を目にすることも多くなった。

今年一月には、ティク・ナット・ハン師の翻訳やマインドフルネスの講習会の講師などで活躍する島田啓介氏を講師に招いて、グロービス経営大学院の公認クラブ活動として「第20回 メンタルヘルス研究会　ビジネスに活かすマインドフルネス〜自分の志を本当に実現していくために」が開催された。その模様を受講者のその後の報告とともにレポートする。

グロービス経営大学院は、ＭＢＡ（経営学修士）に特化した専門職大学院。ほとんどの学生が仕事と両立しながら学ぶ社会人だそうだ。そして、今回のイベントを企画した「メンタルヘルス研究会」は、リーダーの視点から、いかに個人や組織が本来持っている力を発揮できるかをテーマに、ＯＢ、現役学生がともに活動している大学公認クラブだ。

この日の研究会の幹事は、グロービス経営大学院のＯＧである迫加奈さん。経営大学院に通うビジネスパーソンは、高い志とモチベーションをもち、向上心が強い人が多いが、「もっと新しい知識・スキルを得て、今の自分を変えていく必要がある」という思いが「今のままの自分は十分でない」という感情と裏表一体となっている場合もあるという。「戦略や成果一辺倒でない、これまでの企業の常識とは異なる視点を、次世代の経営を担っていく学生やＯＢ・ＯＧに提供したい」という迫さんの思いが発端となり、今回の企画が実現した。

ワーク＆講義「今ここに、心を置く」

講師は、欧米のマインドフルネス・ムーブメントの父として知られる、ベトナムの禅僧ティク・ナット・ハン師の著書を多数翻訳されている島田啓介氏。精神保健福祉士で、看護学科の大学非常勤講師も務める。

参加者は三〇人ほどで、二〇代後半から四〇代前半が中心。ほとんどが、マインドフルネスのワークショップは未経験だそうだ。

島田氏はマインドフルネスを、「今ここに心を置くこと」と端的に説明。まずは、「今、ここ」の体と心にもどるワークを体験した。体を軽くゆらしてほぐし、顔の緊張をゆるめ、発声とともに長い呼吸を試みる。そうしながら、今ここにある心身の感覚に、気づきを入れていった。

講義は、スズメ蜂に襲われそうになったときに、マインドフルになることで命の危機を切り抜けた体験談や、昨年の流行語「安心してください！」のマインドフルネス的な解釈などを交えながら、和やかに進められた。

ティク・ナット・ハン師の伝えるマインドフルネスを長年学び、実践を重ねてきた島田氏の講義は、深い経験に基づいたもので、うなずきながら耳を傾け、熱心にメモを取る参加者も多かった。特に、以下のような言葉が、反応が大きかったようだ。

「私たちは、習気（じっけ）という習慣のエネルギーに操られているロボットです」

「『我』は自分自身ではありません。『我』とは自分の不幸を願うように条件付けされたプログラムです」

「（マインドフルであれば）世間という共同幻想から抜け出て、今ここの現実を、瞬間ごとに新たに生きることができます」

マインドフルネスの多くある特性のなかでも、「マインドフルでいることで、心のクセや感情に流されず、自分で選択して行動を選べる」ことは、ビジネスパーソンの関心と共鳴するところだろう。

また、島田氏はマンドフルネスを始めるポイントとして、「新しいことを学び始めると、一生懸命に勉強や訓練をします。でもそれは、できない自分を責めるという罠にかかりやすいことです。ですから、マインドフルネスに限らずですが、なにかを学んで身につけるときは、最初に自分を『ゆるす』ということを、頭に入れてください」とアドバイスした。マインドフルネスの実践において、「ゆるす」も大切なキーワードのようだ。

ワーク「水の瞑想」

ワーク「水の瞑想」は、言葉を発しない「聖なる沈黙」を守りながら進められた。まずは、各四人がけのテーブルに、一本のミネラルウォーターのペットボトルが配られた。一人一人が自分の紙コップに水を注ぐが、言葉を話して順番を決めたり、譲り合ったりすることはしない。テーブル全体を感じながら、無言で作業を進める。ボトルの蓋を開けて水を注ぐのも、そのときの感触、重さ、硬さ、冷たさなどに気づきながら丁寧に行う。

四人全員がコップに水を注いだら、水を口にふくみ、しばらく口の中の感覚を味わってから、水を飲み込む。

「このとき、自分では意図できない、喉が自然に行う嚥下反応にも気づくことでしょう。嚥下反応は体が自然に行ってくれるものです。私たちは一口の水でさえ、体がそうやって助けてくれるからこそ飲めることにも気づきます」と、島田氏が穏やかな口調で解説した。

さらに、飲んだ後の「今、ここ」にある、呼吸にも気づきを入れる。

「ゆっくり水を飲むことで、呼吸も穏やかになっていることに気づくのではないでしょうか。水を一口マインドフルに飲むことが、忙しいとき、心が焦るとき、日常いつでも、心を今ここに落ち着かせる助けとなってくれます」と、「水の瞑想」を通して、マインドフルネスを日常生活に活かすヒントを示した。

終了後

終了後、何人かの参加者に感想をたずねた。

ある男性は「ゆっくり水を飲むのは、仕事中の気持ちの切り替えに使えると思いました」と、明日からでも取り入れてみると言う。

また別の男性は「心を整えるために坐禅をしたことがあるのですが、ただ坐れと言われて、効果があまり感じられませんでした。それに対して、マインドフルネスは方法や目的がはっきりしているので、効果も実感しやすかったですね」と、坐禅とマインドフルネスを体験して感じた効果の違いを指摘した。

＊＊＊

マインドフルネスは継続することで身に付いていく。それでは、受講後も実践を続けている参加者は、どのようにビジネスに活かしているのだろうか。終了から約九カ月が経過した十月に、迫さんの紹介で、今も実践を続けている二名の参加者からメールで回答をいただいた。お二人ともそれぞれのスタイルに合ったやり方で、取り組まれているのがうかがえる。

宮崎健輔さん（三六歳　会社員）

研究会で学んだことは、ビジネスの現場でも取れ入れています。例えば、緊張したり焦ったりしたときには、足裏が地面についている感覚、椅子に座っている臀部《でんぶ》の感触、呼吸などに意識を向けることで冷静さを取り戻しています。

これによって、つい感情に左右されてしまうようなシーンが以前より減ったように思います。

川口泰輝さん（三三歳　会社員）

私は研究会で学んだことを、ビジネス現場でも取り入れています。呼吸瞑想や飲む・食べる瞑想のほか、自分の思考や感情に気づき、習慣的に行ってしまうことを止め、他者に慈悲の心を向けられるよう取り組んでいます。

いつも上手くいく訳ではありませんが、何度も取り組む中で少しずつ成長を感じられています。自分の心が軽くなり、自分で選択している自由さや落ち着きを感じられて、ストレスを低くする面でとても役立っています。

職場や大学院でも「一緒にいると落ち着く」と安心感を感じてもらえているようです。

最後に幹事の迫さんに、日本のビジネスパーソンにマインドフルネスを伝えることの意義をたずねた。

実は迫さん自身が、マインドフルネスに出会うことで、「ありのままを受け止める」「評価・判断しない」ということを体験し、今の自分への「否定」や、周囲との比較による「焦り」を、少しずつ手放していけるようになった経験があるそうだ。生き方が楽になったと感じているそうだ。それは、講義で島田氏が指摘したマインドフルネスのポイント「ゆるす」とも、繋がっているのだろう。

「私と同じように、向上心の強いビジネスパーソンの中には、どこかで『否定』や『焦り』の感情を持っている方もいらっしゃるように感じています。そうした方がマインドフルネスを実践し、自分や周囲の人にマインドフルに関わっていくことが増えれば、まず自分に余裕が生まれ、周囲にもよい影響を与えることができるのではないかと思います。それは、単にメンタルヘルスの向上に役立つということだけでなく、マインドフルな在り方がビジネスの成果にもつながり、好循環を生み出すきっかけになると考えています」

マインドフルネスはビジネスの文脈では、心身の健康や能力開発で語られることも多いが、どうやらその取り組みによっては、生き方そのものの質を高める可能性があるようだ。それは、組織として成果を高めていくことにもつながるのではないだろうか。

Part 3

仏教からの視座

マインドフルネス（mindfulness）とは、仏教の用語であるパーリ語のサティ（sati）の英訳である。サティの漢訳は「念」であり、それはすでに日本文化の深い層に根付いている概念である。私たちはそれをマインドフルネスという言葉によって再発見している、といえるのかもしれない。科学的な視座、また功利的な視点から語られるマインドフルネスを興味を持って受容しつつ、実は私たちは別の視座を持ちえるはずである。それはマインドフルネス（サティ、念）の本来のあり方であると同時に、新たなあり方をも示唆するだろう。仏教の視座から瞑想の真実を提起する。

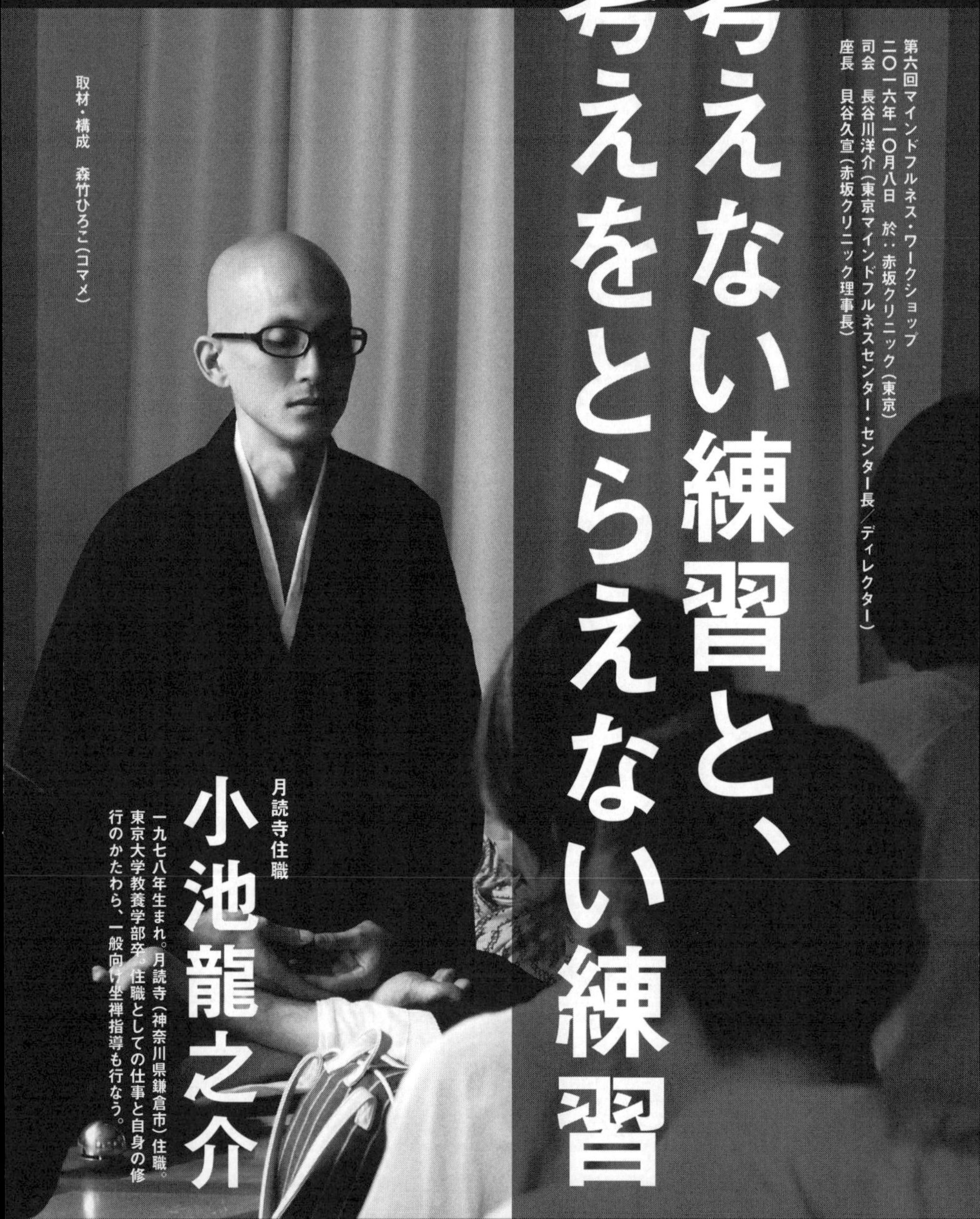

考えない練習と、考えをとらえない練習

第六回マインドフルネス・ワークショップ
二〇一六年一〇月八日　於：赤坂クリニック（東京）
司会　長谷川洋介（東京マインドフルネスセンター・センター長／ディレクター）
座長　貝谷久宣（赤坂クリニック理事長）

月読寺住職
小池龍之介

一九七八年生まれ。月読寺（神奈川県鎌倉市）住職。東京大学教養学部卒。住職としての仕事と自身の修行のかたわら、一般向け坐禅指導も行なう。

取材・構成　森竹ひろこ（コマメ）

東京・赤坂クリニックで、小池龍之介師による講義と坐禅セッションが開催された。医療と仏教が融合する空間で語られた、仏教瞑想の真髄と瞑想ガイダンスを誌上載録。

講義「考えない練習と、考えをとらえない練習」

私たちは分散して生きている

今回の演題は「考えない練習と、考えをとらえない練習」です。これは後ほど、坐禅のワークショップで取り組んでいただく二つの内容に、およそ対応しています。

一つはとてもシンプルで、呼吸に気づきを向けていく練習をしていただきます。そのさい、行なおうとしていることの肝は、普段はいろんな事柄に向かって意識が分散しているのを、呼吸に向かって集めるということです。

日常の世界では、外の車の音が気になるときもあるでしょうし、空調の音が気になることもあるかもしれません。もしくは、これまであったいろんなことが記憶によぎって、よかったことを思い出して酩酊したり、嫌だったことを思い出して不愉快になったり、これから先のことを期待したり不安になったり……そのように、常に分散して私たちは生きています。

坐禅を行なっても、同様に分散し続けていることでしょう。ですから、まずは繰り返し、繰り返し、少しずつ心を一カ所に集めはじめるということに取り組んでいただきます。

大雑把な脳みそ

それはこんなふうにイメージしていただけると、大変よろしいかと思います。私の道場は海の近くにありますが、海を眺めておりますと、海面がずっとユラユラ、ユラユラと動いています。その海面が、一つの塊として揺らいでいる、ということはあり得るでしょうか。そういうことはあり得ませんね。

木が風に吹かれたときも同様です。脳みそは「木が全体として左に傾いたぞ」といった、雑なイメージを作り出します。でも、そういうことは本当は起きていないですね。脳みそが情報を大雑把にまとめて、「梢《こずえ》が全体的に左に傾いた」という大雑把な認識として、データを勝手に補正しているだけの話です。実際はその最中に右に揺れている葉っぱや、後ろに揺れている葉っぱだってありますし、大きな枝が左に揺れていても、小さな枝が右に揺れていたりするのですが、そういったものは全部削除した上で、なんとなく一つの塊という認識を作り出しています。

私たちは、ちょっと勘違いしています。「今、ワクワクしているな」と思っているときは、なんとなく心の海が「ワクワク」でベターっと塗りつぶされた状態になっているような気がしています。「悲しいな」と思ったときも同様です。ベターっと「悲しい」と塗りつぶして、そういう心の海になっているような気がしているのです。

でも、実際はそうではありません。「うれしいな」と思った瞬間に、別の側面で「この嬉しさは、どれくらい続くのだろう」とか、「前は裏切られたし……」とか、そういう不安の影みたいなものがすでに忍び寄っていて、私たちが雑に思っているような形での嬉しさは、本当は成立していないんですよ。

それは、裏を返しても同じです。悲しいとか、さみしいとか、これは絶対うまくいかないだろうと思っているときに、そういう海だろうと思い込んでしまいます。

でも、実際はあるところでそのような揺らぎが生じているだけで、すぐその隣ではまったく別の気分や、まったく関係ないことを考えることが並行して進んだりしています。実は、この心というのは、ものすごくたくさんの思念に追い立てられ続けているともいえます。

また、ある側面では、この脳みそというのは、そういった超高速の情報処理機械なので、私たちの意識が普段知覚しているよりも、はるかに多くの情報を生み出しては飛び跳ねまわっている、というような性質を持っています。

そういったことを前提にしていただきまして、たまたま今日の心という海はたくさんの波が立っている荒波かもしれませんし、機嫌が良かったり気分が安定したりしていれば、あちこちで海面が揺らめいているだけかもしれません。

呼吸という島に戻る

先ほど申しました、心を少しずつ一カ所に集めるというのは、そういう海のまっただ中に、安定して戻ってくることのできる島を築くようなイメージです。

とりあえず仮の（あくまでも仮、なのです）島として呼吸を設定してみます。何が起きてもその島である呼吸に、帰ってくるのです。そうして、この島が安全であることがわかってくれば、まわりに生じている波と戦わなくてもいい、ということがわかってくるようになります。

波を静かにしようと思っていると、そのことで戦うような心持ちになり、「静かにしたい！」という、より大きな波が生じるのです。その波がひょっとすると、もともと生じている波よりもさらにうるさいかもしれません。自分の心や身体を操作したい、このように導きたい、このようにコントロールしきりたい、という完璧主義の感情というのは、けっこう強い感情です。強烈な欲望だといってもいいでしょう。

で、そういった感情は往々にして気づきにくいものです。そのような気づきにくいものに、いつの間にかとらわれながら取り組むというのは、心身を緊張させることにつながります。

重要なのは、まわりにどれだけ波がたっていても、それに意識が入りこんでいかずに、ひとまず島と設定している呼吸にもどることです。なぜ呼吸に戻ってくれば安心なのかというと、それがニュートラルな感覚だからです。

でも、瞑想の実践にしばらく取り組んでおられる方は、その言葉に疑問を感じる場合もあるかもしれません。なぜなら、瞑想中に呼吸に意識を向けていると、呼吸を通じて自分の心と身体の問題が浮かび上がってきて、ひどく息苦しくなる場合があります。あるいは、その息苦しさが解消したり、非常に息が楽になったり、穏やかになったりしたときは、それはニュートラルではなくて、心地よいと感じるかもしれません。

呼吸を仮の島として設定すると申していますが、意識を向けるのは、その息が楽になる感じとか、息苦しくなる感じではありません。呼吸に意識を向けていると、鼻の粘膜をこするようにして息が入ってくるのを感じることでしょう。風が身体の中の粘膜をうっすらとこすって、移動していきますでしょう。胸や腹部を通っていくときも、同じようにうっすらと風が身体に触れているのを感じるでしょう。このように、風が身体の中を吹いているところに、意識の中心をフォーカスするのです。たとえ息苦しいと主観的に感じていても、そのときは風が触れる感覚そのものは、ニュートラルだと見出してください。

先ほどの海のたとえにもどってみてください。「胸が苦しい」と思ったとすると、その胸の苦しさが「波」なのです。それを島だと勘違いしないでください。どれだけまわりが荒れていても、風が吹いている感覚そのものはいつもニュートラルです。そこに意識の中心を乗せれば、とりあえずまわりがどうなっていても大丈夫だなという感覚を、まず覚えてほしいと思います。

そうなってみると、あの人がものすごく気に入らないとか、人生における大失敗をしてしまったとか、あの人にこう思われたらどうしようとか、この人にいいところを見せなきゃいけないとかいうことを、仮にどれだけ思っていても、あるいは息そのものが苦しいと勘違いしていてすら、「あ、このニュートラルなところには、それらは及ばないな。ここに戻ったらまわりがどうなっていても、どれだけ荒れ狂っていても、やって来ないな」ということを、まず理解というか、体験してほしいと思います。

「ここに来れば安心だから、まわりの波がどれだけ荒れてバシャバシャしていても大丈夫だ。あなたたちは、好きなだけバシャバシャバシャしていたまえ」というような余裕を、まずは身につけていっていただきたいと思います。それが前半の取り組みです。

波こそが自分なのだ、という勘違い

大雑把なことを申しますと、私たちはそうやっていつも波の中に入り込んで生きています。言い変えれば、「この波こそが自分だ」と思って生きているのです。

たとえば喜ばしいときは、この喜びが私だと思っているでしょう。悲しいとき、この悲しみが私だと思っているでしょう。誰かに対して怒っているとき、この怒りが私だと思っているでしょう。そして、楽しいとき、この楽しいのは私だと思っているでしょう。まさにそのせいで裏切られながら生きているのですよ。

だって喜んでも、別の波しぶきがすぐに現れて、喜びという波しぶきは背景化していきます。そうしたら、それはやがて失望感や怒り、悲しみといったものに変わっていきます。そういったものに執着して、安心はあるのでしょうか。永続して、自分をずっと支えてくれるでしょうか。

そんなことはありませんね。それもまた、別の気持ちなどに、どんどん、どんどんと移り変わってしまいます。結局、それらの波しぶきに実態はありません。永続性もありません。

それなのに、私たちは常に新たに押し寄せた波のことを自分だと思い、でも、その波は私たちを裏切って通り過ぎ行ってしまうので、次にまた生じた波に頼るのです。

怒りが生じたら怒りに頼ります。喜びが生じたら喜びに頼ります。「瞑想が進んだ」という喜びに頼ったりもします。「瞑想が後退した、なげかわしい」という気持ちが生じたら、それにすがってしまうのです。その感情が自分だと思って入り込んでしまうのです。そんな具合にして、通常の人生というのは、仮に瞑想をしていてすら、この波に常に追われて、波が自分だと思って生きているのです。

この波の質をすごく高めていくことはできます。波のクオリティを道徳的なものにしていったり、善行為を積み上げていったりすることによって、これまで悪い波が生じるパターンが多かったのが、比較的良い波が生じやすくなるといった形に、心を変容させていくことは可能です。

けれども結局のところ、それはどれだけやってみても、波の質が変わるというだけです。波のことを自分だと思い続けている以上、波は幻想のように実体性がなく移ろっていくので、ずっと裏切られ、偽物に肩透かしをくらわされ続けることに、究極的には変わりはないのです。

ともあれ、まず最初に、私はこう思った、私は坐禅をしている、頑張ろうと思っている、うまくいかないなぁと思っている、うまくいったなぁと思っている……そういった思いの中に、常に入り込んでいたところから、それらの中に入り込んでいかずに、「ここにいれば、大丈夫だな」と安定できる島を作ります。

心とは川の流れのようなもの

そして後半のパートでは、心を見ることに取り組んでいきます。大まかにいえば、前半で考えの中に入っていかない練習をして、考えとの距離感がちょっとわかっていただいたら、後半においては、考えというのがどんなふうに湧きあがってきて、どんなふうに消えていくのかを見ていただきます。短い時間ですから、ほんのさわりぐらいしか扱うことができませんけど、非常に高い安全性をもって、自分の心の中身をおぼろげながらでも理解する練習に、取り組んでいただきたいと思っています。

一つのたとえでいえば、心とは川の流れのようなものです。上流から何がしかのものが流れてきます。台風のあとなら、人の家の中にありそうなもの、たとえばおもちゃとか、座布団とか、果物とかも流れてくるかもしれませんし、木切れのようなものが流れてくるかもしれません。

いかがでしょうか。「私がこのおもちゃを流したのだ」ということはないでしょうし、私が座布団を流したのだということはないでしょう。どこかから、それが流れてきますね。

それで、今この話を聞いてなんらかの印象や考えが、皆さんの中に浮かんでくると思うのですけれど、自分の意思でそのように感想を持つことにしようと決めたでしょうか。決める間もなく、なぜかそれが勝手に立ち現われてきましたでしょう。

あるいはこれから瞑想しますけど、たとえば皆さんのとても好きな食べ物があるとします。私と皆さんが仮に友達だとして、「君の好物はこれだと思って、買ってきたよ」と言って、それを皆さんに渡したとします。それに対して感情が生じるでしょう。

よほどひねくれていなければ、「あ、うれしいな」という気持ちになると思うんですけれど、それは誰がやっていますか。誰がうれしくなっていますか。私が私の意思でうれしくなっていますか。そうではなくて、それを渡された瞬間に、それを好物だという認識が自動的にはたらくでしょう。なおかつ、それを好物だとこの人が知って選んでくれたということは、「私のことを大事に思ってくれていてうれしい」といった判断も、言葉抜きに電光石火に生じるでしょう。ものすごい速度で脳みそが記憶を参照して、その起きていることの意味を解釈して、自動的に結論を出すのです。「うれしいな」と。

では、反対はいかがでしょうか。前に、「これは私の嫌いなものだ」とさんざん言っていたのに、家族がそれを買ってきたとします。そうしたら、なんとなく嫌な気がする人が多いかもしれません。それは、私が嫌な気持ちになっているのですか。私がこれから嫌な気持ちになろうと思って、嫌な気持ちになっているのですか。それを渡された瞬間に電光石火で、「私がそう思おう」と思う余地もまったくなく、勝手に反応するでしょう。

他のいかなるものに対しても同じことが起きています。何を見ても、聞いても、匂っても、味わっても、触れても、寒くなっても、暑くなっても、あるいは何かを考えても、それに対して生じる、気持ちいいなとか、嫌だなとか、うれしいなとか、どっかいってほしいなとか、そういった気持ちは、何もないところから、「私」という彫刻家が自分で彫刻して作り上げた作品ではありません。川のたとえで言うなら、私が彫刻した作品ではなくて、川の上流からその彫刻が勝手に流れてくるのですよ。

川の上流とはなんですかと質問された場合に、私たちの過去に積んだ業が、川の上流を織りなしていると言えます。過去の体験の複合体が、何事かを良いと思わせたり、悪いと思わせたりして、絶えず判断として浮かび上がってくるのです。

とりあえず瞑想をするときは、「なにもしないで、ぼやっとしていてくださいね」とお伝えしています。でも、ぼやっとしているのに、なぜ考えがずっと浮かび上がり続けるのでしょう。私が考えようと思ってないのに、暇になってくると、たえず順番に自分の業に応じて、いろんな考えが流れてきます。先ほどの海のたとえに戻れば、「業に応じて順番に、あちこちに波が立ち続ける」というように、この心はできています。

マインドフルネスの落とし穴

この取り組みは、マインドフルネスの練習と言い換えてもいいでしょう。この練習における確認しておきたい肝の一つは、私たちは流れてくる思考や感情を「これが私の作品である」、「私が作っている、私の重要な考えである」と思いこんでいるので、その中にいつも入り込んで、それと同化してしまっているということです。

マインドフルネスの取り組みの落とし穴の一つというのは、たとえば「自分が今、イライラしているのを見つめて、マインドフルであろう」としているとします。そのときに、これを見つめようとしている「私」が、「今、そのような感情を見つめようとしている」という感情を作り出してしまいがちなのです、非常に多くの場合。

けれども、それを「私がやっている」というのは錯覚であり、事実誤認です。マインドフルネスであることが望ましいという知識があるために、特定状況下で自動的に「マインドフルネスでありたい」という欲求が反射的に生じているだけでありまして、それもまた私がやっているとか、「私である」ということはありません。

「気づこう」としていることに、気づいていないなら、感情のとりこです。感情をラベリングするにしても、ラベリングしていることに、気づいていなければ、「私がラベリングしている」という感情のとりこなのです。

それを感情と言われても最初のうちはピンとこないかもしれませんが、「見つめよう」と思っていたら、そのような思いや感情の中に「私」を見出して執着しており、それはありのままに見つめることには近づきません。大雑把にみれば喜怒哀楽が感情といえるのですが、「何かをしたいと思っている」のも、「何かをしたくないと思っている」のも、それも大まかに感情といえます。

より好ましいものが未来に想定できて、それに近づいていきたいと思っているか、好ましくないものから遠ざかりたいと思っているか。このように何かを望ましいと思っているか、嫌がっているか、というのを感情と思っていただきたいのです。

それで、この感情という波がはたらくこと自体は問題ない、ということを最初にお話しましたね。感情ははたらいていても、その中に入り込んでいなければ影響を受けないので大丈夫です。でも、そのような感情の波に対して、見つめようというふうに主観的な力みが生じていながら、なおかつ、その波の中にズボっと入り込んでいる場合に、きわめて主観的になっているのです。

そして、見つめたいとか、見つめることによってどうにかしたいと思っていた、その感情がほとんどなくなってくると、それに応じて智慧が現れてきます。

その感情にはまる度合いがまったくなくなってしまうと、純粋にマインドフルな状態になります。ですから、純粋なマインドフルになる状態というのは、実は非常に繊細なさじ加減が必要になることです。

ところで、言葉の問題というのは難しいものがあります。ここではマインドフルネスと言っていますが、私は「気づき」とか「念」という言葉を使うことが多いですね。あるいは「観察する」とかですね。

鏡が先生

「私はマインドフルネスの実践をしている」というときは、「観察しているぞ」といった気持ちも外れて、ただ純粋に起きていることが、ただ鏡にピカッと映っているだけ、というような状態にもっていきたいのです。それが純粋に気づいている、という状態です。そうであってみると「観察しよう」とか「気づこう」とか思っていると、それは言葉が踊っているだけで、実質的にはむしろ気づかなくなるのです。

その状態にもっていきやすくするために、禅僧は「放っておきなさい」という言い方をします。「放っておきなさいといっても、どう放っておくんですか」と聞くと、「ただ、放っておきなさい」という塩梅なんです。それでは非常にわかりづらいですね。しかし、そこのわかりづらさの中に肝があります。

放っておくためのコツというものを考えてみます。放っておくというのは、感情を入れないということの言い換えです。何事かがあって完全に放っておくとしたら、感情がないでしょう。でも、やっぱり言葉に騙されないようにしてください。

放っておくとか、興味がないという言葉は、なにか嫌な人がいるとして、「あの人のことは放っておきなさい」とか、「もう、あんなこと興味ないから」という言い方で、しばしば使われます。このとき「放っておきなさい」という単語を使っていますが、非常に気にしてそのことを言っていますね。つまり、そういった場合は「放っておく」とか「興味がない」という単語は、「嫌いだ」ということを言い換えているだけなんですよ。

二つ目の取り組みで、考えが現れてくるのを観察したり、眺めたり、あるいは自覚するときの重要なポイントは、繰り返しになりますが、感情の中にはまり込まずに、なにも望まず、なにも嫌がらずに、のんびり眺めていることです。

たとえるなら、自分のトラウマになっているような、人生で一番嫌だったことを思い出しても、別になんということもなく「ふーん」という感じで、ただ鏡に映しているようなものです。「嫌なことだったなぁ」という反応を起こすでもなく、「しっかり、見つめてやるぞ」とか、「見つめたら、なんとかこの問題が取れるんじゃないかなぁ」とか、そういう感情をいっさい起こさず、ただ鏡のように映っているだけ。

私たちがもし鏡だったら、「いいものが映っているぞ」とか、「こんなのが映って嫌だなあ」とか、思いませんよね。このように、ただ映っているという状態、これがマインドフルネスです。冷静に、マインドフルネスが現出している状態です。

この鏡の状態というのと、「放っておきなさい」というのが、同じことはなんとなくわかりますよね。もっと言えば、鏡に何が映っても「放っておきなさい」の「なさい」すらないでしょう。放っておきなさいとも思わないでしょう。ただ放っているだけ、鏡になればよいのです。ですから鏡が先生のようなものです。

この川は無常であり、無我である

鏡のようになるためのコツの一つが、川に流れてくるものを「これは脳みその中のブラックボックスで自動生成されて、私たちに投げ与えられ続けているだけのものであって、私が作っている大事な作品ではない」と、のんびりとリラックスして眺めることです。そうなるにつれて、私たちが思っていたよりもはるかに速い速度で、今流れてきたと思っていたものが、次のものに変わってしまい、また次のものに変わってしまい、と、どんどん私たちを裏切って流れ去っていくことがわかってきます。

流れていく速度がわかってくると無常がわかり、私が介在しない無我であるということがわかり、それらはあまり意義のあるものではないということもわかってきます。そのように無常であり無我であり、意義がないものです。意義がないというのは私なりに、「一切皆苦」ということを言い換えています。

少々難しい話をしますけど、この川は「諸行無常」の諸行をたとえています。諸行というのは、「すべての変化していくもの」という意味です。

感情も変化していくものの一つです。こういった実践に慣れてくると、感情だけでなく、聴こえるものとか、見えるものとか、匂うものとか、すべてこの川の流れだということもわかってきます。

それで、この諸行というのは、頼れるものだと思いきや、すぐに変わって肩透かしを食らわされるものにすぎない、ということがわかってくると、心がそこにあまり重要性を認めなくなっていきます。

つまり、諸行は無常であり、諸行は無我であり、諸行は私のものではなく、裏切り続ける「諸行皆苦」なものにすぎない、ということがわかってきます。それがズバッとわかるとき、心が「諸行」の外へと超越するのです。

同調もしない、拒絶もしない

自分の中にいろんな考えが浮かんでくると思いますが、ようはどんな考えが浮かんできても、することは単純です。その考えを肯定しないでください。「本当にその通りだ、まったくその通りだ」、というふうにその考えにのめり込んでいかないでください。

ある意味、「坐禅をしようとしているのだから、考えにのめり込んでいかないのは当然だ」と、多くの人が思っているでしょう。しかし、その反対が難しい。多くの人が先入観として、何かに負荷をかけて考えの中に入り込まないようにしようと思っていますが、そうすると考えと無意識的に微妙にでも敵対します。この微妙な敵対を解いていくのが、重要なポイントです。

あらゆる考え、どんな嫌な考えが湧いてきても、どれだけ自分が克服したいと思っているような感情が思い浮かんできても、それに対して感情的負荷をいっさいかけないというのが重要なポイントです。

つまり、それを肯定もしないし同調もしない。イライラしてきたとしても、イライラに同調しない。それと同時にイライラを否定しない。否定せず同調しなければどうなりますか。気づきだけが残ります。鏡だけが残り、ただ映っています。この、放っているけど、なおかつ鏡で映している状態、というのを保っていただきたいのです

そのための一つのヒントとしては、いろんな考えや思いが川に流れてきたとイメージしてみます。私たちの意識は、普段は川の中、つまり諸行無常に移ろいゆく、幻のような考えの流れの中にはまり込んでしまっているのですが、川の外に意識を引き上げておくような感じにしてみてください。初心者にはこのイメージが、ひとまず有用になると思います。

そのとき、気づきはどこにいるのかというと、川の中に入らずに川岸にいます。そして、どんな考えが現れてきても、その考えに同調しない。同調するのは川の中に入り込んで溺れているようなものです。考えを拒絶したり、否定したり、退けようとしたりするのも、川の中に入っていくことです。そして溺れます。否定の力によって考えに「執着」し、流れをよどませるのです。

それでは、川に入り込んでいかずに、ただ鏡に映していたらどうなりますか。何も思っていないので、智慧がそこに現れます。何かを思っていることの中にはまっていると、智慧は現れません。

そして、流れてきたものがただ純粋に鏡に映され、クリーニングにされていきます。消滅させられていきます。消滅させようと思わなくても、放っておけばクリーニングされていきます。二つ目の取り組みは、そんな塩梅の取り組みです。

それは、心の中の状態は自由連想に任せておいて、ただ

鏡に映しておくだけ、ともいえます。でも、それは極めて難しいと思われるでしょう。起きてくることに対して、ズラズラズラーと意識が、いろんな「良い」「悪い」という評価をくっ付け始めるからです。

でも、それすら心配しないでください。「いかんな、くっ付けてしまった」と思ったとしても、その「いかん」という思いは、気づきの領域で起きていることではなくて、諸行無常の川の流れの中で、前に起きた嫌な感情に対して、「あ、いかん」という、次のおもちゃが勝手に流れてきただけ、ということです。

それに気づき始めると、もう本当に気楽なものです。次に何が流れてきても、「私がやっている私のもの」ではありません。それはただ自動生成している諸行無常であり、無我なものであり、価値のない、意義のない、執着するに値しないものだとわかってくると、とても楽になります。とても心が大らかになってきますよ。

坐禅セッション

島に立ち返り、安らぐ練習

身体を準備する

それでは今日のレッスンでは大まかには二つのパートに分けて、坐禅セッションに取り組んでまいります。

ひとまず、身体を整えてみるところから始めてみましょう。皆さま、坐蒲というもの、もしくは毛布とか何かお尻に敷くものはお持ちでしょうか。これを適当な高さにして、自分のお尻に安定するように当ててください。あまり深く当てすぎないようにするのがよいでしょう。まず大雑把でいいので、お尻は左右のバランスがとれていると感じるところに、置いてください。

初めての方もいらっしゃいますから、何種類かの足の組み方の説明をします。まず結跏趺坐という坐り方です。片方の足をつかんで反対の腿の上にのせます。それで、もう片方の足もつかんで、反対の腿の上にのせます。足の裏は両方天を向くようにクロスさせておいて、両膝が地面にしっかりと着いているようにしてください。

このように組むのが、痛かったり、骨格の問題で難しいと感じる方は、半跏趺坐を試してください。片方の足を股間に引きつけていただいて、もう片方の足だけを反対の腿の上に深くのせます。両膝はしっかりと地面についているようにします。

これも難しいと感じる方には、楽坐という坐り方もあります。楽坐は片方の足は股間のほうに引きつけておいて、その足に向かって反対の足も引きつけて前後に並べてしまいます。ベターっとくっつけてしまって上から圧迫しないようにすると、疲れているときには座りよいかもしれません。覚えておいてください。

それから、取り組みの最中に、慣れないうちは足が痛くなることがあると思いますので、どうしても辛くなったら組み換えていただいてかまいません。足の上下を入れ換えてみてもいいですし、もしくは楽坐になるのもいいでしょう。

両手のひらは、軽く開いて両膝の上に置いてもかまいませんし、もしくは身体の中央で印を組まれるなら、今の私は左の足が上側になっていますので、その場合は反対側の右手を下腹部のあたりにそっと置いてください。そうして、もう片方の左手のひらを、右手のひらの上に重ね合わせて、親指の端（はな）同士をそっと触れ合わせて、人差し指と親指で楕円を描くような感じにしておきます。

さて、お尻に気づきを向けてみましょう。左の坐骨と右の坐骨が、前後左右にバランスよく整っているかどうかを確認します。そして、左右にちょっと揺れて、「このへんが真ん中かなあ」というところを見出すようにしてみます。

さらに、もう一工夫してみましょうか。一応、安定したと思えるところで、ほんの少しだけ右に体重をずらしてみてください。さらに、ほんの少しだけ左の坐骨に体重をずらしてください。次にそれよりさらに少なく右の坐骨に、さらに少なく左の坐骨にずらしてださい。そして、さらに少なく右に、さらに少なく左にずらし、「あ、ここが真ん中かなあ」と感じたところに、すとんと左右同時に体重を下ろしてください。それで安定するのではないでしょうか。

そして、左の坐骨も右の坐骨も、地面に対してまっすぐに立つような感じにしてやってください。まっすぐにしてやると、結果として、気持ちていど下腹部が前に出るような感じになると思います。骨盤もそれに合わせて、まっすぐよりほんのわずか前に出ているぐらいのところに安定するでしょう。その上に背骨を、下から整えながらそっと乗せていってやります。力は抜いておいてくださいね。力が入っていたら腰もお尻も肩も、ゆるーんと抜いてください。力によって支えず、リラックスして、構造として整えた置き物を、ただ、ポン、と置いておくような感じです。

目はさしあたって一メートル先ぐらいの床を、ぼやーと眺める感じにしてください。

それでは、「あれをやろう」、「これに取り組もう」と急ぐ前に、ちょっと休憩します。仕事の合間の休み時間に、ちょっとのんびり座っているような感じで、数分間そうやって安定した姿勢のまま休憩しましょう。

あるがままの呼吸に気づいていく

自然なあるがままの呼吸を発見していきます。「私が息をしよう」とか、「こんな息をしよう」と、何も工夫しないでください。今の自然体の息をふっと発見してみてください。何の操作も加えない。コントロール下におかない。ありのままの吸う息が、鼻から、鼻の奥や、のどや、胸や、腹部や、下腹部へと入っていくのを、気づきで追いかけていきます。やがて吐く息が、下腹部から胸やのどへ、鼻や鼻の先へと抜けていくのを、また追いかけていきます。

一生懸命な感じにならないようにしてください。言いかえれば感情的にならないようにしてください。「さあ、やるぞ」とか、「頑張るぞ」とか、もし思っていたとしたら、それが感情的であるということです。

たとえばこんなヒントはいかがでしょうか。あたかも、この身体が幽体離脱でもして、他人の身体にスルリと入り込み、「へー、この身体はこんなふうに息をしているのか。なるほどねぇ」と眺めるようなものです。「私」が「私の息を」といった塩梅ではなく、よそから忍び込んで覗きこむような、ただそれだけのことです。

なんの力みもなく、なんの気負いもなく、支配する必要もなく、コントロールする必要もなく、「私の呼吸よ、このようになれ」とか、「これが理想的だ」とか、そういった押し付けはなにもなく、「まあ、いいやぁ」とあっけらかんと、息が吸われるままに気づいていています。吐かれるままに気づいていています。

その息がどんな速度だろうが、どんな深さだろうが、そのままに気づいていています。浅ければ浅いままに気づいている。深ければ深いままに気づいている。ただ鏡に映すだけ。吐こうとはしない。身体が勝手に吐いてくれます。放っておくのです。

吐き始めるまま、吐き続けるまま、吐き終わるまま。やがて息は自然に吸い始めるでしょう。吸い始めるまま、吸い続けるまま、そして吸い終わるままに任せます。

安全な島に立ち返る

それでは、莫大に広い心の海の中に、ひとまず「安定した呼吸」という名前の無人島を作って、そこに心を安住させます。

島のまわりではいろんな波がしぶきをあげたり、海面がうねったりしているでしょう。かつて言ったことへの後悔も浮かぶかもしれませんし、この取り組みへの期待も生じているかもしれませんし、力みや緊張もあるかもしれません。

しかし周りでどんな波のうねりが生じていても、何が起きても、「まあいいや」とスルーして、ふわりと呼吸に帰ってくるのです。

まわりで起きている波しぶきと戦うように、「おまえたちは、どこかに行け。ここは安全な場所にしたいんだ」というような乱暴な扱いにならないように。

波しぶきのことは「まあいいや」と放っておきながら、気づきを呼吸へと、繰り返し、繰り返し、粘り強く立ち返らせてまいります。

過去のこと、未来のこと、あるいはまわりの音、温度のこと、身体のこと、いろんな波が立ってくるでしょう。その起きていることにひきずり回される癖から、「まあいいや」と少し離れてみます。「そういったことは起きているけど、この島は安全だから、まあいいや」と、呼吸に立ち返っていきます。

呼吸は吸われるままにします。鼻から腹部へ風が吹き抜けていくまま。腹部から鼻へ、風が吹き抜けていくまま。また鼻から腹部へ、腹部から鼻へ。どこにもたどりつかない、ただ同じ場所を行ったり来たり往復するだけ。どこにも行かない。何の意味もない。

それゆえ、どこかに行くという目標から解放されて、たどりつくという意味から解放され、吸われるままに、気づいていています。吐かれるままに、気づいていています。

呼吸が幸いにして落ち着いてきたなら、その落ち着いた呼吸を享受しておくのです。今、呼吸がたまたま浅くて荒々しいなら、その呼吸を変更しようとせず、のんびりとその中に踏みとどまるのです。

「いつか、どこかでいい感じの状態になりたい」ではなくて、今ここで、この何の変哲もない呼吸の普通さの中に、踏みとどまるのです。ありのままに、何の変更も加えず、良いもなく悪いもなく、現象そのものに、踏みとどまるのです。今・ここ・普通、今・ここ・普通……。

たんたんと、スポットライトを当て続ける

どこかへ行こうとするのではなくて、この瞬間の普通のありのままの中に、心をそっと鎮座させます。そして呼吸にそっとスポットライトを当てて、とどまっています。

ついついスポットライトは、これからよい状態になって、主人公となった自分の活躍に当てたくなるかもしれません。

しかし一見、脇役にしか見えない、ありきたりな、今この瞬間の呼吸にスポットライトを淡々と当て続けることに徹してください。一秒後の息にではありません。一秒前の息にでもありません。

一瞬前の息は、もう消えていて実在していません。一瞬後の息も実在しておらず、絶対確かめられません。ですから、その中間にある今の息を、ただありのままに確かめてください。

それしか確実に確かめられないのであってみれば、ましてや十秒後に自分がどうなるとか、一分前どうだったとか、今朝はどうだったとか、明日はどうなるとか、それはぜんぶ幻であり実在していません。

ただ、今の瞬間の息だけを確かめるのです。確かめられないものは幻、放っておくのです。

吸い始めから吸い終わりまで、ある場所はよく感じられ、ある場所はまったく感じられないかもしれません。そういったことに関して、感情を変化させないように。

つまり、あまり感じない場所に一生懸命に気づきを向けようとしたり、特別な努力を払おうとしたり、そういったことは行なわないでください。智慧がはたらかなくなります。

あたかも私たちの仕事は、主人公ではなく、ただ裏方でスポットライトを当てるだけの役割のようなものです。淡々と呼吸の速度に合わせて、ただついていくだけです。先走ってもいけませんし、置いていかれてもいけません。ただ、ぴったりとついていくだけです。

「こんな仕事はつまらない。自分も舞台に立ちたい」と言うこともなく、ただ現象のままに、起きているままに、スポットライトを当てて追いかけ続けるのです。あせらずに、先を急がずに、何者かになろうとせずに。このようでありたいという渇愛に染まらずに……。

それでは、少し時間をかけて坐禅を解いてみましょう。自然な呼吸の速度に合わせて「吸って、吐いて、いーち」と数え、また「吸って、吐いて、にーい」と数え、十ほど数え終わったら、そっと目を開いてください。

ここで少し休憩をはさみましょう。

岸辺から川をながめる練習

身体をリラックスさせる

それではふたたび手足を整え、姿勢も前後左右にバランスのとれた塩梅のよい状態に整えてください。

体を力で支えようとしてしまいがちな人は、ぜひ耳を傾けてみてください。塩梅のよい姿勢とは、いわば法隆寺の建築物のようなイメージです。

今どきの鉄筋コンクリートの建物を作るように、べターッとコンクリートで基礎を固めるような感じではなくて、バランス良く束石（つかいし）をただ置くだけです。その上に上手に構造材をはめていって、その構造によって、どれだけ揺らいでも倒れることなく、バランスを崩すことなく、何百年も残り続けるようなそんな塩梅です。

「絶対に動かないぞ」といった感じではなくて、ただ両膝をしっかり地面に着いていて、束石としての坐骨は右も左もまっすぐに起きていて、その上に骨がそれぞれバランス良く配置されている。その構造によって、なんの力も入れずに、「ふわーん、ゆるーん、ビシッ」と座っているようなものです。主観的には、ふわーん、ゆるーんとしていれば、ビシっというのは勝手に後からついてきます。

姿勢が定まったら、しばらくリラックスしてみましょう。私たちはなにもしていないつもりでも、普段はいろんなことを見て、いろんなことを聞いて、情報処理を続けています。ですから、今は目を開いていても、ぼやっとして焦点を合わせずに、見ることすらしません。しかし見ることもしないと言いつつ、それによって全てが見えているようにしておきます。

何かが聴こえてきても、どれか特定の音を追いかけていきません。聴覚もぼやっとさせておき、それと同時に全てを聞いています。

そのようにして、身のまわりの心の六つの門（眼耳鼻舌身意）をありのままに開け放って、私にとってこう見えるとか、こう聞こえるといったことは、今は静かにスイッチを切っておいて、のーんびりと、ありのままに起きていることに気づいておきます。生じるものは生じるまま、滅するものは滅するままに。

ふたたび呼吸に気づいていく

そしてふたたび、呼吸を見出してみてください。忘れられていても、この身体が呼吸をおのずから調節して、その都度その都度に必要な息を吸ったり吐いたりしてくれている、その恩恵に気づきを、ふたたび寄り添わせてみます。

吸われるままに気づいています。吐かれるままに気づいています。もし呼吸が馬だとしたら、その馬の上にふわーとただ乗っていて、「馬よ、君の行きたいところに行くがよい」と、任せておくようなものです。

馬に鼻輪でも付けて「こっちに来い」「あっちに行け」と引きずりまわすような感じには、ならないように。

不愉快な考えが湧いてきても、あるいはそわそわする考えが湧いてきても、未来の想念、過去の想念にとらわれても、「まあいいや、それは未来のこと、過去のこと。まだ起きていないし、もう終わったことだし、どちらも実在していないこと。それより今を確かめるぞ、今というこの大海原の中に」と、心を無人島へそっと引き戻してやり、安住させてやるのです。

息は吸われるままに、吐かれるままに。それ以上でもなければ、それ以下でもありません。なにも足さない、なにも引かない。そのまま、そのまま……。

心のなかに気づきを向けていく

それでは、呼吸に気づきを向けているパーセンテージを、少しばかり落としてみます。その代わりに気づきのフォーカスの中心を、心の中で起きている感情の動きとか、言葉で生じる考えとか、言葉抜きになんとなく一瞬すり抜けていくような気分とか情緒とか、そういったものに向けてみるようにします。

そのさい、「さあ、見つめてやるぞ」とか、「心の中はどうなっているのだ？　どれどれ、見せてみろ」といった感じではなくて、ふわーんとリラックスしておいて、その状態で自然に流れてくるものを、のんびり眺めているような感じにします。

同調もしない、否定もしない、ただ気づいて眺めておきます。

それはあたかも一つ一つの考えや気分という名前の果物が、上流から順次流れてくるようなものです。「おいしそうだ」と拾いに行ったり、「まずそうだ」、「腐っている」と、取り除こうとしたりせずに、ただ、川岸からのんびりと、なんの手出しもせずに気づいておくのです。

そのための最大のヒントは、「それは私がやっているのか」ということです。私がやりたくて、そのような考えをゼロからこねあげて生み出したのだろうか。私がスイッチを押して、その気分を主体的に生み出したのだろうか。

否、それは勝手に流れてくだけで、私の作品ではないし、私のものでもありません。そうであれば、それに意味はありません。ただ放っておくのです。

そしてもう一つのヒントが、「今はこれを考えているが、ついさっきは違うことを考えていた。そしてその前は、また違うことを考えていた」ということです。川の上流からおもちゃが流れてきたと思ったら、次は棒が流れてくる。今、相手にしているものが実はどんどん瞬時に変わっていくということです。

諸行は無常です。それらはどんどん入れ替わっていきます。

たとえば、「やり方は、これで合っているのだろうか?」と不安になってきたとしても、そのときは誰が不安になっているのでしょうか。私が筋書きを書いて、これから不安になることにしようと思ったのでしょうか。

いいえ、この脳みその中のどこかのブラックボックスにおいて、勝手に情報があれやこれやとこねくり回されることによって今の状況が不安だという解釈が自動生成し、そのような実在しない幻を生み出しているだけです。ですから、「まあ、そういった不安という幻が、上流から勝手に流れてきただけだなぁ」と、同調も拒絶もしないで放っておきます。

そうして、同調するという力が失われ、拒絶するという力が失われていくと、言わば気づきの無重力空間が生み出されます。すべてを、その無重力空間のふわーんとした力の中を、通り抜けてゆくままにクリーニングされるのに任せるのです。

川に流れてくるものを、肯定や、拒絶をしたくなっても、川の中には入りません。目の前の川にどんなものが流れていても、川岸では何も生じてはいません。川の流れの中でいろんなものが生じたり滅したりしていても、ただ、川岸においては気づいているだけなのです。

たとえば、「こんなイライラした強烈な思いが、本当に流れていくなんて信じられない」という思いが、湧いてきたとします。そのとき、大いなる錯覚をしていることに気づいてください。

「これは、本当に流れていくのだろうか」と思っている時点で、笑ってしまうぐらい、もう流れているではありませんか。もともと気になっているイライラがあったとして、それに対する「これは流れていくのだろうか」という思いは、イライラとはまったく別のものであり、もう変化しているのです。

そうやって絶えず変化して、揺らぎ、移ろっていき、一瞬も定まらないという無常を、ただのんびりと眺めておくのです。

「ああ、一個一個は本当に意味がないなぁ」と、どんな思いが流れてきても、その流れの中にはまり込んでいかず、ひらりとその流れの外に、川岸に、心を引き上げておいてあげるような塩梅で。

今、思いが湧いてきても、同調しない、否定もしない。克服したいという欲望で先走りもしない、克服しようともしない。ただ気づいて、鏡のように映しています。優しく、眺めています。

未来もなく、過去もなく、ただ今ここ、この瞬間に、目の前を思いが、どんぶらこ、どんぶらこと流れてくるままに、流れていくままに……。

それでは、吸って吐いての息を十ほど数え、息に充分寄り添いながらしばらく待つ時間をへて、待ち終えたら、そっと目を開いてください。

よろしければ合掌ください。

——回向の言葉——

ほんの少しばかりの間なりとも
こうして積んだ修行によって
積まれた心のエネルギーをもって回向せん

この心のエネルギーを
たんに自分の心の平安と幸せのためにのみ用いるのではなく
これが父や母や、我が友人知人や修行仲間のためにも用いられて
周囲に幸福をもたらさらんことを

一礼します。ゆったりとお直りください。

以上をもちまして本日の坐禅のセッションを終了いたします。質疑応答の時間をというふうに承っておりましたので、これから質疑応答をしたいと思います。

質疑応答

司会者：せっかくの機会です。疑問に思っていることや、聞いてみたいことがあれば、忌憚のないご意見を言っていただければと思います。

小池師　今日、取り組んだ中で「ああ、これがわかんないなぁ」とか「ここはどうすればいいのかなぁ」とか、そういったことがあれば、どうぞお聞きください。

質問者　今日もそうですが、マインドフルネスの瞑想をした後に、催眠術にかかっているような、酔っ払っているような、ボーとするような感じになって、すぐに正常な感じに戻れません。それは、どうしてでしょうか。

小池師　ふーむ、普段はものすごく正常というか、完璧に正常なんですね。

質問者　そうですけど……。

小池師　おお、もしそうなのなら、あまりにもすばらしすぎる！

質問者　いやいや、完璧に正常とは言えませんが。でも瞑想の後は、すごく寝ぼけている感覚があります。

小池師　うん、うん。そこが実は肝で、普段は目覚めていて、取り組みによって寝ぼけてきたような気がする。でも実は、普段もまどろんでいるんですよ。

質問者　禅問答みたいですね。

小池師　いやいや、たとえばここにマイクがあって転がっていったときに、マイクが転がっていったなぁと思われるでしょう。そういうのが、夢を見ているということなんですよ。マイクは今ここにあるけど、ちょっと前には転がっていたという気がしているでしょう。

質問者　はい。

小池師　でも、もう転がったというのは終わっているんですよ、今ここにあるわけですから。あなたが現実だと思っていることは、もう終わっていることとか、これからあるであろうこととか、そういった現実ではないことを膨大に情報処理して作られたものです。そういうことをしていながら、自分は現実で覚めていると思い込んでいるのですね。

ところが、今回行なった実践のように、多かれ少なかれ今に認識をフォーカスしていくと、私たちが現実だと思っていることが幻想だとわかります。私たちが現実だと思っているものの中には、ほとんど実在しているものはありませんよ。

絵の色がこういう色だとかいうのも、実在はしていませんよね。私たちの眼球がそのように見做している。眼球から入った光の情報を、脳みそがそういうふうに構成しているだけですから。解像度がよすぎる目で見たら、素粒子の揺らめきのようなものにしか見えなくなります。でも、その見え方が本物だというわけではありません。それは、いろんなレイヤーの見え方があるうちの、「脳みそが今このように見たい」と思って、見たことにしている世界です。音にしても、たんなる振動にしか過ぎないものを鼓膜に当てて、こういう音という解釈して、いい音とか悪い音とか思っているのです。

これがさらにシャープになっていけばシャープになっていくほど、私たちが現実だと思っているものが、いかに偽物かというのがわかってきます。

夢を見ているときは、鮮明にいろんなものを見ていると思いますが、目が覚めると急速に忘れていくでしょう。そのようなものです。ですから目が覚めているのに、なんとなくまどろんでいる気がするというのは気のせいで、どちらかというと、いつも寝ているような感じなのが、ちょっと目がうすぼんやりと覚めかけている、というだけのことです。

質問者　今が、覚めかけているのですか？

小池師　ちょっとだけね。慣れていないうちは、普段の緊張状態からの極度にリラックスしたとか、もしくはいろんな考えが顕在化してきているんです。それが多すぎて追いついていかないので、ちゃんと見えてこないで夢を見ているみたいに、ボヤーっとぼやけたようになっているのです。なんとなく本当の状態が見えてきてるけど、でもよく見えないから、霧がかかったように曖昧に感じるのです。「まあ、いいんじゃない」と思って相手にしないで……。

質問者　はい、放っておきます。

小池師　そんな感じですね。

司会　先生ありがとうございました。

小池師　どういたしまして。

心を見つめる

仏教瞑想の止と観がめざしたもの

東京大学大学院教授
蓑輪顕量

第五回マインドフルネス・ワークショップ
二〇一六年六月一二日　於：赤坂クリニック（東京）
司会　長谷川洋介（東京マインドフルネスセンター・センター長／ディレクター）
座長　貝谷久宣（赤坂クリニック理事長）

構成　森竹ひろこ（コマメ）

左から講演の蓑輪顕量氏、座長の貝谷久宣氏、司会の長谷川洋介氏

本書の監修者でもある蓑輪顕量氏による仏教瞑想の講義と実践のワークショップが、東京・赤坂クリニックで開催された。ステファン・G・ホフマン博士、藤田一照師、熊野宏昭氏、山下良道師につづき、第五回の開催である。マインドフルネスと仏教瞑想の接点を明確にする、注目の講義を載録。

マインドフルネス＝仏教の瞑想における「観」

ただ今ご紹介をいただきました、蓑輪と申します。今日のタイトルは「心を見つめる――仏教瞑想の止《し》と観《かん》がめざしたもの――」ですね。「心を見つめる」とありますが、「悩み苦しみを越える、仏教の伝えた実践」というふうに考えていただければ。ありがたいと思います。

それでは早速、講義に入っていきましょう。今日のテーマである「悩み苦しみの原因はどこにあるのか」ということを考えていきますと、実は私たちの認識機能のあり方に原因があります。でも、そう言うと、みなさん身構えてしまうかもしれませんね。

そもそも仏教における瞑想は、「止」と「観」という二つのタイプのものから成り立っています。止は、心の働きを静める。観は、心を観察する。そして、みなさんが「マインドフルネス」と呼んでいるものは、実はこの「観」とぴったり重なります。

止と観は、両者ともにインドからの伝統を持っているものです。インドの伝統の中で考えていきますと、お釈迦さんが実際に指導で使うときには、「サティパッターナ（satipaṭṭhāna）」という言葉を使っています。このサティパッターナというのが、現在「ヴィパッサナー（vipassanā）」とか、「観」とか呼ばれるようになったものの中身ではないかと思います。

その観の中身というのは、「言語機能を生じさせないで、対象を観察すること」ととらえると、いいのではないかなと思います。このあたりはちょっと言葉が難しいかもしれませんので、これからの話の中で具体的にわかりやすく説明していきたいと思います。

悩み苦しみの起点となる、六つの感覚器官

それでは、悩み苦しみを起こす原因について考えていきましょう。それは、私たちが外界を認識するところから始まっていきます。私たちは目、耳、鼻、口、身体で外界をとらえ、とらえたところで「これは何々だ」と判断が働きます。そうして、それがきっかけになって、悩みや苦しみが起こっていきます。このように仏教のなかではとらえています。

みなさんは仏教の「六根《ろっこん》」という言葉を、どこかで聞いたことがありませんか。これは「感覚器官」という意味です。私たち人間には、感覚器官として目と耳と鼻と舌と身体と心がある。いわゆる「眼耳鼻舌身意《げんにびぜつしんに》」といいますが、この感覚器官、あるいは感覚機能を指して「六根」という言葉を使います。昔は、よく山に登るときに、「六根清《ろっこんしょう》浄《じょう》」と言いながら杖をついて登っていたようですが、その六根清浄の六根です。それを現在の言葉に直しますと、六つの感覚器官という意味合いになります。

インドの伝統の中では人間をとらえるときに、人間にはさまざまな器官があると考えていました。その一つが、今言いました感覚器官です。さらにインドの伝統の中では、行為器官とか、生殖器官など、いくつかの器官を設けていました。

ところが仏教は非常に面白いところがありまして、いつも研究の対象になるのは感覚器官なんです。「行為器官」という言葉は仏典の中には、ほとんど登場することがありません。なぜかと言いますと、私たちはさまざまな行為をしていますが、それをどうとらえていくかというところに、仏教は焦点を当てていたからだと思います。

つまり、外界をどうとらえるかというところから、私たちの悩み苦しみが生じてくると考え、それをどう越えていくのかを見つめていたのですね。実際に外界をとらえるとき、私たちは言葉、言語機能にかなり左右されています。あまり意識することはありませんが、心に生じてきたものに結構縛られます。

仏教では大切な「無分別」

それから専門的な言葉ですが、「名色《みょうしき》の分離」というものがあります。捕まえられる対象と、捕まえている心の働き。これを「名《みょう》」と「色《しき》」と言います。この二つを分離できることが大事です。

そして、それができたあとは、捕まえている心の働きをなくしていくような方向に観察をしていきます。これが「無分別《むふんべつ》」と呼ばれるもので、仏教ではこの無分別がとても大切なものとされています。

現代の日本語ですと、「分別がある」というのはよい意味で使われます。反対に無分別は、非常に悪い意味で使われていますよね。これは仏教のなかで伝えられた本来の意味合いと、現代の日常で使う意味合いが、全く逆転してしまった典型的な例だと思います。

では、実際にものを観察していく、それも言葉を使わないで観察していくことによってもたらされる効能がどんなものなのか。これが、ある経典の中で出てきますので、観察の効果ということで、最後にお話をしたいと思います。

理解が生じて、反応が起こる

実は悩み苦しみは、私たちの心がつくり出したものです。それはどこから生じてくるかと言えば、認識が引き金になります。まず、外界の対象を感覚機能によって捕まえます。すると、その対象が心の中に描かれ、それに対する認識化が始まります。そうすると自動的にさまざまな働きが生じていって、その働きの一つとして悩み苦しみが生じてきます。

具体的に説明してみましょう。みなさんの目の前に、おいしそうなケーキがあるとします。そうすると「ケーキ」という判断が、まず働きますね。これで、対象を理解したということになりました。

そうすると、「美味しそうだ」「食べたいな」といった気持ちが生じて、さらに「太るからやめておこう。でも、食べたいなぁ」といったように、ストレスや、悩み苦しみになっていきます。

あるいは、「勉強しなさい」という、親の声を聞いたとします。「勉強しなさい」って、ある意味命令みたいなものですよね。その辺のニュアンスを理解しますと、「今、そんな気分では、ないんだけどな」ってなります。さらに「なんでそんなに言うの。うるさいなぁ」といった感じで、いらいらや怒りの感情が生じてきたりします。

このように最初に理解が生じて、その理解がもとになって次の反応を起こしているのが私たちの日常です。

私たちの認識のあり方

それでは、次のスライド【図1】をパッと見てください。みなさん、なんだと思いますか。

図1

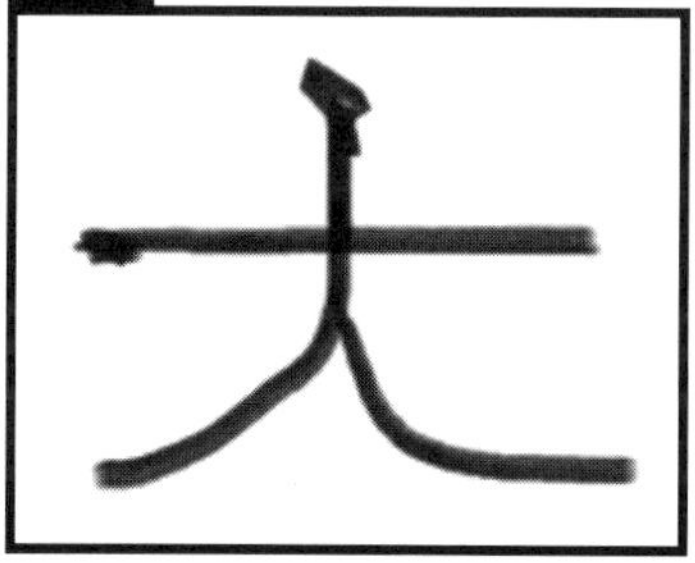

漢字の「大」だと思った人、どのくらいいますか。はい、ありがとうございます。ほとんどの人がそうですね。では、そう思わなかった人は、何に見えましたか。

女性A「はい、人の形に見えました」

なるほど、人の形ですね。人が手を広げている形にも見えますね。もうおひと方、手をあげてらっしゃいましたね。

男性A「私もそうですね。人が歩いているような……」

はい、歩いているようにも見えますね。なんか象形文字的な感じですよね。ありがとうございます。

さて、これを見たときに、最初に白と黒の色で何か模様が描かれているのが見えたと思います。それに対して、パッと見て漢字の「大」と読まれた方が多かったようです。みなさんが長い年月のあいだ使っている言葉なので、過去からの記憶みたいなものがすぐ呼び覚まされて、これは漢字の大の字であるという判断が働くわけです。「大」と思わなかった方は、これは何かの絵ではないかと思って、人が手を広げている図じゃないかと判断しました。

そういったところから考えていきますと、私たちは最初にパッと見たときに、その色と形だけを認識する瞬間があるはずです。その次の瞬間に、「これは何々だ」という判断が働くわけですね。実際に、私たちは日常生活の中で目にするものは大体知っていますので、見た瞬間にそれがどういうものだかわかります。

ただ、わかる前の段階というのが本来あるはずです。感覚器官を通じて、心の中に描かれた世界があって、その世界に対して私たちは判断を生じさせる。そうして「これは何々だ」というふうに見ているのが、私たちの認識のあり方だと思います。

ということは、人間の心の働きというのは、外界からの刺激を受けとめて、認識の対象になるものを心に描き、それを認識していると言えるのではないでしょうか。

今のは視覚の話ですが、音でも同じです。音によって入ってくるものがある。でも、私たちはもうほとんど聞いた瞬間に、その音が何であるかという判断が働いてしまいます。この部屋にいてブーという音が窓の方からすれば、もう無意識のうちに「車の音」という判断が入ってくる。

これが、まさに心の働きがつくり出しているものというわけです。

悩み苦しみの解決の道筋の一つは、それが心の働きであることを自覚して、心がつくり出したものにすぎないことが、体得できるようになることです。悩み苦しみは心がつくり出した働きなので、それにとらわれないことが大事なのだと思います。

最近のお坊様たちは、「流せるようになれば、いいんだよ」といった言い方を、よくされているように思います。確かに悩み苦しみにとらわれないで、流せるようになるといいんでしょうね。

心の師となるも、心を師とすることなかれ

仏典の中には「心の師となるも、心を師とすることなかれ」という言葉が出てきます。心の先生になるのはいいけれど、心を先生にしては駄目ですよ。つまり、自分の心に生じてきたものに支配されては駄目だよ。逆に、自分の心を支配する、そういうふうになった方がいいんだよ。それが「心の師となるも、心を師とすることなかれ」という言葉で表現をされています。

心の観察をしているとき、一つの対象に心を結びつけていますと、心の働きが抑えられていきます。これが心の働きを静める、「止」と呼ばれる観察のしかたです。実はこのときには、心の他の働きが生じなくなっていきます。でもその状態から日常生活に戻ってきますと、やはり同じように悩み苦しみが生じてきます。

そして、あらゆるものを見つめようとしていく方が「観」の観察です。このときには、一つ一つの観察は「止」と同じような感じですが、悩み苦しみが生じない状態というのは確かに出てきます。「観」のときには、次から次へと観察をしている状況です。

悩み苦しみが生じないような観察のしかたを練習することで、生じなくさせるのは理想的です。実際にはなくならないのですが、こだわらないように変わっていきます。「悩み苦しみは生じるけれど、それに支配されないようになっていく」という状態になっていきます。

ここができれば、一〇〇%とは言えないかもしれませんが、八〇%、もしくは九〇%はちゃんと大事なところをつかんだことになると思います。

お釈迦さんの時代から伝わる、心の観察法

それでは原始仏教における観察法では、どのように心の働きを静めていったのでしょうか。最近は、「原始仏教」という言い方は、研究者の世界では「いつの時代が原始仏教なのか」といったことや、「『原始』という言葉が、非常にプリミティブな印象を抱かせる」など、いろいろなことが言われるようになってきて、どのように呼んだらいいのか議論されたりもしています。

とにかく、お釈迦さんの活動されていた時代に近い頃に存在していた、心を見つめていくやり方というのは、大きく二つに分かれています。基本は心の働きを静めていく方です。心の働きを静めていく観察のしかたは、「サマーディ（samādhi：三昧《さんまい》）」と「ジャーナ（jhāna：禅那《ぜんな》）」という二つの言葉で呼ばれています。

仏教の中ではサマーディと呼ばれているのが、一番初歩の段階です。それは、具体的に何をしているのかと言うと、「心を一つの対象に結びつけていくだけ」なんですね。これをしていると、次第に心の働きが静まっていくと考えられていました。

心の働きが静まっていくと、ある静かな状態に入ります。その状態というのがジャーナ、あるいは禅那と訳されて呼ばれるものになります。この禅那は、一文字で「禅」と言われることがあります。禅という言葉は東アジア世界ですと大変に重要な用語になりまして、心を見つめていく観察法全般を禅と呼ぶようなことがでてきます。

ですから、少しわかりにくいと思いますが、原始仏教と呼ばれる初期の仏教の基本の中では、最初は何か一つの対象に結びつけて、心の働きを静めていくことを「三昧」と呼んでいます。心の働きは静かになって、ある境地に入っていく。その境地はいくつかの段階に分かれ、それが「禅那」や、「禅定《ぜんじょう》」と呼ばれています。

ですから、禅定体験をしていらっしゃる人は、心の働きが静まっていきますね。そうして静まったときに生じてくる、少々特殊な能力みたいなものもあります。

この三昧も禅那も、やり方の一番の基本は、心を一つの対象を結びつけるということです。結びつける対象は、実は何でもよかったようですが、まずは呼吸に結びつけました。入る息と、出る息に結びつけるのが一番の基本ですが、

時には自分の目の前に物を置いて、ずっと見つめ続けていくというやり方も存在していました。

仏典の中に出てくるのは、インドの大地では土がたくさんありますから、土をこねて円盤みたいなものを作って、それを目の前に置いてずっと見つめ続けるというやり方です。

さらに、水晶の玉を使用する人たちも出てきました。

この瞑想をする時に水晶の玉を使っているグループは、現在のタイに存在しています。みなさんはタイの仏教者のグループ「タンマガーイ」という名前を聞いたことはあるでしょうか。今、タイでとても有名な仏教団体になっています。あるお坊さんが中心になって始まったと言われているのですが、そのタンマガーイでは水晶の玉のようなものを用意していて、それを自分の口から飲み込むようにイメージします。さらに、それがお腹の中に入って丹田のあたりでとどまっている。そのようなイメージを抱かせることで、一つの対象に集中していくということをやっています。

ですから心を一つの対象に結びつけるのが基本ですが、結びつける対象は、いろんなものが存在しています。

体の動きに、心を結びつける——茶道

ここまで、呼吸や物体を対象にあげましたが、私たちの体の動きも心に結びつける対象になります。たとえば、ゆっくり手をあげることを、心を結びつける対象にしていくこともできます。

あるいは何かを手に取って、器の中で回していくことに心を結びつけていくこともできます。小さな柄杓《ひしゃく》みたいなものを持っておいて、器にお湯を入れて、小さな竹のほうきみたいなものでかき回して……と言うと何となくわかりますよね。そうです、お茶の作法です。体の動きに心を結びつけることは、日本の文化の中に定着していると思います。

室町の初期の頃に、村田珠光《じゅこう》というお坊さんがいました。奈良の地から京都に出て、当時流行っていたお茶をいろいろと渡り歩きました。禅宗の中に伝わっていたお茶の飲み方とか、あるいは庶民のあいだには下々《しもじも》のお茶というものが存在していましたが、そういうものをみんな体験されました。

村田珠光さんは、一休さんとして親しまれている、大徳寺の一休宗純和尚とも関連があります。一休さんから禅を学んだとも伝えられ、「お茶の飲み方を工夫すれば、坐禅の修行にもなる」と言われたと伝えられています。禅の教えが茶道の中に入り、その流れがいわゆる「わび茶道」になっています。

ただ、わび茶の世界は、残念ながら記録をあまり残していないところがあります。しっかりとした記録が出てくるのは、千利休の時代になってからです。利休さんのお弟子さんの南坊宗啓《なんぼうそうけい》という人が著したと伝わる、『南方録』が最初の記録の一つとされています。

それから、山上宗二《やまのうえそうじ》さんという方がお書きになられました『山上宗二記』。こちらの方が有名ですね。この中に、いろいろな名称が出てきます。「お茶の一番最初は村田珠光さん。一休さんから禅の極意を教わって、それがわび茶道の中には流れている」といったことを『山上宗二記』が伝えています。

その後ですと、江戸時代に千宗旦《せんのそうたん》という方が登場いたしまして、『禅茶録』というのを書いています。この『禅茶録』になりますと、今言いましたように茶器の棒を持ってかき回したりとか、飲んだりすることも、全部一つ一つ心を結びつける対象として使えるということを、正面切って書いています。ですから、『禅茶録』になりますと、お茶の本というよりも禅の本ではないかと思うぐらいに、仏教との結びつきが強く出ています。いずれにしましても、心を一つの対象に結びつけるというのが、一番の基本です。

「止」から「観」へ

心を一つの対象に結びつけることをやっていますと、心の働きは次第に静かになっていきます。そうしたら次は、静かにする方向ではなくて、実際に今、外から受けている刺激に全部気づいていくという方向に、観察のしかたを変えていきます。それが「観」である、ヴィパッサナーになります。

今、みなさんは呼吸をしていらっしゃいます。呼吸していない人はいませんね、生きていますから。それと今、みなさん座っていますよね。ですから座っている自分の姿勢を、気づく対象にすることもできるわけです。

お尻が下の床に触れている感覚がわかりますか？　話を

聞いているときはわからないかもしれませんが、「お尻の感覚がわかりますか?」と聞くと、心がお尻の方にいきますので、床に触れている感覚がわかるのではないでしょうか。

それから、私たちは日常生活のなかでさまざまな行動をしていますが、その行動の一つ一つに対して自分で気づいていくと、ヴィパッサナーを日常生活のなかでも少しやっている、という感じになります。

先ほど、「気づきの対象は、呼吸だけではないですよ」と言いましたが、歩いていることも対象になります。普通、私たちは歩くときは、「足を上げて、それから前に出して、下ろしている」といったように、自分が歩いている動作を、一つ一つ認識することは普段はありません。でもヴィパッサナーでは、この動きも認識の対象になります。

ですから「足を上げて、出して、下ろす」というような感じで、気づくこともできます。後半の実習では、歩くという行為を観察の対象にするやり方も、紹介してみたいと思っています。

赤坂クリニックの8階にある東京マインドフルネスセンターの会場は満員の参加者

経典における、苦しみの原因

仏典に出てくる、お釈迦さんの時代の観察のしかたは、先ほども出てきましたが「サティパッターナ」という名前で呼ばれ、漢訳の資料のなかでは「念処」と訳されています。この念処という言葉は結構、研究者たちも含めて「注意を振り向ける」という現代語に訳しています。なぜ、注意を振り向けると訳しているのかと言いますと、これには背景があります。

どうも、このサティパッターナの「サティ（sati）」と呼んでいるものは、言葉によって対象をとらえているのか、そうでないのかというところに、大事なポイントがあるようです。そして、サティパッターナは、言葉は介在していないのではないかと考えられ、「注意を振り向ける」という訳語がつくられました。

それでは、実際に仏教経典のなかに出てくる記述を、少し見ていきたいと思います。経典には「比丘たちよ、この道は諸々の生けるものが清まり、愁いと悲しみを乗り越え、苦しみと憂いが消え、正理《しょうり》を得、涅槃を目の当たりに見るための一道です」とあります。

つまり、やっていくと苦しみと憂いが消えると言っているのですね。正理を得て、涅槃を目の当たりに見るための一道です、と。これは、駒澤大学の片山良一先生の訳語をそのまま使っております。

片山良一先生は、駒澤大学においてパーリ語の研究をされている研究者の方です。片山先生はパーリ語で伝わっている三蔵、これはかなり膨大な仏典ですが、それを一人で全部訳そうという念願を立てられて、ある時期から、ご自身の発願された願いのために、さまざまな勉強会なども全て「申し訳ない」ということで、参加されなくなりました。

その代わりにパーリ語の仏典を全て現代語に翻訳する作業を、ずっと続けていらっしゃいます。お一人で継続していますので、訳語がかなり安定してくるんですね。ですから最近は、研究者たちも片山先生の翻訳を支持する人たちが増えてきました。

パーリ語の初期仏典には、有名な『スッタニパータ』や『ダンマパダ』などがあり、見ていくと非常に興味深い記述があります。「およそ苦しみが生じるのは、全て識別作用によって起こるのである」と。この識別作用というのは、先ほど「分別」と言っていた言葉と同じです。何かものを見て、つかまえられる対象となった何かが選ばれて、それに対して分別、識別作用が生じる。これが悩み苦しみのもとだよ、と言っているのですね。

「識別作用が消滅するならば、もはや苦しみが生起するということはありえない。苦しみは識別作用によって起こるのであり、この災いを知って識別作用を静ませたならば、修行者は快を貪ることなく、安らぎに満ちていくのである」このような言い方がされています。そう考えると、お釈迦さんの時代から無分別に相当することは、ちゃんと意識されていたと考えていいのではないかと思います。

観察における言葉の介在

ただ、無分別という言葉は、紀元前ごろからの大乗経典になって、頻繁に使われるようになりました。それも、『般若経典』によく出てまいります。無分別という言葉が使われているときは、あきらかに、言語の機能が生じていない認識のしかたを、指しているようであります。

ただ、ちゃんと対象をとらえてはいるんですね。ですから「注意を振り向ける」という訳語で表すしかないと思います。言葉が働いていないで認識するあり方を、言葉を使って説明するのですから、少々矛盾していますが、実際には「注意を振り向ける」と表現するしかないと思います。

それで、サティパッターナという言葉で呼ばれているときの「サティ」は何かと言えば、どうも言葉が少々介在しているようです。最初に述べたときとは異なっていることになりますが、言語機能が働いている状態を指すというふうに見てもいいような感じがします。

どこで、そう感じられるかと言いますと、修行を始めていくときの一番の入り口というのが、これも専門用語で申し訳ありませんが「名色の分離」というところから入っていきます。

たとえば「呼吸をしているときの入る息、出る息に気づいてください」と言われたとします。そうするとみなさん最初は「息が入る、出る」と、普通になんとなく気づいていると思います。

でも、そのうちに「入る」と気づいているときに、気づかれる対象としての風の動きみたいなものがあって、それに「入ると、名前をつけているんだな」と感じる瞬間があります。そのように、実は言葉を使っているのですね。

さらに、経典『サティパッター・ナスッタ（念処経《ねんじょきょう》）』に出てくる記述のなかで、名色の分離というものを考えていくと、言葉を使ってとらえるというのが、どうも最初の段階として存在しているようです。

いきなり、「言葉が介在しない気づき方をしてください」と言っても、ちょっと難しいので、最初は言葉を借りて「入る、出る」とやっていく。そうして言葉によって、捕まえられる対象が生じたときに、それを言葉で捕まえているのだということを、まずはっきりと認識させる。そのあとで、捕まえている言葉がなくなるように、観察のしかたをちょっと変えていく。そういう二段構えが、経典のなかでは予想されているのではないかなと、最近は考えるようになりました。

実際、仏教のなかでめざされているのは「般若《はんにゃ》」です。これはサンスクリット語でプラジュニャー、一般には智慧といいます。このときには、もう言葉は介在していない気づき方だと思います。これは漢訳の上ではちゃんと区別があります。言葉を使わないで対象を認識しているときの「知る」は、智慧になります。ですから、普通に使われている「知る」とは、違うんですね。

「観」の効能

最後に観察の効能について話します。「観」の観察によって何ができるかというと、私たちが馴染んでいる認識のありようから、少しずつ脱却していくことができるようになります。私たちの心は、生じてきたものに知らず知らずのうちに支配されていきます。でも、それに気づいていくことによって、対象化され、少しずつなくなっていくようになります。

それから実際に心のなかに押し込められていたものが、心の働きが静かになると浮かんできますので、それを対象として眺めることができるようになります。すると、次第にその気持ちから離れることができるようになっていくんですね。

実際、心を静めていく瞑想をしていると、嫌なことを思い出すこともあります。その嫌なことに対して、「あ、嫌だ」という感情が生じてくると駄目ですが、「嫌」という感情を生じさせないで、起きたことをちゃんと眺められるようになると、そこから少しずつ離れていくことができるようになります。

「知」によって気づいている、つまり言葉が介在しないで気づいていることができていると、実は言葉で気づいても、言葉で気づかなくても、両方ともその先の反応に進まなくてもすむように、ちょっとずつ心が変わってきます。


先ほどの「名色の分離」から、もう少し先にいきます。気づかれる対象と、気づいている心の働きは、「名称」と「形態」、あるいは「ナーマ（nāma：名）」と「ルーパ（rūpa：色）」という言葉で表現します。その名称と形態にこだわらず、つまり言葉で気づくことをやっていて、それでその両方にこだわらなくなったら、それでやっぱり苦悩に覆われることがなくなるんだよ、と経典では言っているんですね。

気づいている対象が「名」と「色」とに分類されたとき、すなわち、入息出息《にゅうそくしゅっそく》の観察であれば、風のような流れが「色」、気づいている心の働きが「名」であり、このときには言葉が介在してきます。でも、それにこだわらなくなって、流せるようになってくればいいんですよ、というふうに言っています。

言葉を介在させないで気づく方がいいというのは、たぶん理想なのでしょうけれども、言葉が介在していても、つまり無分別な状態でなくてもいいんだよ、というところもちゃんと言っているように思います。

身体を観察していると生じる、十の利益

『身体に向けた注意（Kāyagatāsati-sutta：身行念経《しんぎょうねんきょう》）』という経典のなかに、実際に観察をしていると、どういうことが生じてくるのかが、十項目あげられています。

一つ目に、好き嫌いを克服できるようになります。「彼は嫌悪感をものともせず、生じてくる嫌悪感を打ち負かし続ける」と書いてあります。

二つ目に、恐れと怖じ気を克服できるようになる。「彼は、恐れと怖じ気をものともせず、生じてくる恐れと怖じ気を打ち負かし続ける」とあります。

三つ目には、寒さ、暑さ、飢え、渇き、虻《あぶ》、蚊、それから蚤《のみ》ですかね。そういったものとの接触や、辛辣《しんらつ》で不愉快な発言に耐え、身体に生じる苦しい、激しい、ひどい、つらい、嫌な、不快な、死にそうな感覚を越えられるように

なるとあります。

私たちは、日常生活のなかで、本当によく辛辣で不愉快な言葉というのを聞きますよね。こういう言葉は、本当は人にかけてはいけないのですが、時には人からかけられることもあります。でも、それに耐えられるようになり、つらい感覚にも越えられるようになる、と書かれています。

四つ目には、現世で気持ちよく過ごすことができる。雑念を離れてすっきりした四つの禅定を思うままに得、難なく得、苦労なく得られるようになる。心の静まった状態に、難なく入れるようになるというわけです。

五つ目以降は、昔から六神通《ろくじんつう》という名前で呼ばれていたものです。心の集中力を養っていく過程で出てくるものだと言われます。

五つ目は、多種多様な不可思議力を行使することができるとあります。（神足通《じんそくつう》）

六つ目は、澄み切った超人間的な天の聴覚で、遠くであれ近くであれ、神々と人間たちの両方の声を聞くことができるとあります。（天耳通《てんにつう》）

七つ目では、他の生物や、他の人々の心を、自分の心でとらえて知ることができるとあります。これは他心通《たしんつう》と言われるもので、他人の気持ちがわかってしまうということですね。（他心通）

みなさん「そんなことあるのかな」と感じると思いますが、こんなおもしろい話があります。

現在は臨済宗の花園大学で先生をされていますが、以前二年間ほど妙心寺の僧堂に入り、そこでお坊さんとしての修行をされていました。

その先生が妙心寺の僧堂に入ったときは、新参者なので坐らせられるのは道場の前の方です。それで、あるとき「今日は何をしようかな」と、ちょっと考えごとをしたそうです。そうしたら、すぐさま後ろに坐っている古参のお坊さんから、「余計な事をするな」と怒られたそうです。他のことをしてはいけない、考えたりしちゃ駄目だと言われて、先生は「後ろにいるのに、なぜ私の気持ちがわかるのかな」と不思議に思ったそうです。

その後、修行が進んで一年が経過して、後ろの方に坐って新参の人を迎えるようになった。そうすると、やっぱり前に坐っている人が何を考えているか、後ろからわかるようになったと言っていました。今度は、新参の人たちに対して、「余計な事をするな」と言える立場になったそうです。

それで、その先生に「今でもできますか」と聞きましたら、「大学が忙しくて坐れなくなったら、そのような能力もなくなった」と言っていました。

さて、経典に戻ります。

八番目では、前世の多種多様な生活を思い出すとされています。(宿命通《しゅくみょうつう》)

九番目は澄みきった超人間的な天の眼で、生き物が死んだり生まれ変わったりするのを見られるようになる、とあります。(天眼通《てんげんつう》)

そして最後の十番目は、煩悩を尽くして、煩悩のない心の解脱と智慧による解脱の現世において、自らはっきりと知り、直ちに見、そこに達してとどまる、という言い方をされている。(漏神通《ろじんつう》)

悩み苦しみがなくなるのが確かに理想ですが、大事なのは悩み苦しみがなくならないけれど、それに堪えられるようになる。それに縛られなくなってくる、ということなんですね。

人間の心は、お猿さんのようなもの

仏典の中で出てくるおもしろい表現で、「人間の心は、猿と同じようなものだ。お猿さんを、杭《くい》につなぐようなものだ」といったものがあります。猿は一年中動き回っています。同じように、私たちの心も一年中動き回っています。

猿の首にひもをつけて、杭に結びつけてしまうと、最初は逃げようとしてもがきます。でも、やがて逃げられないことを観念しますと、ジーッとおとなしくなってしまいます。それと同じように私たちの心も、「何か一つのものに結びつける練習をしていると、静かになる」と、経典でも言われているのです。

なぜ、心を一つの対象に結びつけると、他の働きが生じなくなってくるのでしょう。その理由が仏典の中には書かれていませんので、現代の心理学や脳科学の方が、ちゃんと説明してくれるとありがたいなと思います。

インドの人たちは、基本的に体験の中からそのようになることを見つけ出しました。ですから仏教はある意味で、体験知の集成なんだと思います。

講座の後半は歩く瞑想、座る瞑想、寝る瞑想の実践指導を交えてのワークショップ。行住坐臥のすべてが瞑想の実践となる。

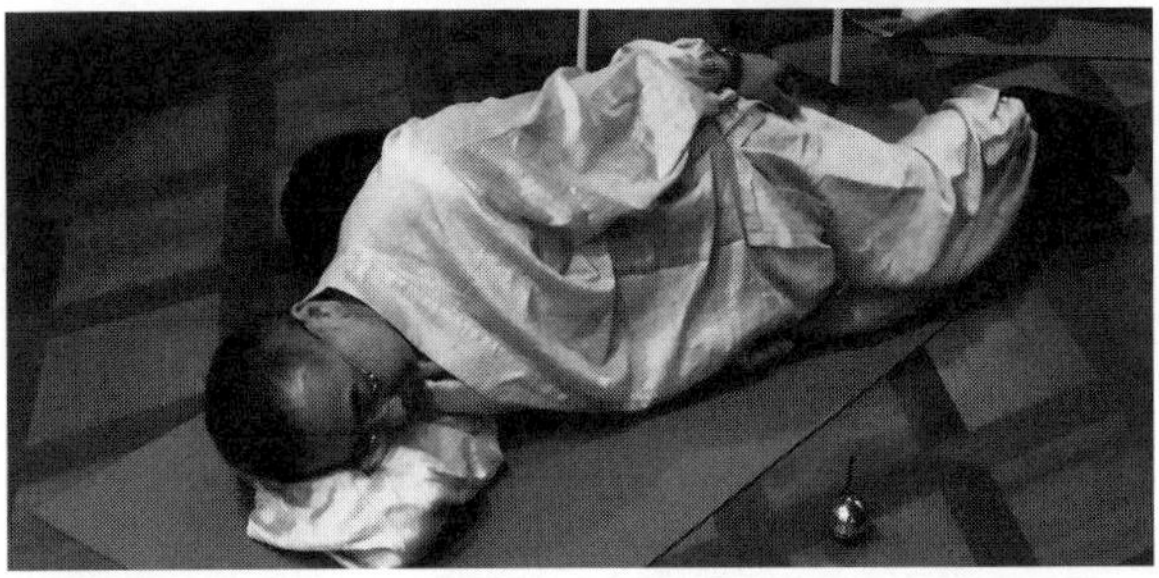

基本は、心を一つの対象に結びつけること

今日は簡単な紹介になりましたが、「行住坐臥《ぎょうじゅうざが》」と言いまして、歩くこと、止まること、座ること、寝る事、全部を気づきの対象にすることができます。朝起きたとき、あるいは夜寝るときに横になって呼吸に気づいていくというだけでも、いいと思うんですね。

呼吸と、体の姿勢と、触れている姿勢、あるいは考えたことなど複数の対象に気づいていく。そういうもの全部に気づいていくというのは、日常において一番大事なところだと思います。

反対に休みたいときは、一つのものを気づいていきます。すると、心の働きが静かになりますので、眠りやすくなると思います。昔から禅宗のお坊さんたちは、「よく坐禅をすると、よく眠れる」という話を伝えていますが、確かにその通りだと思います。

寝るときも、気づきながら横になって、「呼吸が入る、出る」と気づいていくうちに自然と寝てしまって、目が覚めると「なぜか、もう朝だ」というくらい、本当に熟睡できることもあります。ですから、心の働きを静めていくときには、対象を一つに限定して気づいていくといいと思います。

それから呼吸の気づきをしているときに、いろんなことを考えたり、耳に入ってくる音を聞いてしまうことが、実際にあると思います。自然にまかせて音の方に心が向いてしまったら、それをずっと気づき続けてもいいと思います。そのうちにまた、自分の呼吸に戻ってこられますので、そのような感じでいいでしょう。

また、実際に物事を考えてしまったときに、考えていることに気づいて確認をするというやり方もありますが、そのときにはエネルギーというか、何か力がいるような感じがします。ですから、心が他のところにいっても、自然に任せて気づいているうちに、また自然と呼吸に戻ってきますから、そのようなやり方のほうがストレスがなくできるような気がしますね。

また、「今、考えている」と確認して、呼吸に戻るというやり方もあります。それぞれが、やりやすいやり方をしていただければ、よいと思います。

基本は心を一つの対象に結びつけることです。それが、できるようになってくると、余計なことを考えることから、少しずつ離れていきます。また、自分の心がいろんなことを起こしているのも、すごくよくわかるようになってきます。そうすると日常のなかで生じるさまざまな悩みごとにも、あまり悩まなくてすむようになっていけるのではないかなと思います。

でも、悩みがなくなるというのは、なかなか難しいことです。実際、悩みの原因が外にあるときには、その原因をちゃんと解決しないと、悩みもなくならないときもあります。原因が心の問題だけではないこともありますので、解決できる外の問題は解決するのも大事だと思います。

ということで、以上をもちまして講義と簡単なワークショップを終わりにさせていただきたいと思います。今日は、どうもありがとうございました。

禅の立場から指摘する「マクマインドフルネス」の問題点

ネルケ無方

インタビュー

欧米ではマインドフルネスの流行がとどまるところを知らない。「マインドフル・ミート」という精肉店の出現をはじめ、「マインドフル・ピロー（枕）」「マインドフル・ウオッチ」「マインドフル・クッキング」など、マインドフルネスを冠につけた商品は、枚挙にいとまがない。「マインドフル・○○○○」と付けさえすれば、ファッショナブルな雰囲気が漂い、市場で有利になるかのようである。

マインドフルネスをまるで商品のように資本主義のマーケティングに利用しようとすることを「マクマインドフルネス」という。これは「マクドナルドのようにマインドフルネスが大衆化していること」を表す新語だ。

日本でも「グーグルがやっているから」「スティーブ・ジョブズが取り組んでいたから」という誘い文句でマインドフルネスや禅の本、あるいはセミナーに消費者にお金を出させようとしている事実は否めない。こういったことも「マクマインドフルネス」の一つであろう。

アメリカではマインドフルネスを米軍の兵士たちのストレス緩和のために利用するという動きさえある。たった八時間のマインドフルネストレーニングで、戦地に向かい、敵を攻撃する不安や罪悪感を解消できるらしい。

要するに、マインドフルネスは、ブームになるに従い、功利的な目的で利用されるようになってきているのである。近年、その傾向には拍車がかかっている。

しかしその様子に対し、「そんなことでいいのか？どうなんだ？」と批判する人も出始めている。安泰寺住職のネルケ無方師もその一人である。ネルケ無方師は禅僧として問う。

資本主義とマインドフルネスはそもそも矛盾するのではないか？　米軍がマインドフルネスを利用することは、どこか間違ってはいないか？　マインドフルネスや仏教の究極の目的は何だったのか？

五月の晴れた日、東京は青山にて、禅僧の立場からマクマインドフルネスの問題点を縦横無尽に語っていただいた。ネルケ無方師の切れ味鋭い指摘を堪能いただきたい。

（取材・構成・写真　中田亜希）

二〇〇四年の問題提起

一〇年ほど前に安泰寺のホームページで『Stop being mindful（邦題：「マインドフル」なお心、もう忘れてしまいなさい）』[注1]というエッセイを英語と日本語で書いたことがあります。

その当時、まだ日本語でマインドフルネスという言葉は知られてなかったためか、日本人の読者からはほとんど反応がありませんでしたが、欧米の禅の世界からは結構フィードバックがありました。

欧米では日本より一足速くマインドフルネスという言葉が一般化していたからでしょう。私が坐禅を始めたのは約三〇年前ですが、その頃すでにティク・ナット・ハン師の影響でマインドフルネスという言葉がドイツでも耳に入るようになっていました。

私がエッセイで書いたのは

「マインドフルになることこそ修行の眼目《がんもく》であって、坐禅のときもマインドフルになることが目的だと思われているが、実はそうではないのだ」

という内容でした。

ネルケ無方 Nölke Muhô

1968年、旧西ドイツ・ベルリン生まれ。曹洞宗・安泰寺住職。一六歳で坐禅と出会い、1990年に留学生として来日。兵庫県にある安泰寺に上山し、半年間修行生活に参加。大学のドクターコースを中退し、1993年に安泰寺で出家得度、「ホームレス雲水」を経て、2002年より安泰寺堂頭（住職）。国内外からの参禅者・雲水の指導にあたっている。著書に『裸の坊様』『曲げないドイツ人 決めない日本人』（サンガ新書）、『迷える者の禅修行』（新潮新書）、『なぜ日本人はご先祖様に祈るのか』（幻冬舎新書）などがある。

今もその考えは変わっていません。なぜならマインドフルネスには三つの問題があると思っているからです。

問題① お前より俺のほうがマインドフルだ！

一つ目の問題点はマインドフルネスのこじれです。「マインドフルネス」とわざわざカタカナ語で言わなければいけないということを、私は悲しく思います。子供が学校に行くとき、お母さんやお父さんが「気をつけてね」と声を掛けます。「気をつける」、これこそがマインドフルネスです。小さいころからずっと親に言われてきたことなのに、みんなそれを無視して「マインドフルネスというのが今欧米で流行っていますよ」と触れ回るのです。

お茶の世界だって、ただの一服をいかにマインドフルにいただくか、狭い茶室の中に展開されている世界をいかに読み取るか、そういう精神があります。それもまさにマインドフルネスです。そこを忘れてしまって、何がマインドフルネスだと思うのです。

今、お茶の例を挙げておきながら言うのもなんですが、私はあまりお茶の世界が好きではありません。なにか鼻につくものがあるからです。なにかえげつないと思ってしまいます。流行りのマインドフルネスと同じで、いかに私が注意深く作法に則《のっと》っているかとか、手の持ち方がどうだとかこうだとか、床の間の言葉がどうだとかこうだとかが多すぎると感じるのです。

本当は自然になることがお茶の目的だったはずです。侘《わ》び寂《さ》びだって、飾りのないのが本来の侘び寂びだったはずなのに、現在のお茶は、人工的な侘び寂び、人工的な自然さを求めている気がしてなりません。

マインドフルネスの場合も、本来であれば親が子供に言う「気をつけてね」だけでよかったはずなのに、マインドフルネスというカタカナ語になって、どうやらグーグルの社員でもやっているとか、スティーブ・ジョブズも興味があったとか、それなら自分も学ばなくちゃならない……、その時点ですでに鼻につくものになっていると感じます。「欧米には何かすごい技術があるらしい」というのはまったく余計なことです。一つ余計なステップがそこにあるというように感じてしまいます。

みんな本当のマインドフルネスとは何かを求めて背比べしているようです。「お前より俺のほうがもっとマインドフルだ！」とか、「本当のマインドフルネスは何か?」とか「マインドフルネスがまだ足りない」などとさまよってしまっているわけです。

坐禅の世界もまったく同じです。自分の我を捨てるはずの坐禅をしながら「俺ほど無我な人はいない！」とか「自分が一番なのだ！　それを認めない人は偽物だ！」と言う。ただ坐っていることができず「あそこのお寺には見性した人がいるらしい」「インドにはすごいグルがいるらしい」「あそこに行けば何かありそうだ。すごいものが隠れていそうだ」「悟りたい」とそわそわしたりする。そんなことが日常茶飯事です。

世の中どこでも同じなのです。今ここの世界に気づくだけでいいのに、余計な思いが入っているのです。人間の欲望はそれほどまでに強いということです。

問題② 世界と自分を二分《にぶん》するマインドフルネス

マインドフルネスの二つめの問題点は、マインドフルネスによって「見る私」と「見られる私」に世界が二分割されてしまうという点です。

マインドフルになるということは、今ここを見つめている私がマインドフルになるわけです。マインドフルに水を飲むと言えば、ただ単に飲むのではなくて、そのときの口の中の感覚や水が喉を通っているときの感覚など、すべてを味わいます。物を食べるときにも噛んで、噛んで、味の変化を注意深く観察しながらいただきます。

しかし、それには問題があります。そういった行動をあえてすることによって行為とそれを傍観している私の間に距離が空いてしまうのです。

禅的に見た場合、世界と自分の間に距離ができるのは決してよいことではありません。

例を挙げて説明します。どこの禅寺でもそうだと思いますが、禅寺で行われる掃除はかなりスピーディーです。廊下を走って雑巾掛けをします。走って廊下の向こうまで行って走って帰ってくる。さーっと速いスピードで雑巾を掛けます。

食事も細かい作法はあるものの、どちらかと言えばさっさと速く食べます。ティク・ナット・ハン師のいらっしゃるプラムヴィレッジのようにゆっくりゆっくり噛んで噛んでというような態度ではありません。

なぜそうなっているのかといえば、プラムヴィレッジ的なやり方では、その世界を真上から眺める自分というものが出てきてしまうからです。動作がゆっくりであるために、オブザーバーとして自分を傍観する余裕が出てきてしまいます。

禅はむしろ真上から降りて、今ここになりきることを眼目としています。世界と自分が一つになることを目的としているのです。だからこそ掃除も食事もスピーディーに行います。速くすれば、自分を真上から眺める余裕がなくなります。

だからといって、気の向くまま適当に掃除すればいいというわけではありません。いい加減にやれば足音がドタドタとうるさくなりますし、他の人がどこを掃除しているかもわからなくなってしまいます。禅寺では速くかつ丁寧に周りを見渡しながら掃除をしなければならないのです。食事に関してもまったく同じです。

坐禅の場合は坐っているだけですから速くやることはできませんが、掃除や食事と同じように、坐っている自分を遠くから眺めるのではなくて、今ここに坐っているこの自分そのものになりきらなくてはなりません。

「自分が息を吸っている、吐いている、坐っている、歩いている、歩いている、歩いている……」ではなくて、世界と自分が一つになっていなければだめなのです。

ミカンのふさの数などどうでもいい

お釈迦さまの生涯をモチーフにしたティク・ナット・ハン師の小説、『小説ブッダ―いにしえの道、白い雲』（春秋社）をご存知でしょうか。

その中に、悟りを開いたお釈迦さまが菩提樹の下で子供たちとミカンを食べているシーンがあります。お釈迦さまは自分が気づいた悟りの内容を、子供たちにこう説明しています。

〈気づき〉をもってミカンを食べるとは、こういうことです――ミカンを食べているときに、いまミカンを食べていると〈気づく〉。（中略）
ナンダーバラーが持ってきてくれたミカンには、九つのふさが詰まっていましたね。ひとふさずつ〈気づき〉ながら食べたら、この実がどれほど貴重ですばらしいかがわかります。

要するにマインドフルネスの説明をしているのです。自分はミカンをマインドフルに注意深く食べていたから九つのふさがあったことに気づいていたのだと説明しているわけです。

禅宗の立場から見たら、こんなバカバカしい話はありません。

それだったら今この部屋に椅子が何脚あるのか、グラスは何個あるのか、畳の目の数はいくつなのか常に数えていなければなりません。五分前に食べたミカンのふさの数を一時間後でも二時間後でも覚えておかなくてはいけないのでしょうか？　昨日食べたミカン、一昨日食べたミカン、全部覚えておかなくてはいけないのでしょうか？

禅的に見れば、ミカンのふさがそもそも何個だったかなんてどうでもいい話です。そんなことは全部手放して今ここになりきらなければならないのです。

つまり真上から見る私と見られる私に分かれてしまうことがマインドフルネスの問題点なのです。

山下良道氏のように、青空としての私が真上にいて「私はマインドフルです、私はマインドフルです」と言うのも、あるいはラマナ・マハルシ的に「この世界は所詮仮の世界であって、真我が真上からそれを見ている」と言うのも禅ではありません。

禅的にいえば、仮の世界も本当の世界も一つであって、私というのは今ここの私一人である、それになりきることなのです。

私は子供のとき、いつも〈私〉がこの世界とは別にあるというような感覚をもっていました。母親が三七歳で亡くなったということも関係しているかもしれませんが、ずっと考えごとをして「ここで世界を見ている私っていったいなんだろう、ここで考えている私っていったいなんだろう」と思っていたものです。

それが坐禅をして初めて「首から下も私なんだ、つながっているんだ」ということに気づいたわけです。青空的思考、ラマナ・マハルシ的思考とは真逆です。

ラマナ・マハルシは「この体が私だと思っているから私は苦しいと思うけれども本当はそうじゃない。これは本当の私じゃない。自分を真上から見てみれば、ただ映画の主人公が痛がっているだけであって、観客席に坐っている真我は痛くないのだ」と言っていますが、私にしてみればマインドフルネスも映画のスクリーンに映っている主人公とそれを遠いところから見ている観客に分けてしまう傾向にあると思います。

問題③　欲望に支配されたマインドフルネス

問題点の三つめは、マインドフルネス自体が我々の鼻の先のニンジン、すなわち欲望の対象になってしまっていることです。

ハフィントンポストなどを見ると、メディテーションやマインドフルネスのコマーシャルが頻繁に流れています。

- **マインドフルネスをやると痛め止めを飲まなくても痛みに耐えることができるようになります。**
- **治らないはずの癌がマインドフルネスで治りました。**
- **マインドフルネスをやったことでアイディアが湧くようになりました。**

・キャリアアップし、ストレス解消にもなりました。
・マインドフルネスは素晴らしい。社員研修にマインドフルネスを取り入れよう！

まさにマクマインドフルネスです。私たちは自由でいるつもりですが、実は欲望というマトリックスの奴隷になっています。

マトリックスとは、簡単に言えば「欲望のからくり」「無明の支配」といったような意味です。映画「マトリックス」同様、そのからくりに支配されながら、自分が支配されているそのこと自体には気づかず、そのようなからくりが存在している事実も見破れず、自分の首を絞めながら、「俺は自由だ、自分でしたいことをやっているだけ」と錯覚してしまっているのです。いいように自分の欲望に使われているのです。それが無明・煩悩・欲望のからくりの特徴です。

インターネットだって携帯だってSNSだって、マトリックスを強化しているツールの一つです。

千年前、あるいは一〇〇年前からテクノロジーはこれほど進歩しているのに、自分の時間は一〇〇年前、千年前より減っています。寿命は延びているけれども、自分の時間は減っているのです。

なぜでしょうか？　インターネットができて便利になって、図書館に行かなくてもすべての情報を入手できるようになったのに、なぜ昔より勉強に時間がかかるのでしょうか？　なぜ飛行機の中ですら根を詰めて仕事をしていなければならないのでしょうか？

欲望の奴隷になっていることに気づく

「私は自由なつもりだったけど、実は奴隷だったんだ。私自身の欲望に支配されていたんだ」

そう気づくことこそがマインドフルネスの究極の目的です。ところがいつの間にかマインドフルネスまでがマトリックスの中に組み込まれてしまってしまいました。

「マインドフルネスの本を買えばあなたもグーグルみたいな成功者になれますよ。スティーブ・ジョブズみたいになれますよ。これをやるとストレスが解消されますよ。あなたは幸せになりますよ。ひょっとしたら癌まで治るかもしれません。やってみたらどうでしょうか？」

こんなのは嘘のマインドフルネスです。欲望に支配されているテレビCMとなんら変わりません。おいしそうに見えて実は健康に悪いマクマインドフルネスです。それほど欲望というマトリックスの支配は強烈だということです。

お腹が空いていないのなら、本当は何も食べなくていいのです。それなのに「アメリカのＣＥＯの間で流行っているみたいだから、自分もちょっとマインドフルネスをやってみようかな」とか、「特別なやり方を教えてくれるマインドフルネスのクラスがあるみたいだから参加しようかな」とか、ついつい お腹も空いていないのに食べようとしてしまいます。

近年はその傾向があまりにも強くなりすぎているからか、マインドフルネス業界からも「マインドフルネス、マインドフルネスと大袈裟すぎないか？」と反動がきています。

昨年、彼岸寺で浄土宗の松島靖朗《まつしませいろう》さんが言っていました。「意識高い系のお坊さんがマインドフルネス、マインドフルネスうるさい」と。私もまさにそういう気持ちです。欧米では「backlash of mindfulness」と言われています。

マインドフルネスはもともと仏教の八正道の中の正念に当たる非常に大事なものですが、八正道から外されて資本主義というマトリックスの中でコマーシャライズされたことで、元の意味とはまったく逆の、私たちの欲望を刺激するような薬にされてしまっていると感じます。

藤田一照さんに言わせれば、正念の「正」が忘れられている状態です。みんな「念、念、念」と念のことばかり言うけれども、八正道の中の正しい念、正しいマインドフルネスではなくなってしまっているのです。

自分は鼻の前にぶら下がっているニンジンを追いかけているにすぎない、そのことに気づくはずだったマインドフルネス。そのマインドフルネス自体がニンジンになってしまった、そこが一番の問題点です。それが私には悲しく感じられます。

欲望の支配をもろに使っているのが今の資本主義です。「欲望を使えば人間が動いて経済が元気になる。ならば欲を使っちゃおう。そのためならマインドフルネスでも仏教でもなんでもいいから使っちゃえ」

今そういう傾向があるのは否めない事実でしょう。

二種類のマインドフルネス

そもそもマインドフルネスには二つの種類があります。

一つは、一点だけにスポットライトを当てるマインドフルネスです。例えば、今この一呼吸だけに集中して、呼吸以外のものは意図的にシャットアウトするやり方です。

真っ暗闇の中で一つのものだけにスポットライトが当てられているようなシーンを想像していただくとわかりやすいかと思います。

もう一つのマインドフルネスは、一点だけではなく、全体をライトアップするマインドフルネスです。

八正道の中の正念が行き着くところは後者です。一呼吸、一呼吸にもスポットライトを当てますが、それだけでは終わりません。自分の体全体、自分が見るもの・聞くもの……と範囲を広げて順々にライトアップして、全体をライトアップすることを目指しています。

マインドフルネストレーニングでも、仏教の瞑想でもそうですが、まずは一つのものにスポットライトを当てるところからトレーニングを始めるのが普通です。なぜならいきなり全体をライトアップすることは、煩悩だらけの人間には難しいからです。

私たちは普段、「自分がいかに薄暗いところで、多くのことを見ないまま生きているのか」ということに気づいていません。薄暗い中にいるにもかかわらず、自分自身では現実がよく見えているつもりになって生きています。ですから「全体をライトアップし、ありのままの現実を見なさい」と言われても、「えっ、普段からちゃんと見えているのにどうして？」としか思わないのです。それで簡単にできる一点集中型のマインドフルネスから始めるというわけです。

実際に、一呼吸、一呼吸にスポットライトを当てるマインドフルネスをやってみると、「何十年間も息を吐いて吸ってきた自分だが、呼吸というものに全然意識を向けていなかった」ということに気づくことができます。あるいは自分の意識を鼻の先に置いてみたり、頭のてっぺんや足の爪先に置いてみたりすると、自分が忘れていた体の感覚にも気づきます。そのように、呼吸や体の感覚に気づいていくうちに、「自分はこれまでいかに薄暗いぼんやりした中で生きていたのか」ということにも気づいていきます。

そのようにしていろいろなものをスポットライトで照らしていくと、そのうち全体が明るくなり、やがて自分を支配している煩悩のカラクリにも気づくことができます。欲望の奴隷になり、薄暗い状態の中で鼻の前にぶら下がったニンジンを追いかけていたのだ、というマトリックスの正体に気づくのです。

それが正念です。仏教由来のマインドフルネスであるならば、そこまでいかなければ意味がありません。

グーグルで行われているような、資本主義ロボットを育てるためのマインドフルネストレーニングは、全体をライトアップすることを目標としないのが問題なのです。スポットライト型のマインドフルネスだけでは、マトリックスの正体を明らかにすることはできない。それどころか、そのマインドフルネスを巧みに利用することによって、ぼんやりと気づき始めたその正体を隠すこともできるのです。

兵士のストレス緩和に利用されるマインドフルネス

二〇一五年二月一八日のハフィントンポストに、米軍におけるマインドフルネストレーニングの効果を賞賛する記事が掲載されていました。

「米軍では戦争に行く兵士たちの心のケアとして、マインドフルネスが取り入れられている。しかもわずか八時間のトレーニングでそれが可能なのだ」と書かれていたのです。[注2]

戦争に行く前の兵士たちには、当然のことながらストレスがあります。自分が死ぬかもしれない、というストレスもあれば、そもそもこの戦争に意義があるかどうかわからない、というストレスもあります。あるいは自分が戦場に行けばそこで人を殺すことになるかもしれない、というストレスもあるでしょう。

そのようなストレスを持っている兵士たちに、スポットライト型のマインドフルネスが利用されているのです。

「不安を全部手放して、今この一呼吸だけに集中しなさい」と指導する。すると兵士たちがぼんやりと感じていた不安は暗闇の中に消えて、今この一呼吸だけに意識のスポットライトが当たります。兵士たちの気持ちは楽になります。自分は死ぬかもしれない、自分は人を殺すかもしれない、そういったことを忘れて、落ち着いた気持ちでアフガニスタンなどに向かうことができるというわけです。

実際の戦場でもスポットライト型のマインドフルネスは多いに役に立ちます。余計なことは考えず、指先にだけ注意を向ければ、「ボタンを押すと、どこかで人が死ぬ」、というストレスから解き放たれます。ボタンを楽な気持ちで押すことができるようになるというわけです。

一点集中型のマインドフルネスは麻酔のようなもの

これはどう考えてもおかしいでしょう。兵士たちのストレスの中身は、やってはいけないことをやろうとしているという良心の呵責、本当は自分はやりたくないのだという気持ち、そういったものだったはずです。このせっかくの気づきを、マインドフルネスが「そんなものは手放してしまえ」と、暗闇に葬ってしまうのです。良心の呵責を残していた人間を、たった八時間でただの馬鹿にしてしまう、それだけのための手段としてマインドフルネスが利用されている、要するにそういうことです。

ハフィントンポストの社長、アリアナ・ハフィントンはマインドフルネスを熱心に実践しているそうですが、なぜハフィントンポストが「たった八時間のマインドフルネスで兵士の効率が上がる」という内容の記事を書いて喜んでいるのか、私には理解できません。なぜそれがおかしいということに気がつかないのだろうかと思います。

米軍だけではありません。資本主義の中のマインドフルネストレーニングも同じです。主にストレス緩和を目的として、いろいろな会社でマインドフルネストレーニングが取り入れられています。

仕事においてストレスを感じる原因というのはいろいろあると思いますが、その一つに、「自分は資本主義社会の中でただロボットとして使われているだけなのではないか。毎日、毎日こんなことをやったって意味がないじゃないか」、というストレスがあるかと思います。そのようなストレスのある人たちに、企業はマインドフルネストレーニングを行わせ、もやもやとした思いを忘れさせようとするのです。呼吸なら呼吸、ただ一点だけにスポットライトを当てて、ストレスの感覚を麻痺させる。本人がぼんやりと気づいているものを、真っ暗闇に葬りさろうとするのです。

マインドフルネスそのものが悪いのではありません。一点だけにスポットライトを当て、それより先に進まないことが問題なのです。全体を照らすところまで行き着かないとまずいのです。スポットライト的なマインドフルネスだけをやってその先に進もうとしないのは八正道の中の正念とは言えませんし、禅でもありません。

都合のいいところだけを切り取ってはいけない

ティク・ナット・ハン師は「私は要請があれば企業にでも軍隊にでも行く。金儲けをしようとか人を騙そうと思っている人でもマインドフルネスに取り組めば慈悲の気持ちが生まれやがて倫理的な決断もできるようになるのだ」と言い、実際に米軍でもマインドフルネスの指導をしています。

ティク・ナット・ハン師は平和運動をしてきた平和主義者ですから、「米軍の人殺しの効率を上げるためのマインドフルネス」を教えてはいないでしょう。「マインドフルに殺人のためのボタンを押す」ことの馬鹿馬鹿しさに気づいていないはずもありません。悲しいのは、受け取る側が自分の都合のいい部分だけを取り出して実践していることです。

何の役にも立たないマインドフルネス入門

日本はバブルの頃にジャパン・アズ・ナンバーワンだと言われ、自分たちもそう思っていました。バブル崩壊から現在までの二、三〇年間を、人によっては失われた二〇年だとか三〇年だとか言いますが、逆に私はこの二、三〇年で日本はましになったと思っています。団塊世代はまだ頭の中でバブルが続いているかもしれませんが、若い人はもう「お金がすべてではない、GDPがすべてではない」ということに気づいているからです。それは非常にいいことだと思います。

マインドフルネスだけでなく仏教も今ブームだと言われます。今は仏教バブルが起こっていて、私ですら本を出せば売れる時代です。本を書いてくれと言われたり、講師として呼ばれたりするのは私にとってはありがたいことですが、それ自体が一つの問題です。仏教のねらいは、ブームに乗せられないことだったはずだからです。

仏教ブームは長く続かなくたっていいと思っています。逆に早く終わった方がいいくらいです。ブームが終われば本物だけが残るからです。

そもそも私たちはなぜ仏教をやり始めたのか。ブームだからやっただけなのか、スティーブ・ジョブズが禅に興味があったから自分もやり始めただけなのか、自分に問わなければなりません。

私の著書に『ただ坐る』（光文社新書）と言う本がありますが、この本の副題は担当編集者のたっての希望で『生きる自信が湧く 一日15分坐禅』となりました。

この本で一番伝えたかったのは、本のまえがきにも書いてある「坐禅をして何になりますか、実は何にもなりませんよ」というメッセージです。ですから本当のことを言えば副題は『何の役にも立たない坐禅』にしたかったのです。しかし編集者が「さすがにそれだと本屋にも置いてもらえませんから……」と渋り、『生きる自信が湧く 一日15分坐禅』になったというわけです。

しかし仏教の本来の目的は「欲望の支配から自由になること」だったはずです。ですから仏教界はブームに乗せられては困ると私は思うのです。

書店に並んでいるのは人の欲望を刺激する本ばかりです。だからたまには『何の役にも立たないマインドフルネス入門』とアピールしてもいいのではないかと思うのです。逆に「なんだこれ？」と手に取る人もいるはずです。私はいつもそう言うのですが、編集者はみんな「いやいやそれはちょっと……」と顔をしかめます。私の願いは決して実現することはないようです。

（二〇一六年五月八日・於青山）

脚注

注1 http://antaiji.org/archives/kimyou/2004/0310.html（二〇〇四年一月）

注2 Mindfulness Training Improves Resilience Of Active-Duty Soldiers http://www.huffingtonpost.com/2015/02/18/mindfulness-military_n_6704804.html

平和の礎《いしずえ》としての組織論

ティク・ナット・ハン師が唱導する
マインドフルネスの実践コミュニティ
「サンガ」の歴史と現在

マインドフルネスの具体的な実践のひとつとしてティク・ナット・ハン師のサンガはある。世界に新しい価値観を投げかけるその活動を通して伝えるティク・ナット・ハン師のメッセージとは何か。慈悲と理解と相互存在（インタービーイング）としてのあり方を模索するその活動の歴史と現在を、日本におけるサンガの中心メンバーでありティク・ナット・ハン師の紹介者として多くの翻訳を手がける島田氏が紹介する。

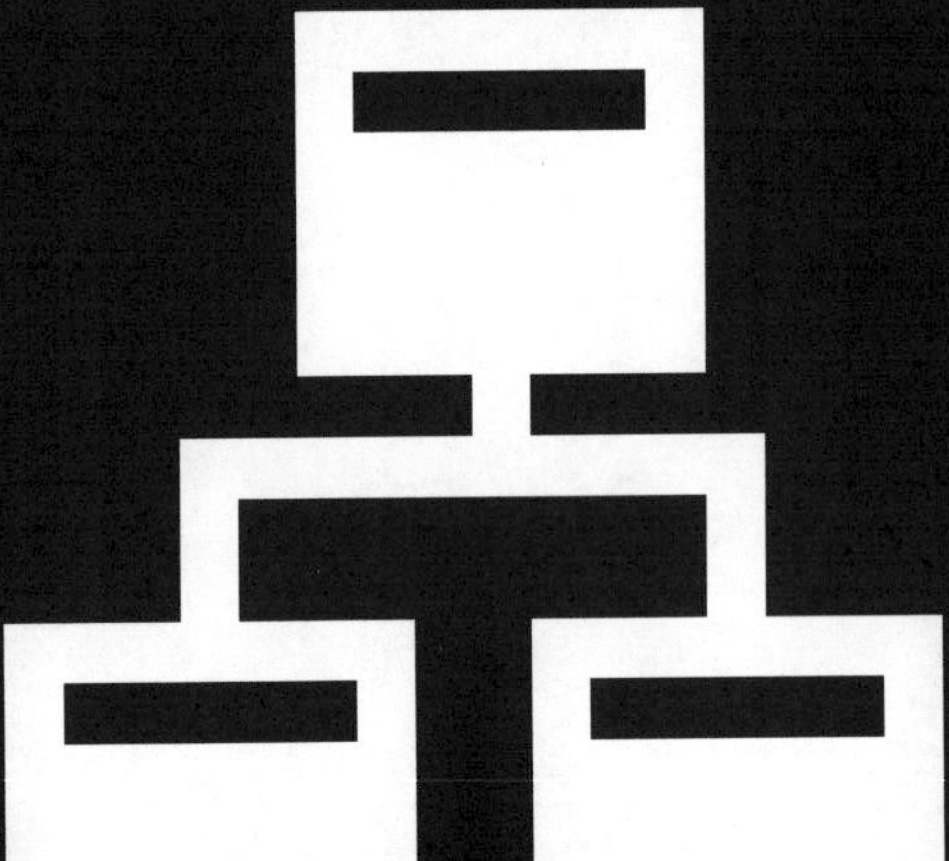

翻訳家
島田啓介

二十一世紀のブッダはサンガである

二〇一一年にティク・ナット・ハン師（以下、タイ。「Thay」＝ベトナム語で〝先生〟の意。多くの人に親しみをこめて呼ばれる愛称）と弟子たちの来日が予定されていたが、東日本大震災により残念ながらキャンセルされた。それがわずか五年前の出来事とは信じられないほど、現在日本のティク・ナット・ハンの教えにもとづいて瞑想を実践するグループ（以下サンガと呼ぶ）[注1]は全国に広がり、定着している。

タイは、近年「二十一世紀のブッダはサンガである」と公言している。一九九五年の来日時にはすでに六九歳に達していたが、強健な体躯をもち精力的に密度の濃いツアーのスケジュールをこなしていたタイ。その彼も今や九〇歳を数える。

二〇〇九年ボストン郊外のリトリート中に肺炎により緊急入院したタイは、病棟から弟子たちとリトリート参加者に重要なメッセージを送った。タイはいつでもサンガと「相互存在（interbeing）[注2]」であり、肉体的には共に居なくてもサンガと一つである、と。それは師ひとりに教えを乞い、頼るのではなく、サンガという流れと共に流れていくことをうながし、後継者としての弟子に安住せずに、みずから主体となれという獅子吼であった。

タイ不在のリトリートから発せられたサンガ主体というメッセージは、〝One Buddha is not Enough（一人のブッダでは足りない）〟（Parallax Press 2010 未邦訳）という出家・在家の多くのサンガメンバーによって共同執筆された一冊に結晶している。

タイはその後二〇一四年秋に突然の脳出血で倒れ、アメリカでの治療を経てプラムヴィレッジに帰還した[注3]。ときおり弟子による法話の場にも車椅子で姿をあらわすが、すでに彼の志と活動は、世界各地の僧院を中心に世界のサンガに受け継がれている。

サンガが重要[注4]であるというタイと弟子たちの精神の原型は、すでにベトナム戦争当時に醸成されていた。その萌芽は、十代の頃から戦渦によって犠牲になる一般人を目にし、僧院にこもって瞑想ばかりに耽っていていいのか、という強い疑問にあった。

一九五〇年代に彼が仲間とともに創設した禅道場では、西洋思想や科学の学びも進めながら、出版を中心に社会的なアプローチを果敢に進めた。この時期がのちに「行動する仏教（Engaged Buddhism）」と呼ばれる、社会に積極的に関わる修行の基盤となる。

しかし、南北の対立が激しくなる一方の市街地での活動は、急速に困難になっていく。一九五七年、タイは数人の仲間とともにサイゴン近郊の山間部の森に仏教共同体を建設し、そこを活動の拠点とした。手作りの木造の家と森を開墾した茶畑からなるシンプルな僧院「フォン・ボイ（香しき椰子の葉）」こそが、今日まで続くプラムヴィレッジを中心とする世界に広がるコミュニティ（サンガ）の原点であった。すべてのサンガのエッセンスは、すでにこのときに用意されていたと言ってい い。

彼らは、瞑想はもちろんのこと日々の作務を瞑想として行ない、（ここまでは一般の僧院とさして変わらないだろうがさらに）「詩を吟じ、生活を楽しみ、多くの時間を学修に割き、議論を交わし」、その一方で「各種の文章を発表し、精力的に各地の寺院へ講演に駆け回った」（『禅への道　香しき椰子の葉よ』春秋社、二〇〇五）。
　その延長線上に、今でもタイの片腕として活躍する（当時は学生で社会活動家だった）シスター・チャンコンやその仲間との出会いがあり、幅広い社会へのアプローチ[注5]があるが、それは体制からの弾圧の強化につながった。
　いわゆる「出世間（社会的価値観から自由）」の場であり、ブッダの教えにもとづいて修行するサンガは、とりわけ在家の者にとっては社会から逃避するためではなく、その自由な価値観を一般に広くフィードバックするためにあるはずだ。出家者であるタイが、弾圧をものともせずに教えの体現をみずから貫いたその強靭な精神を知るとき、現在の私たちのサンガ活動にも大きな励ましになる。

サンガを支える思想

　このように、当時からあらゆる平和活動や瞑想[注6]は一人だけの孤高の営みではなく、つねに仲間とともに行なうサンガ活動であり、とりわけ一九六六年に創立されたティプ・ヒエン教団は、その後現在に至るまでのサンガの母胎となっている。

ティプ・ヒエン教団創立中心メンバー「六本の杉」
（左から2人目にシスター・チャンコンが見える）

教団創立と同時にサンガの精神的支柱として起草された「十四戒（現十四のマインドフルネス・トレーニング）」では、その注釈に「私たちは一人きりで孤立して存在することはできず、他の人やものと相互存在し合う（インタービーイング）ことしかできないのです（『ブッダの幸せの瞑想【第二版】』サンガ、二〇一五）」とあり、その全体に相互存在の重要性が貫かれている。第十のトレーニング[注7]はとくに「サンガを守り育てる」ことにあてられているが、ティク・ナット・ハンの真意がこめられたもっとも重要な部分なので、ここに全文を引用したい（同書より）。

「サンガの本質と目的は慈悲と理解の実現であることに気づき、仏教のコミュニティを個人的な権威や利益のために利用せず、政治の道具に仕立てることもしません。スピリチュアルなコミュニティの一員として、抑圧と不正義に対してははっきりと反対の立場をとります。いさかいのどちら側にも加担せず、状況改善のために力をつくします。ものごとを相互存在の視点で見るようにつとめ、自分と仲間をサンガというひとつの体の細胞であると考えます。そのサンガの体の真の細胞のひとつとして、マインドフルネスと集中と洞察を生みだし、自分とサンガ全体を育てます。また、サンガの一人ひとりは、ブッダという体の細胞でもあります。積極的に友情を育て、川のように流れて、三つの真実の力――慈悲と理解と煩悩の超越――をつちかうように実践し、集合的な目覚めをなしとげます」

　この文章は、何回かの改訂を経たあと、こんにち私たちに伝えられているプラムヴィレッジコミュニティ共通のサンガ観である。

私たちプラムヴィレッジの実践を行なう者は、いつもこれを念頭におくよう心がけている。あらゆる機会を通じて、日本サンガのメンターともいえるブラザー・ファプカムやアンフーン・グエン女史（後出）からも、指摘される理念だ。

タイはいつでも、自分の思想や活動は個人のものではなく、サンガのものだと発言してきた。とりわけ、思想家・活動家・瞑想指導者ティク・ナット・ハンとして世界的に知られるようになってからも、タイは決して単独行動はとらず、とりわけ外国へのツアーでは多くの弟子を伴っている。サンガジャパン誌への発表の機会があり、年表[注8]によってタイの人生を振り返ってみたが、それはイコール、サンガ史でもあることがわかる。ティク・ナット・ハンという、精神的な巨人の存在に私たちは目を奪われがちだが、彼とはじつにサンガの体現なのだ。

一九七〇年代初めにベトナムを追われて始まったヨーロッパでの亡命生活は、事実上の難民となった自身と仲間や弟子たちとの、西洋へのマインドフルネス実践の伝達の皮切りだった。彼らのそのときからの働きが、今あるマインドフルネス・ブームの源流のひとつと言ってもいいかもしれない。

パリの狭いアパート暮らしやパリ郊外の小さなリトリートセンターを経て、一九八二年、サンガはフランス南部にプラムヴィレッジを建設する。翌年から外部に開かれたリトリート（瞑想合宿）が開始されたが、筆者が一九九四年に夏のリトリートに参加したおりには、すでにプログラムの原型は完成されていた。

法話や基本的な瞑想のあいだには、ファミリー（瞑想のグループ分け）をもとにした作務があり、グループごとのエンターテインメントや歌のサークルなどもある。そういった小さな、名の通り親密で家族的なグループを基盤にして、大きなサンガが動いていることが感じられた。

日本における初期サンガの形成と失敗

一九九五年の来日は比較的規模の小さなものだったが、それでもタイは十余名のサンガとともに移動し、リトリートや法話や交流を行なった。フランス国外におけるリトリートでも、上記のようにグループに分かれての活動があり、弟子たちのリードで瞑想やシェアが行なわれる。参加者からも、ふだんからマインドフルネスの実践を深く行じる弟子たちの存在が、何よりの直接的なマインドフルネスの学びとなったという感想が多い。

タイは各所で、来日の大きな目的がサンガ

1995年来日時、鎌倉大仏に参詣したときのもの、清里リトリートでのひとこま

作りであると発言していた。リトリートの最後には、地方ごとに参加者がグループを作り、サンガとしてのその後の活動を申し合わせる。来日後も数カ所で瞑想会が始まったが、実際には二年ほどでそのほとんどがたち消えてしまった。唯一こんにちまで継続しているのが、大阪や奈良で活動するバンブーサンガであり、その歴史は二〇年を越える。

　私が主宰したサンガも含めて、ほとんどのサンガが消えたのは、タイが説くサンガ作りの真意が理解できなかったからだ。私たちは、瞑想は個人的な取り組みであるという先入観にとらわれ、それが十四のマインドフルネス・トレーニングの第十にあるように、外的な（たとえば来日のオーガナイズや、社会的な取り組み）問題と一体だと理解しきれなかった。

　タイは来日前から、ツアーはイベントではなく、準備がすでにマインドフルネスの実践であり、集合的に取り組むサンガワーク[注9]なのだと説いていた。ミーティングをするにもしっかりと実践を行ない、作業も共同のマインドフルネスの瞑想の機会と理解して実行するようにと、教えられてきたのだ。

　私たちオーガナイズに加わったコアグループ十数名も、来日二年ほど前から東京で定例の瞑想会を開催し、サンガ作りに努めた。すべてに先んじて一緒にマインドフルネス実践をすること、それがタイとプラムヴィレッジの要請だったからである。振り返ればそれがあったからこそ、困難な来日ツアーをやり抜くことができた。呼吸や微笑みの共有によって、つながりの基盤が培われたのだと思う。その基盤があれば、現実的な困難や意見の食い違いも乗り越えられる。

　それにもかかわらず、実務的なミーティングの癖がついた私たちには、現実の些事にとらわれ、それが非常に難しく感じられた。サンガの重要性の理解と実践が浅かったと言うしかない。

　鐘の音に耳を澄ませる、一緒に呼吸する、ともにゆっくりと歩く、深く話し・深く聴く、多忙な現実の中において、実務以前にグループで実践することにどんな重要性があるのか？　それが二〇年後まで私たちにあずけられた宿題になるとは、そのときは思いもしなかったのである。

　当時はオウム真理教事件や阪神淡路大震災などが立て続けに起こり、社会不安が増した時期でもあった。その中でマインドフルネスを含む「瞑想」という言葉は、おおかたうさん臭いものとして受け取られ、来日の意味が社会的に位置づけられることはほとんどなかった。そうして、日本での実践の系統はその大部分が途切れてしまった。

　しかし、この空白期間にも地道に実践を続けていた関西のバンブーサンガに参加した人に聞くと、そこには真に家族と同じく親密で安心できる受容的な場が確保されていたという。そうした継続があったことに驚嘆するとともに、その地道な努力が今日の日本のサンガ網を生んだ大きな要素であったと思う。

来日計画を通して胎動する日本のサンガ

　二〇一一年には十数年ぶりにティク・ナット・ハンの来日が予定されていた。来日の折衝にあたって、プラムヴィレッジ側からは世界各地のサンガから集合するモナスティック（出家者の弟子）約五〇名を伴うことが条件とされた。これは一見するととてつもない大人数である。話題性やカリスマ性という点からすれば、ティク・ナット・ハン一人でいいのにどうして？　という疑問を抱く人もいるかもしれない。この点はしばしば議論にのぼる点でもある。

しかしプラムヴィレッジ・スタイルの瞑想は、その多くが共同のサンガワークという形でなされる。そのサンガワークを、ほぼプラムヴィレッジで行なわれているのと同じ形で伝えるには、どうしてもそれを深く行じる者が一定数を占めることが必要だ。プラムヴィレッジのリトリートに参加した者も、その多くが同様の感想を述べている。

タイ自身も、サンガなしではツアーは行なわないと明言している。これまで述べたように、タイの歴史はサンガの歴史だ。両者が切り離せないことは明らかである。とりわけ実践を伝え、その実践を継続するためのサンガ作りを目的とした来日では、伝えるべきメッセージの中心がサンガそのものであることから、大人数での来日ははずせない条件だった。

この二〇一一年の来日計画は東日本大震災によってキャンセルされたが、少人数でも来日してほしかったという声も多かった。何がベストだったのかは、私自身もわからないが、それは後述する二〇一五年の弟子たちの来日というかたちで見事に結実する。来日の仕切り直し計画は、タイ自身の強い願いによって進行した。

震災直後にタイから私たちに向けられたメッセージには、まさに人と人とのインタービーイングのあり方があらわれていた。

「皆さんは、ろうそくの炎です。我々は、暗闇と迷いの境地に引きずり込まれないため、その光を必要としています。皆さんの慈悲と勇気で皆さん自身を導いてください。我々は皆さんを必要としています。そして我々もあらゆるやり方で皆さんのために在るよう努力します」（『プラムヴィレッジ来日ツアー２０１５ドキュメントブック～ティク・ナット・ハン　マインドフルネスの教え』（サンガ、二〇一五）５頁より）

タイにとって、一九五〇年代から数回訪れてきた日本には特別な思いがあったようだ。二〇一三年には、「日本にはすでにマインドフルネスの伝統があります。みなさんは祖先の智慧に触れるだけでいいのです」というメッセージをいただいている。

じつは二〇一一年のオーガナイズ体制がいったん解散してから、一部の新たな仲間の間でマインドフルネス実践の場が立ち上がり始めていた。来日計画の反省が多々ありつつも、純粋に実践を楽しみたいという願いが続いていたということだろう。それは私にとっても喜ばしいニュースだった。しばらく離れていた瞑想会を再開する好機と思ったからである。

二〇一一年六月、仲間とともに私は自宅で「ゆとり家サンガ（当時は別名）」による瞑想会を開始した。来日がキャンセルされた直後で多くの応募があり、最大でも二〇数名しか入れないスペースの限界ゆえに、申し込みの多くをお断りせざるを得なかった。この他にも、各地で少人数の瞑想会が少しずつ開かれるようになり、来日はかなわなかったものの、実践へのニーズの高さがうかがえた。

来日に合わせタイの著作数冊が発行されたこと、こんにちのマインドフルネス・ブームの兆しが見えたことなどから、サンガの瞑想会に関心を寄せる人たちが少なからず居たことが、日本のサンガ活動にも後押しになった。

その一方で、プラムヴィレッジの夏のリトリートに参加し、現地のサンガのエネルギーに触れてくる、大類隆博や宮下直樹といった仲間もいた。彼らは、現在のサンガの中核になっている。彼らの報告からは、今の日本の私たちに欠けている要素——温かな助け合いや慈悲の心、考えの相違を越えた根源的なつながりなどが伝わってきた。

　それらは皆、タイ自身の存在やプラムヴィレッジのサンガの中で、彼らが直に体験してきたことだ。本だけでは伝わって来ないタイとサンガのプレゼンスとメッセージを、ぜひ日本に紹介したい——彼らの熱意が、徐々に他の仲間にも伝わり始めた。しかしながら、ボランティアで大きな来日ツアーを実現させるという重圧の前に、私を初め多くの仲間たちは二の足を踏んでいた。

　思えばこのころから、すでに重要なサンガの実践は始まっていたのだ。来日をめぐって数々のミーティングを重ね、様々な思惑を交わしながら、私たちはお互いにぶつかり合い苦しんでいた。どこにも明確な答えは見つからないように思えた。そうした生々しい人間関係の葛藤は、話し合いや思索ではなく、まさに教えの真髄であるマインドフルネスの実践によってしか乗り越えられない。それは大きな痛みを伴った学びだった。

　しかし私たちは、サンガとしても依然として非常に未熟であり、どうしても我《が》によってしか物事を判断できなかった。私たちは、強力なサポートを必要としていた。

マインドフルネスを体現するダルマティーチャーの存在

　二〇一二年の一〇月に香港から五名の僧・尼僧を招き、八王子のセンターや各所で瞑想会が行なわれた。まだ受け入れ側の対応もぎこちなく精一杯のものだったが、このツアーで集まった仲間たちが、瞑想を共にしながら現実に事務作業などのオーガナイズを行なうという試みを始めた。またこのころから、時おりミーティングをもち、ティク・ナット・ハン再来日を含めたサンガのこれからの方向を探る努力が重ねられた。

　同年末には、香港僧院[注10]で年越しのリトリートが行なわれ、そこに日本から参加した数名の仲間が僧院長のブラザー・ファプカムとの話し合いをもった。このとき、日本のサンガがまとまって活動する[注11]ことを強力に勧められた参加者の一部は、帰国後も東京で自主的な瞑想会をもつなどし始めている。

　そうした矢先、ティク・ナット・ハンと代表的な弟子たちによる大規模なリトリートが香港で開催されることを知り、二〇一三年五月香港のＹＭＣＡで行なわれた四日間のリトリートに、日本から約四〇名が参加した。

　世界中から集まった参加者の総計は一三〇〇人にも上った。私たちにとっての驚きは、香港サンガのチームワークだった。じつに多くの人員が配置されていたこともあるが、その立ち居振る舞い、ていねいな仕事ぶりは、まさしくマインドフルネスの実践の賜物に他ならなかった。このときからの交流はこんにちに至るまで続いており、何人かの香港サンガのメンバーは、その後の来日イベントを手伝ってくれている。

　香港では本場の実践とサンガの中に身を置き、日本の実践者の結束も強まった感があった。ゆとり家を初めとする何カ所かで瞑想会は継続してはいたが、先はまだ誰にも見えていなかった。再来日についても意見が割れ、話し合いは紛糾していた。

　そうした中、再度プラムヴィレッジの夏の

リトリートに参加した大類と宮下は、プラムヴィレッジ側と話し合いをもち、タイとおもな弟子の強力な推挙により、アンフーン女史[注12]とトゥ氏という在家のダルマ・ティーチャーの夫妻が来日することになった。

まったく未知の在家の方たちを迎えることに戸惑いがあった私たちだが、その杞憂はツアーを行なう中で一掃された。私は、八王子の一泊二日のリトリートや講演会に参加したが、二人の慈悲にあふれた存在のあり方（プレゼンス）や立ち居振る舞い、私たちに接するときのマインドフルな姿勢や言葉の的確さなどには圧倒された。

私を含め多くのサンガの仲間が、アンフーン夫妻との出会いが決定的であり、そのとき以来、真剣にサンガの中での実践に取り組むようになったと告白する。在家ゆえに、より近さを感じたことも大きかったかもしれない。

特記すべきは、このとき同行した数人のワシントン・サンガのメンバーの存在で、長年ともに実践を重ねた選りすぐりの人たちであった。彼らは私たちに、友愛[注13]にあふれたサンガの実像を見せてくれた。実行している人たちと共に過ごすこと、それ以上に影響を受けることはない。彼らの存在と言動の一つひとつも、大きなインパクトを残した。

アンフーン夫妻は、ベトナムからアメリカに亡命し、困難な境遇の中で働き、子育てをし、異国で家族を支えてきた。そのすべてが、ティク・ナット・ハンの指導を受けた若いころからのマインドフルネスの実践に貫かれている。プラムヴィレッジ・サンガに育てられた彼らは、アメリカでもみずからのサンガの拠点「フェアファックス・マインドフルネス・リトリートセンター」を設立し、在家のための実践を広めている。

日本のサンガからも、宮下直樹ほか、アンフーンさん（私たちは親しみをこめてこう呼ぶ）宅に滞在しながら、ワシントン・サンガのリトリートに参加した者たちがいる。そこで彼らが直に体験したサンガの友愛の体験は、私たちをさらに鼓舞することになった。

「サンガの仲間を大切にするのは、私自身を大切にすることと同じです。すべての苦しみも分かち合います。それは私がリーダーだからではなく、皆とつねに家族のような仲間であるからです。それは実際の家族を大切にすることにもつながる、ごく自然な営みです。（中略）私の働きは、決して私個人だけの働きではありません。私の役割は竹の一部である節を空《から》にすること、源から来る水をスムーズに流すことなのです」（アンフーン・グエンの言葉：プラムヴィレッジのニュースレター、マインドフルネス・ベルより）

源とは教えであり、マインドフルネスと慈悲のエネルギーだろう。このとき以来、日本のサンガは夫妻をメンター（指導者・助言者）として迎え入れたが、彼らの実践がそのまま私たちの実践のモデルになっていることは、多くの仲間の感慨からも明らかである。

メルクマールとしての二〇一五年プラムヴィレッジ来日

この来日の前後から、東京では今の「微笑みの風」の瞑想会、名古屋の竹中吾郎を中心とした「名古屋サンガ」の瞑想会が定例会として始まっている。それらの会は、インターネットのテレビ電話である「スカイプ」を通じた、来日直後からのアンフーンさんとトゥさんの法話と瞑想の指導も幸いして定着して行った。そこに、約二〇年間実践を保ってきた関西バンブーサンガや、滋賀、富士、静岡、京都や千葉や四国や沖縄など各地の新しいグループが加わり始める。

一度流れの筋ができると、そこに水が流れるたびに水流が大きくなるように、サンガの流れの幅と強さは増していった。こうして日本のサンガは、全体としてティク・ナット・ハンの再来日に向けて大きく舵を切っていった。

二〇一四年五月には、再来日を二〇一五年のゴールデンウィークと定め、それに向けたプレリトリートという位置づけで、香港僧院の僧・尼僧数名による来日ツアーが行なわれた。日本側と実質的なオーガナイザーである僧院長のブラザー・ファプカムを中心に、規模を縮小してはいるが、本番とまったく変わらぬ真剣さでリトリート、講演会、滞在のシミュレーションが行なわれた。

このときに、いくつかの仏教教団や僧侶の有志、出版社などの会社、医療等援助職の団体、各業種の横断的な交流会、マインドフルネスの研究会など、公私にわたって様々なグループや個人が集まりツアーを支えた。それが二〇一五年の大きなツアーの準備母胎になるわけだが、それは利害を超えた広い意味でのサンガであった。それほど熱意をもって、再来日を実現しようという人が多くいたことに驚かされた。

こうした人びとが集まってミーティングをする際にも、私たちは極力合間に鐘を招いて呼吸に気づき、マインドフルネスの実践として行なうように努めた。そうするとおのずから落ち着き、良いアイディアも出るように思われた。また、意見や感情的な対立にも、まず実践という柱が保てたことは良かったと思う。とりわけコアグループである招聘委員会の実践は、真剣味が増していた。

二〇一四年秋、ティク・ナット・ハンは脳出血で倒れ、来日自体が危ういものになった。この青天の霹靂に、招聘母胎であるサンガでも議論が噴出し、どうすべきかをずいぶん話し合った。

香港のブラザー・ファプカムとも話し合いを重ねた結果、プラムヴィレッジのシスター・チャンコンやおもな弟子たち、ワシントンのアンフーン夫妻も含めて、世界のサンガの思いが合流し、二〇一五年プラムヴィレッジ三〇数名の僧侶団の来日が決定したのである。すでに日本のサンガは小さなプライベートなグループではなく、プラムヴィレッジの伝統や多くの人びとの思いとつながった、大きな流れになっていた。

タイが不在だった二〇一五年の僧侶団来日ツアーは、それ自体がサンガの織りなす様々なドラマを生んだ。本稿では詳しく触れないが、『プラムヴィレッジ来日ツアー２０１５ドキュメントブック～ティク・ナット・ハンマインドフルネスの教え』（サンガ、二〇一五）という一冊に結実しているので、ぜひ合わせて読まれたい。

このツアーのもっとも大きな影響は、何と言ってもインタービーイング（相互存在）にもとづくサンガの顕現であった。多くの人が集合し、その安心で生き生きとしたエネルギーに触れたという事実は、はっきりとした痕跡を残した。

ツアーのタイトルは「幸せへの道はない、幸せが道である」。タイ自身の不在にもかかわらず、最高の来日メンバーにたいして、富士リトリートだけでも五〇〇人近くの参加者が集まりマインドフルネスの集合的実践がで

2015年富士リトリートでの集合写真

きたのは、現代日本のニーズがそれほど強かった証左だ。一人のカリスマよりもサンガの実践の時代——会場の富士山麓には、タイの言葉が見事に形としてあらわれていた。集って実践できること自体が、すでに幸せの実現である。

　テレビ放送や書籍の発刊ほかメディアへの紹介が続いたこともあり、二〇一五年の大きな来日ツアーを契機として、瞑想会へ関心を寄せる人が増えてきた。マインドフルネス瞑想のブームとも相まって、心の苦しみへの具体的取り組みを始める人が目立ってきたのだ。サンガはそれに応えるべき場所となる。

プラムヴィレッジの夏のリトリートにおけるファミリー
（サンガの小グループ）

　僧侶団の来日ツアーは翌二〇一六年五月にも行なわれ、アンフーン夫妻も共に来日して、京都では夫妻独自のリトリートがあった。それはサンガの枠を越えて、新たに関西で組織された「チームレインボー」の調和のとれた働きで実現した。二〇一五年の招聘委員会は、二〇一六年のツアーにもほぼそのままの構成

2016年アンフーン、トゥ夫妻による京都リトリート

で活動し、メンバーは家族のような関係性を培っている。リトリートでサンガの小グループを「ファミリー」と呼ぶ伝統が想起される。

なぜ困難な条件の中で活動が継続できたのかという問いに、金澤悦子は日常的に実践を行なう楽しみを知り、サンガに救われた思いだと言う。市毛友美子は対人援助の現場から見えてくる社会の困難を覚えると同時に、サンガの絶対的な安心の場にやはり救われている。彼らサンガの中心的なメンバーに共通な体験は、やはりアンフーン夫妻とワシントン・サンガとの出会いだった。そうした実感を多くの人と共有したいという情熱が、彼らの活動のエネルギーとなっているようだった。

日本に定着し始めている各地各様のサンガ

こうして、ほぼ毎年の来日ツアーと、毎月のアンフーン夫妻によるインターネット法話と瞑想指導、各地の有志による瞑想会や自発的な催しなどが、現在の日本でのサンガ活動の要になっている。最近では、各サンガで継続的に実践を続けてきた者が仲間を集めて新たにサンガを作るなど、各地に拠点が広がっている。

ゆとり家での瞑想会。
ウッドデッキで坐る瞑想（左）、森を歩く瞑想（右）

各地の独自の動きとして、近年ゆとり家サンガやバンブーサンガで開始された「子どもプログラム」は、リトリートでの経験が大きく生きている。来日リトリート参加者が参加することも多く、家族の交流の場にもなっている。プログラムの経験から、新しいゲームや遊びや日本語の歌が生まれつつあり、今後の活動が楽しみだ。

前述の「チームレインボー」の働きからは、怖れなく社会にアプローチするサンガの次の段階の兆しを感じる。中心的なメンバーのひとりである京都マインドフルネス・グループの依田真由実は、「自分だけだと思えば恐くなるが、サンガとつながれば強い」と言う。川となって共に流れよ、というアンフーンさんの言葉が思われる。人は孤立したときには弱いが、つながれば強い。一人のマインドフルネスでは弱すぎるというタイの言葉通りだ。

いかに集中した瞑想ができても、一人だけ

では力にならない――微笑みの風のメンバーも、またファミリー的なサンガを築いている名古屋の竹中も口を揃える。とりわけ竹中は、熾烈な競争や成果を求められるビジネス社会で生きながら、サンガの絶対的な安心を実感している。それをいい形でフィードバックしたいという情熱が、自分のスキルを生かしながらサンガに奉仕するという彼の駆動力になっているのだろう。

社会的なアプローチといえば、ベトナム時代からのタイの活動そのままだが、「琵琶湖サンガ」を主宰する幸泉夫妻がサンガを形成するきっかけになったのは、東日本大震災だ。彼らは被災地の子どもたちのケアや、資金援助、社会的な奉仕や瞑想紹介などを通じて、心のケアを続けている。また既存の仏教教団との協力で、そうした奉仕を広げていく展望をもつ。

また、新生の「静岡サンガ」では、社会の中の居場所としてのサンガの働きを探ろうとしている。私自身が精神障害者の自助グループを主宰しており、深い共通性を感じて、話し合いの中で大きな可能性を感じた。何にも先んじてサンガとは無条件の安心の場だ。評価されない場として守られるサンガは、社会的弱者の憩える場でもある。

ファミリーで参加できるというのも、安心な場所であればこそだ。サンガメンバーも、通訳チームをはじめ子ども連れが多くいる。瞑想に子どもを排除しないというプラムヴィレッジの原則は、日本が学ぶべきモデルになる。アンフーンさんも、インターネット法話中に画面に子どもを見つけるとじつにうれしそうだ。

2016年寺院をお借りしてアンフーンさんのスカイプを通しての法話を聴く（東京微笑みの風サンガ）

サンガには、多忙な日常の中、何としても実践を分かち合いたいと集まる仲間もいる。「富士山サンガ」はリトリートから生まれたローカルサンガだが、多忙な業務の中でも宮下珠樹の熱心さに引かれて集まる友人たちがいる。

東京には新たに、西部に「たまたまサンガ」が生まれ、すでにリトリートで出会った人たちが集っている。インターネットのおかげで、遠く沖縄や、四国の仲間もつながるようになり、一緒に呼吸する喜びを味わえる。最近では八ヶ岳の仲間が、新しい会議システム「ズーム」に参加し、一緒に法話を聴き瞑想することができた。

また、在日ベトナム人のサンガが立ち上がり、サンガの輪に加わるようになったのは、うれしいニュースだ。ベトナム語を学ぶ機会が与えられるかもしれない。

言葉といえば、多くを通訳や翻訳に頼らねばならない日本のサンガメンバーにとって、通訳・翻訳チームの存在は欠かせない。私もそのチームに属しているが、リトリートやインターネット法話など、回を重ねるたびに通訳・翻訳サンガの友愛と結束が育ってきている気がする。そうした中から、たんなる仕事ではない布施の精神が育っていくのだろう。

社会も、家庭も、生々しい現実である。マインドフルネスの瞑想は、その現実を生きるためにある。各地のサンガで実践する仲間やそこに加わる参加者も、サンガでマインドフルネスと慈悲のエネルギーを蓄え、それを社会へとフィードバックする。そうした働きを継続することで、深く自己を見つめる実践と、インタービーイングの実践は両立していくのかもしれない。二〇一六年九月には、長野にある寺院に各地のサンガの代表メンバーが集まり、一泊二日のリトリートを行なった。共にただ実践することが、もっとも強い絆を育むことになる――そう多くの参加者から聞いた。

「聖なる役立たず」の集合として

サンガ（sangha）とは三帰依唱にある「帰依するところ」の一つであり、本来〝saraṇa《サラナ》〟（隠れ家、避難所）である。それは私たち在家の者たちにとっては、一時的にしろ世間の価値観から自由になれる（出世間の）聖域なのだ。そこに（瞑想であっても）いわゆる有能さや比較や競争原理など持ち込んだら、大変ちぐはぐなことになる。

私たちはつねに人から付け込まれないか、批判されないか、評価を受けないか、戦々恐々として社会生活を営んでいる。サンガの瞑想会にも、過去に対人関係に傷ついた経緯から、宗教的な勧誘はされないか、瞑想についていけないのではないかという危惧を訴える方がいる。

サンガとはむしろ、世間的な「役に立つこと」の重荷を下ろし、何も目指さず、達成せず、比較せず、結果を評価することもない場である。サンガはいわば「聖なる役立たず」の集合体だ。あらゆる効果や期待を離れて、どのような在り方でも受容される場である。自分の身分を明かしたり、心の秘密を暴露する必要さえもない。ただその場に、それぞれがマイペースで心地よいと感じられる在り方で参加できるよう、工夫し合っている。いわば「大人のための揺りかご」である。

安らぎや幸福さえ、それがノルマになれば苦痛である。不安なままで参加したとしても、そのまま受け入れられるとき、不安はおのずから変容していくだろう。変化を目指さないとき、変容は起こる。それは「場の力」に任されている。ティク・ナット・ハンは「マインドフルネスの奇跡」と言ったが、それは人間が意識的に起こすというより、あくまでサンガという場に立ち現れてくる何ものかである。実践を通じて、確かに感じられる何かだ。それについて議論や評価することはできない。まして脳科学で分析できるものでもないのだ。

今「有能になるため」のマインドフルネスが流行している。しかしサンガはそのたぐいの有能さとは無縁である。むしろ弱さが弱いままで受け入れられる場。サンガとは、その傷つきやすい柔らかな弱さを、強さ基準で動く世間から守る避難所だ。そのとき、弱さは弱いままで強さに変容する。つながりの強さだ。

サンガのエネルギーにつながっている限り、私たちは個人ではなく、サンガとともに流れる流れそのものである。大きな流れとともにいる限り、個人の感情や思いだけをよすがに世間を泳いでいく必要はない。

もちろんサンガは避難所であるから、私たちは避難所から社会に戻り、世界の荒波の中を泳ぐ。そのときには、言動が変わってくるだろう。タイや弟子たちが「僧院の中の瞑想と社会活動を同等に」行なったというとき、きっと「強められた」自分として、サンガの一節として働いたに違いない。私たちもそうあることができるはずだ。

タイは、「一人だけのマインドフルネスでは弱すぎる。集合的なマインドフルネスに頼りなさい」とつねに言う。一人で行じ、深まり、やがて涅槃に至るという瞑想モデルはもはや現代においては幻想である。「一人のブッダでは弱すぎる」のだ。完全にブッダになることなど非現実的だ。本当に役に立つとは、「パートタイムブッダ」[注14]がたくさんいるということだろう。

呼吸も一人きりで行なうよりも、ともに行なう方がはるかに安定し、「共通のいのち基盤」に触れることが容易になる。あまりにも多様な価値観をもった群れなす人類が理解し合えるのは、その基盤において以外にない。一人涅槃に入るという幻想は終わり、これからは至らない者どうしが手を携え、ともに共感の扉を開く時代だ。今必要なのは解決でも成就でもなく、共感である。それこそサンガが見つめる新たな「彼岸」なのだろう。

私たちが再来日を心待ちにしていた肉体としてのタイには会えなかった。しかし私たちが本当に待っていたのは私たち自身、つまりサンガだったのかもしれない。

（記事を執筆するにあたって、おもなサンガの仲間にインタビューやメールを通じて、様々な体験を語ってもらった。彼らに感謝を述べたい。この記事もまた、私一人のものではなくサンガワークである）

【サンガ紹介】

〔各地のサンガの紹介〕

瞑想会、イベントや来日リトリートなどの最新情報は、新しいウェブサイト「ティク・ナット・ハン　マインドフルネスの教え」　http://www.tnhjapan.org/　をご覧ください。

〔日本各地で活動中のサンガ〕

ほとんどのサンガが、アンフーンさんによるインターネットの法話と瞑想に参加しています。その他にもそれぞれ工夫した実践を行なっているので、お問い合わせください。

「微笑みの風　Wind of Smile」（東京都）
ホームページ　http://www.windofsmile.com/
Facebook　https://www.facebook.com/wind.of.smile
連絡先アドレス　tnh2015rainichi@gmail.com

「東京サンガ☆すもも村」（東京都）
ホームページ　http://tokyosamgha.blogspot.jp/
Facebook　https://www.facebook.com/groups/sumomo/
日本語動画
（YouTube）　https://www.youtube.com/playlist?list=PLB93E5AD5AD48D35A
（Thay　日本語プロジェクト）　https://vimeo.com/nihongothay
連絡先アドレス　plumvillagetokyo@gmail.com

「ハート・オブ・東京サンガ」（東京都）
ホームページ　http://j.mp/1qulO8X
Facebook　https://www.facebook.com/groups/heartoftokyo/

「ティク・ナット・ハンの愛しのコミュニティ」
ホームページ　http://www.beloved-community.net/
Facebook　https://www.facebook.com/belovedcommunity.jp/

「さくらロータスサンガ(ベトナムサンガ)」(東京都)
連絡先アドレス　sakuralotus.vn@gmail.com

「たまたまサンガ」(東京都調布市仙川)
Facebook　https://www.facebook.com/たまたまサンガ東京-744741665668446/
連絡先アドレス　nowhere0617@gmail.com

「ゆとり家サンガ」(神奈川県伊勢原市)
ホームページ　http://www.yutoriya.net
Facebook　https://www.facebook.com/ゆとり家-429092783941023/

「富士山サンガ」(山梨県富士吉田市)
連絡先アドレス　fujisan.samgha@gmail.com

「静岡マインドフルネス・プラクティス・グループ(静岡サンガ)」(静岡県静岡市)
Facebook　https://www.facebook.com/ShizuokaMindfulness/
連絡先アドレス　shizuoka.mindfullness@gmail.com

「名古屋サンガ」(愛知県名古屋市)
連絡先アドレス　nagoyasangha@gmail.com

「バンブーサンガ」(関西一円)
ホームページ　http://bamboosangha.wix.com/bamboo-sangha
連絡先アドレス　bamboo.sangha.osaka@gmail.com

「京都マインドフルネス・プラクティス・グループ(京都サンガ)」(京都府京都市)
Facebook　https://www.facebook.com/KyotoMindfulnessPracticeGroup
連絡先アドレス　kyoto.mindfulness.practice.gr@gmail.com

「琵琶湖サンガ」(滋賀県近江八幡市)
連絡先アドレス　biwakosangha@gmail.com

「四国サンガ」(高知県)
連絡先アドレス　hohoemi.sikoku@gmail.com

「沖縄サンガ」(沖縄県中頭郡北谷町)
連絡先アドレス　heartofearth256@gmail.com

〔参考文献〕

『実践！　仏教瞑想ガイドブック』(別冊サンガジャパン1 2014 サンガ)408頁〜具体的な瞑想会の様子がていねいにレポートされている。各地のサンガがどのように実践しているのか、知りたい方にお勧め。

『プラムヴィレッジ来日ツアー2015ドキュメントブック〜ティク・ナット・ハン　マインドフルネスの教え』(サンガ、二〇一五)〜文中でも紹介した、二〇一五年のツアーの集大成。代表的な弟子のインタビューや参加者のレポートも掲載され、サンガの全体を俯瞰するのによい。

『サンガジャパンVol.19　特集ティク・ナット・ハンとマインドフルネス』サンガ、二〇一五)。ティク・ナット・ハン特集で、寄稿者がティク・ナット・ハンとプラムヴィレッジについて様々な角度で書いている。92頁〜ティク・ナット・ハンの活動の年表と評伝がある。

『ブッダの幸せの瞑想【第二版】』(サンガ、二〇一五)日常の瞑想の集大成。サンガワークについても詳述。また本文で紹介した十四のマインドフルネス・トレーニングの全体を掲載している。

『リトリート　ブッダの瞑想の実践』(野草社、二〇一四)21日間のリトリートの法話と質疑応答を収録。ティク・ナット・ハンがサンガの実践をいかに大切にしているか、生の言葉で読むことができる。

【 注 】

注1：ここでは僧・尼僧、在家の男女の実践者（四衆）を含む広い意味での瞑想コミュニティをさす。プラムヴィレッジでは、（一般的な意味での）瞑想にとどまらず、来日ツアーのオーガナイズなどの社会的な活動も、瞑想実践としての「サンガ活動」であり、一人での瞑想と区別せずに行なうよう指導している。

注2：interbeingという造語は、タイによって作られた。伝統的には縁起、相即相依と言われる。

注3：現在はまだ単独での自立は困難だが、言語的・身体的なリハビリを継続しつつ、法話や歌のサークルの場などに顔を出し、ともに楽しむ時間をもっている。

注4：もともと仏教は共同体指向であり、ブッダは成道後すぐにサンガ（僧伽）を形成している。サンガは初期のころから共に行動し、布薩といういわばシェアリングの制度を備えていた。また複数のグループによる比丘を各地に派遣している。これなどサンガのアウトリーチと言えよう。

注5：フォンボイ仏教共同体、ヴァンハン仏教大学、社会福祉青年学校などは、ベトナム時代の仲間とともに築いたサンガ活動の軌跡である（詳しくは『サンガジャパンVol.19　特集ティク・ナット・ハンとマインドフルネス』サンガ、二〇一五を参照）

注6：とりわけ歩く瞑想はその代表である。困難に直面したとき、タイたちが仲間で長時間にわたって歩く瞑想を繰り返し行なったという記録が、著作物にも散見される。

注7：『ブッダの幸せの瞑想［第二版］』（サンガ、二〇一三）239頁

注8：『サンガジャパンVol.19　特集ティク・ナット・ハンとマインドフルネス』（サンガ、二〇一五）92頁参照。

注9：グループで取り組む瞑想やコミュニケーションや作務や活動などを、すべてマインドフルネスの集合的実践として行なうこと。

注10：AIAB（アジア応用仏教研究所）が置かれ、プラムヴィレッジのアジアの拠点の中心である。このころは、その体制がようやく固まった時期であった。

注11：このときブラザーから、日本のサンガ全体の通称として、Mountain of Harmony というサンガ名を提案されている。

注12：プラムヴィレッジから正式に認定された、瞑想指導者。選定に出家・在家は無関係。

注13：アンフーンさんは、よく〝Brotherhood Sisterhood〟を育てなさいと口にしている。

注14：タイがよく冗談交じりに使うフレーズ。完全な悟りよりも、日常的なマインドフルネスの実践を大切にするようにという場面で言われる。

執筆者プロフィール

井上ウィマラ　いのうえ・うぃまら

一九五九年、山梨県生まれ。高野山大学教授。京都大学文学部中退。日本の曹洞宗、ビルマのテーラワーダ仏教で出家し瞑想修行と経典研究。西洋各国で瞑想指導をしながら心理療法を学ぶ。還俗後マサチューセッツ大学医学部で瞑想に基づいたストレス緩和法を研修。現在スピリチュアルケアの基礎理論と援助法を開拓中。著書に『呼吸による気づきの教え』（佼成出版社）、訳書に『呼吸による癒し』、編著に『仏教心理学キーワード事典』（春秋社）、共著に『スピリチュアルケアへのガイド』（青海社）など多数。

荻野淳也　おぎの・じゅんや

一九七三年、埼玉県生まれ。一般社団法人マインドフルリーダーシップインスティテュート代表理事。株式会社ライフスタイルプロデュース代表取締役。慶応義塾大学卒。リーダーシップ開発、組織開発の分野で、コンサルティング、エグゼクティブコーチングに従事。外資系コンサルティング会社勤務後、スタートアップ企業のIPO担当や取締役を経て、現職。マインドフルネスなどの手法を用い、リーダーの変容や企業の変革を図っている。書籍に、『世界のトップエリートが実践する集中力の鍛え方』（共著、日本能率協会マネジメントセンター）、『サーチ・インサイド・ユアセルフ』（監訳、英治出版）、『マインドフル・リーダー』（監訳、SBクリエイティブ）。

川畑のぶこ　かわはた・のぶこ

東京生まれ。心理療法家。NPO法人サイモントン療法協会副理事長・サイモントン療法認定トレーナー、聖路加国際病院精神腫瘍科心理カウンセラー、NPO法人ハートシェアリングネットワーク理事長。米国マサチューセッツ州エンディコットカレッジ卒（AA）後、経営コンサルティング会社、貿易会社勤務を経て、米国にて通訳・コーディネーターとして独立、通訳の仕事を通じてがん患者と家族のための心理療法「サイモントン療法」に出会う。現在、聖路加国際病院精神腫瘍科をはじめ、複数の医療機関において、がん患者や家族のメンタルケア、および心の悩みやストレスを抱える人々に対して日々カウンセリングを行う。著書に『サイモントン療法』『断捨離のすすめ』（以上、同文舘出版）、『心のがらくたを捨てる生き方』（三笠書房）、『怒りをすっきり整理する』（集英社）などがある。

熊野宏昭　くまの・ひろあき

一九六〇年、石川県生まれ。東京大学医学部卒。医学博士。臨床心理士。現在早稲田大学人間科学学術院教授・応用脳科学研究所所長。マインドフルネスやアクセプタンスなどの技法を含む「新世代の認知行動療法」について、とくに医療場面で短期間で大きな効果を挙げることを目指した研究を行っている。臨床面ではパニック障害、軽症うつ病、摂食障害、心身症などを対象に、薬物療法や面接治療に加え、認知・行動療法、アクセプタンス＆コミットメント・セラピー（ACT）、マインドフルネスなどの行動医学的技法を用いている。

島田啓介　しまだ・けいすけ

一九五八年生まれ。翻訳家。精神科ソーシャルワーカー（PSW）・カウンセラー。ワークショップハウス「ゆとり家」主宰。農業をベースにした自給的生活と、からだとこころの癒やしの提供に取り組む。一九九五年のティク・ナット・ハン師来日ツアー主催者の一人。ティク・ナット・ハンのメソッドによる瞑想会や、マインドフルネスをテーマにした講演会、ワークショップ、研修を各地で開催。ティク・ナット・ハン師の著書の翻訳を多く手がける。主なものに『ブッダの幸せの瞑想』（共訳）『怖れ　心の嵐を乗り越える深い智慧』（以上、サンガ）『ブッダの〈気づき〉の瞑想』（共訳）『ブッダの〈呼吸〉の瞑想』『ブッダの〈今を生きる〉瞑想』（以上、野草社）など。

永沢哲　ながさわ・てつ

一九五七年、鹿児島生まれ。東京大学法学部卒業。宗教人類学（チベット仏教）、身体論。京都文教大学准教授。現在のテーマは、ゾクチェン密教、ブータン仏教、人類の思考における「微細な身体」の観念の発生と展開、仏教哲学と科学のインターフェース。主な著書に『野生のブッダ』（法蔵館）、『野生の哲学―野口晴哉の生命宇宙―』（筑摩文庫）、『瞑想する脳科学』（講談社）、訳書に『虹と水晶』（法蔵館）、『癒しのダンス』（講談社）など。

中田亜希　なかた・あき

金沢市生まれ。慶應義塾大学大学院理工学研究科修了。新聞社、出版社勤務を経て、フリーランスの編集者・ライター。アルボムッレ・スマナサーラ長老の著書『自分を変える気づきの瞑想法』（サンガ）をきっかけに仏教に興味を持ち、仏教や瞑想を学び始める。編集を担当した書籍に、サンガ編集部［編著］『グーグルのマインドフルネス革命』、アルボムッレ・スマナサーラ『み～んな生きとし生けるもの！〈上巻〉〈下巻〉』（以上、サンガ）、ネルケ無方『曲げないドイツ人 決めない日本人』（サンガ新書）などがある。

藤田一照　ふじた・いっしょう

一九五四年、愛媛県生まれ。現在、曹洞宗国際センター所長。東京大学大学院教育心理学専攻博士課程を中退し、曹洞宗僧侶となる。一九八七年よりアメリカのパイオニア・ヴァレー禅堂で禅の指導を行う。近隣の大学や瞑想センターでも講義やワークショップを行う。二〇〇五年に帰国。葉山で実験的坐禅会を主宰。著書に『現代坐禅講義』（佼成出版社）。共著に『あたらしいわたし』『安泰寺禅僧対談』（以上、佼成出版社）ほか。訳書にティク・ナット・ハン『禅への鍵』（春秋社）など。近著に鈴木俊隆師の法話集「not always so」を翻訳した『禅マインド ビギナーズ・マインド2』（サンガ）、『禅の教室』（伊藤比呂美氏との共著、中公新書）、『〈仏教3.0〉を哲学する』（山下良道、永井均との共著、春秋社）がある。

藤野正寛　ふじの・まさひろ

一九七八年、大阪府生まれ奈良県育ち。神戸大学経営学部卒業後、医療機器メーカーのシスメックス株式会社に入社。自分自身が健康でないと、人々の健康に貢献することは難しいのではないかと思い始めていたときに、十日間の瞑想リトリートに参加。瞑想が身心の健康に役立つことを体験的に理解し、その仕組みを解明して人々に伝えたいと思い、京都大学教育学部に編入学。二〇一四年にダライ・ラマ法王と謁見し、仏教科学と近代科学の対話の可能性に目が開かれ、瞑想する脳研究者を志す。現在、瞑想実践を続けるとともに、京都大学大学院教育学研究科博士後期課程に在籍し、サマタ瞑想とヴィパッサナー瞑想の神経基盤を解明するべく研究を進めている。

蓑輪顕量　みのわ・けんりょう

一九六〇年、千葉県生まれ。現在、東京大学大学院教授。東京大学大学院を修了。博士（文学）。愛知学院大学文学部助教授、教授を経て、二〇一〇年四月より現職。専門は日本の仏教、仏教思想史。訳書として『日本の宗教』（春秋社）、著書として『仏教瞑想論』（春秋社）、『日本仏教史』（春秋社）、編著に『お経で学ぶ仏教』（朝日新聞出版）、『事典　日本の仏教』（吉川弘文館）、監修に『実践！ 仏教瞑想ガイドブック』（サンガ）などがある。

村川治彦　むらかわ・はるひこ

一九六三年、大阪府生まれ。東京大学文学部宗教学科卒。カルフォルニア統合学大学院博士課程修了。統合学博士。関西大学人間健康学部教授。専門は身体運動文化論、身体性哲学、身体技法。日本トランスパーソナル心理学／精神医学会前会長。人体科学会常任理事。論文に「主観性と一人称の科学―生きる身体とプロセスとしての知」（「『主観性を科学化する』質的研究法入門」金子書房所収）など。

森竹ひろこ　もりたけ・ひろこ（コマメ）

東京都生まれ。仏教瞑想実践者のフリーランスのライター。二〇年以上マンガや子ども向け雑誌を中心に活動していますが、最近は仏教やマインドフルネス関連の仕事の割合がふえてきました。心理カウンセラーの資格をもち、子供や学生を傾聴を通して支援する活動も続けています。二〇一四年、ティク・ナット・ハンが指導をされた、フランスのプラムヴィレッジで四週間に渡り行なわれた「サマーリトリート」に参加。自身のブログ「コマメディア～地上最弱の仏弟子コマメ～」では、やや独特な視線で仏教やマインドフルネスの話題を発信しています。
http://komamedhia.hatenablog.com

別冊サンガジャパン③

マインドフルネス

仏教瞑想と近代科学が生み出す、心の科学の現在形

二〇一六年一二月一日　第一刷発行

監　修　蓑輪顕量

発行者　島影　透

発行所　株式会社サンガ
〒一〇一―〇〇五二
東京都千代田区神田小川町三―二八
電　話　〇三（六二七三）二一八一
ＦＡＸ　〇三（六二七三）二一八二
ホームページ　http://www.samgha.co.jp/
郵便振替　〇二二三〇―〇―四九八八五（株）サンガ

印刷所　株式会社シナノ

ISBN978-4-86564-070-0 C0015

メンタリストDaiGoさん推薦！
サンガオリジナル坐布が瞑想に効く！

科学的には瞑想では姿勢と呼吸と注意をコントロールすることが重要と言われています。
この座布は最適な硬さと高さにより、安定した姿勢を楽に維持することができます。
そのため集中して瞑想を行うことができます。
瞑想効果をより高めたい方には必須のアイテムと言えるでしょう。

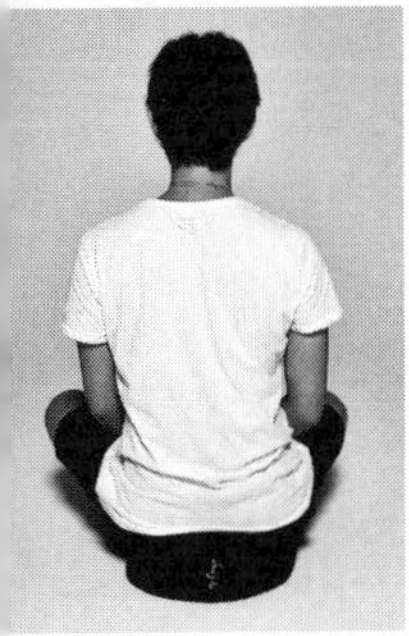

加藤俊朗さん（呼吸家）やネルケ無方師（曹洞宗・安泰寺住職）も愛用中。

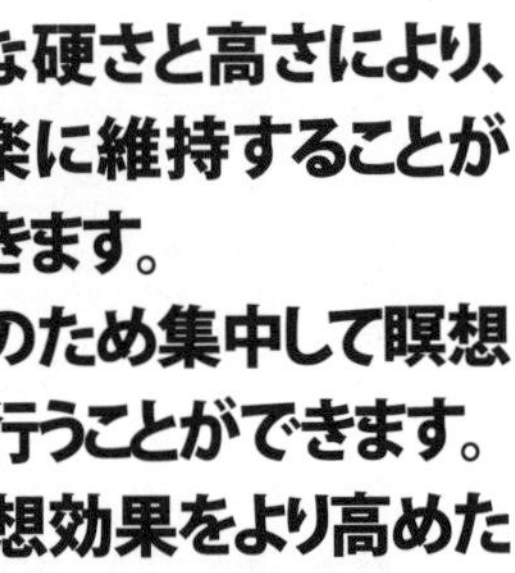
ネルケ無方師

大事なのは自分の身体に合った高さにすること。この坐布は中身のそばがらを取り出して量を調整できるのが便利です。

この坐蒲はとてもいいです。坐りやすいんです。骨盤の位置がしっかり決まって、背骨がすっと伸びて、姿勢が崩れにくい。

加藤俊朗さん

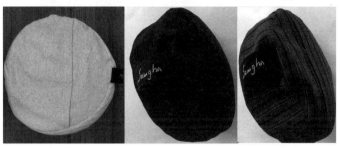

スマナサーラ長老と行く
ミャンマー瞑想の旅

テーラワーダ仏教が今に息づき、人々の生活と一体化している仏教先進国ミャンマーへ、スマナサーラ長老と共に訪れ、瞑想実践をする旅を企画しました。
旅する地域は、現代ミャンマーの最大都市ヤンゴン、11世紀から13世紀に栄えたミャンマー初の統一王朝バガン朝の王都にして古《いにしえ》の仏教遺跡の残るバガン、ミャンマー最後の王朝であるコンバウン朝の十九世紀の王都であり仏教の中心地でもあったマンダレーなどです。
ブッダの道を歩むミャンマーの人たちと触れ合いながら、純粋な仏教を体験する幸福な10日間を過ごしませんか。

〔旅行期間〕2017年2月8日（水）～2月17日（金）
〔旅行代金〕378,000円（予価）＋別途査証代・代行料・空港税
（成田発着／食事付／添乗員・現地日本語ガイド同行）
〔申込金〕100,000円（旅費に充当）
〔募集人数〕50名（最少催行人数：40名）

定員になり次第、締め切らせていただきます。お早めにお申し込みください。

〔申込方法〕下記の申込み先に電話ください。お申込み案内書を発送いたします。
〔お申込み先・資料請求〕株式会社トラベルサライ

東京営業所（観光庁長官登録旅行業 1-1510 号・日本旅行業協会正会員ボンド保証会員）
〒105-0013 東京都港区浜松町１-12-５ アルファエイチビル５F

フリーダイヤル：0120-408-361　担当：小倉
TEL：03-5777-6326 ／ FAX：03-5777-6327
サライホームページ：http://www.saray.co.jp/

〔企画〕株式会社サンガ／〔旅行実施〕株式会社トラベルサライ

旅程（予定）

日付	月 日（曜）	発着地　都市名	スケジュール
1	2017 年 2 月 8 日（水）	成田空港 11:45 発 ヤンゴン　着	全日空にて、空路、ヤンゴンへ 着後、ホテル、会議室にて長老のご法話 ホテルにて夕食 ＜ヤンゴン泊＞
2	2 月 9 日（木）	ヤンゴン　発 モービー　着	ホテルにて朝食後、チャンミェ瞑想センターへ　1時間 ２泊３日瞑想合宿プログラム ＜モービー泊＞
3	2 月 10 日（金）	モービー	前日に引き続き、 終日、チャンミェ瞑想センターにて瞑想合宿 ＜モービー泊＞
4	2 月 11 日（土）	モービー　発 ヤンゴン　着	前日に引き続き、チャンミェ瞑想センターにて瞑想プログラム修了後、ヤンゴン市内へ 市内レストランにて夕食 ＜ヤンゴン泊＞
5	2 月 12 日（日）	ヤンゴン　発 ニャンウー　着 バガン	空路、ニャンウー空港へ 着後、世界三大仏教遺跡バガン見学 夕日鑑賞 ＜バガン泊＞
6	2 月 13 日（月）	バガン　発 マンダレー　着	朝日鑑賞後、空路、古都マンダレーへ マハーガンダヨン寺院、マハムニ寺院、マンダレーヒル、第５回仏典結集地、マソーイン僧院に長老を訪問 ＜マンダレー泊＞
7	2 月 14 日（火）	マンダレー メイミョー	避暑地メイミョー（ピンウールィン）へ　約２時間 パオ森林僧院パオ・セヤドーを訪問予定 （セヤドー―ご体調により変更の場合有。その際はモンユワ方面ご案内致します） ＜マンダレー泊＞
8	2 月 15 日（水）	マンダレー　発 ヘーホー　着 インレー湖	空路、ヘーホーへ 着後、ボートに乗りインレー湖遊覧 水上生活者や水上パゴダ見学 ＜インレー湖泊＞
9	2 月 16 日（木）	ヘーホー　発 ヤンゴン　着 ヤンゴン　発	空路、再びヤンゴンへ モーゴッ瞑想センターに長老訪問 シュエダゴンパゴダと第６回仏典結集の地参拝など 夕食後、空港へ　空路、帰国の途へ ＜機中泊＞
10	2 月 17 日（金）	成田空港 6:45 着	通関、解散

サンガの本　好評発売中

ISBN978-4-905425-16-8

サンガ新書055

禅マインドビギナーズ・マインド

鈴木俊隆 著／松永太郎 訳　857円（税別）

スティーブ・ジョブズが愛読した、禅のバイブル。世界24カ国以上で翻訳。

アメリカに坐禅をもたらした鈴木俊隆による禅の入門書。初めて禅の修行に触れ、坐禅を組むアメリカ人に向けて、誰にもわかる平易な表現で、禅の神髄、悟りの世界を語った法話集。

ISBN978-4-905425-81-6

脳を鍛えてブッダになる52の方法

ハーバード大学神経心理学者が教えるブッダの智慧をもたらす脳トレーニング

リック・ハンソン 著／影山幸雄 訳　2,400円（税別）

最新の脳科学と、仏教のメソッドが融合！

悩まない人間になりたければ、人格を向上したいと思うならば、気楽に仏道を実践したいと思うならば、この本は最適の指南書です。（アルボムッレ・スマナサーラ長老 推薦）

ISBN978-4-86564-041-0

自由に生きる

よき縁となし、よき縁となる。抜苦与楽の実践哲学

プラユキ・ナラテボー 著　1,800円（税別）

タイ森林僧院と日本を往復して活躍するプラユキ師の集大成。

あらゆる現象と深くコミットしつつ、自由に生きる。すべての出会いをよき縁となし、よき縁となって、一切衆生の抜苦与楽の担い手となる。ブッダが体現していたそのような生き様を、私たち誰もが生きられる可能性を持っています。本書がそうした自己の可能性発見の一助となりましたら幸いです。（本文より）

ISBN978-86564-023-6

呼吸によるマインドフルネス

瞑想初心者のためのアーナーパーナサティ実践マニュアル

ブッダダーサ比丘 著／サンティカロー比丘 英語版タイ語翻訳／ラリー・ローゼンバーグ 序文／浦崎雅代＋星飛雄馬 訳　2,800円（税別）

小池龍之介氏 推薦「息だけで どこまでもゆける。座右の道標に。」

「アチャン・ブッダーサによる、この美しい法話は、理論と実践がつなぎ目なく統合されたものです。今、あなたはその手のうちに貴重な在家修行者のための瞑想実践の教本を持っています。本書はあなたをヴィパッサナー瞑想の実践に送りだし、しっかりとブッダの解脱への道へと導くものです。」ラリー・ローゼンバーグ「序文」より

(2016.12)

サンガの本　好評発売中

ISBN978-4-86564-061-8

実践！マインドフルネス
今この瞬間に気づき青空を感じるレッスン［注意訓練CD付］

熊野宏昭 著　1、400円(税別)

NHKでも特集された話題の「マインドフルネス」の入門書！

著者の熊野宏昭氏は、NHKテレビにも出演した、マインドフルネス研究を代表する医学博士。本書ではマインドフルネスの効果的な実践方法や疑問について、科学的な見地から明確な答えを提供し、的確な実践方法を紹介します。マインドフルネスを効果的に実践するための音源「注意訓練CD」付き。

ISBN978-4-905425-20-5

マインドフルネス　気づきの瞑想
バンテ・H・グナラタナ 著／出村佳子 訳　2、800円(税別)

世界で読みつがれるヴィパッサナー瞑想の最良の入門書

マインドフルネス（ヴィパッサナー瞑想、気づきの瞑想）の実践入門書として、米国で出版以来20年以上にわたり読みつがれ、世界15カ国で翻訳されているロングセラー。仏教の知識がなくともわかる平易な言葉で、ヴィパッサナーを実践するために必要な情報を余すところなく伝え、確かな評価を得ている。

ISBN978-4-905425-69-4

マインドフルネスを越えて
集中と気づきの正しい実践

バンテ・H・グナラタナ 著／出村佳子 訳　2、800円(税別)

瞑想実践者のための、明解なハンドブック

気づきのない集中はなく、集中のない気づきはない。深い集中瞑想によって達することのできる、心の境地を詳説した、比類なき禅定の手引書。同著者によるベストセラー『マインドフルネス』の上級編！

ISBN978-4-86564-000-7

8マインドフル・ステップス
ブッダが教えた幸せの実践

バンテ・H・グナラタナ 著／出村佳子 訳　2、400円(税別)

『マインドフルネス』『マインドフルネスを越えて』に続く、グナラタナ長老の邦訳シリーズ第三弾！

ブッダの説かれた生きる道、八正道を現代社会で実践するためのガイドブック。幸せを願う、すべての人へ。

（2016.12）

サンガの本　好評発売中

ISBN978-4-905425-82-3

別冊サンガジャパン①
実践！仏教瞑想ガイドブック

蓑輪顕量 監修　2,200円(税別)

瞑想実践者のためのコンプリートガイド！

日本にテーラワーダ仏教が紹介されるとともに、徐々に知られるようになって来た仏教の瞑想を、まとまった形で紹介。理論から実践まで、仏教の瞑想を知り、実践するための、さまざまな役立つ情報を網羅して一冊に詰め込みました。

ISBN978-4-905425-71-7

別冊サンガジャパン②
シリーズ現代の世界仏教①　タイ・ミャンマー人物名鑑

2,500円(税別)

同時代の世界に息づいている仏教の見取り図を、人物紹介を通して描き出す。プロフィールのデータ、略歴、著作、出家在家の有無などを詳述。第一弾としてタイ・ミャンマーの仏教を特集する。

【紹介する僧侶】タイ：アーチャン・マン／アーチャン・チャー／ルアンポー・ティアン／ルアンポー・カムキアン／他、ミャンマー：レーディ・サヤドー／マハーシ・サヤドー／ミングン・サヤドー／S.N.ゴエンカ／パオ・サヤドー／ディーパンカラ・サヤレー／他

(2016.12)